진로취업 매뉴얼

남미정 저

학지사

"모든 사람이 꿈을 꾸지만 다 같은 꿈은 아니다.
밤에 흐릿하고 후미진 마음속 어느 구석에서 꿈을 꾸는 사람들은
깨어나면 헛된 꿈이었음을 알게 된다.
하지만 낮에 꿈을 꾸는 사람들은 위험한 사람들이다.
그들은 눈을 뜨고 그 꿈을 가능케 하기 위해 행동할 수 있기 때문이다."

우리는 지금껏 살아오면서 무수히 많은 꿈을 꾸어 왔다. 너무 소박하여 기억조차 나지 않는 꿈도 있고, 너무 허황된 꿈이라 꿈꾸는 것조차 안 될 것 같은 그런 꿈도 있었을 것이다. 그리고 이제 '꿈'이라는 단어조차 떠올리는 것이 낯 뜨거운 일인 것 같아 섣불리 입 밖으로 이 말을 내뱉기가 어려워졌을지도 모른다. 나이가 들어 가면서 자신이 꿈꾸었던 것들이 그리 쉽게 이루어지는 것이 아니라는 것도 알게 되고 무한 경쟁 속에서 살아남는 것조차 버겁다는 것을 느끼면서, 자신의 꿈들도 가슴 한구석에 고이 접어 두고 다시는 펼쳐 보지 않았을지도 모른다.

저자 역시 오랫동안 '타인에게 긍정적 에너지를 주고 잃어버린 꿈들을 찾아주는 일'을 직업으로 갖고 싶다는 꿈을 키워 왔다. 이 꿈을 이루기 위해 가장 먼저 한 일은 꿈을 구체화하는 일이었다. 그리고 나 자신에 대한 이해와 분석을 통해 내가 거쳐야 할 커리어 로드맵을 만들고 그것을 이루기 위해 단계적으로 목표를 수립하고 계획을 실천해 나갔다.

일차적으로 상담가가 되기 위해 심리학을 전공하였고, 보다 전문적인 상담을 위해 상담 관련 자격증을 취득하였으며, 커리어컨설턴트로 일하기 위해서 심리학적 배경뿐만 아니라 경영학적 지식이 요구되었기에 진로를 변경하여 경영학에서 인사조직을 공부하였다. 때마침 심리학 석사와 경영학 박사라는 커리어를 가진 상담전문가를 채용하고자 했던 ㈜OO전자에 입사지원서를 내고 추후 경영지원팀 심리상담실장으로 근무하며 커리어를 쌓을 수 있었다. 직원들을 상담하면서 섣부른 진로 의사결정으로 후회하면서도 다시 새로운 일을 시작하는 것을 두려워하는 모습들을 보면서, 꿈을 설정하고 계획하며 추진해 갈 수 있는 최적기에 있는 대학생들을 위해 일해야겠다고

생각하고 대학으로 돌아와 현재는 진로지도전문관으로 근무하고 있다.

저자는 '꿈 사냥꾼(Dream Hunter)'이라는 저자만의 브랜드를 가지고 있다. 오랫동안 커리어 컨설팅 전문가로 활동하면서 내가 궁극적으로 하는 일이 무엇인가를 고심한 결과 나온 산물이다. 누군가의 잃어버린 꿈을 찾아주고, 또다시 다른 사람의 꿈을 찾아 길을 떠나는 사냥꾼이 바로 나 자신이며 내 꿈인 것이다.

이제 그 꿈들을 다시 이야기해야 할 때다.

나는 누구인가?

진정으로 내가 꿈꾸는 것이 무엇인가?

내가 평생을 바쳐 하고 싶은 일은 무엇인가?

내가 무엇을 할 때 온전히 나로 존재할 수 있는가?

과연 이런 질문들에 한순간의 머뭇거림 없이 답할 수 있는가?

이 책이 위의 물음에 하나하나 답을 찾아가는 과정이 될 것이다. 자신에 대한 이해를 높이고 진로와 직업세계에 대한 정보를 탐색할 수 있도록 도움을 줄 것이며, 전생애적 관점에서 진로 계획을 수립하고 합리적 의사결정을 통해 목표를 설정하며 진로발달과업을 성취하는 데 밑그림이 될 것이다.

자, 이제 준비되었나요? 그럼 출발합니다!

❝ Don't let anybody steal your dream! ❞

2015년 9월

남미정

Chapter 7 목표 수립과 생애설계 / 337

Chapter 1

자기이해

"자, 지금부터 1분 동안 자기소개를 해 보세요!"

여러분은 이런 요청을 받는다면 망설임 없이 자기소개를 할 수 있는가? 대부분의 사람은 자기 자신에 대해 잘 알고 있다고 생각하기 때문에 이것이 아주 쉬운 질문이라고 생각할지 모른다. 하지만 실제로 소개를 하려면 어디서부터, 어떻게, 무엇을 소개해야 할지 막막해진다.

내가 어떤 사람인지, 무엇을 좋아하고 무엇을 싫어하는지, 성격의 장점과 단점은 무엇인지, 성장과정은 어떠했는지, 잘하는 일은 무엇인지, 어떤 가치관을 가지고 있으며 삶의 비전은 무엇인지 등 자기소개에 들어가야 할 부분은 매우 다양하다.

자기이해가 잘 되어 있는 사람은 자기소개를 하는 데 별 어려움을 느끼지 않지만, 평소에 자신에 대해 신중하게 생각해 본 적이 없는 사람은 1분이라는 시간이 아주 길게 느껴질 것이다.

이 장에서 제시하는 워크시트는 자신에 대해서 가볍게 생각해 볼 수 있는 기회를 제공하기 위해 만들어졌다. 각 문항에 답해 보면서 잊었던 자신의 참모습을 하나씩 찾아보자.

1. 자기소개

1) 내 모습 찾기

📖 어린 시절부터 현재까지 자신의 참모습이 가장 잘 나타나 있는 사진을 찾아 붙여 보자. 그리고 왜 이 사진이 가장 '나'다운지 설명해 보자.

Worksheet 1 가장 '나'다운 모습 찾기

📖 이 사진은~~

2) 자기소개 및 별칭 짓기

처음 보는 사람에게 자신을 소개할 때는 쉽사리 자신을 드러내기가 어렵기 때문에 이름과 소속을 소개하고 나면 더 이상 소개할 거리가 없어지는 경우가 많다.

이러한 경우 쉽게 활용할 수 있는 워크시트로, 다음의 질문에 하나씩 답변해 보면서 자신만의 특성을 찾아보는 작업이 도움이 될 것이다.

Worksheet 2 자기소개 및 별칭 짓기

이게 나예요!

1. 내 이름으로 삼행시 짓기

2. 나의 별칭(별명, 애칭, 불리고 싶은 이름)은?

3. 이 별칭을 짓게 된 이유는?

4. 나를 동물에 비유한다면? 그리고 그 이유는?

5. 나를 꽃에 비유한다면? 그리고 그 이유는?

6. 내 친구들은 나를?

7. 나를 가장 잘 나타내는 노래는?(제목이나 노래 가사)

8. 나의 매력 포인트는?

9. 현재 목표하는 직업(직무)은?

4~5명으로 조를 편성한 후 발표하도록 한다. 발표를 모두 마치고 나면 각 조원에게 "당신은 어떤 사람인 것 같다."라고 첫인상 이미지를 피드백해 준다. 이를 통해 내가 보는 나와 남이 보는 나의 차이점을 알 수 있고, 자신의 첫인상이 어떻게 형성되는지 파악할 수 있다.

1. 내 이름으로 삼행시 짓기
삼행시에 나오는 단어와 문장을 통해 창의성과 순발력을 알 수 있으며, 긍정적 자아상을 갖고 있는지 부정적 자아상을 갖고 있는지가 드러난다. 잘 만들어진 삼행시는 자신을 나타내는 핵심 키워드를 찾는 데 도움이 되며, 타인에게 자신을 각인시킬 수 있는 좋은 기회를 제공한다.

2. 나의 별칭(별명, 애칭, 불리고 싶은 이름)은?

3. 이 별칭을 짓게 된 이유는?
어릴 적 불렸던 별명들의 특징을 살펴보면 자신의 성향이나 외모에 대한 이미지를 그릴 수 있다. 만약 별명이 없다면 앞으로 불리고 싶은 별칭을 만들어 자신을 드러내 보자.

4. 나를 동물에 비유한다면?
동물 비유를 통해서 알 수 있는 것은 그 사람의 생활습관이나 특징이다. '나무늘보'라고 답하는 사람과 '다람쥐'라고 답변하는 사람은 채택하는 생활양식이 다를 수 있다. 그리고 반드시 그 이유를 파악해야 한다. 똑같이 '개'라고 답변했다 하더라도 이유는 천차만별이기 때문이다. '충성심이 강해서', '똑똑해서', '사람들에게 기쁨을 주기 때문에', '싸움을 잘하고 시끄러워서' 등 다양한 자아상을 드러낼 수 있다.

5. 나를 꽃에 비유한다면?
꽃에 대한 비유는 타인에게 비춰지는 자신의 모습이나 자신의 외모에 대한 평가를 반영한다. 남학생의 경우 꽃 이름이 생소하므로 나무에 비유하기로 바꿔도 된다. 장미나 백합처럼 꽃 장식의 중심을 차지하는 것을 좋아하는 사람도 있고, 들국화나 안개꽃처럼 주변에 있거나 주목받지 않는 것을 더 선호하는 사람도 있다.

6. 내 친구들은 나를?
이 문항은 자신의 대인관계 수준이나 타인에게 비춰지는 자신의 모습을 반영하는 것으로 자신이 어떤 사람으로 보이길 희망하는가를 알아볼 수 있다. 예를 들어, "내 친구들은 나를 늘 찾는다."라고 적은 사람과 "내 친구들은 나를 알다가도 모를 사람이라고 한다."라고 적은 사람은 특성이 서로 다름을 알 수 있다.

7. 나를 가장 잘 나타내는 노래는?
이 문항은 평소의 정서 상태를 파악할 수 있다. 밝고 긍정적이고 미래지향적인 노래를 적는 사람도 있고, 우울하고 슬프고 아픔을 나타내는 노래를 적는 사람도 있다.

8. 나의 매력 포인트는?
자신의 매력을 적으라고 하면 대부분의 사람은 없다고 답하거나 한두 개 정도 적는다. 다른 사람에게 매력을 드러내는 것을 쑥스러워하는 경향이 있기 때문이다. 최대한 많은 매력 포인트를 찾아내는 것이 관건이다. 외현적인 매력 포인트뿐만 아니라 내면적인 매력 포인트도 찾아서 적을 수 있도록 격려하는 것이 좋다.

9. 현재 목표하는 직업(직무)은?

저학년의 경우 목표하는 직업이나 직무를 적기가 어렵기 때문에 관심 있는 분야나 산업에 대해 적어도 무방하다. 한국직업사전에 등재된 직업만 해도 1만 5,000개가 넘기 때문에 모든 직업을 비교 분석해서 작성하는 것은 불가능하다. 흔히 접할 수 있는 직업군에 대해서 검토해 보고 되도록 전공과 관련된 직업을 찾아볼 수 있도록 독려한다.

2. 나의 흥미와 관심사 찾기

📖 타인과 나를 구분 지을 수 있는 특성 중에는 흥미가 있다. 대부분의 사람들이 좋아하는 것과 싫어하는 것, 관심사가 서로 비슷할 것이라고 생각하지만 이야기를 하다 보면 각자 다르다는 것을 알 수 있다. '나는 ○○가 좋다.' 또는 '나는 ○○에 관심이 있다.'와 같은 표현을 통해서 자신만의 독특성을 찾아보자.

Worksheet 3 나의 흥미와 관심사 찾기

● 내가 돈을 벌지 않고도 하고 싶은 일은?

● 나의 취미활동은?

● 내가 좋아하는 직업인은?

● 시간 가는 줄 모르고 몰두하는 일은?

● 아르바이트나 봉사활동을 한 경우, 그 일의 종류는?

1. 가장 좋아하는 음식은? _____

2. 좋아하는 가수는? _____

3. 감명 깊게 읽은 책은? _____

4. 가 보고 싶은 나라는? _____

5. 생일에 받고 싶은 선물은? _____

6. 100만 원으로 하고 싶은 일은? _____

7. 좋아하는 요일은? _____

8. 좋아하는 색은? _____

9. 좋아하는 헤어스타일은? _____

10. 수강하고 싶은 과목은? _____

11. 좋아하는 TV 프로그램은? _____

12. 좋아하는 영화 장르는? _____

워크시트 활용 및 해석 Tip

'나의 흥미와 관심사 찾기'는 교육을 진행하기 전 워밍업 단계에서 실시하면 좋은 워크시트다. 평소에 자신이 좋아하는 것들이 무엇인지, 어떤 것에 주로 관심을 기울이고 있는지를 알아볼 수 있다. 대부분 비슷한 것들에 흥미를 가지고 관심을 쏟을 것 같지만 다른 사람들의 발표를 들어 보면 매우 다르다는 것을 깨닫게 된다. 즉, 흥미나 관심사도 타인과 나를 구분 짓는 독특한 성향을 반영한다는 것을 알 수 있다.

3. 나만의 행복 찾기

📖 오늘 하루 당신은 행복한가? 행복하다고 답변한 사람에게 왜 행복한지 물어보자. 그리고 행복하지 않다고 답변한 사람에게도 그 이유를 물어보자. 무엇이 우리를 행복하게 하고 또 불행하게 하는가? 행복하기 위해서는 어떤 것들이 필요할까? 이 물음에 대한 해답을 다음 워크시트를 활용하여 찾아보자.

Worksheet 4 행복한 상황 표현하기

📖 자신이 가장 행복했던 상황이나 순간 또는 가장 행복할 상황이나 순간을 그림이나 글로 표현해 보자.

📖 행복한 삶의 조건

내가 행복한 삶을 살기 위해서 반드시 있어야 할 것(물질적·정신적인 것 모두 포함)은 무엇이고 그 이유는 무엇인지 작성해 보자.

순위	반드시 있어야 할 것	그 이유
1		
2		
3		
4		

누구나 행복한 삶을 꿈꾼다. 자신의 적성을 파악하고 자신이 좋아하는 일을 탐색하며 진로를 결정하고 직업을 선택하는 일련의 활동도 결국 행복한 삶을 살기 위한 전제조건이라 할 수 있다. 대부분의 사람들은 원하는 것을 얻었을 때 행복해진다고 생각하기 때문에 일상 속에서 행복을 느끼기 어렵다. 다음은 행복심리학자들이 말하는 행복의 공식이다.

Happiness Formula

$$H = S(\text{set point}) + C(\text{external conditions}) + V(\text{voluntary actions})$$

S: 생물학적으로 그 사람이 타고난 행복 수준을 말하며 온도를 세팅하는 것처럼 일정 수준이 정해져 있음
C: 돈, 건강, 멋진 직업, 가족, 친구 등 외적인 조건
V: 의도적이고 자발적으로 하는 생각이나 습관, 행동

이 공식을 보면 행복해지기 위해서는 타고난 행복지수도 높아야 하고, 외적인 조건도 갖춰야 하며, 행복을 위한 생각과 습관을 가져야 한다는 점에 대해 모두 동의할 것이다. 하지만 놀라운 점은 이 세 요소가 행복에 미치는 정도는 동일하지 않으며, 우리의 예상과는 달리 S: 50%, C: 10%, V: 40%다. 늘 잘 웃고 긍정적인 사람은 항상 우울하고 자괴감에 빠져 있는 사람보다 행복할 것이다. 외적인 조건이 얼마나 많아야 더 행복할까? 결국 타고난 행복지수는 바뀌지 않으며 나에게 주어진 외적 상황은 변하지 않는다고 볼 때 행복은 마음의 문제라는 것을 알 수 있다.

행복을 가로막는 가장 큰 적은 첫째, C에서 돈을 지나치게 중요하게 생각하는 것과 V에서 남과 비교하는 프레임을 사용하는 것이다. 예를 들어, 당신이 영어 공부를 열심히 해서 토익 점수가 650점에서 700점으로 향상되었다면 스스로 뿌듯하고 행복할 것이다. 그런데 친구가 "이번에 토익시험 쳤는데 예상한 거보다 낮게 나와서 900점밖에 안 돼. 정말 속상해."라고 말한다면 어떤가? 타인과 비교하는 순간 나의 행복감은 감소하게 된다.

스탠퍼드 연구는 자신이 매우 행복하다고 생각하는 사람들을 대상으로 설문조사를 했는데 그들이 세운 가설은 '행복한 사람들은 타인과 비교해서 더욱 만족감을 느끼는 사람이다.'였다. 남들보다 더 많이 배우고 더 많은 것을 가졌기에 더 행복하게 느끼는 것이라 생각했으나 그들의 답변은 달랐다. "나는 답할 것이 없다. 나는 다른 사람들과 나를 비교하지 않는다. 그렇기 때문에 비교의 경험을 얘기해 줄 것이 없다." 이 연구를 통해서 알 수 있는 것은 자신이 행복해지기 위해서는 타인과 결코 비교하지 말라는 것이다. 그리고 우리는 행복은 강도(intensity)가 중요하다고 생각하는데, 연구결과에서는 강도보다는 빈도(frequency)가 더 중요하다고 밝혀졌다. 즉, 큰 행복을 가끔 경험하는 것보다 작은 행복을 자주 경험하는 것이 행복감을 더욱 증대시킨다. 작은 것에 기뻐하라. 그리고 절대 남과 비교하지 말라.

4. 나의 꿈 변천사

📖 어릴 적 한 번쯤 하고 싶었던 일이나 되고 싶은 사람을 그려 본 적이 있을 것이다. 어떤 꿈은 단순히 생각으로 머물다가 사라지기도 하지만 또 어떤 꿈은 오랫동안 간직하게 되고 구체화해 보려는 시도를 하기도 한다. 잊었던 어린 시절의 꿈들을 하나하나 되새겨 보면서 그 꿈을 꾸게 된 계기와 그 꿈을 포기하게 된 이유를 살펴보는 시간을 가져 보자.

Worksheet 5　나의 꿈나무 그리기

📖 자아상을 알아보기 위한 한 가지 방법으로 HTP 검사가 있다. H(House), T(Tree), P (Person) 중에서 나무그리기 검사는 의식적인 자아상뿐만 아니라 무의식적인 자아상과 감정을 알아볼 수 있는 검사다. 뒤의 빈 공간에 나무 한 그루를 그려 보자.

나무 그리기를 완성했다면, 나무 기둥의 가장 밑부분부터 그동안 한 번이라도 꿈꿔 봤던 직업과 그 직업을 생각한 나이 또는 학년을 적어 보자. 기억나는 가장 어린 시절부터 꿈꿨던 직업들을 최대한 많이 찾아내는 것이 중요하다.

워크시트 활용 및 해석 Tip

예시

상담사 (고3)
사회복지사 (고1)
유치원선생님 (중3)
간호사 (초6)
선생님 (초3)
의사 (초1)

- 검사 지시문: 지금부터 나무 그림을 그려 봅시다. 이것은 잘 그리고 못 그리는 것을 검사하는 것이 아니므로 즐거운 마음으로 그리십시오. 또한 이것은 사생을 하는 것이 아닙니다. 자기가 생각하는 대로 솔직히 그리면 됩니다.

- 추가 질문
  - 나무의 종류는 무엇입니까?
  - 나무의 나이는 몇 살입니까?
  - 나무의 건강 상태는 어떻습니까?
  - 이 나무의 소원은 무엇입니까?

그림검사는 임상 전문가의 해석이 이루어져야 하므로 개별적이고 구체적인 해석은 하기 어려우며 잘못된 해석을 할 경우 더 큰 혼란을 줄 수 있으므로 유의해야 한다.

대략적으로 그림 그리는 순서를 통해 사고의 장애나 발달상의 장애가 있는지를 파악할 수 있는데, 보통 나무의 경우 기둥, 가지, 잎, 뿌리 또는 기둥, 뿌리, 가지, 잎의 순서로 그린다.

그림의 크기는 그린 사람의 자존감이나 자기확대 욕구 등을 나타내는데, 종이의 2/3 정도 차지하며 클수록 자존감이 높다고 할 수 있다. 하지만 그림이 지나치게 클 경우는 환경에 대한 적의, 공격성, 충동성, 과잉행동성을 나타내고, 지나치게 작을 경우는 열등감, 자기효능감의 부족, 압박감을 나타낸다.

그림의 위치도 중요한데 보통 중앙에 위치하며, 아래쪽이나 귀퉁이에 치우치게 그렸다면 우울감, 패배감, 불안감을 느끼고 있다고 볼 수도 있다. 하지만 정중앙에 좌우 대칭을 정확하게 맞춰서 그렸다면 강박적이고 충동적인 측면을 통제하려 하고 완고함을 드러내는 것으로 볼 수 있다.

또한 뿌리나 땅(지면)을 그린 사람일수록 좀 더 현실에 기반을 두는 사람이며, 열매나 새, 꽃, 둥지, 사람 등을 추가로 그린 사람일수록 사랑받고 싶고 관심받고 싶은 애정의 욕구가 강한 사람일 수 있다.

이 워크시트는 그림에 대한 해석보다는 자신의 꿈나무를 그려 보는 것에 더 의미를 두어야 한다. 지금까지 살아오면서 한 번이라도 가져 보고 싶었던 직업을 최대한 많이 찾아내는 것이 중요하다. 왜 그 직업에 관심을 가지게 되었는지, 또 왜 그 직업에 대한 흥미가 감소하게 되었고 포기하게 되었는지 탐색해 보는 것이 좋다. 직업에 대한 가치관의 변화를 알아볼 수 있기 때문에 조별로 그림을 보여 주면서 꿈의 변천사를 설명해 보는 시간을 갖는 것이 좋다.

위의 예시를 살펴보면 이 사람은 꿈꿨던 직업이 계속해서 변화해 왔다. 하지만 일맥상통하게 드러나는 것은 사물이나 데이터보다는 사람과 함께 일하는 것을 선호하고, 남을 도와주고 봉사할 수 있는 직업에 흥미를 가지고 있으며, 헌신과 공익, 봉사, 배려에 가치를 두고 있다는 것을 알 수 있다.

5. 나의 생애그래프

📖 인간의 삶은 유한하다. 태어나고 성장하고 노화하고 결국 죽음에 이르게 된다. 지금까지 살아온 시간에 대해 돌이켜 보고 앞으로 살아갈 시간에 대해 밑그림을 그려 보는 작업을 통해 전 생애에 대한 통찰의 시간을 가져 보자.

Worksheet 6 나의 생애그래프 그리기

지나온 나의 삶과 앞으로 다가올 나의 삶에 대한 만족과 불만족 정도를 포물선그래프로 나타내 보자. 과거는 기억나는 사건 중 중요한 것들을 위주로 자세하게 작성하고, 미래는 향후 일어날 수 있는 일들을 유추해서 작성하면 된다.

만족 (행복)	불만족 (불행)	출생	10세	20세	30세	40세	50세	60세	70세	80세	90세	100세

워크시트 활용 및 해석 Tip

이 작업은 지나왔던 시간들을 되새겨 볼 수 있을 뿐만 아니라 미래에 대한 예측을 해 볼 수 있는 기회를 제공한다.

먼저, 지금 현재의 나이에 해당하는 부분에 점을 찍는다. 그리고 예상하는 사망 시점에 점을 찍는다. 현재 평균수명이 약 80세이고, 20대의 평균수명은 100세까지 연장될 거라는 전망을 반영하여 자신의 여생이 얼마일지 대충 유추해 본다.

다음으로는 태어난 순간부터 지금 현재의 나이까지 가장 행복하게 느꼈던 추억과 가장 힘들고 불행했던 추억, 그리고 생애 전환점이 되었던 사건들과 그 사건에 따른 만족과 불만족 정도를 점으로 나타내 보자. 가장 만족스럽고 행복했다면 그래프의 최고점에, 너무 불만족스럽고 불행했다면 그래프의 최저점에 표시를 하면 된다. 이 점들을 서로 연결하면 인생의 굴곡을 나타내는 그래프가 완성된다.

이 작업에서 중요한 것은 불행했던 일이나 행복했던 일이나 결국 모두 지나간다는 것이다. 힘든 일들을 어떻게 극복했는지, 극복할 수 있는 힘은 무엇이었는지를 찾아봄으로써 자신의 역량을 찾아보자.

과거에 대한 탐색이 이루어졌다면 미래에 대한 구체적인 예측을 해 보자. 전 생애에 걸쳐 일어날 수 있는 생활사건들 — 취업, 결혼, 출산, 육아, 승진, 퇴직, 사업, 자녀 결혼, 병, 부모 사망, 본인 사망 등 — 을 나열해 보고 자신이 어떤 삶을 살게 될 것인지 예상하고 그에 맞춰 어떤 준비를 해야 할지 파악해 보자.

미래를 예측하는 데 있어 가장 중점적으로 고려해야 할 점은 '고령화'다. '고령화'란 평균수명의 증가로 총인구 중에 65세 이상의 고령인구가 차지하는 비율이 점차 높아지고 있는 현상을 말하는 것으로, 7% 이상일 때 고령화사회, 14% 이상일 때 고령사회, 20% 이상일 때 초고령사회라고 한다. 우리나라의 경우 2000년에 7.2%로 고령화사회에 진입했으며, 2018년에 고령사회, 2026년에 초고령사회에 진입할 것으로 예측된다.

정년퇴직이 55세에서 60세로 상향되는 추세이지만 여전히 퇴직 이후의 삶이 20~30년 이상 남아 있게 된다. 아무리 유망한 직업을 가지고 지속 가능한 기업에 입사하였다 하더라도 결국 퇴직을 하게 된다. 재직 중에 노후자금을 마련해야 하지만 결혼과 출산, 자녀교육, 주택 마련, 자녀 결혼 등으로 저축이 거의 불가능한 경우가 대부분이다. 퇴직 후 매달 200만 원을 지출한다면 사망 전까지 약 7억 원, 매달 300만 원을 지출한다면 약 10억 원의 노후자금이 필요하다는 점을 감안하여 미래에 대한 계획을 철저히 세워 볼 필요가 있다.

다음은 생애그래프의 예시다.

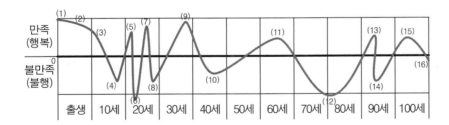

<생애그래프 예시 설명>
(1) 출생 → 1984년 6월 22일 태어남
(2) 초등학교 상황 → ○○초등학교에 진학
(3) 중학교 상황 → ○○중학교 진학
(4) 고등학교 상황 → ○○외국어고등학교 진학
(5) 대학교 입학 → ○○대학교 경영학부 진학
(6) 군 입대 → 23세 2월, 경기도 구리시 육군 입대

(7) 군 전역 → 25세 2월, 군 전역

(8) 취업 후, 샐러리맨으로 고생 → 28세에 취업하면서 잠시 즐거웠으나 바로 샐러리맨으로서의 고생이 시작됨

(9) 결혼과 자녀 양육 → 30대 초반에 마음 맞는 사람과 결혼하고 자녀 양육을 시작함

(10) 창업 → 40대 초반에 자기 사업을 시작하면서 고통을 겪음

(11) 사업 안정 및 번창 → 다행히 사업이 성공함/행복

(12) 부모님 돌아가심 → 부모님께서 돌아가신 것에 대한 슬픔

(13) 손자들의 결혼 → 손자들의 결혼으로 인한 즐거움

(14) 동생이 세상을 떠남 → 동생이 세상을 떠난 것에 대한 애통함

(15) 인생을 마무리함 → 인생을 마무리하는 즐거움

(16) 세상을 떠남 → 공수레 공수거

6. 내 생의 최고 뉴스

📖 사람마다 지나간 삶을 돌이켜 보면 결코 잊을 수 없는 사건들이 있다. 자신의 삶으로 한 편의 뉴스를 만든다면 어떤 사건을 담고 싶은가? 앞서 작업했던 '나의 생애그래프'를 활용하여 뉴스를 만들어 보자.

Worksheet 7　내 생의 최고 뉴스

1대 뉴스	
2대 뉴스	3대 뉴스
4대 뉴스	5대 뉴스
6대 뉴스	7대 뉴스

워크시트 활용 및 해석Tip

앞서 작업했던 생애그래프를 참고하여 지금까지 살아오면서 겪었던 많은 일 중에 지금의 나를 완성하는 데 가장 큰 영향을 끼쳤던 사건들을 찾아서 작성해 본다. 이 작업은 추후 자기소개서에서 성장과정을 작성하거나 면접 시 1분 자기소개를 하는 데 좋은 자료로 활용할 수 있다.

대부분의 학생은 뚜렷한 에피소드가 없고 다소 밋밋한 삶을 살아왔기 때문에 적을 것이 없다고 말한다. 하지만 자기소개서에서 원하는 것은 남다른 특별한 경험을 가진 사람을 찾고자 하는 것이 아니라 작은 경험이라도 그 경험을 통해서 어떤 역량을 기르고 배웠는지를 구체적으로 표현하고 있는가다. 따라서 거창한 사건이나 엄청난 역경을 극복한 사례를 찾으려 하지 말고 작지만 자신에게 소중한 경험이면서 심리적인 성장에 영향을 끼쳤던 사례들을 찾아서 작성하는 것이 좋다.

강의시간에 작성하기에는 시간이 다소 걸리므로 과제로 내는 것이 좋고, 수업 때 조별로 발표를 한 후 조원들끼리 서로 피드백을 할 수 있는 시간을 주도록 하자. 7대 뉴스를 들으면서 느낀 점을 말해 주고, 발표자의 역량을 찾아서 격려해 주며, 자기소개서에 넣으면 좋을 만한 에피소드를 추천해 주는 것이 도움이 될 것이다.

7. 문장완성검사를 통한 자기이해

Worksheet 8 나는 누구인가

※ 다음 문항을 읽고 이어서 생각나는 바를 있는 그대로 적어서 문장을 완성해 보자.

1. 내가 원하는 것은 _____

2. 내가 어렸을 때는 _____

3. 내가 싫어하는 것은 _____

4. 내가 좋아하는 것은 _____

5. 나를 가장 기분 나쁘게 하는 것은 _____

6. 내가 행복해지려면 _____

7. 내가 제일 두려워하는 것(일)은 _____

8. 내가 가장 후회하는 것은 _____

9. 내가 살아야 할 이유는 _____

10. 나를 가장 괴롭히는 것은 _____

11. 내가 가장 흥미로워하는 것은 _____

12. 나의 성격은 _____

13. 나의 부모님은 _____

14. 나를 잘 아는 사람들은 나를 _____

15. 나의 좌우명은 _____

16. 나의 형제(자매)는 나를 _____

17. 나의 친구들은 나를 _____

18. 우리 집에서는 나를 _____

19. 우리 가정환경은 _____

20. 내가 다른 사람과 다른 점은 _____

21. 만일 내가 지금 나이보다 열 살 아래라면 _____

22. 가장 우울한 때는 _____

23. 학교에서 나는 _____

24. 학과에서 나는 _____

25. 나는 _____

워크시트 활용 및 해석 Tip

이 워크시트는 문장완성검사(Sentence Completion Test)의 일부분으로, 미완성 문장을 완성하면서 무의식적이고 표현하기 꺼리는 잠재된 욕구, 감정, 태도, 야망 등을 드러내게 한다. 문장에 나타나는 감정적 색채와 문장의 맥락 등을 통해서 피검자의 태도와 관심을 기울이고 있는 특정 대상이나 영역이 무엇인지 알아볼 수 있으며, 특히 가족관계 및 대인관계 수준, 자신의 능력, 과거, 미래, 두려움, 죄책감, 목표 등 자기개념에 관련된 태도 등을 파악할 수 있다.

문장완성검사는 자유연상을 이용한 투사검사이기 때문에 미완성 문장을 보고 바로 생각나는 것을 적어야 한다. 만약 오래 생각하게 되면 의식과 평가분석의 단계를 거치기 때문에 잠재된 자신을 파악하기 어렵다. 또한 직접적인 대화를 통해서 질문을 하게 되면 방어적으로 반응할 수 있으므로 조용한 장소와 시간에 혼자 편안하게 작성할 수 있도록 과제를 내고 강의시간에 조별로 발표하는 방식을 취하는 것이 좋다.

모두 발표를 마치고 나면 조원들끼리 각자의 이미지에 대해서 피드백을 해 주는 것이 좋다. 만약 조원들에게 밝히고 싶지 않은 내용이 있다면 발표하지 않아도 되며, 조원들 역시 비밀보장의 원칙을 지키는 것이 중요하다.

8. 생애비용 산정하기

Worksheet 9 나의 생애비용 산정하기

📖 일생 동안 살아가는 데 어느 정도의 비용이 들까? 내가 어떤 삶을 선택하느냐에 따라 그 비용은 천차만별일 것이다. 어떤 진로를 설정하고 무슨 직업을 갖느냐에 따라 예상수입도 달라지고, 결혼 여부, 자녀 수, 추구하는 라이프스타일, 수명에 따라 발생하는 비용도 달라질 것이다. 뒤의 표에 대략적인 수입과 지출을 작성해 보자.

예시   헉! 28억

년도(나이)	내용	예산	예상 수입	예상 지출	잔액	저축
2009(22) 대학 3학년 *경력준비	학비	2학기		1,400,000		
	학원비	컴퓨터 그래픽스 자격증		450,000		
	교재비			100,000		
	고시텔	30,000×6개월		180,000		
	생활비	40,000×4주×6개월		960,000		
	부모님께서 주심		3,000,000			
	용돈	120,000×6개월	720,000			
	튜터링	300,000×3개월	900,000			
	실일조	12,000×6개월×30,000×3개월		162,000		
	용돈 사용			288,000		
	저축	(수입-실일조)×80%		1,170,000		1,170,000
	합계		4,710,000	4,710,000	0	
2010(23) 대학 4학년 *취업준비	학비	1,2학기		3,000,000		
	학원비 및 자기계발비			500,000		
	교재비			200,000		
	고시텔	30,000×12개월		360,000		
	생활비	40,000×4주×12개월		1,920,000		
	부모님께서 주심		5,980,000			
	용돈	120,000×12개월	1,440,000			
	실일조	12,000×12개월		144,000		
	용돈 사용			256,000		
	저축	(수입-실일조)×80%		1,040,000		1,040,000
	합계		7,420,000	7,420,000	0	
2011~14 (24~27) *취업 *경력관리	취직-실일조	(1,200,000~12,000,000)×40개월(3년47개월)	43,200,000			
	결혼 자금	500,000×40개월(3년47개월)		20,000,000		20,000,000
	기부	15,000×40개월(3년47개월)		600,000		
	주거 및 생활비	560,000×12개월×4년		26,880,000		
	아르바이트-실	(600,000~60,000)×8개월	4,320,000			
	합계		47,520,000	47,480,000	40,000	
2015~21 (28~34) *결혼 2명 *결혼자금 마련	결혼			20,000,000		
	남편 수입	3,000,000×12개월×7년	252,000,000			
	나의 수입-실일조	(1,000,000~100,000)×12개월×7년	75,600,000			
	생활비	500,000×12개월×7년		42,000,000		

년도(나이)	내용	예산	예상 수입	예상 지출	잔액	저축
	자녀출산 및 양육비	500,000×12개월×7년		42,000,000		
	보험	150,000×12개월×7년		12,600,000		
	여가, 여행비	500,000×10회		5,000,000		
	집 마련(적금)	240,000×12개월×7년		200,000,000		200,000,000
	기부	120,000×12개월×7년		10,080,000		
	합계		327,600,000	311,680,000	15,920,000	
2022~26 (35~39) *자녀 교육비 2년 생애여행 *생애여행비	남편 수입	3,500,000×12개월×5년	210,000,000			
	나의 수입-실일조	(1,500,000~150,000)×12개월×5년	81,000,000			
	생활비	600,000×12개월×5년		36,000,000		
	자녀 교육비	450,000×12개월×5년		27,000,000		
	보험	200,000×12개월×5년		12,000,000		
	여가 여행비	300,000×5회		18,000,000		
	세계여행 자금 저축	3,150,000×12개월×5년		189,000,000		189,000,000
	기부	150,000×12개월×5년		9,000,000		
	합계		291,000,000	291,000,000	0	
2027~28 (40~41) *2년 세계여행	2년 세계여행			189,000,000		
	적금		189,000,000			
	합계		189,000,000	189,000,000		
2029~38 (42~61) *자녀 학자금 노후 준비 (집구입)	집 구매	적금		200,000,000		200,000,000
	남편 수입	4,000,000×12개월×20년	960,000,000			
	나의 수입-실일조	(2,000,000~200,000)×12개월×20년	432,000,000			
	생활비	600,000×12개월×20년		144,000,000		
	자녀교육비(학자금 포함)	20,000,000×10년		400,000,000		
	보험	250,000×12개월×20년		60,000,000		
	여가, 여행비	500,000×60회		30,000,000		
	노후 자금	200,000×12개월×20년		48,000,000		48,000,000
	기부	300,000×12개월×10년		36,000,000		
	합계		1,592,000,000	1,474,000,000	118,000,000	
2039~68 (62~91)	노후 연금	1,000,000×30년	30,000,000			
	노후 자금	적금	48,000,000			
	생활비	600,000×12개월×30년		216,000,000		
	보험	400,000×12개월×30년		144,000,000		
	여가, 여행비	100,000×12개월×30년		36,000,000		
	기부	300,000×12개월×30년		108,000,000		
	합계		510,000,000	504,000,000	6,000,000	
	총 합계		2,957,120,000	2,817,160,000		

📖 이 작업을 통해 느낀 점은?

구분		20대	30대	40대	50대	60대	70대	총계
주거비	월세, 보증금							
	소모품							
	기타비용							
식비	외식비							
	장보기							
	기타							
여가, 경조사	여가비							
	경조사							
	기타							
교통비	차량연료비							
	주차비 및 유지비							
	차량보험							
	기타 교통비							
교육비	학원비							
	등록금							
	도서 및 신문 구독							
피복비	아이							
	어른							
공과금	연금							
	보험료							
	전기							
	난방, 수도							
	전화(휴대폰)							
	기타							
저축	보험							
	예금							
기타 지출비								
나이대별 지출 총계								
나이대별 수입 총계								
수입 지출 차액								

워크시트 활용 및 해석 Tip

　이 작업의 목적은 다음과 같다. 첫째, 전 생애비용을 산정해 보면서 현실감각을 익히는 것이다. 학생 신분일 때는 대부분 부모님으로부터 경제적 지원을 받기 때문에 자신에게 들어가는 비용만 고려하여 실제 얼마의 돈이 필요한지 잘 모른다. 둘째, 향후 발생할 비용을 감당하기 위해 어떤 직업을 가져야 하는지에 대해서 한 번 더 생각해 볼 수 있는 기회를 제공하는 것이다. 원하는 라이프스타일이 중산층 이상의 것이라면 지금 내가 원하는 직업의 수입으로 그 정도 삶을 유지할 수 있는지 심도 있게 생각해 보는 것이 중요하다. 신입사원의 평균연봉이 2,500~3,500만 원 수준임을 감안할 때 주거비, 식비, 여가비, 교육비, 각종 공과금 등을 지출하고도 미래를 위한 투자나 저축이 가능한지, 퇴직 이후의 노후자금은 얼마나 준비할 수 있을지 탐색해 보면서 전 생애비용이 예상보다 엄청나게 높다는 것을 깨닫게 될 것이다.

　전 생애비용을 계산하는 작업은 만만찮은 시간과 노력이 필요하다. 구체적으로 작성할수록 좋으며, 수업 시간에 모두 다룰 수 없기 때문에 과제로 내고 조별로 발표하는 방법이 효율적이다. 또 각자 비교를 해 보면서 저마다 서로 다른 라이프스타일을 원한다는 것도 깨달을 수 있는 좋은 시간이 될 것이다.

9. Have – Want List

Worksheet 10 나의 Have-Want List 작성하기

📖 Have-Want List는 현재 자신이 가지고 있는 것과 가지고 있지 않은 것, 원하는 것과 원하지 않는 것을 탐색해 보면서 나의 장점과 단점을 파악하여 자기이해를 높이기 위한 작업이다. 아래의 빈 공간에 해당하는 것들을 찾 아 작성해 보자.

I. Have-Want: 현재 가지고 있는 강점이나 소중한 가치들로서, 앞으로도 지속하거나 보유하기 위해 노력해야 할 자신의 역량이나 모습

II. Have-Don't Want: 현재 가지고 있지만 원하지 않는 약점이나 개선해야 할 자신의 습관이나 모습

III. Don't Have-Don't Want: 현재 가지고 있지 않고, 앞으로도 가지길 원하지 않으며, 가지지 않기 위해 지속적으로 노력하고 통제해야 할 자신의 습관이나 모습

IV. Don't Have-Want: 현재 가지고 있지 않지만 앞으로 간절히 원하며 얻기 위해 꾸준히 노력하고 애써 야 할 자신의 역량이나 모습

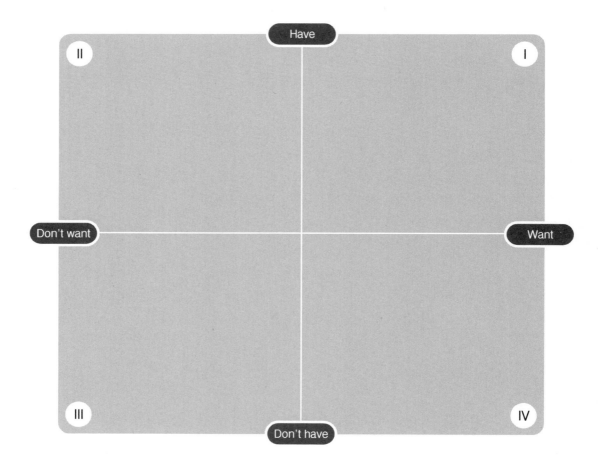

워크시트 활용 및 해석 Tip

	Have	
II 이건 없애고 말 거야!		소중히 지켜 나갈 거야! **I**
과체중 흡연 습관 지각하는 습관 카드 빚 눈치 보기		영어회화 능력 운전면허증 유머감각 독서하는 습관
Don't want		Want
전과기록 허리 디스크 신용불량자 알코올중독		사교성 기사자격증 세계일주 여행 원하는 직장, 학위
III 이건 없애고 말 거야!		소중히 지켜 나갈 거야! **IV**
	Don't have	

　자신의 현재의 모습을 객관적으로 평가하기는 어렵다. 특히 자신의 장점과 단점을 파악하려면 장점보다는 단점에 더 초점을 두게 되어 단점을 고치는 데만 매진하게 된다. 하지만 정작 중요한 것은 자신의 장점을 더욱 살려 강점으로 만드는 것이다. 장점과 강점은 어떤 차이가 있을까? 예를 들어 노래를 잘 부르는 것은 장점에 속한다. 의사가 노래를 잘 부른다면 그것은 장점에서 머물지만, 가수지망생이 노래를 잘 부른다는 것은 강점이다. 즉, 자신의 장점이 종사하고 있는 직업이나 해당 직무에 가장 필요한 핵심 역량이 된다면 강점이 되는 것이다. 따라서 이미 가지고 있고 원하는 자신의 장점에 더욱 집중하여 강점을 육성해야 한다.

　또한 자신의 단점은 자신의 약점이자 개선해야 할 부분이므로 꾸준한 노력을 통해서 장점으로 바꿀 수 있도록 해야 한다. 어떤 단점은 결코 개선하기 어려울 수도 있다. 그렇다면 고칠 수 없는 단점에 얽매이지 말고 있는 그대로의 자신을 받아들일 필요도 있다.

　Have-Want List의 Ⅰ사분면은 현재 가지고 있으면서 앞으로도 나의 인생에 있기를 원하는 것으로 나의 강점이자 소중한 가치들을 말하므로 앞으로도 지속하거나 보유하기 위해 꾸준히 노력을 해야 한다. Ⅱ사분면은 현재 가지고 있지만 원하지 않는 것이나 버려야 할 것으로 나의 약점이자 개선해야 할 습관들을 말하므로 앞으로 개선하고 수정해 나가기 위해 부단한 노력을 해야 한다.

　Ⅲ사분면은 현재 가지고 있지 않고 앞으로도 원하지 않는 것으로 내가 원치 않는 가치나 행동들을 말하므로 그것을 가지지 않기 위해 지속적으로 노력하고 관리해야 한다. Ⅳ사분면은 현재 가지고 있지는 않지만 앞으로 간절히 원하는 것으로 내가 지향하는 가치와 행동들을 말하므로 그것을 추구하고 획득하기 위해 꾸준히 노력해야 한다.

　Have-Want List에는 나의 장점과 단점(보완점), 그리고 중요시하는 가치와 앞으로의 목표가 담겨 있기에 나에 대한 심층적 이해가 가능하고 추후 이력서와 자기소개서를 작성할 때도 도움이 된다.

Chapter 2

자기분석

이 장에서는 '내가 나를 어떻게 보는가?'에 초점을 맞춰 자기이해를 증진했다면, 이제 좀 더 객관적이고 정확한 시각으로 자신을 들여다볼 차례다. 자기분석은 표준화된 다양한 진로 관련 검사들을 통하여 막연하게 자신에 대해 알고 있었던 정보의 퍼즐들을 하나하나 짜 맞춰 가는 과정이 될 것이다. 또한 동료들과의 그룹 작업을 통해서 자신의 상대적 위치를 알게 되고, 나에 대한 이해뿐만 아니라 타인에 대한 이해를 고취시킬 수 있으며, '나는 맞고, 너는 틀리다.'라는 개념에서 벗어나 '나와 너는 다르다.'라는 새로운 시각을 가지게 될 것이다.

　이 장에서는 다양한 검사가 소개되고 있다. 성격유형을 알아보는 MBTI 검사, 직업흥미를 알아보는 Holland 검사, 자신의 욕구를 알아보는 글래서(Glasser)의 욕구검사, 고용노동부 워크넷 사이트에 수록되어 있는 직업선호도검사와 직업적성검사 등이 있다. 검사 실시와 해석을 통해 객관적인 자기분석이 가능하며, 그룹 작업은 자아정체감을 형성하는 데 도움이 될 것이다.

1. MBTI 검사를 통한 자기분석

1) MBTI란

MBTI(Myers-Briggs Type Indicator)는 칼 융(Carl G. Jung)의 심리유형론을 근거로 하여 캐서린 쿡 브릭스(Katharine Cook Briggs)와 이사벨 브릭스 마이어스(Isabel Briggs Myers)가 보다 쉽고 일상생활에 유용하게 활용할 수 있도록 고안한 자기보고식 성격유형 지표다.

융의 심리유형론은 인간 행동이 그 다양성으로 인해 종잡을 수 없는 것같이 보여도 사실은 아주 질서정연하고 일관된 경향이 있다는 데서 출발하였다. 그리고 인간 행동의 다양성은 개인이 인식(perception)하고 판단(judgement)하는 특징이 다르기 때문이라고 보았다.

MBTI는 인식과 판단에 대한 융의 심리적 기능이론과 인식과 판단의 향방을 결정짓는 융의 태도이론을 바탕으로 제작되었다. 또한 개인이 쉽게 응답할 수 있는 자기보고 문항을 통해 인식하고 판단할 때의 각자의 선호경향을 찾고, 이러한 선호경향이 하나하나 또는 여러 개가 합쳐져서 인간의 행동에 어떠한 영향을 미치는가를 파악하여 실생활에 응용할 수 있도록 제작된 심리검사다.

2) MBTI의 기초가 되는 심리유형론

MBTI의 바탕이 되는 융의 심리유형론의 요점은 각 개인이 외부로부터 정보를 수집하고(인식기능), 자신이 수집한 정보에 근거해서 행동을 위한 결정을 내리는 데(판단기능) 있어서 각 개인이 선호하는 방법이 근본적으로 다르다는 것이다.

융의 심리유형론을 경험적으로 검증하여 실생활에 적용하기 위해 만들어진 MBTI에서는 인식과정을 감각(S: Sensing)과 직관(N: iNtution)으로 구분하여 사물, 사람, 사건, 생각을 인식할 때 나타나는 차이점을 이해할 수 있도록 해 주며, 판단과정은 사고(T: Thinking)와 감정(F: Feeling)으로 구분하여 우리가 인식한 바에 의거해서 결론을 이끌어 내는 방법들 간의 차이점을 알 수 있도록 해 준다.

그리고 이러한 기능을 사용할 때 어떤 태도를 취하는가에 따라 외향(E: Extraversion)과 내향(I: Introversion) 및 판단(J: Judging)과 인식(P: Perceiving)으로 구분하여 심리적으로 흐르는 에너지의 방향 및 생활양식들을 이해할 수 있도록 해 준다.

3) 네 가지 선호경향

MBTI는 네 가지의 분리된 선호경향으로 구성되어 있다. Jung의 심리유형론에 따르면, 선호경향이란 교육이나 환경의 영향을 받기 이전에 이미 인간에게 잠재되어 있는 선천적 심리경향을 말하며, 각 개인은 자신의 기질과 성향에 따라 다음의 네 가지 이분척도별로 둘 중 하나의 범주에 속하게 된다.

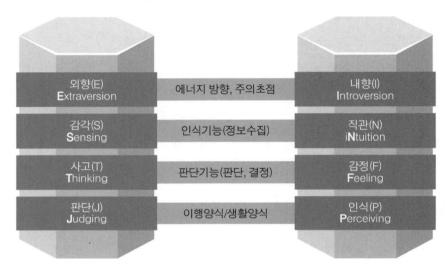

- 교육, 환경의 영향을 받기 이전에 잠재되어 있는 선천적 심리 경향
- 자신의 기질과 성향에 따라 네 가지 이분척도별로 하나의 범주에 속함

외향(E) Extraversion	에너지 방향, 주의초점	내향(I) Introversion
감각(S) Sensing	인식기능(정보수집)	직관(N) iNtuition
사고(T) Thinking	판단기능(판단, 결정)	감정(F) Feeling
판단(J) Judging	이행양식/생활양식	인식(P) Perceiving

MBTI 네 가지 선호경향

- 나의 유형 추측해 보기
  - 앞의 설명으로 짐작해 보는 본인의 유형은?

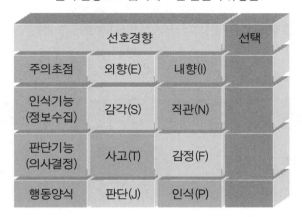

선호경향			선택
주의초점	외향(E)	내향(I)	
인식기능 (정보수집)	감각(S)	직관(N)	
판단기능 (의사결정)	사고(T)	감정(F)	
행동양식	판단(J)	인식(P)	

예) 네 가지 선호경향 각각에서 자신이 생각하기에 자신은……

① 외부에 더 주의가 맞춰져 있고(E)

② 낱낱의 정보를 통해 인식하며(S)

③ 사람과 상황을 고려하여 정상을 참작한 판단을 내리는 편이고(T)

④ 행동은 목적과 방향을 설정하여 계획을 따라서 수행하는 편이라면(J)

MBTI 검사 내용 및 검사 실시

- MBTI에 대한 내용은 (주)한국MBTI연구소의 홈페이지(http://www.mbti.co.kr) 참조
- MBTI 검사 실시: http://www.career4u.net에서 온라인으로 실시 가능
- 검사 실시를 통해 본인의 성격유형 특성 확인 후 직업 선택 시 참고

Worksheet 1 성격유형 추측해 보기

① 외향형일까? 내향형일까?

- E는 외부로 향하고 외향성을 나타낸다. E의 관심은 대개 외부의 활동, 사람, 사물로 향한다.
- I는 내부로 향하고 내향성을 나타낸다. I의 관심은 대개 내부의 개념이나 개인적 활동으로 향한다.
- E, I 중 어느 것이 당신을 가장 잘 나타내고 있는가?

E	I
• 활동과 다양성을 좋아한다. • 사람들과 얘기하면서 생각하길 좋아한다. • 때로 깊이 생각하지 않고 성급하게 행동한다. • 다른 사람들의 일하는 방식을 알고 싶어 하며 그 결과를 알고자 한다. • 다른 사람들이 자신에게 무엇을 기대하는지 알고자 한다.	• 검토할 수 있는 조용한 공간과 시간을 갖고자 한다. • 말로 나타내기 전에 개인적으로 생각하길 좋아한다. • 먼저 이해를 하지 않고서는 행동하기가 쉽지 않다. • 주어진 일에 대한 이해를 하고자 하고 혼자서 또는 소수의 사람과 일하기 좋아한다. • 자기 자신의 기준을 세우고자 한다.

② 감각형일까? 직관형일까?

- S는 개인적인 체험에서 나오는 사실들에 주의를 기울이며, 세부사항들을 쉽게 파악한다.
- N은 쉽게 큰 그림(전반적인 상황)을 파악하며, 사실 이면의 의미들에 주의를 기울인다.
- S, N 중 어느 것이 당신을 가장 잘 나타내고 있는가?

S	N
• 현재 있는 그대로의 경험에 집중한다. • 무슨 일이 벌어지고 있는지 알기 위해 눈과 귀 그리고 다른 감각들을 사용한다. • 해결을 위한 표준방식이 없는 한 새로운 문제들을 싫어한다. • 새로운 기술을 배우기보다 이미 습득한 기술을 사용하길 좋아한다. • 세부적인 일에 참을성이 있지만 그것들이 복잡하게 되어 갈 때는 참지 못한다.	• 사실들의 의미 파악 또는 단순 사실들이 이루고 있는 전체적 형태에 주목한다. • 일하는 새로운 방식, 새로운 가능성을 찾기 위해 상상력을 활용한다. • 새로운 문제들을 해결하기 좋아하며 똑같은 일을 반복하길 싫어한다. • 기존의 기술보다 새로운 기술을 사용하길 좋아한다. • 세부적인 일에 참을성이 없으나 복잡한 상황을 꺼리지 않는다.

③ 사고형일까? 감정형일까?

- T는 자료들을 검토하고 비개인적이고 냉철한 상태에서 결정을 내린다.
- F는 개인적 가치와 감정에 주의하며 결정을 내린다.
- T, F 중 어느 것이 당신을 가장 잘 나타내고 있는가?

T	F
• 사태에 대해 논리적으로 결정 내리기를 좋아한다. • 공명정대하게 처리되길 바란다. • 타인의 감정에 대한 배려가 소홀하거나 부지불식간에 상처를 줄 가능성이 있다. • 인간관계보다는 개념이나 사건에 더 주의를 기울인다. • 인화를 필수적인 것으로 보지 않는다.	• 사태가 논리적이지 않더라도 개인적인 감정과 인간적인 가치로 결정하길 좋아한다. • 칭찬을 좋아하고 별로 중요하지 않는 상황에서도 사람들을 즐겁게 해 주고자 한다. • 타인의 감정을 잘 의식한다. • 다른 사람들이 어떻게 느끼는지를 예상할 수 있다. • 논쟁이나 갈등을 불편해하며 인화를 중시한다.

④ 판단형일까? 인식형일까?

- J는 다른 사람들에게 감각이나 직관의 인식기능보다는 사고나 감정의 판단기능을 더 잘 드러낸다.
- P는 인식을 나타내며, 외부세계를 다루는 데 사고나 감정의 판단기능보다는 감각이나 직관의 인식기능을 더 잘 드러낸다.
- J, P 중 어느 것이 당신을 가장 잘 나타내고 있는가?

J	P
• 계획을 좋아하고 미리 정해져 있고 안정된 일을 좋아한다. • '반드시 ~하기로 되어 있는' 방식으로 사태를 해결하려 한다. • 다른 프로젝트를 시작하기 전에 한 가지 프로젝트를 끝마치기 좋아한다. • 너무 신속하게 사태를 결정하는 수가 있다. • 정확성(옳고 그름)을 추구한다.	• 계획되어 있지 않고 예정되어 있지 않는 사태를 쉽게 처리한다. • 많은 프로젝트에 잘 착수하나 그것들을 끝마치는 데 어려움이 있다. • 대체로 새로운 정보를 추구한다. • 너무 여유 있게 사태를 결정하는 수가 있다. • 아무것도 놓치지 않으려고 한다.

※ 이상의 네 가지 선호경향에 대한 설명을 들은 후 각자 자신이 어떤 유형의 성격인지 스스로 추측해 보자. MBTI 검사는 검사교육을 이수한 전문가에게 의뢰하여 실시하고 결과에 대한 해석도 위임하는 것이 좋다.

4) MBTI 16개 성격유형과 대표적 표현

네 가지 선호지표를 조합하여 만들어진 16개 성격유형 도표는 MBTI를 효과적으로 이해하고 응용하는 기초가 된다. 마이어스와 브릭스가 고안한 이 도표에서 생각이 많은 내향성은 도표의 위쪽 두 줄에, 적극적이고 활동적인 외향성은 도표의 아래쪽 두 줄에, 감각형은 도표의 왼쪽 두 줄에, 그리고 직관형은 도표의 오른쪽 두 줄에 배치하였고, 분석적이고 논리적인 사고형은 도표의 왼편과 오른편에 배치하였으며, 관계지향적인 감정형은 도표의 중앙에 배치하였다. 도표는 각 유형의 별칭과 대표적인 사람들에 대한 설명을 포함하고 있다.

ISTJ	ISFJ	INFJ	INTJ
세상의 소금형	정리정돈형의 비서	예언자형	과학자형
한번 시작한 일은 끝까지 해내는 사람들	성실하고 온화하며 협조를 잘하는 사람들	사람과 관련된 뛰어난 통찰력을 가지고 있는 사람들	전체적인 부분을 조합하여 비전을 제시하는 사람들
ISTP	ISFP	INFP	INTP
백과사전형	선천성 성인형	타고난 몽상가	아이디어뱅크형
논리적이고 뛰어난 상황 적응력을 가지고 있는 사람들	따뜻한 감정을 가지고 있는 겸손한 사람들	이상적인 세상을 만들어 가는 사람들	비평적인 관점을 가지고 있는 뛰어난 전략가들
ESTP	ESFP	ENFP	ENTP
수완 좋은 활동가형	사교적인 유형	영원한 청춘	에너지의 덩어리
친구, 운동, 음식 등 다양한 활동을 선호하는 사람들	분위기를 고조시키는 우호적 사람들	열정적으로 새로운 관계를 만드는 사람들	풍부한 상상력을 가지고 새로운 것에 도전하는 사람들
ESTJ	ESFJ	ENFJ	ENTJ
사업가형	친선도모형	정서의 덩어리	지도자형
사무적 · 실용적 · 현실적으로 일을 많이 하는 사람들	친절과 현실감을 바탕으로 타인에게 봉사하는 사람들	타인의 성장을 도모하고 협동하는 사람들	비전을 가지고 사람들을 활력적으로 이끌어 가는 사람들

5) MBTI 8개 지표의 특성

MBTI의 네 가지 선호경향에 따라 세부적으로 8개의 지표가 있다. 각 지표는 반대되는 특성을 가지고 있다. 각 지표에 대한 설명은 전형적인 특성으로 선호 점수가 높을수록 더 확연하게 특성이 드러나고, 낮을 경우에는 간혹 반대 성향의 특성이 나타나기도 한다. 예를 들어, 외향형 점수가 45점인 사람과 3점인 사람은 타고난 선호경향은 외향형이지만, 환경과 상황에 따라 3점인 사람은 내향형처럼 비춰질 수도 있다. 다음에서 각 지표에 대해 자세히 살펴보자.

(1) 외향형-내향형

외향형은 폭넓은 대인관계를 유지하는 것을 좋아하고 사교적이며 정열적이고 다양한 활동을 하는 것을 선호한다. 에너지의 방향이 항상 자신의 외부에 있으므로 주위의 사람, 사물, 데이터에 관심을 가진다. 자신의 의사표현을 말로 하는 것을 선호하고, 경험을 한 후에 이해하는 편이며, 누가 봐도 외향형인 걸 알 수 있을 정도로 외부활동이 많은 편이다. 또한 사람과 협력하여 일하는 것을 좋아하고 사무직보다는 외부에서 여러 사람을 만나며 다양한 활동을 할 수 있는 직업을 선호한다.

반면, 내향형은 소수의 사람과 깊은 대인관계를 유지하는 것을 좋아하고 조용하며 신중한 편이다. 에너지의 방향이 항상 자신의 생각, 느낌과 같이 내부에 집중되어 있으므로 말보다는 글로 의사표현 하는 것을 더 선호한다. 또한 머릿속으로 완전히 이해가 되어야 행동으로 옮기는 신중함을 가지고 있으며 타인에게 방해받지 않고 혼자서 조용히 집중할 수 있는 직업을 선호한다.

선호지표	외향형(Extraversion)	내향형(Introversion)
설명	폭넓은 대인관계를 유지하고 사교적이며 정열적이고 활동적임	깊이 있는 대인관계를 유지하고 조용하며 신중하고 이해한 다음에 경험함
대표적 표현	• 자기 외부에 주의집중 • 외부활동과 적극성 • 정열적, 활동적 • 말로 표현 • 경험한 다음에 이해 • 쉽게 알려짐	• 자기 내부에 주의집중 • 내부활동과 집중력 • 조용하고 신중한 사람 • 글로 표현 • 이해한 다음에 경험 • 서서히 알려짐
직업 선택에 대한 기대	사람들과 협력하여 일하고 책상 앞에서 하는 일보다는 사무실 바깥에서 활동할 수 있는 일을 좋아함	혼자서 조용히 집중할 수 있는 일을 원함

(2) 감각형-직관형

정보를 수집하는 인식기능에 따라 감각형과 직관형으로 나뉜다. 감각형은 시각, 청각, 미각, 후각, 촉각 등 오감에 의존하여 정보를 받아들이고 실제 경험한 것을 믿는 경향이 있으며 지금과 현재에 초점을 두는 편이다. 정확하고 철저하게 일처리를 하므로 세밀하게 주의와 관찰을 요하는 직업을 가지면 좋다.

이에 반해 직관형은 자신의 육감과 영감에 의존하여 정보를 인식하고 현재보다는 미래의 가능성과 의미를 더 중요시하며, 직접적인 경험 없이도 아이디어를 생성할 수 있고 신속하고 비약적으로 일처리를 하므로 단계를 뛰어넘기도 한다. 따라서 반복적인 일상적 업무보다는 새로운 문제를 해결할 수 있는 창의적인 일을 좋아한다.

선호지표	감각형(Sensing)	직관형(iNuition)
설명	오감에 의존, 실제의 경험을 중시하며 지금과 현재에 초점을 맞추어 정확·철저히 일 처리	육감 내지 영감에 의존하여 미래지향적이고 가능성과 의미를 추구, 신속·비약적으로 일 처리
대표적 표현	• 지금, 현재에 초점 • 실제의 경험 • 정확·철저한 일처리 • 사실적 사건 묘사 • 나무를 보려는 경향	• 미래 가능성에 초점 • 아이디어 • 신속·비약적인 일처리 • 비유적·암시적 묘사 • 숲을 보려는 경향
직업 선택에 대한 기대	세밀하게 주의와 관찰을 요하는 일을 잘함	새로운 문제를 해결할 수 있는 일을 좋아함

(3) 사고형-감정형

인식기능을 통해 들어온 정보를 받아들일 것인지 판단하고 결정을 내리는 데 사고에 준하는지 혹은 감정에 준하는지에 따라 사고형과 감정형의 선호지표로 나뉜다. 사고형은 진실과 사실에 주로 관심을 가지고 논리와 객관적인 분석을 통해 판단을 내리는 경향이 있다. 자신의 원리와 원칙을 중요시하고 일반적인 규범이나 기준에 따라 결정을 하며 지적인 논평을 즐긴다. 또한 직업을 선택하는 데 있어서도 논리적인 질서가 있고 어떤 사상이나 수치, 자료들을 다루는 일을 좋아한다.

감정형은 감정에 치우쳐 판단을 내리는 것으로 오해할 수 있는데, 사실은 사람과의 관계에 주로 관심을 가지며 자신에게 어떤 의미와 영향을 주는지가 중요하다. 따라서 판단을 할 때도 상황에 맞춰 정상을 참작하며 우호적으로 협조하는 경향이 있다. 또한 다른 사람들에게 봉사하고 배려하는 일을 선호하며, 작업환경이 조화롭고 함께 일하는 사람들이 마음에 들어야 더 보람을 가지고 일을 할 수 있다.

선호지표	사고형(Thinking)	감정형(Feeling)
설명	진실과 사실에 주로 관심을 갖고 논리적 · 분석적이며 객관적으로 진단	사람과 관계에 주로 관심을 갖고 상황적이며 정상을 참작한 설명
대표적 표현	● 진실, 사실에 주 관심 ● 원리와 원칙 ● 논거, 분석적 ● '맞다, 틀리다' ● 규범, 기준 중시 ● 지적 논명	● 사람, 관계에 주 관심 ● 의미와 영향 ● 상황적, 포괄적 ● '좋다, 나쁘다' ● 나에게 주는 의미 중시 ● 우호적 협조
직업 선택에 대한 기대	논리적 질서, 사상, 숫자, 물리적 대상과 관련된 일을 좋아함	사람들에게 봉사하고 작업환경이 조화롭고 마음에 드는 일을 원함

(4) 판단형–인식형

네 가지 선호경향 중 개인이 채택하는 생활방식에 따라 판단형과 인식형으로 나뉜다. 판단형은 분명한 목적과 방향이 있고 기한을 엄수하는 것을 좋아하며 철저하게 사전에 계획하고 체계적으로 추진해 가는 것을 선호한다. 자신의 삶뿐만 아니라 타인의 삶도 통제하고 조정하고 싶은 욕구가 있고 뚜렷한 자신만의 기준과 의사를 표명하며 신속하게 결론에 도달하는 경향이 있다. 또한 체계적이고 단계적으로 처리할 수 있는 일을 좋아한다.

인식형은 목적과 방향이 언제든지 변화 가능하고 상황에 따라 일정이 변동되는 것에 대해 개의치 않는다. 또한 자율적이고 융통성이 있으며 새로운 환경에 대해 개방적이고 자신의 재량에 따라 처리할 수 있는 포용성을 가지고 있다. 따라서 인식형은 변화하는 상황에 적응해 나가고 이해를 통해 수용해 가며 기한에 대한 압박 없이 유유자적한 과정을 즐길 수 있는 직업환경을 선호한다.

선호지표	판단형(Judging)	인식형(Perceiving)
설명	분명한 목적과 방향이 있으며 기한을 엄수하고 철저히 사전 계획적이고 체계적임	목적과 방향은 변화 가능하고 상황에 따라 일정이 달라지며 자율적이고 융통성 있음
대표적 표현	• 정리정돈과 계획 • 의지적 추진 • 신속한 결론 • 통제와 조정 • 분명한 목적의식과 방향감각 • 뚜렷한 기준과 자기의사	• 상황에 맞추는 개방성 • 이해를 통한 수용 • 유유자적한 과정 • 융통과 적용 • 목적과 방향은 변화할 수 있다는 개방성 • 재량에 따라 처리할 수 있는 포용성
직업 선택에 대한 기대	체계적이고 단계적인 일을 좋아함	변화하는 상황에 적응해 나가고, 상황을 다루기보다는 이해하는 것이 더 중요한 일을 좋아함

6) MBTI 16개 성격유형의 특성

네 가지 선호경향과 8개의 지표의 조합에 따라 16개의 성격유형이 생성된다. 각 성격유형의 대표적인 특성에 대해 살펴보면 다음과 같다.

(1) 내향-감각(IS 유형)

IS 유형: 사려 깊은 현실형

- 사실을 통한 아이디어 입증 · 검토를 좋아함
- 신중하고 차분한 마음으로 실제적이고 사실적인 문제를 다루기 즐김

IS 유형

ISTJ

한번 시작한 일은 끝까지 해내는 사람들

- 신중하고 조용하며 집중력이 강하고 매사에 철저함
- 구체적, 체계적, 사실적, 논리적, 현실 적이며 신뢰할 만함
- 만사를 체계적으로 조직화하려 하며, 책임감이 강함
- 성취해야 한다고 생각하는 일이면 주위의 시선에 아랑곳하지 않고 꾸준하고 건실하게 추진해 나감

ISFJ

성실하고 온화하며 협조를 잘하는 사람들

- 조용하고 친근하고 책임감이 있으며 양심 바름
- 맡은 일에 헌신적이며 어떤 계획의 추진이나 집단의 안정감을 줌
- 매사에 철저하고 성실하고 정확하며, 기계 분야에는 관심이 적음
- 필요하면 세세한 면까지도 잘 처리해 나감
- 충실하고 동정심이 많으며 타인의 감정에 민감함

ISTP

논리적, 뛰어난 상황 적응력을 가진 사람들

- 차분한 방관자
- 조용하고 과묵하며, 절제된 호기심을 가지고 인생을 관찰하고 분석함
- 때로는 예기치 않게 유머감각을 나타내기도 함
- 대체로 인간관계에 관심이 없고, 기계가 어떻게, 왜 작동하는지에 흥미가 많음
- 논리적인 원칙에 따라 사실을 조직화하기를 좋아함

ISFP

따뜻한 감성을 가지고 있는 겸손한 사람들

- 말없이 다정하고 친절하고 민감하며 자기 능력을 뽐내지 않고 겸손함
- 의견의 충돌을 피하고 자기 견해나 가치를 타인에게 강요하지 않음
- 남 앞에 서서 주도해 나가기보다 충실히 따르는 편
- 일하는 데에 여유 있음
- 목표달성에 안달복달하지 않고 현재를 즐김

(2) 내향-직관(IN 유형)

IN 유형: 사려 깊은 개혁가형

- 내관적이고 학문적, 가장 비실용주의적인 유형
- 아이디어, 이론, 이해의 깊이 등 지식 자체에 관심이 많음

INFJ

한번 시작한 일은 끝까지 해내는 사람들

- 인내심이 많고 독창적이며 필요하거나 원하는 일이라면 끝까지 이루려 함
- 자기 일에 최선의 노력을 다함
- 타인에게 말없이 영향력을 미치고, 양심 바르며, 다른 사람에게 따뜻한 관심을 가지고 있음
- 확고부동한 원리원칙을 중시함
- 공동선을 위해서는 확신에 찬 신념을 가지고 있기 때문에 존경을 받으며 사람들이 따름

INTJ

전체적 부분을 조합, 비전을 제시하는 사람들

- 대체로 독창적이며 자기 아이디어나 목표를 달성하는 데 강한 추진력을 가지고 있음
- 관심을 끄는 일이라면 남의 도움이 있든 없든 이를 계획하고 추진해 나가는 능력이 뛰어남
- 회의적·비판적·독립적이고 확고부동하여 때로는 고집스러울 때도 많음
- 타인의 감정을 고려하고 타인의 관점에도 귀를 기울이는 법을 배워야 함

IN 유형

INFP

이상적 세상을 만들어 가는 사람들

- 정열적이고 충실하나 상대방을 잘 알기 전까지는 이를 드러내지 않음
- 학습, 아이디어, 언어, 자기독립적인 일에 관심이 많음
- 어떻게 하든 이뤄 내기는 하나 일을 지나치게 많이 벌이려는 경향을 가지고 있음
- 남에게 친근하나 많은 사람을 동시에 만족시키려는 부담을 가지고 있음
- 물질적 소유나 물리적 환경에는 별 관심이 없음

INTP

비평적 관점을 가지고 있는 뛰어난 전략가들

- 조용하고 과묵함 특히 이론적·과학적 추구를 즐기며,
- 논리와 분석으로 문제를 해결하기를 좋아함
- 주로 자기 아이디어에 관심이 많으나, 사람들의 모임이나 잡담에는 관심 없음
- 관심의 종류가 뚜렷하므로 자기의 지적 호기심을 활용할 수 있는 분야에서 능력을 발휘할 수 있음

(3) 외향-감각(ES 유형)

ES 유형: 행동지향적 현실주의자
● 활동적, 현실적, 가장 실용주의적 유형

ESTP

친구, 운동, 음식 등 다양한 활동을 선호하는 사람들

- 현실적인 문제해결에 능함
- 근심이 없고 어떤 일이든 즐길 줄 앎
- 기계 다루는 일, 운동, 친구 사귀기를 좋아함
- 강한 적응력, 관용적이며 보수적인 가치관을 가짐
- 긴 설명을 싫어함
- 기계 분해/조립과 같은 실제적인 일을 다루기에 능함

ESFP

분위기를 고조시키는 우호적인 사람들

- 사교적이고 태평스럽고 수용적이고 친절하며 만사를 즐기는 유형이기 때문에 다른 사람들로 하여금 일에 재미를 느끼게 함
- 운동을 좋아하고 주위에서 벌어지는 일에 관심이 많아 끼어들기를 좋아함
- 추상적인 이론보다는 구체적인 사실을 기억하는 편
- 건전한 상식이나 사물뿐 아니라 사람들을 대상으로 구체적인 능력이 요구되는 분야에서 능력을 발휘함

ES 유형

ESTJ

사무적 · 실용적 · 현실적으로 일을 많이 하는 사람들

- 구체적이고 현실적이고 사실적이며, 기업 또는 기계에 재능을 타고남
- 실용성 없는 일에는 관심 없으며 필요할 때 응용할 줄 앎
- 활동을 조직화하고 주도해 나가기를 좋아함
- 타인의 감정이나 관점에 귀를 기울일 줄 알면 훌륭한 행정가가 될 수 있음

ESFJ

친절과 현실감을 바탕으로 타인에게 봉사하는 사람들

- 마음이 따뜻하고 이야기하기 좋아하며, 사람들에게 인기가 있고 양심 바름
- 남을 돕는 데에 타고난 기질이 있으며 집단에서도 능동적인 구성원임
- 조화를 중시하고 인화를 이루는 데 능함
- 격려나 칭찬을 들을 때 가장 신바람을 냄
- 사람들에게 직접적이고 가시적인 영향을 줄 수 있는 일에 가장 관심이 많음

(4) 외향-직관(EN 유형)

EN 유형: 행동지향적인 창안자

- 변화의 추구자
- 관심의 폭이 넓고, 새로운 양식과 관계 찾기를 즐김

ENFP

열정적으로 새로운 관계를 만드는 사람들

- 따뜻하고 정열적이고 활기에 넘치며 재능이 많고 상상력이 풍부함
- 관심이 있는 일이라면 어떤 일이든지 척척 해냄
- 어려운 일이라도 해결을 잘하며 항상 남을 도와줄 태세를 가지고 있음
- 자신의 능력을 과시한 나머지 미리 준비하기보다 즉흥적으로 덤비는 경우가 많음

ENTP

풍부한 상상력을 가지고 새로운 것에 도전하는 사람들

- 민첩하고 독창적이며, 안목이 넓고 다방면에 재능이 많음
- 새로운 일을 시도하고 추진하려는 의욕이 넘침
- 새롭거나 복잡한 문제를 해결하는 능력이 뛰어나고 달변이나, 일상적이고 세부적인 면은 간과하기 쉬움
- 한 가지 일에 관심을 가져도 부단히 새로운 것을 찾아 나섬
- 자기가 원하는 일이면 논리적인 이유를 찾아내는 데 능함

EN 유형

ENFJ

타인의 성장을 도모하고 협동하는 사람들

- 주위에 민감하며 책임감이 강함
- 다른 사람들의 생각이나 의견을 중히 여기고, 다른 사람들의 감정에 맞춰 일을 처리하려 함
- 편안하고 능란하게 계획을 내놓거나 집단을 이끌어 가는 능력이 있음
- 사교성이 풍부하고 인기 있으며 동정심이 많음
- 남의 칭찬이나 비판에 지나치게 민감하게 반응함

ENTJ

비전을 가지고 사람들을 활력적으로 이끌어 가는 사람들

- 열성이 많고 솔직하며 단호하고 통솔력이 있음
- 대중연설과 같이 추리와 지적 담화가 요구되는 일이라면 어떤 것이든 능함
- 보통 정보에 밝고 지식에 대한 관심과 욕구가 많음
- 때로는 실제의 자신보다 더 긍정적이거나 자신 있는 듯한 사람들로 비칠 때도 있음

7) MBTI 각 지표별 선호하는 업무 스타일

MBTI의 8개 지표별로 성격 특성에 차이가 있듯이 선호하는 업무 스타일에도 차이가 있다. 진로 선택이나 직업 결정에 있어서 자신의 성격에 부합하는 업무를 할수록 직무 만족도가 높고 행복감을 느낄 수 있으며 오랫동안 일을 지속할 수 있게 된다.

각 지표의 선호하는 업무 스타일은 다음과 같다.

(1) 외향-내향 업무 스타일

외향(E)	내향(I)
• 다양하고 활동적인 일을 선호한다. • 장시간을 요하는 일을 힘들어할 때가 있다. • 다른 사람들이 일한 결과와 어떻게 일하는지에 관심이 많다. • 때로 미리 생각하지 않고 행동으로 먼저 옮긴다. • 전화 응답을 업무 방해로 여기지 않는다. • 토론을 하면서 아이디어를 개발한다. • 주위에 사람들이 있는 것을 좋아한다.	• 조용한 분위기에서 집중하는 것을 선호한다. • 장시간 동안 방해받지 않고 한 가지 일을 하는 것을 꺼리지 않는다. • 일 뒤에 있는 사실이나 관념에 관심이 있다. • 행동하기 전에 많이 생각하고 때로는 생각만 하고 그친다. • 업무 시 전화 때문에 방해받는 것을 싫어한다. • 심사숙고함으로써 아이디어를 개발한다. • 혼자서 일하는 것을 좋아한다.

(2) 감각-직관 업무스타일

감각(S)	직관(N)
• 문제해결을 위해 경험과 기준을 사용하는 것을 좋아한다. • 이미 알고 있는 방법을 적용하기를 좋아한다. • 영감을 무시하거나 믿지 않는다. • 사실에 대해 거의 실수하지 않는다. • 실질적인 일을 하는 것을 좋아한다. • 정확함을 요하는 일을 좋아한다. • 대개 단계적으로 진행한다.	• 새롭고 복잡한 문제를 해결하는 것을 좋아한다. • 사용하지 않은 새로운 기술을 배우는 것을 좋아한다. • 좋고 나쁨에 대하여 자신의 영감을 따른다. • 사실에 대하여 때로 실수를 한다. • 혁신적인 일을 좋아한다. • 변화, 때때로 급진적인 일을 좋아한다. • 종종 에너지가 솟는 대로 진행한다.

(3) 사고-감정 업무 스타일

사고(T)	감정(F)
• 논리적 분석을 이용하여 결론에 도달한다. • 조화 없이도 일할 수 있다. • 타인의 감정을 상하게 하는 것을 모를 수 있다. • 비개인적으로 판단하는 경향이 있으며 때로는 사람들의 소망에 충분히 주의를 기울이지 않는다. • 상황에 포함된 원칙을 관찰한다. • 일이 잘 되었을 때 보상을 받고자 한다.	• 가치를 이용하여 결론에 도달한다. • 다른 사람과의 조화 속에서 일을 가장 잘한다. • 중요하지 않은 상황에서라도 타인을 즐겁게 하려고 한다. • 다른 사람들이 좋아하고 싫어하는 데 영향을 받아 결정을 내리기도 한다. • 상황 속에 깔려 있는 가치를 관찰한다. • 사람들의 요구를 들어줄 때 보상을 얻고자 한다.

(4) 판단-인식 업무 스타일

판단(J)	인식(P)
• 계획을 세우고 그것에 따라 일할 때 잘한다. • 일을 완결하고 끝내는 것을 좋아한다. • 어떤 사물, 상황 또는 사람에 대하여 결론을 얻었을 때는 만족해하는 경향이 있다. • 너무 빨리 결정을 내릴 수 있다. • 구조와 계획을 찾는다. • 작업 목록을 과업을 촉진하는 방법으로 사용할 수 있다.	• 일을 하는 데 융통성을 즐긴다. • 마음이 내키지 않는 일을 마지막 순간까지 미루는 경향이 있다. • 일이나 상황 또는 사람들에 대한 새로운 사실을 좋아하며 호기심을 가지는 경향이 있다. • 다른 가능성을 탐색하느라 결정을 내리는 것을 미루는 경향이 있다. • 변화하는 상황에 잘 적응하며 변화 없는 것을 제한하는 것으로 느낀다. • 작업 목록을 언젠가 해야 할 일을 상기시키는 데 사용한다.

8) MBTI 각 지표별 선호하는 의사소통 스타일

의사소통은 대인관계를 유지하거나 일을 성공적으로 수행하는 데 필수적인 요소로서 성격유형별로 의사소통 방식에도 차이가 있다. 자기를 표현하는 방식, 피드백을 주고받을 때의 특징, 효과적인 의사소통 스타일에 대해 파악하면 개인적인 차이점들을 이해하게 되고, 우리가 살아가면서 부딪히게 되는 다양한 상황에 더욱 효과적으로 대처하는 데 도움이 될 것이다.

각 지표별 선호하는 의사소통 스타일에 대해서 알아보자.

(1) 외향-내향 의사소통 스타일

외향(E)	내향(I)
• 열정적이고 열성적으로 대화한다. • 생각하는 데 긴 휴식 없이 재빨리 반응한다. • 대화의 초점은 외부세계의 사람과 일에 있다. • 집단에서 대화할 기회를 찾는다. • 서면에 의한 커뮤니케이션보다 직접 대화하는 것을 좋아한다. • 회합 시 결론에 도달하기 전에 큰 소리로 말하는 것을 좋아한다.	• 열정과 열성을 내면에 간직한다. • 대응하기 전에 생각하기를 좋아한다. • 대화의 초점은 내면적 아이디어와 생각에 있다. • 일대일로 대화할 기회를 찾는다. • 직접 대면해서 하는 커뮤니케이션보다 서면을 통해서 의사소통하는 것을 좋아한다. • 회합 시 결론을 내린 뒤에 말을 꺼낸다.

(2) 감각-직관 의사소통 스타일

감각(S)	직관(N)
• 증거(사실, 세부내용, 사례)를 먼저 제시하는 것을 좋아한다. • 실제적이며 현실적인 적용을 보여 주기를 원한다. • 얘깃거리를 제공하는 데 자신의 직접적인 경험에 의존한다. • 표현할 때 정상적인 단계적 접근을 좋아한다. • 직접적이고 현실성 있는 암시를 좋아한다. • 구체적인 예와 관련시킨다. • 회의에서 의제를 따르려 한다.	• 큰 문제에 관한 보편적인 체계를 먼저 제시하는 것을 좋아한다. • 미래 도전의 모든 개연성을 토의하기를 좋아한다. • 토의를 촉진하는 데 상상력과 통찰에 의존한다. • 표현할 때 우회적인 접근을 사용한다. • 색다르고 비정상적인 암시를 좋아한다. • 일반적인 개념에 관련시킨다. • 회의에서 의제를 뛰어넘으려 한다.

(3) 사고-감정 의사소통 스타일

사고(T)	감정(F)
• 간단하고 요약된 것을 좋아한다. • 각 대안의 장·단점이 열거되기를 원한다. • 지적이며 비판적이며 객관적이 될 수 있다. • 냉정하고 비인격적인 추론에 의해 확신을 얻는다. • 먼저 목적과 목표를 제시한다. • 논리와 객관성을 자료의 가치를 재는 것으로 여긴다. • 회합 시 과업의 관련성을 찾는다.	• 사교적이며 친절한 것을 좋아한다. • 각 대안이 왜 가치가 있으며 그것이 사람들에게 어떠한 영향을 미치는지 알고자 한다. • 인간관계에서 일어나는 것을 인정할 수 있다. • 열성적으로 얻은 개인적 정보에 따라 확신한다. • 먼저 동의의 요점을 제시한다. • 감정과 정서를 자료의 가치를 재는 것으로 여긴다. • 회합 시 사람들과의 관련성을 찾는다.

(4) 판단–인식 의사소통 스타일

판단(J)	인식(P)
• 최종 기일이 엄격하게 정해진 일정표와 스케줄을 토론하기 원한다. • 갑작스러운 일을 싫어하며 사전 통보를 원한다. • 타인이 따라 주기를 원하며 기대한다. • 자신의 위치와 의견을 분명하게 진술한다. • 결과와 성취를 전달한다. • 목적과 방향에 관해 얘기한다. • 회합 시 수행하여야 할 과업에 초점을 맞춘다.	• 스케줄에 대해서는 기꺼이 토론하지만 엄격한 최종 일정에 대해서는 마음이 편하지 않다. • 갑작스러운 일을 즐기며 마지막 순간의 변화에 적응하기를 좋아한다. • 타인이 상황적 요구에 적응하기를 기대한다. • 자신의 견해는 임시적이며 수정 가능한 것으로 제시한다. • 여러 대안과 기회를 이야기한다. • 자율성과 융통성에 관해 이야기한다. • 회합 시 인정되어야 할 과정에 초점을 둔다.

9) MBTI 각 지표의 선호하는 직업 형태

E	I
• 에너지가 외부의 사람, 사건을 향함 • 다양한 활동을 선호하며, 장시간 집중이 어려움 • 활동을 통한 문제해결을 지향하는 집단 선호 • 사무실 외에서는 다양한 업무와 사람과의 직접적인 접촉이 빈번한 업종을 선호 • <u>사업, 판매, 마케팅, 공공기관 업무홍보, 판촉 등 상호작용 및 활동성 업무를 지향</u>	• 에너지가 자신의 내면을 향함 • 장시간 집중을 할 수 있으며, 깊이를 요하는 한 가지 일에 초점을 맞추는 것과 다양한 활동을 동시에 하는 것을 선호 • 개념의 틀을 구축하는 문제해결 과정을 선호 • 지속성과 집중력을 요하고 사람들과 일대일 접촉 지향 • <u>교직, 교수, 과학, 연구, 도서, 컴퓨터엔지니어링, 전기 등 아이디어를 요하는 직업을 선호</u>

S	N
• 사실적이고 세부적인 것을 잘 보고 현실감 있으며 실제적임 • 미래보다는 현재에 더 초점을 맞춤 • 일상적인 정확성을 논하는 일에 인내심이 있음 • 조심성이 있으며 숙련된 기술을 선호 • <u>생산, 관리, 비즈니스, 건축, 사무회계, 간호, 경찰, 군인 등 현실 문제를 다루는 직접적인 활동을 요하는 직업을 선호</u>	• 전체를 보며 통찰력과 상상력을 발휘 • 현재보다는 미래에 더 초점을 맞춤 • 손끝에 잡히지 않는 가능성을 추구해 들어가는 프로젝트를 해내는 일, 새로운 방식의 일처리를 선호 • <u>의사소통, 상담, 저널리스트, 교직작가, 법률, 연구, 종교, 예술, 과학 등 장기간의 계획과 발달을 요하는 직업을 선호</u>

T	F
• 논리적 사고를 통하여 경험을 이해하고자 함 • 숫자, 아이디어 혹은 사람을 대상으로 논리적 분석과 객관적 접근을 요하는 교육영역에 관심 • 비일관성이나 상황이 지니고 있는 비합리성으로 쉽게 간파하고 논평함 • <u>범죄학, 경찰, 법률, 관리, 컴퓨터 생산, 기술, 과학, 상업분야 직업을 선호</u>	• 인간관계 맥락에서 경험을 이해하고자 함 • 결과에 따른 대가를 지불하는 것을 무시하고서라도 조화와 협동을 추구 • 자연스럽게 타인들이 베푸는 혜택에 감사 • 사람들과 직접 참여하고 아이디어를 다루는 의사소통이 요구되는 교육영역에 관심 • <u>목회, 인력봉사, 상담, 비서, 의료교직, 통신, 연예분야 직업 선호</u>

J	P
• 일의 마무리, 예측성, 구조화 그리고 위계와 질서에 가치를 부여 • 스케줄과 마감일을 중요하게 생각하고 일을 결정짓고 안정시키는 것을 선호 • 반복 일상성을 견디고 때로는 안정성이 주는 여유를 즐김 • 관리하는 직업을 선호 • <u>계획성, 체계, 질서, 마감일 등을 중요하게 다루는 영역의 직업들을 선호하며 책임이 주어지는 업무 선호</u>	• 마무리 짓기 위한 조급함을 싫어함 • 작업이 개방된 채로 있으면서 일어날 수 있는 또 다른 작업 전개의 가능성을 선호 • 반복 일상성을 참기 어려워하고 재미없어 함 • 문제해결을 요하는 영역의 일을 선호 • <u>변화, 유연성, 창의성이 중요하게 다루어지는 영역의 직업을 선호하며 스스로 독립적으로 일할 수 있는 업무를 선호</u>

10) MBTI 반대유형 특성 알아보기

대부분의 사람은 자신과 같은 유형의 사람을 보면 편안하고 친근하게 느끼며, 반대유형의 사람을 만나면 어색하고 불편함을 느끼게 된다. 한편으로는 반대유형의 사람이 자신이 가지지 못한 특성을 가지고 있기 때문에 관심이 가고 호감을 느끼며 때론 매력적으로 느껴질 수도 있다.

서로 반대되는 특성을 이해하게 되면 대인관계에서의 어려움이나 사소한 다툼도 줄일 수 있을 것이다. 각 반대유형의 특성을 파악하고 반대유형을 개발하는 방법에 대해서 살펴보자.

먼저, 외향형(E)은 내향형(I)과 대화할 때 말하기 전에 마음속으로 스스로 꼭 해야 할 말인지 질문해 보는 것이 좋다. 늘 말을 많이 하기 때문에 화자의 입장만 고집하고 청자의 입장을 고려하기 어렵다. 따라서 화자에서 청자로 역할을 바꿔 보고 질문을 한 후에는 상대방이 표현하기까지 기다려 주는 것이 필요하다.

내향형(I)은 먼저 말을 거는 것을 두려워한다. 용기를 내어 타인에게 질문도 하고 자신의 감정을 먼저 표현하는 연습이 필요하다. 내향형은 내면에서의 오랜 생각 끝에 말이 나오기 때문에 시간이 꽤 걸린다. 따라서 답변이 늦어지는 것에 대해 사전에 양해를 구해 보는 것도 반대유형을 개발하는 좋은 방법이다.

감각형(S)은 지금 현재를 중요시하기 때문에 새로운 아이디어를 생성하거나 변화하려는 노력을 등한시한다. 따라서 변화를 위한 근본적인 이유에 대해 늘 생각해 보고 단편적인 사실보다는 전체를 보는 습관을 기를 필요가 있다.

직관형(N)은 세부적인 사항을 간과하는 경우가 많기 때문에 못 보고 놓친 것들을 찾아보고 구체적인 사실들을 하나씩 나열해 보며 아이디어를 구현하기 위해 현재 현실적으로 무엇을 수행해야 하는가를 자문해 보는 것이 좋다. 업무를 수행하거나 프로젝트를 맡았을 때 감각형과 직관형이 협력한다면 가장 좋은 결과를 얻을 수 있을 것이다.

사고형(T)은 의사결정을 내릴 때 원리와 원칙을 중요시하기 때문에 반대유형에게는 다소 딱딱해 보일 수 있다. 따라서 상대방의 기분과 감정을 헤아려 보는 노력을 하고, 따지고 싶거나 비판하고 싶을 때 바로 하지 말고 좀 더 기다리거나 미루는 것이 좋다. 또한 일에 집중하다 보면 사람과의 관계에 신경을 쓰지 못하는 경우가 있는데, 상대방의 정서를 먼저 고려하고 일을 처리한다면 사람들과 좋은 관계를 유지할 수 있다.

감정형(F)은 자신의 감정이 격할 때는 즉각적인 반응을 하는 것을 참고, 어떤 상황이든 좀 더 객관적으로 판단할 수 있도록 노력하며, 현재 자신의 감정이 무엇이며 또 다른 대안이 있는지 찾아보는 것이 필요하다.

판단형(J)은 성급하게 일을 마무리 지으려는 특성이 있어서 주요한 사항을 놓칠 수 있다. 결정하기 전에 과정을 재검토하고 첨가할 정보가 있는지 점검하는 것이 필요하다. 자신의 페이스에 맞춰서 일을 진행하려고 하기 때문에 때론 독촉하는 것처럼 보일 수 있다. 좀 더 기다리는 습관을 기르는 것이 좋다.

인식형(P)은 결정을 미루는 경향이 있으므로 마감 일정을 자주 체크하는 습관을 기르고, 행동으로 옮길 시간과 생각할 시간을 구분해서 생각에만 머무르지 말고 행동하도록 노력해야 하며, 스케줄을 수시로 확인하여 진행사항을 파악하는 것이 좋다.

(1) ISTJ-ENFP / ISFJ-ENTP

반대유형 알아보기

16개 성격유형

★ ISTJ(세상의 소금형)
- 조용하고 신중함. 근면하고 원리원칙적임
- 계획대로 일을 추진하며 정리정돈을 잘함

★ ENFP(스파크형)
- 활달하고 창의적임. 온정적이고 상상력이 풍부함
- 한 가지 일이 끝나기 전에 다른 일을 벌임

★ ISFJ(임금님 뒤편의 권력형)
- 친근하고 책임감 있으며 헌신적임
- 현실감각을 갖고 실제적이고 조직적으로 처리

★ ENTP(발명가형)
- 민첩하고 독창적이며 다방면에 관심과 재능
- 새로운 문제나 복잡한 문제에 대한 해결능력

(2) INFJ-ESTP / INTJ-ESFP

반대유형 알아보기

16개 성격유형

★ INFJ(예언자형)
- 인내심이 있고 통찰력과 직관력이 뛰어남
- 강한 직관력으로 타인에게 영향. 정신적 지도자

★ ESTP(수완 좋은 활동가형)
- 현실적 문제해결에 능하고 적응력이 강하며 관용적임
- 순발력이 뛰어나며 많은 사실을 쉽게 기억

★ INTJ(과학자형)
- 독창적, 창의적, 비판분석력, 내적 신념 강함
- 목적 달성을 위하여 온 시간과 노력을 바침

★ ESFP(사교적인 유형)
- 사교적, 활동적, 수용적, 친절하며 낙천적임
- 주위에 관심이 많고, 사실적인 상식이 풍부하며,
  조직이나 공동체의 분위기 메이커

(3) ISFP-ENTJ / INFP-ESTJ

반대유형 알아보기

16개 성격유형

★ ISFP(성인군자형)
- 말없이 다정하고 온화, 친절, 연기력, 겸손함
- 양털 안감을 넣은 오버코트처럼 속마음이 따뜻함

　★ ENTJ(지도자형)
　- 결정력과 통솔력이 있고, 장기적 계획 안목이 있음
　- 사전 준비를 철저히 하며 논리분석적으로
　　계획하고 조직하여 체계적으로 추진

★ INFP(잔다르크형)
- 정열, 충실, 목가적, 낭만적, 내적 신념이 깊음
- 따뜻하고 조용하며 관계하는 일이나 사람에
　대하여 책임감이 강하고 성실함

　★ ESTJ(사업가형)
　- 구체적이고 조직적이며 현실감각이 뛰어남
　- 타고난 지도자, 목표 설정, 지시, 결정, 이행

(4) ISTP-ENFJ / INTP-ESFJ

반대유형 알아보기

16개 성격유형

★ ISTP(백과사전형)
- 말수가 적으며 객관적으로 인생을 관찰
- 가능한 한 에너지 소비를 하지 않으려 함
- 인과관계나 객관적인 원리에 관심이 많음

　★ ENFJ(언변능숙형)
　- 따뜻하고 적극적이며 동정심이 많음
　- 미래의 가능성을 추구하며 집단을 이끄는 통솔력이 있음

★ INTP(아이디어뱅크형)
- 조용하고 과묵하며 논리적 · 분석적 문제해결
- 높은 직관력으로 통찰하는 재능, 지적 호기심

　★ ESFJ(친선도모형)
　- 이야기하기 좋아함. 양심적, 인화적, 동정심 많음
　- 타고난 협력자, 동료애 많고 친절하고 도움

Worksheet 2 자신이 속해 있는 성격유형의 장점과 단점 찾기

1) 나의 성격유형의 장점 vs 단점

장점	단점

2) 함께 팀 과제를 할 때, 일하기 어렵거나 불편한 성격유형의 특성 찾기

워크시트 활용 및 해석 Tip

　　성격유형의 장점과 단점은 MBTI 검사 결과지에 나와 있는 내용을 그대로 옮겨 적기보다는 자신들의 구체적인 사례를 이야기하며 의견을 수렴해 가는 것이 좋다. 모두가 동의하는 내용도 있고, 의견 차이가 많이 나는 내용도 있을 것이다. 같은 유형끼리 조를 편성한 후 공통 의견을 작성하고 한 사람이 대표로 발표를 하도록 한다. 발표 시 자신의 유형과 반대되는 유형에 대해 힐난을 하거나 불만을 토로해서는 안 되며, 청자들도 발표 내용을 개인적으로 받아들이지 않도록 먼저 주지시킨다.

Worksheet 3 여행을 떠나요

📖 자신과 같은 성격유형의 팀원들과 여행을 한다고 가정해 보자. 여행의 목적과 여행지, 경비는 자유이며, 일정은 2박 3일이다. 팀원들과 의논하여 ① 여행지, ② 여행목적, ③ 여행 일정, ④ 소요경비 등 여행계획을 구체적으로 작성해 보자.

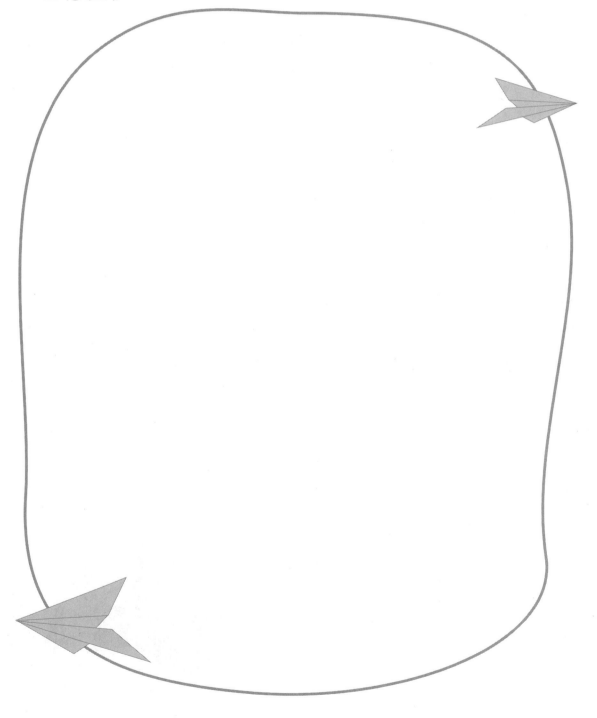

Worksheet 4   정보를 인식하고 수집하는 기능을 알아보기 위한 지도 그리기

📖 자신이 재학 중인 학교 정문에서 살고 있는 집까지 지도를 그려 보자. 자신이 감각형(S)인지 혹은 직관형(N)인지에 따라 정보를 수집하고 인식하는 기능에 차이가 있을 수 있다. 모두 그리고 나면 팀원들에게 지도를 보여주며 집으로 가는 길을 설명해 보자.

2. 욕구를 통한 자기분석

사람들은 자신의 행동이 합리적인 의사결정 과정을 통해서 발현된다고 생각하지만 항상 그러한 것은 아니다. 직업을 선택하거나 진로를 결정하는 등의 중요한 일들도 개인의 욕구에 따라 결정되기도 한다. 또한 인간의 모든 행동은 목적이 있는데, 그 목적은 바로 자신의 욕구를 충족하기 위한 것이라고 볼 수 있다. 욕구를 통한 자기분석에서는 글래서(Glasser)와 매슬로(Maslow)의 욕구이론에 대해 살펴보자.

1) 글래서의 욕구이론

인간의 뇌는 두 개의 부분으로 구성되어 있는데, 하나는 크기도 작고 의식기능이 없는 구뇌(old brain)이고, 다른 하나는 크고 의식기능이 활발한 신뇌(new brain)다. 신뇌는 우리가 의식하는 것들의 중심부이며 모든 자발적인 행동의 원천이 된다. 신뇌는 대뇌피질로서 구뇌보다 훨씬 뒤에 발달하였으며, 구뇌와 신뇌는 서로 끊임없이 상호 교류한다.

글래서에 의하면, 신뇌에는 4개의 심리적이고 정신적인 욕구인 소속의 욕구, 힘의 욕구, 자유의 욕구, 즐거움의 욕구가 있고, 구뇌에는 생존 욕구가 있으며, 이 욕구들이 개인의 행동을 유발하는 근원이 된다. 이 욕구들 중에서 구뇌에는 생존과 관련된 가장 기본적이고 절박한 욕구가 포함된다.

① **소속의 욕구**: 사랑하고, 우정을 나누고, 돌봄을 받고, 관심을 주고 서로 협력하고자 하는 욕구로, 인간의 생존 욕구와 같이 절박한 욕구는 아니지만 인간이 살아가는 데 원동력이 되는 기본 욕구다. 소속의 욕구 때문에 가족을 이루고 조직에 들어가고 동료들과 유기적 관계를 유지하려고 노력하게 된다(예: 자기 자신의 가족을 형성하고, 결혼하고 싶어 하고, 친구를 사귀고 싶어 하고, 또래집단에 들고 싶어 하는 행동).

② **힘의 욕구**: 경쟁하고, 성취하고, 기술과 능력을 갖추고자 하고, 중요한 존재이고 싶어 하는 욕구로, 사회적인 지위와 부의 축적, 직장에서의 승진과 같은 권력과 인정을 중요시한다(예: 소속의 욕구 때문에 결혼을 하지만, 부부싸움을 통해 힘에 대한 욕구를 채우고 싶어 서로 통제하는 행동, 시험 성적을 잘 받기 위해 친구와의 약속을 어기고 공부하는 행동).

③ **자유의 욕구**: 선택을 마음대로 하고 독립성과 자율성을 보장받고 싶어 하는 욕구로, 각자가 원하는 곳에서 살고 대인관계와 종교활동 등을 포함한 삶의 모든 영역에서 어떠한 방식으로

삶을 영위해 나갈지를 선택하고 자신의 의사를 마음대로 표현하고 싶어 하는 욕구다. 우리의 모든 욕구를 충족하려면 지속적으로 남의 권리를 인정하고 자유를 침범하지 않도록 노력해야 하며, 나의 권리를 인정받는 것에 대한 합리적인 이해와 자기선택에 대한 책임을 지려는 의지가 중요하다(예: 진급을 위해 상사가 야근할 때 같이 남아서 일을 돕기보다는 자신의 저녁 동아리 모임에 가기 위해 일찍 회사를 나서는 행동).

④ 즐거움의 욕구: 많은 새로운 것을 배우고 놀이를 통해 즐기고자 하는 욕구다. 단순한 놀이나 암벽타기, 번지점프 등 스릴 있고 신기한 경험을 하고자 하는 것뿐만 아니라 새로운 것을 학습함으로써 기쁨을 얻는 것도 즐거움의 욕구를 충족하기 위한 활동이다(예: 학위 공부가 재미있어서 연애를 보류하는 행동, 등산이나 낚시가 좋아서 가족과 함께 지내는 것을 포기하는 행동).

⑤ 생존 욕구: 살고자 하고 생식을 통한 자기확장을 하고자 하는 욕구로, 호흡, 소화, 땀 배출, 혈압 조절 등 신체구조를 움직이고 건강하게 유지하도록 하는 중요한 과업을 수행하는 욕구다. 복잡하고 충족하기 어려운 신뇌의 욕구들도 구뇌의 생존 욕구의 협조 없이 신뇌의 작용만으로는 충족될 수 없다.

인간의 욕구는 한 번에 한 가지만 작용하는 것이 아니며, 인간은 그 우선순위를 결정하기 위해 끊임없이 갈등하게 되고 갈등 해소를 위한 자신만의 해결책을 선택하게 된다. 따라서 욕구는 행동을 결정짓는 주요한 요소이기에 진로를 선택하는 데 반드시 고려해야 한다.

Worksheet 5 Glasser 욕구검사

📖 아래 질문을 읽고 해당되는 정도에 따라 점수를 매겨 보자.

(1) 전혀 그렇지 않다   (2) 별로 그렇지 않다

(3) 때때로 그렇다   (4) 자주 그렇다

(5) 언제나 그렇다

1. 생존 욕구
   - 돈이나 물건을 절약한다. (   )
   - 돈으로 살 수 있는 것에 각별한 만족을 느낀다. (   )
   - 자신의 건강 유지에 관심이 있다. (   )
   - 균형 잡힌 식생활을 하려고 노력한다. (   )
   - 성(性)에 대한 관심이 있다. (   )
   - 매사에 보수적인 편이다. (   )
   - 안정된 미래를 위해 저축하거나 투자한다. (   )
   - 부득이한 경우가 아니면 모험을 피하고 싶다. (   )
   - 외모를 단정하게 가꾸는 데 관심이 있다. (   )
   - 쓸 수 있는 물건을 버리지 않고 간직한다. (   )

2. 사랑과 소속의 욕구
   - 나는 사랑과 친근감을 많이 필요로 한다. (   )
   - 다른 사람의 복지에 관심이 있다. (   )
   - 타인을 위한 일에 시간을 낸다. (   )
   - 장거리 여행 때 옆자리의 사람에게 말을 거는 편이다. (   )
   - 사람들과 함께 있는 것을 좋아한다. (   )
   - 아는 사람과는 가깝고 친밀하게 지낸다. (   )
   - 가족이나 가까운 친구가 내게 관심을 가져주길 바란다. (   )
   - 다른 사람이 나를 좋아해 주길 바란다. (   )
   - 다른 사람들에게 친절하게 대한다. (   )
   - 가족이나 가까운 친구가 나의 모든 것을 좋아해 주길 바란다. (   )

3. 힘과 성취의 욕구
  - 내가 하는 일이나 작업에 대해 사람들로부터 인정받고 싶다. (   )
  - 다른 사람에게 충고나 조언을 잘한다. (   )
  - 다른 사람에게 무엇을 하라고 잘 지시하는 편이다. (   )
  - 경제적으로 남보다 잘 살고 싶다. (   )
  - 사람들에게 칭찬 듣는 것을 좋아한다. (   )
  - 내 밑에서 일하는 사람이 문제가 있다면 쉽게 해고할 수 있다. (   )
  - 내 분야에서 탁월한 사람이 되고 싶다. (   )
  - 어떤 집단에서든 지도자가 되고 싶다. (   )
  - 자신을 가치 있는 인간이라고 느낀다. (   )
  - 내 성취와 재능을 자랑스럽게 여긴다. (   )

4. 자유의 욕구
  - 사람들이 내게 어떻게 하라고 지시하는 것이 싫다. (   )
  - 내가 원하지 않는 일을 하라고 하면 참기 어렵다. (   )
  - 다른 사람에게 어떻게 살아야 한다고 강요하면 안 된다고 믿는다. (   )
  - 누구나 다 인생을 살고 싶은 대로 살 권리가 있다고 믿는다. (   )
  - 인간의 자유로운 선택능력을 믿는다. (   )
  - 내가 하고 싶은 일을 하고 싶을 때 하고 싶다. (   )
  - 누가 뭐라고 해도 내 방식대로 살고 싶다. (   )
  - 인간은 모두 자유롭다고 믿는다. (   )
  - 가족이나 가까운 친구의 자유를 구속하고 싶은 생각이 없다. (   )
  - 나는 열린 마음을 지니고 있다고 믿는다. (   )

5. 즐거움의 욕구
  - 큰 소리로 웃기 좋아한다. (   )
  - 유머를 사용하거나 듣는 것이 즐겁다. (   )
  - 나 자신에 대해서도 웃을 때가 있다. (   )
  - 뭐든지 유익하고 새로운 것을 배우는 것이 즐겁다. (   )
  - 흥미 있는 게임이나 놀이를 좋아한다. (   )
  - 여행하기를 좋아한다. (   )
  - 독서하기를 좋아한다. (   )
  - 영화 관람을 좋아한다. (   )

• 음악 감상을 좋아한다. (   )

• 새로운 방식으로 일하거나 생각해 보는 것이 즐겁다. (   )

구분	생존 욕구	사랑, 소속 욕구	힘, 성취 욕구	자유 욕구	즐거움 욕구
점수 합계					
순위 매기기					

"모든 행동은 매 순간 우리의 욕구를 충족하기 위한 최선의 노력이다. 나의 욕구를 정확히 알아야 내 삶을 통제할 수 있다. 자신의 욕구를 더 효과적으로 충족하도록 돕는 것이 바로 자신의 삶의 질을 향상시키는 길이다."

– William Glasser

Worksheet 6　특정 욕구가 더 강해지게 된 계기는 무엇인가

📖 사람은 매 순간 자신의 욕구가 무엇인지를 인지하고 그 욕구를 충족하는 방향으로 행동한다. 자신에게 이 욕구가 중요하고 강해진 계기가 무엇인지 탐색해 보자. 또 두 가지 욕구가 상충하였던 상황에서 어떤 선택을 하였는지 사례를 찾아서 발표해 보자.

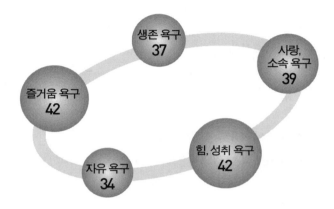

워크시트 활용 및 해석 Tip

워크시트 5의 검사를 실시하고 각 욕구별 점수 합계와 욕구 순위를 적는다. 조를 편성한 후 워크시트 6에 자신의 사례를 작성하고 조별로 발표를 한다. 조원들은 먼저 자신의 욕구 순위를 발표하고 자신의 욕구가 강해진 계기에 대해서 이야기를 나누며 두 가지 욕구가 상충되었던 사례에 대해 토론해 본다.

자신의 욕구에 대해 파악하였다면 욕구를 해소하기 위해 하고 있는 행동들을 평가해 볼 필요가 있다. 다음은 Glasser의 현실치료에서 사용하는 WDEP 기법이다.

WDEP
1. 자신의 바람 파악(Want) – 내가 원하는 것이 무엇인가?
2. 현재 자신의 행동 파악(Doing) – 내가 원하는 것을 얻기 위해 무엇을 하고 있는가?
3. 평가하기(Evaluating) – 지금의 행동이 내가 원하는 것을 얻는 데 도움이 되는가?
4. 계획하기(Plan) – 새로운 계획 짜기

먼저 자신의 욕구가 무엇인지 파악하고, 현재 하고 있는 행동을 파악하며, 자신이 원하는 바를 얻는 데 그 행동이 어느 정도 도움이 되는지 평가분석을 한 후, 도움이 되지 않는다면 새로운 계획을 수립하여 실천해 가는 방법이다.

2) 매슬로의 욕구위계이론

매슬로는 인간은 모두 공통된 욕구를 가지고 있으며, 이 욕구들은 위계가 있어서 하위 욕구가 만족되어야 상위 욕구를 추구할 수 있다고 주장하였다. 직업을 선택하고 진로를 결정하는 데 있어서도 기본적인 생리적 욕구가 만족되지 않으면 상위 욕구인 안전 욕구나 소속의 욕구를 충족할 수 없으며, 자아실현의 욕구까지 추구하기는 더욱 어려워진다. 매슬로의 욕구위계이론에 대해서 좀 더 알아보자.

(1) 기본 전제
- 결정론적 입장의 정신분석과 기계론적 입장의 행동주의를 비판
- 인간의 건강한 면을 강조하고 환자가 아닌 건강한 사람들의 성격 연구
- 인간은 자신의 잠재력을 발달·성장시키고 완성할 수 있는 본능적 욕구를 가지고 태어남
- 인간은 건강, 창의성, 통찰, 자아 충만과 같은 상위 수준을 향하고자 하는 내적 경향성을 지님

(2) 욕구위계설
① 생리적 욕구: 생존을 위한 필요들로 다른 욕구의 가장 기본이 되는 욕구

② 안전의 욕구: 안전, 질서, 안정성을 보장받고자 하는 욕구

③ 소속의 욕구: 소속되고 사랑을 주고받기를 원하는 욕구

④ 존중의 욕구: 자신으로부터의 존중과 타인으로부터의 존중과 인정을 받고 싶은 욕구

⑤ 자아실현의 욕구: 자신의 모든 잠재력과 능력을 인식하고 충족하고자 하는 욕구

자아실현 욕구	자신의 잠재적 역량을 발휘하여 최고가 되고자 하는 욕구
존중의 욕구	명예, 명성, 타인으로부터 인정받고 싶은 욕구
소속의 욕구	소속되어 타인들과 사귀고 사랑하고(받고) 싶은 욕구
안전의 욕구	외부(위험)로부터 자신을 보호하고자 하는 욕구
생리적 욕구	생존에 필수적인 것을 충분히 취하고 싶은 욕구

Worksheet 7 진로 선택에 있어 욕구가 상충한다면 어떻게 하겠는가

📖 가령, 급여가 많지만 가족과 떨어져 지내야 하는 직장과 급여는 적지만 가족과 함께 지낼 수 있는 직장이 있다면 어떤 선택을 하게 될까? 또 급여가 많고 승진 기회가 보장되는 직장과 자신의 역량을 마음껏 살릴 수 있으나 급여수준이 낮은 직장이 있다면 어떤 곳을 선택할 것인가? 서로 의견을 나눠 보고 개인마다 서로 다른 욕구를 중요시한다는 점을 깨달아 보자.

3. SWOT 분석을 통한 자기분석

1) SWOT의 정의

SWOT 분석은 경영전략을 형성하기 위해 기업이 환경으로부터 주어진 기회와 위험을 분석하고 기업이 가진 이용 가능한 자원의 측면에서 강점과 약점을 비교 평가하는 마케팅 전략 수립도구다. 하지만 최근에는 취업을 준비하는 데 있어서 자신의 강점과 약점을 파악하고 자신을 둘러싼 환경을 분석하여 자신에 대해 정확한 이해를 돕는 자기분석 도구로 활용되고 있다.

이 방법은 개인의 목표 달성전략을 세울 때도 매우 유용하다. 강점과 기회요인은 최대한 활용하고 걸림돌이 될 수 있는 약점은 보완하며 위협요인은 최소화해야 한다.

2) SWOT 분석방법

① 개인 내적 환경(적성, 능력, SPEC, 성격 등)을 분석하여 자신의 강점과 약점을 파악한다.
② 자신을 둘러싼 외부 환경과 상황을 분석하여 기회요인과 위협요인을 파악한다.
③ 강점을 살리고 약점을 보완하며, 기회는 활용하고 위협은 억제하는 전략을 수립한다.

3) SWOT 매트릭스 작성 예시

〈진로목표: 국제기구 직원〉

	강점(Strength)	약점(Weaknesses)
내부 환경분석 (나의 상황)	• 영어회화 능통 • 영작 수준 평균 이상 • 집중력 뛰어남 • 국제시사 상식 풍부 • 글로벌 마인드	• 수치에 관련된 역량 약함 • 대인관계 능력 부족 • 일을 미루는 습관 • 타인의 반응에 민감
	기회(Opportunity)	위협(Threat)
외부 환경분석 (나를 둘러싼 환경)	• 국제지역학부 전공 • 국제기구에 진출한 선배 많음 • 교내 영자신문 기자로 활동 • 어학연수 경험	• 전공 성적이 낮음 • 취업문이 좁음 • 해외 거주가 실질적으로 어려움

Worksheet 8 나의 SWOT 매트릭스 작성해 보기

진로목표:

	강점(Strength)	약점(Weaknesses)
내부 환경분석 **(나의 상황)**		
	기회(Opportunity)	위협(Threat)
외부 환경분석 **(나를 둘러싼 환경)**		

4) SWOT 분석을 통한 세부전략 수립

자신의 성격, 흥미, 가치관, 욕구, 적성 등을 고려하여 자신에게 알맞다고 생각되는 직업을 정하여(1개 이상) 그 직업에 진입하기 위한 자신의 <u>강점과 약점</u>을 분석하고, 자신을 둘러싼 환경(학과, 가정환경, 최근 직업 동향, 친지들의 지지, 사회, 직업 전망 등)의 <u>기회요인과 위협요인</u>을 분석하여 자기계발 실천전략을 수립해 보자.

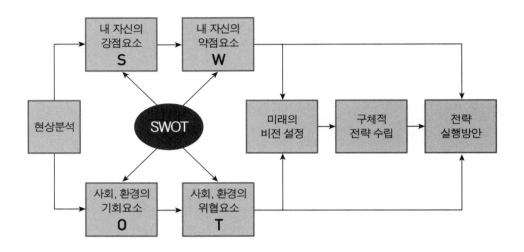

(1) SWOT 분석을 통한 경쟁우위 전략

	Strength	Weaknesses
Opportunity	SO전략: 자신의 강점을 가지고 기회를 살리는 전략	WO전략: 자신의 약점을 보완하여 기회를 살리는 전략
Threat	ST전략: 자신의 강점을 가지고 위협을 회피하거나 최소화하는 전략	WT전략: 자신의 약점을 보완하면서 위협을 회피하거나 최소화하는 전략

(2) SWOT 분석 예시 - 마케터

나의 현재 상황에 대한 CROSS-SWOT	S(강점) • 학과 선택의 적합성-분석적 · 논리적인 성격 • 실질적인 마케팅 경험-높은 학점	W(약점) • 높은 학년(4학년 1학기)-많은 나이 • 타 학문 지식의 부재-자격증 취득의 전무
O(기회) • 마케팅 직무에 대한 잠재력-실질적 마케팅 대학생 프로그램 다양 • 경기 회복의 조짐	SO전략 마케팅 실무능력 극대화를 통한 전문성 구비와 취업 성공	WO전략 1년의 휴학을 통한 실질적인 자격증 취득 및 역량 강화
T(위기) • 실질적인 구직자 수의 제자리걸음 • 많은 마케팅 영역의 경쟁자-업무 영역의 융합화	ST전략 마케팅과 더불어 더욱더 분석적이고 논리적인 직무영역의 탐구와 고민	WT전략 마케팅 직무 포기

Worksheet 9 SWOT 분석을 통한 실천전략 수립하기

내부요인 / 외부요인	Strength(강점)	Weaknesses(약점)
Opportunity(기회)	(SO)전략: 자신의 강점을 가지고 기회를 살리는 전략	(WO)전략: 자신의 약점을 보완하여 기회를 살리는 전략
Threat(위협)	(ST)전략: 자신의 강점을 가지고 위협을 회피하거나 최소화하는 전략	(WT)전략: 자신의 약점을 보완하면서 위협을 회피하거나 최소화하는 전략

4. 직업흥미를 통한 진로 탐색: Holland 적성탐색검사 중심으로

"직업적 흥미는 일반적으로 성격이라고 불리는 것의 일부분이기 때문에 개인의 직업적 흥미에 대한 설명은 곧 개인의 성격에 대한 설명이다." 즉, 직업흥미란 직업 선택 시 적성과 함께 가장 많이 고려되는 개인별 특성요인으로 어떤 종류의 일에 관심이 있고 좋아하는가에 대한 정도를 말한다. 따라서 특정 직업에 흥미가 있다는 것은 타인과 자신을 구분 짓는 성격의 일부라고 볼 수 있다.

진로심리학자 존 홀랜드(John L. Holland)는 이러한 생각을 바탕으로 자신의 이론을 구축하였으며, Holland 적성탐색검사의 이론적 배경은 다음과 같다.

1) Holland 검사의 이론적 배경

- Holland 검사는 개인·환경 간 적합성 모형을 토대로 개발되었다.
- 이론에 따르면 각 유형의 사람들은 성격이나 자신에 대한 평가, 선호하는 활동, 적성, 가치관 등 많은 분야에서 서로 독특함을 보인다.
- 홀랜드는 각 유형별 사람들의 독특한 특성을 이용하여 평소 활동, 자신의 유능함 지각, 선호하는 직업이나 분야, 일반적 성향 등의 영역에서 개인이 나타내는 여섯 가지 유형 각각의 상대적 우열을 구분해 냄으로써 개인의 흥미구조를 밝힐 수 있다고 주장하였다.

2) 진로이론의 기본 가정

- 대부분의 사람은 여섯 가지의 유형 중의 하나로 분류될 수 있다.
- 사람을 둘러싼 환경에도 여섯 가지의 환경이 존재한다.
- 사람들은 자신의 능력과 기술을 발휘하고 태도와 가치를 표현하며 자신에게 맞는 역할을 수행할 수 있는 환경을 찾는다.
- 개인의 행동은 성격과 환경의 상호작용에 따라 결정되므로 사람의 성격과 그 사람의 직업환경에 대한 지식은 진로 선택, 직업 변화, 직업적 성취감 등에 관해서 중요한 예측력을 가진다.

3) Holland 검사의 육각형 모형

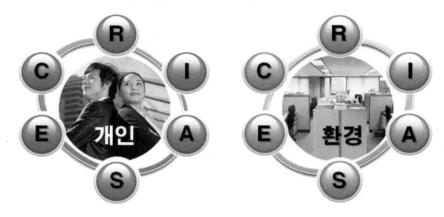

〈Holland 직업흥미〉

- 개인의 흥미 특성과 직업환경의 흥미 특성은 크게 여섯 가지 유형으로 구분
- 개인의 흥미와 직업환경이 서로 일치할 때 만족도와 적응력이 높아짐

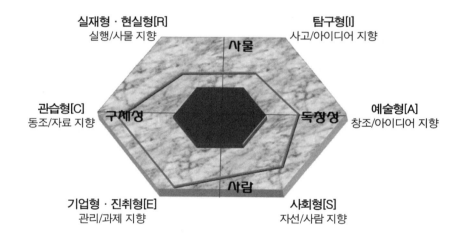

4) Holland 검사의 육각형 모형 개요

코드	대표 성격 및 적성	대표 직업
현실형 R(Realistic)	솔직하고, 성실하고, 검소하고, 신체적으로 건강하고, 소박하고, 말이 적고, 기계적 적성이 높음	기술자, 엔지니어, 농부, 자동차정비사, 전자수리 기사, 전기기사, 운동선수 등
탐구형 I(Investigative)	탐구심이 많고, 논리적·분석적·합리적이고, 지적 호기심이 많고, 수학적·과학적 적성이 높음	과학자, 의사, 생물학자, 화학자, 인류학자, 물리학자 등
예술형 A(Artistic)	상상력이 풍부하고, 감수성이 강하고, 자유분방하고, 개방적이고, 예술에 소질이 있고, 창의적 적성이 높음	예술가, 연예인, 소설가, 미술가, 음악가, 무용가, 디자이너 등
사회형 S(Social)	다른 사람에게 친절하고 이해심이 많고, 남을 도와주려고 하고, 봉사적이고, 인간관계 능력이 높고, 사람들을 좋아함	사회복지사, 심리상담사, 교사, 종교인, 간호사, 유치원 교사 등
진취형 E(Enterprising)	지도력과 설득력이 있으며, 열성적이고 경쟁적이고 야심적이며, 외향적이고 통솔력이 있으며, 언어적성이 높음	경찰, 정치가, 판사, 영업사원, 상품구매인, 보험회사원 등
관습형 C(Conventional)	책임감이 있고, 빈틈이 없고, 조심성이 있고, 변화를 좋아하지 않고, 계획성이 있고, 사무능력과 계산능력이 높음	서기, 세무사, 경리사원, 행정공무원, 은행원, 감사원 등

5) Holland 검사의 육각형 모양과 크기에 대한 해석

육각형 크기 \ 육각형 모양	한쪽으로 찌그러진 모양	정육각형에 가까운 모양
크다	1. 특정 분야에 뚜렷한 관심을 보이는 경우로, 흥미가 잘 발달되어 있고 안정적인 형태다. 자신의 성격, 능력, 경험 등이 관심 분야와 조화로운지 살펴보는 것이 바람직하다.	3. 관심 분야가 폭넓은 경우다. 거의 모든 분야에 호기심이 있지만 자신의 진정한 흥미 분야가 무엇인지 잘 모를 수 있고, 자신에 대한 이해 부족으로 지나치게 과장되게 자신을 지각하고 있을 수 있다. 능력, 성격, 경험 등을 고려하여 흥미 분야를 좁혀 보는 것이 바람직하다.
작다	2. 대체로 흥미발달이 잘 이루어지지 않았고, 특정 분야에 관심이 있긴 하지만 그 정도가 크지 않다. 조금이라도 관심이 있는 분야에 대한 적극적인 탐색을 시도해 보는 것이 바람직하다.	4. 뚜렷한 관심 분야가 없고, 무엇에 관심이 있는지, 무엇을 잘 할 수 있는지 등과 같은 자기이해가 부족한 경우이거나 심리적으로 우울하거나 자존감이 낮은 경우일 수 있다. 과거에 즐거웠거나 잘할 수 있었던 작은 경험부터 떠올려 보며 흥미 분야를 탐색해 보는 것이 바람직하다.

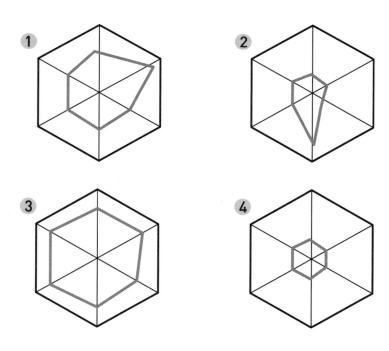

〈흥미의 육각형 모양〉

6) Holland 육각형 모형에 적합한 학군, 학과

R	I	A	S	E	C
공학계열 농학 해양수산 이학계열 체육	의학 약학 자연과학 한의학 치의학	예술 음악 미술 공예 연극영화 무용계 문학계	사회계열 가정 간호 사회복지 사범대 심리	상경 법정 사회 행정 정치	법정 상경 행정 회계 문헌정보

7) Holland 육각형 모형의 대표적인 성격 표현

R	I	A	S	E	C
실제적	분석적	상상력	협조적	활기찬	경직된
실리적	독립적	직관적	책임감	모험적	완고한
솔직한	합리적	정서적	사교적	자극적	주의 깊음
검소한	지능적	비순응적	친절한	낙관적	양심적
순수한	말없는	충동적	재치	자신감	방법적
끈덕진	내성적	개방적	우호적	야심	방어적
간단한	비판적	독립적	인내심	과시욕	유순한
순응적	정밀한	독창적	관대한	지배적	효율적
사무적	복잡한	민감한	따뜻한	외향적	질서정연

8) Holland 유형의 세부 특징

	실재형(R)	탐구형(I)	예술형(A)	사회형(S)	진취형(E)	관습형(C)
성격 특징	남성적이고, 솔직하고, 성실하고, 검소하고, 지구력이 있고, 신체적으로 건강하고, 소박하고, 말이 적고, 고집이 있고, 단순하다.	탐구심이 많고, 논리적·분석적·합리적이고, 정확하고, 지적 호기심이 많고, 비판적·내성적이고, 수줍음을 잘 타고, 신중하다.	상상력이 풍부하고, 감수성이 강하고, 자유분방하고, 개방적이다. 감정이 풍부하고, 독창적이고, 개성이 강하고, 협동적이지 않다.	사람들을 좋아하고, 어울리기 좋아하고, 친절하고, 이해심이 많고, 남을 잘 도와주고, 봉사적이고, 감정적이고, 이상주의적이다.	지배적이고, 통솔력 및 지도력이 있고, 말을 잘하고, 설득적이고, 경쟁적·야심적이고, 외향적이고, 낙관적이고, 열성적이다.	정확하고, 빈틈없고, 조심성이 있고, 세밀하고, 계획성이 있고, 변화를 좋아하지 않고, 완고하고, 책임감이 강하다.
적성 유능감	1. 기계적·운동적 능력은 있으나 대인관계 능력은 부족 2. 수공, 농업, 전기, 기술적 능력은 높으나 교육적 능력은 부족	1. 학구적·지적 자부심을 가지고 있으며, 수학적·과학적 능력은 높으나 지도력이나 설득력은 부족 2. 연구능력이 높음	1. 미술적·음악적 능력은 있으나 사무적 기술은 부족 2. 상징적·자유적·비체계적 능력은 있으나 체계적·순서적 능력은 부족	1. 사회적·교육적 지도력과 대인관계 능력은 있으나 기계적·과학적 능력은 부족 2. 기계적·체계적 능력이 부족	1. 적극적이고, 사회적이고, 지도력과 언어능력은 있으나 과학적 능력은 부족 2. 대인 간 설득적 능력은 있으나 체계적 능력은 부족	1. 사무적이며, 계산적 능력은 있지만 예술적·상상적 능력은 부족 2. 체계적, 정확성은 있으나 탐구적·독창적 능력은 부족
가치	특기, 기술, 기능, 전문성, 유능성, 생산성	탐구, 지식, 학문, 지혜, 합리성	예술, 창의성, 재능, 변화, 자유, 개성	사랑, 평등, 헌신, 공익, 용서, 봉사	권력, 야망, 명예, 모험, 자유, 보상	능률, 체계, 안전, 안정
대표 직업	기술자, 자동기계 및 항공기 조종사, 정비사, 농부, 엔지니어, 전기·기계기사, 운동선수	과학자, 생물학자, 화학자, 물리학자, 인류학자, 지질학자, 의료기술자, 의사	예술가, 작곡가, 음악가, 무대감독, 작가, 배우, 소설가, 미술가, 무용가, 디자이너	사회복지가, 교육자, 간호사, 유치원 교사, 종교지도자, 상담가, 임상치료가, 청소년 전문가	영업사원, 상품구매인, 보험회사원, 판매원, 관리자, 연출가, 광고대행업자, 언론인, 노동조합 지도자	공인회계사, 경제분석가, 은행원, 세무사, 경리사원, 감사원, 안전관리사, 사서, 법무사
전공 계열	공학계열, 농학, 해양수산, 이학계열	의학, 약학, 이학, 치의학	예술, 음악 미술 공예, 연극영화, 무용계, 인문계	사회계열, 가정, 간호, 체육, 복지, 사범대, 심리	상경, 법정, 사회, 행정, 정치	법정, 상경, 행정, 회계, 문헌정보

9) Holland 유형별 특성

(1) 현실형(R)

현실형은 손재주가 탁월하고, 기계나 컴퓨터와 같이 도구를 활용하는 데 남다른 흥미를 가지고 있다. 분명하고 질서정연하고 실질적인 것을 좋아하고, 게임과 같이 경쟁을 통한 활동을 좋아하며, 정적인 활동보다는 신체적 활동을 선호한다. 중요시하는 직업 가치는 성취와 금전적 보상이다. 사교적 재능이 부족하다 보니 타인과의 상호작용을 해야 하는 활동은 회피하는 경향이 있다.

- 손재주가 있고, 기계나 컴퓨터 등 도구 활용 등에 흥미 있음
- 분명하고 질서정연하며 실질적인 것을 좋아함
- 경쟁 및 게임 활동, 신체적 활동 선호
  ☞ 직업 가치: 성취, 금전 > 실내활동, 지식 추구

자기평가	사교적 재능보다는 손 재능 및 기계적 소질이 있다고 평가
타인평가	겸손하고 솔직하지만 다소 독단적인 경향이 있음
선호활동	기계나 도구, 장비 등의 조작
적성	기계적 · 기술적 능력
성격	현실적이고, 신중한 성격
회피활동	타인과의 상호작용

(2) 탐구형(I)

탐구형은 사물이나 자료를 관찰하고 분석하고 연구하고 평가하는 활동을 선호하며, 관심 있는 주제에 대해 계속적으로 관심을 가지고 파고드는 탐구활동을 선호한다. 다른 유형에 비해 지적 호기심이 강하여 학구적이라고 평가된다. 이들은 개인적이고 독립적인 활동을 선호하나, 타인을 설득하거나 영업을 해야 하는 활동은 회피하는 경향이 있다.

- 관찰적 · 논리적 · 분석적이며 연구, 분석, 평가활동 선호
- 논리적 · 분석적 탐구활동 선호
- 관심 있는 주제에 대해 계속적으로 관심을 가지고 파고드는 경향
- 지적 · 탐구적 · 학구적이라고 평가됨
- 개인적 · 독립적 활동 선호, 혁신적 가치관과 태도
  ☞ 직업 가치: 지식 추구, 개별 활동 > 봉사, 애국

자기평가	대인관계 능력보다는 학술적 재능이 있다고 평가
타인평가	지적이고 분석적이며 독립적이지만 내성적인 사람
선호활동	자연 및 사회현상의 탐구, 이해, 분석 및 예측
적성	학구적 능력
성격	분석적이고 지적인 성격
회피활동	설득 및 영업 활동

(3) 예술형(A)

예술형은 창조적이라 남과 다른 새로운 방법으로 생각과 감정을 표현하고 틀에 박힌 일을 반복적으로 하는 것을 싫어하기 때문에 늘 변화와 다양성을 추구한다. 자유로운 환경에서 일하는 것을 선호하기 때문에 독립적이고 비구조적인 상황에서 일하는 것을 좋아한다. 가장 중요하게 생각하는 직업 가치는 자율, 변화, 여유다. 간혹 이들은 타인이 볼 때 유별나고 예민하며 독특한 사람처럼 보일 수 있으며, 틀에 박힌 일이나 규칙을 회피하기 때문에 프리랜서로 활동하는 사람이 많다.

- 창조적, 새로운 방법으로 생각과 감정을 표현
- 변화와 다양성을 선호하고 틀에 박힌 것을 싫어함
- 자유롭고 상징적인 활동에 흥미가 있음
- 독립적이고 복잡한 비구조적인 상황 선호
  ☞ 직업 가치: 자율, 변화, 여유 > 애국, 봉사, 영향력 발휘

자기평가	사무적 재능보다는 혁신적이고 지적인 재능이 있다고 평가
타인평가	유별나고 혼란스러워 보이며 예민하지만 창조적인 사람
선호활동	문학, 음악, 미술, 기획, 영상 관련 활동
적성	예술적 · 창의적 능력
성격	경험에 대해 개방적인 성격
회피활동	틀에 박힌 일이나 규칙

(4) 사회형(S)

사회형은 다른 사람들의 문제를 들어주고 이해하고 도와주고 치료하고 봉사하고 배려하는 활동에 흥미가 있다. 늘 협력하고 함께하는 활동을 선호하고 사교적이며 동정심과 이타심이 강하다. 이들은 금전적 보상보다는 봉사와 헌신을 통해서 타인을 기쁘게 만드는 것에 직업 가치를 두고 있으며, 반대로 경쟁구도에 있거나 기계를 다루고 기술을 익히는 일에는 흥미가 없어서 회피하게 된다.

- 함께하는 활동, 타인을 도와주는 활동 선호
- 협력적, 친근, 관대함
- 타인의 문제를 듣고, 이해하고, 도와주고, 치료해 주고, 봉사하는 활동에 흥미가 있음
  ☞ 직업 가치: 봉사, 변화지향 > 금전 보상, 개별활동

자기평가	기계적 능력보다는 대인관계적 소질이 있다고 평가
타인평가	이해심이 많고 사교적이며 동정심과 이타심이 강함
선호활동	상담, 교육, 봉사 활동
적성	대인지향적 능력
성격	동정심과 참을성이 있는 성격
회피활동	기계적이고 기술적인 활동, 경쟁활동

(5) 진취형(E)

진취형은 조직의 목적과 경제적 이익을 얻기 위해서 주도적으로 계획하고 관리하고 조정하고 통제하는 일을 선호하며, 그 결과로 얻은 명예나 타인으로부터의 인정, 권위에 흥미를 가진다. 자신감이 있고 야심적이며 모든 행동의 결과로 실질적인 보상이 따르지 않으면 관심을 가지지 않는다. 중요시하는 직업 가치로는 영향력 발휘, 성취, 금전적 보상을 들 수 있다. 회피하는 활동은 지극히 과학적이거나 추상적인 주제를 다루는 일이다.

- 리더십, 도전, 책임의식, 타인에게 영향을 주는 것에 흥미를 느낌
- 조직의 목적과 경제적 이익을 얻기 위해 계획·관리하는 일과 그 결과로 얻는 명예, 인정, 권위에 흥미가 있음
- 인정, 위신, 사례 중시, 그룹, 조직, 다양한 사람 선호
- 자신감, 야심적, 외향적이며 실질적 보상에 관심 있음
  ☞ 직업 가치: 영향력 발휘, 성취, 금전 > 개별, 실내 활동

자기평가	과학적 능력보다는 설득력 및 영업능력이 있다고 평가
타인평가	열정적이고 외향적이며 모험적이지만 야심이 있는 사람
선호활동	설득, 지시, 지도 활동
적성	경영 및 영업 능력
성격	대담하고 사교적인 성격
회피활동	과학적·추상적 주제

(6) 관습형(C)

관습형은 원칙과 계획에 따라 자료를 기록하고 정리하고 조직하는 일을 좋아하며, 체계적인 작업환경 속에서 사무적인 일을 순서에 입각해 진행하는 것을 선호한다. 이들은 변화하거나 창의적인 일을 하는 것을 싫어하고 규칙에 따라서 반복적인 일을 꾸준히 하는 데 탁월한 능력을 가지고 있다. 직업적인 안정을 중요시하며 모호하고 불명확한 일을 하는 것을 회피한다.

- 원칙과 계획에 따라 자료를 기록, 정리, 조직하는 일을 좋아함
- 체계적인 작업환경에서 사무적·계산적 능력을 발휘하는 활동, 조직하는 활동을 좋아함
- 사무기기, 통제관리, 재고관리 등의 활동에 유능함
  ☞ 직업 가치: 직업 안정, 성취 > 변화지향, 영향력 발휘

자기평가	예술적 재능보다 비즈니스 실무능력이 있다고 판단
타인평가	안정을 추구하고 규율적이지만 유능한 사람
선호활동	규칙을 만들거나 따르는 활동
적성	사무적 능력
성격	현실적이고 성실한 성격
회피활동	명확하지 않은 모호한 과제, 불규칙한 일정

10) 2코드 조합의 특성

현실형 2코드 조합	코드별 특성
RI	• 기존의 체계를 개선하고 생산과 관련된 문제를 해결하는 것을 좋아한다. • 미래지향적이기보다는 실용적인 경향이 있고, 교육보다는 경험을 통해 배우는 것을 더 선호한다. • 다른 사람들과 함께 일하는 것은 별로 관심이 없는 반면, 자신의 정신적인 활동을 통해 새로운 제품이나 새로운 생산방법을 개발하는 것을 좋아한다. • 생산감독이나 연구직, 엔지니어 분야의 활동을 선호한다.
RA	• 새로운 것을 창조하기 위해 기계적인 기술을 활용하거나 자기만의 아이디어를 활용하는 일을 좋아하는 반면, 조직의 질서나 규칙 및 규정을 준수해야 하는 상황은 다소 불편해할 수 있다. • 다른 사람들은 별로 좋아하지 않는 독특한 활동을 즐기고, 활동지향적인 프로젝트를 좋아하며, 일을 통해 성취하는 것을 좋아한다. • 제조활동에서 포장디자이너 또는 신상품 개발 관련 활동을 선호한다.
RS	• 실외에서 하는 신체활동을 통해서 또는 기술적이거나 기계적인 문제해결을 통해서 다른 사람을 도와주는 것을 좋아한다. • 문제에 접근할 때에는 생각보다는 행동이 우선인 편이고, 어떤 과제를 달성해야 하는 활동에서 타인을 가르치고 훈련시키는 활동을 선호한다. • 전통적인 인간지향적 서비스 분야보다는 행동지향적 서비스 분야를 더 선호한다. • 운동 코치나 감독, 고객 서비스 분야를 선호한다.
RE	• 작은 사업일지라도 자신이 직접 운영하는 것을 더 좋아하고, 때로는 다른 사람들에게 무엇을 지시하거나 관리하지 않고 혼자서 묵묵히 일하기도 한다. • 명령체계가 잘 확립된 체계적인 업무환경을 좋아하고, 자신의 노력으로부터 명확하게 눈에 보이는 결과를 원한다. • 회의나 토론을 별로 좋아하지 않고 성공을 위해 다른 사람들보다 열심히 오래 일하고자 하는 행동지향적인 경향이 있다. • 생산, 건축, 전문적인 무역과 관련된 업무를 선호한다.
RC	• 생산활동이나 생산관리 활동 그리고 도구나 기계를 사용하는 활동을 좋아한다. • 안정적이고 착실하며 실재적이고 매우 신뢰할 만한 사람이다. • 잘 체계화된 일이나 명령체계가 명확한 일을 좋아하고, 자신의 업무를 스스로 계획하고 타인에 의해 방해받지 않는 일을 좋아하며, 자신에게 맡겨진 일에 대한 책임감이 무척 강하다. • 구체적인 생산활동이나 기계 관련 분야의 활동을 선호한다.

탐구형 2코드 조합	코드별 특성
IR	• 실질적인 생산품을 위한 연구활동이나 신상품 개발을 좋아한다. • 독특한 방식으로 문제해결에 접근하며 다른 전문가들과의 상호작용을 통해 배우는 것을 선호한다. • 다른 사람들과 함께 일하는 데에는 별로 관심이 없는 반면, 자신의 정신적인 활동을 통해 새로운 제품이나 생산방법을 개발하는 것을 좋아한다. • 의료직종이나 공학 분야의 연구활동을 선호한다.
IA	• 아이디어나 이론이 필요한 과학 분야를 좋아하고, 새로운 이론을 정립하고 모형을 설계하거나 전략을 개발하고 연구하는 데 탁월하다. • 아이디어를 제공하고 새로운 체계를 설계하거나 상품이나 서비스를 홍보하는 활동을 좋아한다. • 다른 사람들을 감독하는 것을 좋아하지 않고, 자신 또한 다른 사람의 감독을 받는 것을 좋아하지 않는다. • 일에 대하여 개념적인 접근을 하는 시스템 분석가나 대학교수 등의 직업을 선호한다.
IS	• 시스템을 분석하거나 이론을 실천하는 분야의 일을 좋아한다. • 추상적이고 연구지향적인 방법으로 사람들과 관련된 일을 선호하며, 과업지향적인 경향이 있다. • 문제를 해결하기 위해 사람들과 함께 논의하고 토론하는 것을 좋아하며, 긍정적이고 낙관적인 성향을 가지고 있다. • 경쟁적이고 요구가 많은 상황이나 사람들은 좋아하지 않고, 창시자보다는 촉진자의 역할을 더 선호한다. • 시스템 연구가나 인사관리 혹은 교육컨설팅 분야의 일을 선호한다.
IE	• 특수한 기술이나 지식을 바탕으로 하는 분야의 일을 선호하고, 새로운 모험에 도전하는 것을 좋아한다. • 과학적이고 연구지향적인 자세로 일을 추진하려는 경향이 있고, 연구개발 유형의 사람들과 마케팅 및 판매 유형의 사람들 사이를 잘 연결하여 생산성을 높일 수도 있다. • 직무분석가, 법률 전문가, 시스템 기술자 등의 활동을 선호한다.
IC	• 인내를 필요로 하는 장기적인 문제나 이론을 다루는 일을 좋아한다. • 집중력이 뛰어나고, 연구와 문제해결 활동을 즐기며, 자신의 분야에서 전문가가 되기 위해 노력을 아끼지 않는다. • 새로운 일을 찾기보다는 자신에게 할당되는 프로젝트를 선호하고, 일단 과제가 주어지면 정해진 시간 내에 부지런히 일해서 그 일을 완성해 내고자 한다. • 현실감각을 바탕으로 분석이나 수요 예측 및 기업의 기획실에서 하는 활동을 선호한다.

예술형 2코드 조합	코드별 특성
AR	• 눈에 보이는 사물을 대상으로 하는 창조적인 활동을 좋아하므로 응용예술 분야의 독창적인 작품활동을 선호하고, 다른 사람들과 함께 일하기보다는 혼자서 프리랜서로 일하는 것을 더 선호하는 경향이 있다. • 다른 사람들은 하지 않는 독특한 활동을 즐기고, 활동지향적인 프로젝트를 좋아하며, 일을 통해 성취하는 것을 좋아한다. • 상품의 디스플레이어 또는 실내장식 등의 상업미술 분야의 일을 선호한다.
AI	• 추상적인 개념을 사용하는 창조적인 활동을 좋아하고, 최신 경향에 민감하며, 다른 사람들의 변화에 영향을 미치기도 한다. • 아이디어를 제공하고 새로운 체계를 설계하거나 상품이나 서비스를 홍보하는 활동을 좋아한다. • 다른 사람들을 감독하는 것을 좋아하지 않고, 자신 또한 다른 사람의 감독을 받는 것을 좋아하지 않는다. • 일에 대한 접근에 있어 통찰력과 직관력을 사용하는 작가, 비평가, 예술가 등의 직업을 선호한다.
AS	• 다소 수줍어 보일 수 있으나 끊임없이 변화를 추구하고, 자신의 가치가 도전받을 때에는 강하게 반응하는 경향이 있다. • 개인적이고 친밀한 관계를 선호하고, 다른 사람들의 행복에 기여할 수 있으며, 사람들에게 서비스를 제공할 수 있는 비영리 단체 활동을 좋아한다. • 사람들이 자신감을 갖도록 지지해 주고 불행한 사람들을 돕거나 자신이 소중히 여기는 가치를 위해 캠페인을 벌이는 활동들은 이들에게 소중한 활동이다. • 작가나 편집, 음악활동 등에서 최신 기술을 사용하는 직업을 선호한다.
AE	• 표현적이고 독립적이며 자유롭게 일하려는 경향이 있어, 자신이 원하는 프로젝트에 대해 필요할 때만 다른 사람들과 함께 일하는 것을 선호한다. • 자신의 스케줄을 스스로 계획할 수 있고 자신이 프로젝트에 기여한 바를 개인적으로 인정받을 수 있는 비구조화된 작업환경을 추구한다. • 프리랜서로 활동할 수 있는 순수미술가나 음악가 및 작가 등의 활동을 선호한다.
AC	• 창조적인 프로젝트를 조직적으로 수행하는 것을 좋아하고, 자신이 추진하는 활동은 반드시 끝까지 완성해 내는 경향이 있다. • 혼돈 속에서도 질서를 찾아내고 문제 영역을 조직화 · 구조화하여 순조롭게 일을 진행해 나가는 능력이 있다. • 효율적인 해결책을 찾기 위해 기꺼이 새롭고 다양한 방법을 시도해 보는 현실성을 반영하는 창조적인 활동 분야의 업무를 선호한다.

사회형 2코드 조합	코드별 특성
SR	• 캠프나 휴가시설에서의 활동, 이벤트 행사 및 스카우트 등의 봉사활동에 매력을 느끼고, 이러한 활동들에서 집단을 이끄는 촉진자 역할을 선호한다. • 전통적인 인간지향적 서비스 분야보다는 행동지향적인 서비스 분야, 특히 어떤 과제를 달성해야 하는 상황에서 타인을 가르치고 훈련시키는 활동을 좋아하며, 야외 그룹활동이나 서비스 분야 프로젝트의 촉진자 등의 업무를 선호한다.
SI	• 소수의 사람과 친밀한 관계를 갖고 일하는 것을 좋아하고, 긍정적이고 낙관적인 성향을 가지고 있어 경쟁적이고 요구가 많은 상황이나 사람들은 좋아하지 않으며, 창시자보다는 촉진자 역할을 더 선호한다. • 문제를 해결하는 데 있어 인간중심적인 경향이 있고, 새로운 이론을 고안하는 데 있어 그 이론이 사람들에게 얼마나 효과적일 수 있는지에 더 관심이 많은 유형이다. • 인사관리자, 사회교육 및 성인교육 기획자, 사회학자, 교사 등의 직업을 선호한다.
SA	• 자신의 주장을 지지하는 사람들과 함께 사회적인 영향력을 미칠 수 있고, 언변에 능숙하며, 자신의 신념을 위해 고집스러운 경향이 있다. • 개인적이고 친밀한 관계를 선호하고, 다른 사람들의 행복에 기여할 수 있으며, 사람들에게 서비스를 제공할 수 있는 비영리 단체 활동을 좋아한다. • 타인의 안녕에 기여할 수 있는 사회사업가나 교사 및 상담치료사와 같은 직업들을 선호한다.
SE	• 비영리적인 조직에서 일하는 것을 좋아하고, 다른 사람들을 관리 감독하는 일보다는 그들을 도와주는 활동을 더 좋아한다. • 경쟁 상황을 싫어하고 사회를 위해 금전을 어떻게 사용할 수 있는가에 관심이 많다. • 서비스 지향적인 사업을 경영하고 싶어 하고 사람들의 욕구를 충족하는 데 높은 가치를 두지만, 순이익이나 손실에 대해서도 관심이 많다. • 노동중재인이나 스카우트 지도자, 헤드헌터, 상담교사와 같은 일을 선호한다.
SC	• 직무활동의 절차도 중시하지만, 사람들에 대한 서비스에 더 관심이 많고 어려운 사람들을 보살피고 지지해 주는 것을 좋아한다. • 조직의 복지 문제에 관심이 많고 타인과 함께 일할 수 있는 구조화된 환경을 선호하며, 사람들의 복지에 기여할 수 있는 서비스 지향적인 일을 좋아한다. • 안정성과 체계화된 구조 그리고 높은 이득을 중시하고, 조직과 집단을 중심으로 타인의 안녕에 기여할 수 있는 인권보호 활동이나 분쟁 조정가 등의 직업을 선호한다.

진취형 2코드 조합	코드별 특성
ER	• 조직의 관리자 역할을 선호하고 위계체계가 명확히 확립된 조직관리를 선호한다. • 솔직하고 직접적인 표현으로 인해 통솔력이 뛰어나다는 평을 종종 듣고, 명확하고 눈에 보이는 결과를 선호하며, 회의나 토론을 별로 좋아하지 않고, 행동지향적인 경향이 있다. • 가시적인 결과를 중시하는 대규모의 조직에서 관리자 역할을 선호한다.
EI	• 특수한 기술을 바탕으로 하는 분야의 일을 선호하고, 새로운 모험에 도전하는 것을 좋아한다. • 눈에 보이는 경쟁을 좋아하고 이를 연구지향적인 자세로 추진하려 하는 유형으로, 마케팅에 필요한 결과를 잘 전달할 수 있고 연구 및 개발 유형의 사람들과 마케팅 및 판매 유형의 사람들 사이를 잘 연결하여 생산성을 높일 수도 있다. • 스포츠 과학이나 정치적인 참모, 법률 전문가나 경영 컨설턴트 및 분석가 등의 활동을 선호한다.
EA	• 뚜렷한 목적을 세우고 구조적이고 체계적으로 창조적인 문제를 다루는 분야의 일을 좋아한다. • 자신이 원하는 프로젝트에 대해 필요할 때만 다른 사람들과 함께 일하는 것을 선호하며, 자신의 스케줄을 스스로 계획할 수 있고 자신이 프로젝트에 기여한 바를 개인적으로 인정받을 수 있는 비구조화된 작업환경을 추구한다. • 어려운 상황의 경영활동에 도전하는 경향이 있으며, 창조적인 프로젝트를 추진하는 디자이너나 광고책임자 등과 같은 활동을 선호한다.
ES	• 경쟁적인 상황에서 권한을 바탕으로 조직에서 책임을 지거나 조직을 대표하는 활동을 선호한다. • 사람들의 욕구를 충족하는 데 높은 가치를 두지만, 순이익이나 손실에 대해서도 역시 관심이 많다. • 대인관계 기술이 좋고, 자신을 잘 알리며, 사람들을 설득하고 동기를 부여하며 일을 진행해 나가는 것을 즐긴다. • 호텔이나 레스토랑의 경영활동과 같은 서비스 지향적인 사업을 선호한다.
EC	• 특정 조직이나 분야에서 최고책임자 역할을 선호하며, 사업에 대한 강한 욕구를 가지고 있다. • 확고한 의사결정이나 권한을 필요로 하는 활동을 좋아하고, 경쟁적이며, 자신의 현재 성취에 만족하지 않고 끊임없이 노력하는 경향이 있다. • 사업이나 재정, 판매 등에 대한 이해가 탁월하고, 자신이 해야 할 일들을 잘 구조화해 낸다. • 재정이나 제조환경에서 관리직이나 경영 관련 활동을 선호한다.

관습형 2코드 조합	코드별 특성
CR	• 자신에게 맡겨진 일을 독립적으로 하는 것을 좋아하고, 안정적이고 착실하며 실제적인 것을 선호하는 매우 신뢰할 만한 사람이다. • 체계화된 일이나 명령체계가 명확한 일을 좋아하고, 자신의 업무를 스스로 계획하고 타인에게 방해를 받지 않는 일을 좋아하며, 자신에게 맡겨진 일에 대한 책임감이 매우 강하다. • 제조업이나 금융기관 등에서 목록정리나 회계, 재무 및 구매 등의 관리활동을 선호한다.
CI	• 일정과 일의 절차가 분명하게 제시된 프로젝트를 선호하고, 집중력을 발휘하여 일을 할 때에는 한 번에 하나씩의 프로젝트를 하길 원한다. • 연구와 문제해결 활동을 즐기며, 자신의 분야에서 전문가가 되기 위해 노력을 아끼지 않는다. • 자신만의 새로운 일을 찾기보다는 자신에게 주어진 프로젝트를 선호하고 일단 과제가 주어지면 정해진 시간 내에 그 일을 완성해 내고자 한다. • 현실적으로 결과가 나타나는 조사활동이나 분석활동 등의 업무를 선호한다.
CA	• 자신의 능력을 서서히 발휘하는 경향이 있으며, 순수예술가를 지원하는 일이나 그들에게 질서를 부여하는 활동을 좋아한다. • 혼돈 속에서도 질서를 찾아내고 문제영역을 조직화·구조화하여 순조롭게 일을 진행해 나가는 능력이 있으며, 효율적인 해결책을 찾기 위해 기꺼이 새롭고 다양한 방법을 시도해 본다. • 매스컴에서 하는 활동이나 미술관리 관련 활동 등의 업무를 선호한다.
CS	• 구조화된 환경에서 안정성을 추구하고, 다른 사람들과 함께 일하는 것을 좋아하며, 절차를 중요시하고, 예외적인 상황을 싫어하며, 시간적인 통제를 엄격하게 따르는 경향이 있다. • 사람들에 대한 서비스에 관심이 많고, 어려운 사람들을 보살피고 지지해 주는 활동을 좋아하며, 조직의 복지 문제에도 관심이 많으며, 세부사항을 챙기고 가능한 모든 방법을 사용하여 끝까지 일을 완수하는 경향이 있다. • 사무활동이나 사무지원 활동과 관련된 업무를 선호한다.
CE	• 동료들을 지지하고 지원하는 활동이나 최고책임자를 도와 재정이나 경영을 관리하는 활동을 좋아한다. • 확고한 의사결정이나 권한을 필요로 하는 활동을 좋아하고, 경쟁적이며, 자신의 현재 성취에 만족하지 않고 끊임없이 노력하는 경향이 있다. • 과업중심적이고 행동지향적이며, 가시적이고 측정 가능한 결과물을 선호하여 사업이나 재정, 판매 등에 대한 이해가 탁월하고 지지적인 팀플레이가 중요한 활동이나 재정 혹은 관리직 분야의 직업을 선호한다.

Worksheet 10　간이 Holland 유형 파악해 보기

피자가게 상황

여러 친구가 모여서
피자가게를 하려 합니다.
당신은 어떤 일을 가장 재미있게
할 수 있을 것으로 생각됩니까?
피자가게 준비~
내가 가장 재미있을 법한 일은?

피자가게 준비~ 내가 가장 재미있을 법한 일은?

재료 구입, 요리　　R

어떻게 하면 맛있는 피자를 만들 수 있을까 연구　I

가게 내부 인테리어, 포스터 제작　A

가게 내에서 서빙하며 손님을 대하는 일　S

판매 실적을 올리기 위한 홍보전략 기회　E

필요한 물품 파악, 비용 계산　C

Worksheet 11 간이 Holland 유형 파악해 보기

학교의 갑작스러운 사정으로 인해
예고 없이 오늘 강의가 휴강되었다면,
각 선호유형별로
어떤 특징적인 반응을 보였을까요?

갑작스러운 휴강 소식에 대한 사람들의 반응은?

R
I
A
S
E
C

1 R 현실형 운동장에서 혼자서 농구, 조깅, 축구를 한다.

2 I 탐구형 책(이론서)을 읽거나 왜 휴강인지 논리적 설명을 요구한다.

3 A 예술형 노래방, 영화, 쇼핑 등 엔터테인먼트를 즐기러 간다.

4 S 사회형 친구들과 강의실 또는 커피숍에서 대화를 한다.

5 E 진취형 친구들을 이끌고 강의실에서 나간 후 무엇을 할지 주도적으로 결정을 한다.

6 C 관습형 다이어리를 꺼내서 휴강일, 보충일을 꼼꼼히 메모한다.

Worksheet 12 생애진로평가(Life Career Assessment: LCA)

1) 자신의 진로 코드(두 자리)는?

2) 자신의 진로 코드에 대한 만족도는?

    10 — 20 — 30 — 40 — 50 — 60 — 70 — 80 — 90 — 100
매우 불만족   매우 만족

3) 나의 어떤 성격 특징들이 진로 코드와 일치한다고 생각됩니까?

4) 나의 진로 코드는 현재 나의 전공과 일치합니까? 어떤 점에서 일치하고 적성이 맞습니까?

5) 생활하면서 어떤 일을 하는 것이 즐겁고 또 어떤 일이 하기 싫습니까? 진로 코드와 관련시켜 보세요.

6) 내가 마음에 드는 친구 또 싫은 친구는? 그 친구들은 어떤 진로유형을 가졌을 것 같은가요?

7) 현재 나의 가족은 어떤 진로유형의 특징을 가지고 있나요?

　　① 아버지의 유형(코드)

　　② 어머니의 유형(코드)

　　③ 형제, 자매의 유형(코드)

8) 나의 여가 및 평소 개인적 생활습관에서 진로유형적 특징은?

9) 현재 나의 진로유형은 어떤 영향을 많이 받아서 형성되었을까요?
　(예: 선천적, 부모님, 가족 분위기, 선생님, 친구, 종교, 우상 등)

5. 직업심리검사의 이해

　　직업심리검사란 인간의 능력, 흥미, 성격, 태도 등과 같은 내적이고 추상적인 특성을 수량화하여 개인의 직업선택에 활용할 수 있도록 만들어진 일종의 심리 테스트다. 좋은 직업심리검사란 과학적이고 객관적인 연구과정을 통해 신뢰도, 타당도 등이 보장되어야 하며, 교육을 받은 전문적인 상담자를 통해 검사를 실시하고 결과에 대한 해석을 받아야만 그 내용을 신뢰할 수 있다.

　　직업심리검사는 흥미, 적성, 성격, 가치관 등 추상적인 특성을 측정하는 것이 가능하여, 직업목표가 없는 경우 직업 선택의 실마리를 제공한다. 또한 직업심리검사를 실시하면 자신의 직업에 대해 더 많은 관심을 갖게 되고, 몇 가지 직업목표 중 상대적으로 더 적합한 직업이 무엇인지에 대한 정보 탐색이 가능해진다.

1) 유용한 직업심리검사의 종류(워크넷[www.work.go.kr] 수록 검사)

검사명	내용
성인용 직업적성검사	• 직업선택 시 자신의 능력과 적성을 토대로 적합한 직업을 선택하도록 도와주는 심리검사 • 검사대상: 만 18세 이상 • 검사시간: 약 90분 소요(시간 제한 있음) • 주요 내용: 자신의 적성에 맞는 직업 분야 제시 • 검사 실시 요령: 이 검사는 직업적성을 종합적으로 판단하는 능력검사로 구성되어 있으며, 시간 제한이 있음
직업선호도검사 (L형)	• 직업선호도, 성격5요인검사, 생활사검사를 통합한 심리검사 • 검사대상: 만 18세 이상 • 검사시간: 약 60분 소요 • 주요 내용: 개인의 흥미유형 및 성격, 생활사 특성을 측정하여 적합 직업 안내 • 검사 실시 요령 　– 시간 제한이 없으며, 자기보고식 응답을 함 　– 너무 깊게 생각하지 말고 각 문항을 읽고 자신에게 적합한 특성에 표시할 것

직업선호도검사
(S형)
	• 좋아하는 활동, 관심 있는 직업, 선호하는 분야를 탐색하여 직업흥미 유형을 제공하는 심리검사
	• 검사대상: 만 18세 이상
	• 검사시간: 약 25분 소요
	• 주요 내용: 개인의 흥미유형 및 적합 직업 탐색
	• 검사 실시 요령
	  – 시간 제한이 없으며, 자기보고식 응답을 함
	  – 너무 깊게 생각하지 말고 각 문항을 읽고 자신에게 적합한 특성에 표시할 것

직업가치관검사	• 자신이 중요하게 생각하는 직업 가치관을 탐색하여 적합한 직업 분야를 안내하는 심리검사
	• 검사대상: 만 18세 이상
	• 검사시간: 약 20분 소요
	• 주요 내용: 직업 가치관 이해 및 적합 직업 안내
	• 검사 실시 요령
	  – 시간 제한이 없는 검사임
	  – 문항을 읽고 평소의 생각이나 행동대로 솔직하고 성실하게 응답

구직준비도검사	• 구직자들이 구직활동을 할 준비가 되어 있는지 알아보고 적합한 취업지원 서비스를 제공하는 심리검사
	• 검사대상: 성인 구직자(고등학교 졸업예정자 포함)
	• 검사시간: 약 20분
	• 주요 내용: 구직활동과 관련한 특성을 측정하여 실직자에게 구직활동에 유용한 정보를 제공
	• 검사 실시 요령
	  – 시간 제한이 없는 검사임
	  – 문항을 읽고 평소의 생각을 솔직하게 응답

대학생진로
준비도검사
	• 대학생의 진로발달 수준과 취업 준비행동 수준을 파악하여 적합한 진로 및 취업 선택을 지원하고자 개발된 심리검사
	• 검사대상: 대학생 및 취업을 준비하는 청년층 구직자
	• 검사시간: 시간 제한 없음(약 20분)
	• 주요 내용: 진로 및 취업 선택 지원을 위한 진로발달 수준 및 취업 준비행동 수준 측정
	• 검사 실시 요령
	  – 시간 제한이 없는 검사임
	  – 1부와 2부로 구성되어 있음
	  – 문항을 읽고 평소의 생각을 솔직하게 응답

창업적성검사	• 창업 소질이 있는지 파악하여 적합한 업종을 제공하는 심리검사
	• 검사대상: 만 18세 이상 직장 창업 희망자
	• 검사시간: 약 20분 소요
	• 주요 내용: 창업적성과 적합 업종 추천
	• 검사 실시 요령
	  – 시간 제한이 없는 검사임
	  – 문항을 읽고 평소의 생각이나 행동대로 솔직하고 성실하게 응답

직업전환검사	• 직업 전환을 희망하는 사람에게 적합한 직업을 추천해 주는 심리검사
	• 검사대상: 만 18세 이상 직장 경험이 있는 성인 구직자(신규 구직자 제외)
	• 검사시간: 약 20분 소요
	• 주요 내용: 전직 희망자에게 적합 직업 추천
	• 검사 실시 요령
	  – 시간 제한이 없는 검사임
	  – 문항을 읽고 평소의 생각이나 행동대로 솔직하고 성실하게 응답

IT직무 기본역량검사	• IT 직무 관련 직무능력을 인성과 적성요인 측면에서 파악하여 자신의 업무 적합도를 알아보는 심리검사 • 검사대상: 만 18세 이상 성인(IT 분야 진출을 희망하는 성인 구직자) • 검사시간: 95분 • 주요 내용: IT 직무 관련 적성 및 인성 요인 • 검사 실시 요령 – 이 검사는 IT 직무 적합성을 적성과 인성을 종합하여 판단하므로 시간 제한이 있는 능력검사 문항이 포함되어 있음
영업직무 기본역량검사	• 영업 직무 관련 능력을 인성과 적성 요인 측면에서 파악하여 자신의 업무 적합도를 알아보는 심리검사 • 검사대상: 만 18세 이상(영업직 진출을 희망하는 성인 구직자) • 검사시간: 약 50분 소요(시간 제한 있음) • 주요내용: 영업직 분야 직무 수행 및 적합 분야 제시 • 검사 실시 요령 – 이 검사는 적성과 인성을 종합적으로 판단하는 검사로 시간 제한이 있는 능력검사 문항이 포함되어 있음

2) 고용노동부 직업선호도 검사 L형 알아보기

직업선호도 검사는 노동부 사이트 워크넷(http://www.work.go.kr)에서 회원가입을 하면 무료로 검사를 받을 수 있으며, 직업선호도 검사(L형)는 직업에 대한 선호 정도를 측정하는 흥미검사, 일상생활 속에서 나타나는 개인의 성격적 특성을 측정하는 5요인 성격검사 및 과거부터 현재까지 자신의 생활 특성을 측정하는 생활사 검사로 구성되어 있다.

(1) 흥미검사 결과 바르게 이해하기

홍미검사는 유형별로 원점수와 표준점수라는 두 가지 검사 점수를 사용한다.

원점수	표준점수
점수 전환을 하기 전의 기초 점수로 개인 내적으로 어떤 유형에 가까운지에 대한 해석에 용이	타인과의 비교를 위해 원점수를 해석하기 편하게 전환한 점수로 타인들의 분포와 비교해 자신의 상대적 위치를 해석하는 데 용이

(2) 표준점수분포와 점수의 의미

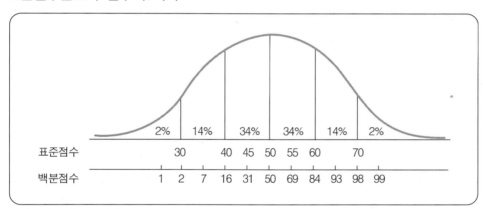

표준점수	40점 이하	41~59점	60점 이상
백분점수	16점 이하	17~83점	84점 이상
점수 의미	대체로 낮은 점수	중간 점수	대체로 높은 점수

그림에서 보는 바와 같이 원점수를 표준점수로 변환해서 해석해야 한다. 표준점수 40점 이하는 대체로 낮은 점수로 홍미가 낮다고 볼 수 있고, 41~59점은 중간 정도의 홍미를, 60점 이상은 높은 홍미를 가지고 있다고 볼 수 있다.

(3) 흥미검사 결과 예시

흥미유형별 점수

점수	당신의 흥미 코드: EA(진취형/예술형)					
	현실형(R)	탐구형(I)	예술형(A)	사회형(S)	진취형(E)	관습형(C)
원점수	3	13	27	22	28	6
표준점수	42	60	71	56	75	38

이 표를 살펴보면 원점수에서 예술형(A)과 진취형(E)이 가장 높고, 표준점수도 진취형이 상대적인 분포에서 더 높기 때문에 최종 흥미 코드는 EA(진취형/예술형)로 나와 있는 것을 볼 수 있다. 표준점수가 60점 이상이기 때문에 높은 흥미를 가지는 것으로 볼 수 있으며, 다른 유형은 중간 이하 점수로 직업적 성격유형이 분명하기 때문에 진취형이나 예술형에 포함된 직업과 직군에서 탐색해 보는 것이 용이하다.

(4) 성격검사 결과 바르게 읽기

성격검사는 외향성, 호감성, 성실성, 정서적 불안정성, 경험에 대한 개방성의 5요인으로 이루어져 있다. 그리고 각 요인은 5개의 하위 요인으로 구성되어 있으며 각각의 요인에 대한 설명은 다음과 같다.

성격 5요인	요인 설명
외향성	타인과의 상호작용을 원하고 타인의 관심을 끌고자 하는 정도
호감성	타인과 편안하고 조화로운 관계를 유지하는 정도
성실성	사회적 규칙, 규범, 원칙들을 기꺼이 지키려는 정도
정서적 불안정성	정서적으로 얼마나 안정되어 있고, 자신이 세상을 얼마나 통제할 수 있으며, 세상을 위협적이지 않다고 생각하는 정도
경험에 대한 개방성	자기 자신을 둘러싼 세계에 대한 관심, 호기심, 다양한 경험에 대한 추구와 포용력 정도

📖 **성격검사 결과 그래프 예시**

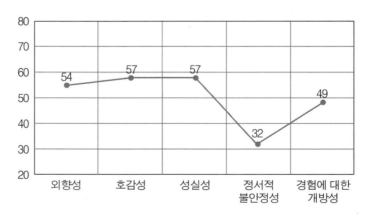

보편적으로 외향성, 호감성, 성실성, 경험에 대한 개방성은 비교적 높은 점수를, 정서적 불안정성은 비교적 낮은 점수를 받는 것이 좋다.

성격 하위 요인 점수

외향성

			20	30	40	50	60	70	80	90	100
온정성	65	H									
사교성	66	H									
리더십	75	H									
적극성	68	H									
긍정성	70	H									

호감성

			20	30	40	50	60	70	80	90	100
타인에 대한 믿음	54										
도덕성	34	L									
타인에 대한 배려	47										
수용성	49										
겸손	34	L									
휴머니즘	27	L									

성실성

			20	30	40	50	60	70	80	90	100
유능성	68	H									
조직화 능력	67	H									
책임감	57										
목표지향	73	H									
자기통제력	61	H									
완벽성	46										

정서적 불안정성

			20	30	40	50	60	70	80	90	100
불안	71	H									
분노	49										
우울	52										
자의식	63	H									
충동성	57										
스트레스 취약성	48										

경험에 대한 개방성

			20	30	40	50	60	70	80	90	100
상상력	77	H									
문화	66	H									
정서	67	H									
경험추구	64	H									
지적 호기심	78	H									

> **성격검사 결과에 대한 해석 Tip**
>
> 　성격검사 결과에서 40점 미만은 해당 성격 특성이 낮은 것으로, 60점 이상은 높은 것으로 해석할 수 있다. 앞의 결과를 보면 외향성, 호감성, 성실성, 경험에 대한 개방성은 높은 것이 좋고 정서적 불안정성은 낮은 것이 좋다. 기업의 인성검사에서 우선적으로 평가하여 당락을 좌우하는 성격 특성은 정서적 불안정성으로 불안, 분노, 우울, 자의식, 충동성, 스트레스 취약성이 월등히 높을 경우 탈락할 수 있다. 또한 외향성, 호감성, 성실성, 경험에 대한 개방성 척도도 극단적으로 높을 경우에는 좋다고 볼 수 없다. 외향성이 극단적으로 높을 경우 실내 공간에서 안정적인 근무를 하는 사무직에 맞지 않을 수 있고, 호감성이 극단적으로 높을 경우 타인의 평가에 지나치게 신경을 써서 자신의 주장을 못할 수 있다. 그리고 성실성이 극단적으로 높을 경우 강박적으로 보일 수 있고 지나치게 타인을 통제하려 할 수 있으며, 경험에 대한 개방성이 극단적으로 높을 경우 한 조직에서 오랫동안 근무하는 데 어려움이 있을 수 있다. 다음에 성격요인별 세부 해석에서 높은 점수와 낮은 점수에 대한 설명을 참고하길 바란다. 성격검사는 수시로 실시하여 자신의 상태를 점검해 보는 것이 좋다.

(5) 성격요인별 세부 해석

① 외향성 하위척도의 특징

하위척도	높은 점수	낮은 점수
온정성	• 애정이 있고 친절 • 타인과 쉽게 애착을 형성	• 적대적이지는 않지만 형식적 • 타인들과 일정한 거리를 유지
적극성	• 힘이 넘치고 계속 분주함	• 느긋하고 이완
긍정성	• 쉽게 자주 웃고 쾌활하고 낙관적	• 생기발랄하지 않음
사교성	• 사람들과 함께 있는 것을 좋아함 • 사람들이 많을수록 더 즐거워함	• 사회적 자극을 찾지 않음 • 회피하는 외로운 사람
리더십	• 지배적이고 권력지향적 • 주저함 없이 집단의 리더가 됨	• 뒤로 물러나 있는 것을 더 좋아함 • 다른 사람이 이야기하는 것을 들음

② 호감성 하위척도의 특징

하위척도	높은 점수	낮은 점수
타인에 대한 믿음	• 타인들이 정직하고 선한 의도를 가지고 있다고 믿는 경향	• 냉소적이고 회의적
도덕성	• 솔직하고 진실함	• 아첨, 속임수 등으로 타인을 조정하려는 경향
타인에 대한 배려	• 사람들을 기꺼이 도움	• 자기중심적
수용성	• 남의 의견을 잘 따름	• 공격적이고 협동보다는 경쟁

겸손	• 겸손하고 표면에 나서지 않음	• 자신이 우월한 사람이라고 믿음
휴머니즘	• 타인의 요구에 민감	• 실리적이고 동정심 없음

③ 성실성 하위척도의 특징

하위척도	높은 점수	낮은 점수
책임감	• 윤리적인 원칙을 엄격하게 준수 • 자신의 도덕적 의무를 성실히 이행	• 윤리, 도덕, 원칙, 의무와 관련된 문제에 무관심
목표지향	• 주어진 과업을 마무리하도록 동기화	• 일의 시작을 미루고 중도에 쉽게 포기
유능성	• 능력, 재치, 사려, 효율적 • 문제를 다룰 준비가 되어 있다고 느낌	• 자신의 능력에 대해 자신감이 없고 서툴다고 느낌
완벽성	• 조심스럽고 깊이 생각함	• 급하고 결과에 대한 고려 없이 빠른 결정을 내림
조직화 능력	• 단정하고 깔끔하며 잘 조직되어 있음 • 점수가 극단적으로 높을 경우 강박적 성격장애 고려	• 자신을 질서정연하지 못하다고 생각

④ 정서적 불안정성 하위척도의 특징

하위척도	높은 점수	낮은 점수
불안	• 염려, 두려움, 걱정, 긴장, 초조	• 안정되고 편안함
분노	• 분노를 경험할 경향이 높음	• 여유롭고 화를 잘 내지 않음
우울	• 죄책감, 슬픔, 절망감, 고독	• 죄책감, 슬픔, 절망 등을 잘 경험하지 않음
자의식	• 사회적 상황을 불편해하고 열등감 느낌	• 사회적 상황을 덜 불편하게 여김
충동성	• 욕망과 갈망을 통제하지 못함	• 유혹에 강함
스트레스 취약성	• 스트레스 상황에서 의존적이고 무력해짐	• 혼자 어려운 상황을 잘 다룰 수 있다고 믿음

⑤ 경험에 대한 개방성 하위척도의 특징

하위척도	높은 점수	낮은 점수
상상력	• 높은 상상력	• 지루하고, 현재 주어진 과제에 대한 생각으로 고정되어 있음
문화	• 예술과 미에 관심이 많음	• 예술과 미에 관심이 없음

정서	• 자신의 내적 감정과 정서의 수용	• 감정이 다소 둔하고 느낌이 중요하지 않다고 생각
경험추구	• 다양한 활동을 시도	• 변화를 어려워하고 기존 것에 안주
지적 호기심	• 지적 흥미를 적극적으로 추구	• 호기심 적고 제한된 주제에 초점

출처: www.work.go.kr 직업심리검사 자료.

(6) 생활사 검사

생활사 검사는 대인관계지향, 독립심, 가족친화, 야망, 학업성취, 예술성, 운동선호, 종교성, 직무만족 등 한 개인의 생활사 전반에 대한 수준을 알아보는 검사로 구성되어 있으며, 하위 요인에 대한 설명은 다음과 같다.

생활사 구성요인	요인 설명
대인관계지향	사람들과 어울려 지내는 것을 편안하고 즐겁게 여기는 정도
독립심	자기 문제를 스스로 해결하는 정도
가족친화	성장기 때 가족의 심리적 지지와 관심 정도
야망	자신에게 사회적 부와 명예가 얼마나 중요한지 정도
학업성취	학창 시절의 학업 성적 정도
예술성	예술적인 자질, 경험 및 관심 정도
운동선호	운동에 관한 선호와 능력 정도
종교성	생활 속에서 종교의 중요성 정도
직무만족	과거 또는 현재의 직무에 대한 만족 정도

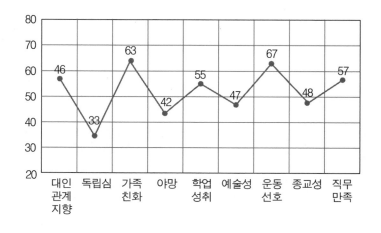

(7) 생활사 검사와 성격검사의 관계

성격검사	생활사 검사
외향성 점수가 높으면	대인관계지향, 독립심, 운동선호에서 높은 점수
성실성 점수가 높으면	대인관계지향, 독립심, 직무만족에서 높은 점수
정서적 불안정성 점수가 높으면	직무만족에서 낮은 점수
경험에 대한 개방성 점수가 높으면	대인관계지향, 독립심, 예술성에서 높은 점수
생활사 검사의 모든 요인이 성격요인과 관련이 있는 것은 아님	
생활사 검사의 야망, 종교성 측면은 성격검사 하위 요인과 뚜렷한 상관은 없음	

(8) 흥미 코드에 적합한 직업

마지막으로 흥미 코드에 적합한 직업군에 대한 안내가 수록되어 있는데, 학력수준과 흥미 코드 조합에 맞춰 여러 직업을 보여 준다. 직업선호도 검사는 진로를 탐색하고 직업을 선택하는 데 있어서 자신의 구체적인 특성을 명확하게 통찰할 수 있는 객관적인 정보를 제공해 주며, 신뢰도와 타당도가 검증된 표준화된 검사이므로 매우 유용한 검사라고 할 수 있다. 하지만 직업적 흥미나 성격, 경험이 진로와 직업 선택을 위한 유일한 자료는 아니며, 개인의 가치관이나 신념, 목표 등이 다르고 개인이 보유하고 있는 재능이나 적성에도 차이가 있으므로 검사 결과에 전적으로 의존하지 말고 참고자료로 사용할 것을 권장한다.

📖 **나에게 적합한 직업 예시**

흥미 코드에 따라 적합 직업이 제시된다. 당신과 흥미유형이 유사한 종사자가 많은 직업을 적합 직업으로 안내한다.

학력수준	당신의 흥미 코드 EA(진취형/예술형)에 해당되는 적합 직업
고졸	농수산물 상품중개인[상품중개인], 의류판매원[판매원], 경매사[상품중개인], 패션모델[연기자]
대졸 (전문대졸 포함)	패션코디네이터[기타 영화, 연극 및 방송 관련 기술직], 인테리어디자이너[인테리어디자이너], 쇼핑 호스트[아나운서 및 리포터], 변리사[변리사]
대학원졸 이상	

3) 고용노동부—성인용 직업적성검사 알아보기

(1) 직업적성검사 개념

적성은 특정 직업에 대한 적응능력으로서의 현재 상태가 앞으로 적당한 훈련을 가했을 때 어느 정도의 성과를 올릴 수 있을 것인가에 대한 잠재적 가능성의 징후로, 장래 개연성의 범위를 보이는 개인의 현재적 상태와 성질로 정의 내릴 수 있다.

적성검사는 특정 분야의 교육, 훈련 또는 직업과 관계되는 활동을 성공적으로 예측하는 데 요구되는 능력적 측면을 검사하기 위해 만들어진 것이다. 지원 업무의 전공 지식과 업무를 수행하는 데 필요한 직업 기초능력 등을 파악할 수 있다. 언어, 수리, 추리 등의 기초능력 평가는 물론 상황 파악 및 대처 능력, 분석력 등 판단능력 또한 평가하게 된다. 적성검사는 인성검사와 달리 정확한 답안이 나와 있기 때문에 결과 역시 명확하게 나오게 된다. 적성검사를 통해서 할 수 있는 것은 다음과 같다.

① 개인이 미처 인식하지 못하는 잠재력을 발견할 수 있다.
② 개인의 특수능력이나 잠재력을 개발하도록 격려할 수 있다.
③ 학업이나 진로를 결정하는 데 있어서 중요한 정보를 제공할 수 있다.
④ 개인의 미래 학업이나 직업에서의 성공 가능성을 예측할 수 있다.
⑤ 다른 발달이나 교육적 목적에 따라서 학생들을 적성별로 분류할 수 있다.

(2) 기업 또는 조직에서 요구하는 직업 기초능력과 하위 영역

영역	하위 능력	하위 능력 요소
의사소통 능력	문서이해 능력	어휘 의미 이해, 자료의 논리적 전개 이해, 자료의 핵심 내용 요약
	문서작성 능력	사실 기록, 자신의 의견 진술
	경청능력	타인의 의견 경청, 전달 내용 핵심 파악
	언어 구사력	대인 간의 대화, 전화 사용에서의 말하기
	기초외국어 능력	외국어로 표현된 자료 읽기, 외국어를 듣고 이해
수리능력	기초연산 능력	기초적인 사칙연산, 기초적인 측정
	기초통계 능력	데이터 분석
	도표분석 능력	도표 의미 이해
	도표작성 능력	도표 내용 결정, 도표 제작
문제해결 능력	사고력	창조적인 사고, 논리적인 사고, 비판적인 사고
	문제처리 능력	문제 인식, 대안 선택, 대안 적용, 대안 적용 결과 평가

자기계발 능력	자아인식 능력	자신의 흥미, 적성 이해, 자기개선의 필요성 이해, 자신 역할 이해
	자기관리 능력	건강관리, 자신의 감정 통제, 단정한 용모와 몸가짐 유지
	경력개발 능력	성취 동기, 학습능력, 경력 개발
자원관리 능력	시간자원 관리능력	시간자원 확인, 시간자원 확보, 시간자원 활용계획 수립, 시간자원 할당
	예산관리 능력	예산 확인, 예산 할당
	물적자원 관리능력	물적자원 확인, 물적자원 할당
	인적자원 관리능력	인적자원 확인, 인적자원 할당
대인관계 능력	팀워크 능력	구성원들의 다양성 인정, 구성원들과 의견 공유, 구성원들과 협조적으로 업무 수행
	리더십 능력	구성원들에 대한 격려와 동기부여, 구성원들과 책임 공유, 변화와 개선을 위한 참여 조장, 구성원들에게 조직의 비전과 목적 안내
	갈등관리 능력	갈등의 근본 원인 이해, 갈등 상대방의 스타일 이해, 갈등의 건설적인 해결방안 탐색
	협상능력	협상을 위한 정보 수집과 상황 진단, 협상을 위한 적절한 해결방안 선택, 양보와 타협을 통한 협상
	고객서비스 능력	고객 불만사항 파악, 고객의 현재와 미래 요구 분석, 고객 요구의 개선사항 제시, 고객과 건설적인 관계 유지
정보능력	컴퓨터 활용능력	컴퓨터 기초 이해, 인터넷 사용, 소프트웨어 사용
	정보처리 능력	정보 수집, 정보분석, 정보관리, 정보 활용
기술능력	기술이해 능력	기술 파악, 기술의 장단점 이해
	기술선택 능력	기술 확인, 기술 선택
	기술적용 능력	기술 사용, 기술 사용 시 결함과 오류 확인
조직이해 능력	국제감각	국제환경 변화에 대한 이해
	조직체제 이해능력	경제적 체제 이해
	경영이해 능력	경영환경에 대한 이해
	업무이해 능력	업무에 필요한 지식 이해, 업무에 필요한 기술 이해, 업무에 필요한 태도 이해
직업윤리	근로윤리	근면성, 정직성, 성실성
	공동체윤리	봉사정신, 책임의식, 준법성, 직장 예절

(3) 직업적성검사의 구성요인과 검사 내용

적성요인	검사 내용
언어능력	단어의 설명이 주어지고 그에 가장 적합한 단어를 빠르고 정확하게 파악하는 능력을 측정하기 위한 검사
	글이 주어지고 글의 핵심적인 내용을 빠르고 정확하게 찾는 능력을 측정하기 위한 검사
	다섯 개의 낱말이 주어진 상황에서 공통점을 가진 두 개의 낱말을 빠르고 정확하게 분류하는 능력을 측정하기 위한 검사
수리능력	간단한 계산 문제들로 기초적인 계산능력을 측정하기 위한 검사
	주어진 문장을 읽고, 사칙연산, 공식의 유도 및 변형 등을 통해 문제의 해답을 끌어내는 능력을 측정하기 위한 검사
추리능력	제시된 문장을 논리적으로 재배열하고, 주어진 상황에 대한 정보를 해석하여 문제의 답을 추론하는 능력을 측정하기 위한 검사
공간능력	하나 혹은 그 이상의 시각화된 대상물을 빠르고 정확하게 심적으로 회전하는 능력을 측정하기 위한 검사
	그림 속의 특정 요소, 혹은 도형의 부분을 찾아내는 능력을 측정하기 위한 검사
지각속도	주어진 두 개의 문장이 서로 같은지 다른지를 빠르고 정확하게 파악하는 능력을 측정하기 위한 검사
	제시된 두 개의 기호, 그림, 문자 등의 크기와 형태, 방향 등을 보고 같은지 다른지를 빠르고 정확하게 비교해 내는 것을 측정하는 검사
과학능력	기계의 원리나 물질세계에 대한 원리 등을 이해하고 기계의 작동 및 조작 원리를 이해할 수 있는 능력을 측정하는 검사
집중능력	인지적 의미(글자), 지각적 판단(색)에 일으키는 간섭을 억제하는 정도를 측정하기 위한 검사
색채능력	빛의 연속 스펙트럼상에서 특정 위치에 해당하는 색상을 추론하는 능력을 측정하는 검사
사고유연성	성냥개비를 배열하여 만든 도형에서, 정해진 개수의 성냥개비를 제거하여 정해진 개수의 사각형을 만드는 능력을 측정하기 위한 검사
협응능력	주어진 도형을 보고 정확하고 바르게 빨리 그릴 수 있는지를 측정하기 위한 검사

(4) 적성검사 결과 점수의 해석

적성검사 결과 점수에 대한 해석을 할 때는 신중을 기할 필요가 있다. 보편적으로 100~111점을 자신이 속한 또래의 평균수준으로 보면 된다. 112~119점은 상위 11~20%에 해당하고, 120점 이상은 상위 10% 이내로 최상의 적성능력을 가지고 있다고 보면 된다. 반대로 88점~99점은 하위 50%에서 하위 21%로 중하, 81~87점은 하위 20%에서 하위 11%, 80점 이하는 하위 10%로 최하의 적성능력을 가지고 있다고 보면 된다. 자신의 적성검사 결과를 보고 자신의 적성능력이 원하는 직업군이 요구하는 적성능력과 차이가 크다면 직업을 선택할 때 충분히 고려해 봐야 한다. 만약 선호하는 직업은 '중상' 이상의 수리능력을 요구하는데 자신의 적성능력은 '최하'라면 부단한 노력을 해서 능력을 고쳐시켜야 한다. 게다가 어떤 적성은 노력만으로는 키우기가 힘들기 때문에 직업 선택에 더욱 신중해야 한다.

120점 이상	최상: 상위 10% 이내	88~99점	중하: 하위 50%에서 하위 21%
112~119점	상: 상위 11%에서 상위 20%	81~87점	하: 하위 20%에서 하위 11%
100~111점	중상: 상위 21%에서 상위 50%	80점 이하	최하: 하위 10% 이내

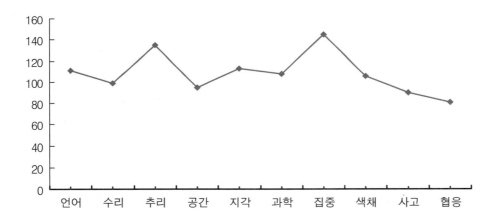

Chapter 3

직업세계의 이해

자기이해 과정과 자기분석 과정을 통해 자신의 욕구, 흥미, 성격, 적성, 가치관에 대한 다양한 정보를 수집했다면 이제 자신에게 적합한 직업으로 무엇이 있는지, 직업정보는 어떤 경로를 통해 얻어야 하는지 알아야 한다.

　　현재 『한국직업사전』에 등록되어 있는 직업 수는 대략 2만여 개에 달하지만 막상 자신이 알고 있는 직업을 나열해 보라고 하면 고작 50여 개의 직업밖에 떠올리지 못하는 실정이다. 또한 선호하는 직업군이 편중되어 있어서 정확한 직업세계에 대한 정보를 접하기는 더더욱 어렵다.

　　이 장에서는 직업의 정의와 직업의 성립요건, 직업분류 체계와 같은 기초적인 직업정보를 알아보고, 채용시장의 변화와 근로의식의 변화, 인재상의 변화와 같은 급변하는 직업세계의 구조를 파악할 것이다. 정확한 직업정보를 획득할 수 있는 다양한 사이트와 유망직업에 대해 탐색하고 이를 바탕으로 자신의 전용성 소질을 찾아서 창조적인 직업을 만들어 내는 작업도 함께 이루어질 것이다.

1. 직업의 변화

1) 직업 변화의 4단계

직업의 변화는 산업구조의 변화와 그 맥을 같이한다고 할 수 있다. 특히 개인과 사회 그리고 산업 발달과 구조 변화의 과정에서 발생한 새로운 직업은 여러 가지 요인과 맞물려 비중 있는 직업으로서 각광을 받으면서 수요가 늘어나고 성장하거나 더욱 발전하여 유관 직업으로의 직업 분화가 이루어지기도 한다. 물론 생성된 모든 직업이 지속적인 성장을 하는 것은 아니어서 시대적 필요성에 부합하지 못하는 직업들은 자연스럽게 도태된다. 이처럼 직업의 생명력은 궁극적으로 여러 가지 변화에 얼마나 적용할 수 있느냐의 문제다.

경쟁력 있는 직업들은 시대 변화에 따라 그 모습을 달리해 가며 새로운 경제체제에 적응해 간다. 때로는 직무가 분리되거나 통합되는 등 직업 내에서 자체적인 변화가 일어나기도 한다.

직업이 언제, 어떻게, 어떤 목적으로, 누구에 의해 생겨났거나 사라졌는가 하는 문제는 매우 복잡하고 어려운 문제이며, 관점에 따라 다르게 해석될 수 있다. 특히 직업이 발생되었거나 소멸된 시기를 명확히 규정하기란 대단히 어려운 일이다. 따라서 이러한 혼란을 없애고 변화의 구분을 명확히 하기 위해서는 직무분석적 관점에서 직업의 변화를 살펴봐야 한다.

직업의 변화는 크게 직업의 생성과 소멸로 나눌 수 있으며, 생성과 소멸은 각각 세 가지의 변화요인에 따라 통합되거나 분화된다.

(1) 직업의 생성

직업의 생성은 지금까지 『한국직업사전』에 직업명(관련 직업명, 유사 명칭 포함)으로 나타나지 않았던 직업이 새로이 조사되어 『한국직업사전』에 포함되는 것을 말하며, 그 직업은 '직업의 정의'에 부합되는 것이어야 한다. 생성된 직업은 '한국표준산업분류'와 '한국표준직업분류'의 분류기준에 의거해 분류될 수 있어야 한다. 여기서 생성 직업은 없었던 직업이 새로 생겨난다는 의미의 신생(新生) 직업과는 다른 의미로 직업사전에 새롭게 수록되는 모든 직업을 지칭하며, 광의로 신생 직업을 포함한다.

신생 직업이 『한국직업사전』에 수록될지 여부는 직무조사가 특정 시기에 이루어진다는 제약성으로 인하여 신속히 반영되지 않을 수도 있다. 따라서 이미 존재하고 있는 직업이 추후에 조사되어 사전에 수록될 경우 관계자 의견, 사회적 통념, 그리고 조사자의 판단을 종합하여 누락 직업인지 생성 직업인지를 결정한다.

(2) 직업의 통합

직업의 통합은 여러 개의 직업으로 분류되어 있던 직업이 직무의 유사성, 자동화로 인한 공정의 단순화, 다기능화에 따른 직무 통합 등으로 인하여 수직적·수평적 단일화가 이루어진 것을 말한다. 『한국직업사전』에 수록된 직업은 동일 직무를 수행하는 직위들이 하나의 직업명으로 표기되므로 직무의 통합은 직업의 통합과 유사하다. 직무의 통합에는 기능 정도가 다른 직무의 통합과 기능 정도는 같고 업무 범위가 다른 직무의 통합도 포함된다.

(3) 직업의 분화

직업의 분화는 그 직업이 사회적·시대적 흐름과 맞물려 수요가 증가함으로써 단일 직업이 여러 개의 관련 직업으로 세분화되는 직업적 성장 상태를 말한다. 업무의 효율화를 위한 직무의 세분과 직위의 세분 등도 포함된다. 그러나 제품에 따라 직업명을 부여할 수는 없다.

(4) 직업의 소멸

직업의 소멸은 지금까지 『한국직업사전』에 직업명(관련 직업명, 유사 명칭 포함)으로 나타나 있던 직업이 『한국직업사전』에서 사라진 것을 말한다. 즉, 과학기술의 발달로 인한 수요의 감소, 자동화에 따른 공정의 단순화, 생산적인 가치 창출 불가능, 대체 직업에 의한 경쟁력 약화 등 시대적·사회적 필요성의 소진 때문에 직업적 분화와 통합을 멈추고 자취를 감춘 직업이다. 여기서 소멸 직업은 쇠하여 점차 사라지고 있다는 의미의 쇠퇴 직업과는 다른 의미로 직업명 변경을 제외하고 『한국직업사전』에서 삭제되는 모든 직업을 지칭한다. 따라서 직무조사가 어려울 정도로 사라지고 있는 직업일지라도 작업자가 한 명이라도 존재하여 『한국직업사전』에 수록되어 있다면, 이는 소멸 직업이 아니라 쇠퇴 직업으로 간주한다. 또한 쇠퇴 직업은 직무분석가 및 관련 전문가들의 의견을 반영하여 『한국직업사전』에서 삭제될 수 있다.

2) 직업 및 직무의 정의

'직무', '직업', '직위', '작업', '작업요소' 등은 누가, 언제, 어떤 목적으로 사용하느냐에 따라 그 정의가 달라질 수 있으며 상황에 따라 서로 호환하여 사용되기도 한다. 어떤 직무에서는 '작업요소'인 것이 다른 직무에서는 '작업'이 될 수도 있다. 이러한 용어들은 어디에서나 일반적으로 사용되지만 산업, 사업체 등에 따라 달리 분류되어 사용되기도 한다.

- **동작(motion, 動作)**: 작업요소를 구성하는 작업자의 기본 행위를 말한다. 신체의 일부를 움직이거나 이동하는 등의 작업과 관련된 모든 행위가 포함된다.

- **작업요소(task element, 作業尿素)**: 작업을 구성하는 하위요소로, 관련 있는 여러 개의 동작이 하나의 작업요소를 형성한다. 이 작업요소 하나로는 유용한 결과를 얻을 수 없지만, 몇 개의 작업요소가 합해지면 유용한 결과를 얻을 수 있다.

- **작업(task, 作業)**: 직무를 구성하는 하위요소로, 관련 있는 여러 개의 작업요소가 하나의 작업을 형성한다. 작업은 직무를 단계별로 작은 부분으로 나눈 것으로, 완전한 작업단위를 나타내고 자체로 독립될 수 있으며 측정 가능한 행동을 말한다. 작업에는 작업자가 수행하는 정신적·육체적 활동이 포함되며 일 또는 과업 등으로 표현되기도 한다.

- **직위(position, 職位)**: 작업자 개개인에게 임무, 일, 책임의 영역이 분명히 존재하여 작업이 수행될 경우, 개개인의 작업을 직위라 한다. 직위는 개개인의 사회적·신분적 지위나 위계적인 상하의 지위를 의미하는 것이 아니라 직무상의 지위를 의미하는 것으로, 직무가 조직 내의 직무체계 안에서 차지하는 위치를 나타내는 것이다.

- **직무(job, 職務)**: 다른 직무와 구별되는 주요한 일, 또는 특징적인 일의 수행 측면에서 볼 때 동일하다고 인정되는 직위의 일군으로 작업자가 수행하는 임무와 일이 직무를 구성한다. 만일 여러 사람이 동일한 임무와 일을 수행하고 있다면 그들은 동일한 직무를 수행하고 있는 것이다. 각각의 직무는 직무분석의 대상이 되며 독립된 직업 결정의 중요한 기준이 된다. 조직 내의 직무 수는 직위 수와 같거나 적다.

- **직업(occupation, 職業)**: 하나의 사업장 이상에서 발견되며 한 사람 이상의 작업자가 수행하는 공통된 직무들의 묶음이다. 특정한 직업은 작업목적, 작업방법, 중간재료, 최종 생산물, 작업자의 행동, 작업자의 특성 등의 관점에서 볼 때 유사한 관계에 있다. 여기서 사업장의 범위는 1인이 경영하는 자영업체에서 대규모 사업체까지를 포함한다. 직업이 유사한 직무의 집합이라는 것은 하나의 직업이 다른 직업과 구별되는 특정한 직무를 가지고 있어야 한다는 것과 일맥상통한다.

- **직종(occupations, 職種)**: 직무의 복잡함과 책임의 비중은 다르지만 직무 내용이 유사한 직무의 집합을 직종이라고 하며, 통상적으로 직무 순환은 주로 이 범위 내에서 이루어진다.

3) 직업 및 직무의 성립요건

하나의 직무가 다른 직무와 구별되는 특정한 직무로 이루어진다면 그것은 별도의 단일 직업으로 간주하는 것이 일반적이다. 따라서 직업은 작업자 개개인이 수행하는 직무에 따라 결정된다. 단일 직업으로 정의되기 위해서는 직무분석가의 직무분석이 필요하다. 이를 위하여 직무분석가는 많은 직위 중에서 직무의 수를 결정할 수 있어야 하며 직무의 본질을 명확히 정의할 수 있어야 한다. 결정된 여러 직무는 직무 수행에 요구되는 능력이나 기능, 책임 등이 크게 다르지 않는 한 동일한 직무로 구분되어 하나의 직업으로 규정된다.

직업의 결정은 직무 수의 결정과 같은 의미로 사용된다. 단, 직무분석이 되어 있는 사업장의 경우는 큰 무리가 없는 한 사업장의 직무단위를 충실히 따르되, 다른 사업체의 유사 직무들과 직무 유사성, 기능, 책임 한계 등을 비교 · 검토하여 독립된 직업으로의 결정 여부를 판단한다. 또한 직업명은 직무분석의 결과 정의된 것으로 동일한 직업명이라 할지라도 산업에 따라, 국가에 따라 직업의 본질은 다를 수 있다. 많은 직위 중에서 직무의 범위를 파악하기 위해 고려해야 할 요건들은 다음과 같다.

(1) 작업의 유사성

비교대상이 되는 직무가 서로 충분한 유사성이 없거나 애매모호한 경우는 별개의 직무로 간주한다. 비교대상이 되는 직무는 주된 작업을 대상으로 하며 작업의 상대적 빈도를 평가하여 직무의 유사성 여부를 결정한다. 또한 주기적으로 수행되는 부가적인 작업(예: 청소, 회의 등)의 경우 다른 작업자가 수행할 수도 있기 때문에 작업목적과 직접적인 관련이 없다면 직무에서 제외한다. 즉, 작업단위로 직무 파악을 하되 부가적인 작업이 작업목적과 무관하다면 직무평가 대상이 아니다.

(2) 유사한 작업의 상대적 빈도(시간 빈도)

작업자 한 사람의 작업활동의 수행 빈도는 사업체, 작업장 혹은 작업자에 따라 차이가 많다. 이러한 수행 빈도의 차이에서 유사한 작업 내용을 가진 다른 작업자의 작업활동과의 직무 유사성을 비교할 때는 다른 일에 비하여 얼마만큼의 시간비율로 수행되는가 하는 것으로 직무의 유사성을 결정한다. 즉, 작업자가 수행하는 유사 작업이 잠시 하는 일이라든가 필요할 때마다 하는 일이라면 다른 직무로 결정된다. 그러므로 작업자가 동일한 작업을 수행한다고 해서 반드시 동일한 직무를 수행하는 것은 아니다.

(3) 작업자의 순환

작업자가 정기적으로 순환(rotation)하는 경우 작업자의 활동은 하나의 직무로서 종합적으로 분석되어야 하는데, 작업자가 순환하면서 행하는 모든 활동은 유사한 작업 빈도를 가진 모든 작업자가 수행하기 때문이다. 순환주기는 시간, 일, 월, 연 단위 등으로 다양할 수 있다.

4) 직업의 성립요건

일반적으로 '직업'으로 규정되기 위해서는 윤리적인 행위, 보수가 주어지는 행위, 연속성을 띠는 행위 등의 요건을 충족하여야 한다.

- 윤리성과 사회성: 사회의 공동생활에 기여하는 것으로서 법에 저촉되지 않는 것이어야 한다. 따라서 공공복지에 반하는 비윤리적 행위는 직업으로 볼 수 없다.
- 경제성: 직업은 임금을 받을 목적(생계 유지)으로 육체적 · 정신적 노동력이 제공되어야 하기 때문에 무보수의 행위는 직업으로 볼 수 없다. 그러나 부업과 같이 그 보수가 일상 생계를 유지하기 위한 일부가 되는 것은 직업으로 간주한다.
- 계속성: 생계를 유지하기 위하여 연속적으로 노동력이 제공되어야 한다. 따라서 계속성이 없는 일시적 행위는 직업이라고 할 수 없다. 그러나 일용 근로자와 같이 매일 그 작업 내용이 바뀌더라도 노동력의 제공이 계속적으로 이루어지는 경우에는 직업이다. 즉, 일의 계속성이란 일시적인 것을 제외한 다음에 해당하는 것을 말한다.
  - 매일, 매주, 매월 등 주기적으로 행하는 것
  - 계절적으로 행해지는 것
  - 명확한 주기는 없으나 계속적으로 행해지는 것
  - 현재 수행하고 있는 일을 계속적으로 수행할 의지와 가능성이 있는 것

Worksheet 1 조폭도 직업일까?

다음의 기사를 읽고 조폭이 직업인지 아닌지에 대해서 토론해 보자.

"조직폭력배 진출 업종 평균 3.9개, 조직원 월 임금 400만 원"

국내 폭력조직은 유흥업소, 오락실 등 사행산업 위주로 평균 3.9개 업종에 진출해 있으며 조직원들의 월수입은 400만 원가량인 것으로 조사됐다. 이들이 뿌리 뽑히지 않는 이유는 허술한 법망과 심지어 조폭을 미화하는 왜곡된 국민의식이 존재하기 때문인 것으로 분석돼 법제정비, 범죄이익 몰수 등과 함께 청소년 폭력서클 등과의 연계를 끊는 것이 시급한 것으로 지적되었다.

한국형사정책연구원은 2006년 협동연구과제로 국내 폭력조직 범죄에 대한 광범위한 연구를 벌여 '조직폭력배의 소득원', '폭력조직자금의 동결방안', '폭력조직의 서식환경', '폭력조직의 하위문화' 등의 연구보고서를 내놨다.

연구진은 지난해 4월 초 전국 교도소 6곳에 수감된 서로 다른 폭력조직의 조직원 109명을 설문조사하고 이 중 29명을 면접조사 했으며 설문조사에 응한 109명을 같은 수의 조직으로 간주해 분석했다. 조직원 숫자에 따른 조직 규모를 보면 50명 미만 29개, 50~100명 50개, 그리고 100명 이상이 30개였다. 지역별로는 절반이 넘는 57개가 수도권과 대도시를 기반으로 했고, 설립 시기별로는 1970년대 15개, 1980년대 52개, 1990년대 30개였다.

연구결과에 따르면, 이들 조직은 평균 3.9개의 사업 분야에 진출해 있으며 유흥업소, 오락실, 게임장 등을 직접 운영하거나 간접 관리하는 경우가 많았다. 대표사업의 연간 수입 규모는 1억~5억 원이 30.0%로 가장 많았고 10억 원 이상도 18.9%나 됐다.

조직원 월평균 수입은 100만~300만 원 29.2%, 300만~500만 원 28.1%, 500만~1000만 원 22.5% 등이었지만 조직 일을 하고 받는 대가는 100만~200만 원이 27.5%로 가장 많았다.

수입은 지위에 따라 부두목 > 두목 > 행동대장 > 고문 > 조직원, 학력에 따라서는 중졸 > 고졸 > 전문대졸 > 초졸 순이어서 일반 직장인들과는 대조를 보였다.

출처: 연합뉴스, 강의영 기자, CAP(청년층 직업지도프로그램) 읽기자료.

Worksheet 2 직업일까? 아닐까?

※ 다음 보기에서 직업인 것에는 ○표, 직업이 아닌 것에는 ×표 하세요.

① 이자, 주식배당, 임대료(전세금), 소작료, 권리금 등과 같은 재산수입을 얻는 경우 (   )

② 연금법이나 사회보장에 의한 수입을 얻는 경우 (   )

③ 경마 등에 의한 배당금의 수입을 얻는 경우 (   )

④ 보험급 수취, 차용 또는 자기 소유의 토지나 주권을 매각하여 수입을 얻는 경우 (   )

⑤ 자기 집에서 가사활동을 하는 경우 (   )

⑥ 정규주간 교육기관에 재학하고 있는 경우 (   )

⑦ 시민 봉사활동 등으로 무급 봉사적인 일에 종사하는 경우 (   )

⑧ 강도, 절도, 매춘, 밀수 및 수형자의 활동 등 법률위반 행위나 법률에 의한 강제노동을 하는 경우
   (   )

> **워크시트 활용 및 해석 Tip**
>
> 워크시트 1에서 조직폭력배는 직업의 성립요건 중 윤리성을 만족하지 못하므로 직업이 될 수 없다. 워크시트 2를 보면서 직업의 성립요건인 윤리성, 경제성, 계속성 중 무엇을 충족하지 못하는지 질의와 응답을 통해서 정답을 맞혀 보자.
>
> 직업으로 성립하려면, 첫째, 유사한 직무를 계속하여 수행하는 계속성을 가져야 하므로 일시적인 것은 제외한다. 둘째, 경제성을 충족해야 하는데 이는 경제적인 거래관계가 성립하는 활동을 수행해야 함을 의미한다. 따라서 무급 자원봉사와 같은 활동이나 전업학생의 학습행위는 경제활동 혹은 직업으로 보지 않는다. 셋째, 윤리성과 사회성을 충족하여야 한다. 따라서 비윤리적인 영리행위나 반사회적인 활동을 통한 경제적인 이윤추구는 직업활동으로 보지 않는다. 사회성은 보다 적극적인 것으로 모든 직업활동은 사회 공동체적인 맥락에서 의미 있는 활동, 즉 사회적인 기여를 전제조건으로 하고 있다는 점을 강조한다. 또한 속박된 상태에서 이루어진 활동은 직업으로 볼 수 없다.

5) 미래의 직업세계

우리는 불확실성의 시대에 살고 있기 때문에 미래의 직업이 어떻게 될 것인가를 예측하는 것은 무척 어려운 일이다. 또한 직업의 변화는 그 자체가 독립적인 것이 아니라 기술 변화, 사회 변화, 자연재해, 경기 변동과 같은 요인들에 영향을 받기 때문이다.

현대사회는 급변하고 있고, 이전에 존재하지 않던 직업이 새로이 생성되거나 과거에 많은 사람이 종사했던 직업이 소멸되거나 혹은 직업에서 요구하는 직무의 내용이 변화하고 있다. 특히 1980년대 후반부터 본격적으로 보급되기 시작한 컴퓨터와 인터넷의 범용화는 기술 변화와 사회 변화를 초래하여 새로운 직업들을 생성시켰으며, 직무의 내용도 전산화됨에 따라 많은 변화를 초래하였다.

21세기 초에 세계경기의 침체가 시작되었음에도 한국경제가 선전할 수 있었던 것은 소비중심의 성장 때문이라고 할 수 있다. 그러나 대외 의존도가 높은 한국이 지속적으로 성장세를 유지하기 위해서는 국내 소비만으로는 한계가 있고 선진국의 경기 회복이 뒷받침되어야 한다. 또한 국제적인 테러에 따른 전쟁 위기감 고조로 증시 침체와 유가 불안 등이 변수가 될 수 있으며 미국 등 선진국의 경제 회복 여부가 우리 경제를 좌우할 수 있을 것이다.

직업 전망을 광의로 해석할 경우 경제활동인구 전망에서부터 경제구조 전망, 산업구조 전망, 고용구조 전망, 기술의 발달 예측, 사회의 변화 예측, 국가정책의 변화 방향 등 그 범위가 매우 광범위하지만, 여기에서는 미래의 직업을 예측하기 위해 향후의 전반적인 사회 변화와 직업 간의 관계를 살펴보도록 하겠다.

(1) 평생직장에서 평생직업으로 전환

입사를 한 후에 종신고용이 관행적으로 보장되어 평생직장이라고 여겨졌던 일터는 더 이상 유효하지 않게 되었다. 평생직장을 대신하여 도입되는 것이 평생직업이다. 직장을 옮긴다 해도 특정 업무에 평생 동안 종사할 평생직업인은 그 특징으로 관련 업무에 관한 지적 능력과 대외적인 상황에 유연하게 대처할 수 있는 역량을 갖춘 사람이라고 할 수 있다. 이들 또한 직무분야에서 변해가는 기술이나 소비자의 동향 등에 대한 지속적인 학습이 평생 동안 필요하며 같은 직종 내부에서 경쟁을 피할 수는 없을 것으로 예상된다. 의사나 변호사 등과 같은 전문 자격증은 평생직업인의 필수요건이라고 할 수 있는데, 자격증 소지 자체는 평생직업인으로의 성공을 보장하는 것이 아니라 특정 직업에 종사할 수 있는 최소 자격을 부여하는 것을 의미한다고 할 수 있다.

(2) 고학력 인력에 대한 수요 증가

지식기반사회의 도래에 따라 고부가가치를 창출할 수 있는 정보의 창출 속도가 빨라지고, 한번 습득한 것으로 끝나는 것이 아니라 새로운 지식을 계속 창출하고 활용함으로써 부가가치를 더욱 높일 수 있다.

OECD 회원국에서 노동수요가 급증하고 있는 직종은 주로 고등교육을 받거나 고숙련 기능을 요구하는 분야다. 그 결과, OECD 회원국에서 대학교육을 받은 사람들은 중등교육을 받은 사람들보다 훨씬 낮은 평균 실업률을 나타낸다. 뿐만 아니라 이들 국가에서 고용이 증가하는 직종은 주로 화이트칼라와 고숙련 기능 직종이며, 고용 창출이 이들 직종을 중심으로 이루어졌다. 또한 2002년 미국 노동통계국의 자료를 보면 고용이 가장 빠르게 증가할 것으로 예측되는 직업들 중에 80% 이상이 학사 이상의 교육을 요구하는 직업이다. 가장 임금이 높은 직업 50개 중에서 95% 이상의 직업이 모두 학사학위를 요구하고 있다. 요약하면, 지식기반사회의 이행이 가속화됨에 따라 점차 높은 수준의 학력을 갖춘 인력이 요구된다.

우리나라의 경우 OECD 회원국 중 대졸 청년층(25~34세)이 64%로 가장 높다. 하지만 청년층의 취업률은 경제협력개발기구 34개 회원국 중 75%로 가장 낮다. 가장 높은 네덜란드(92%)는 물론이고 멕시코(78%), 칠레(77%), 터키(76%)보다 낮은 것으로 나타났다. 고학력에 대한 선호와 사회 전반적인 학력차별 문화로 인해 청년층의 대부분이 대학을 졸업하지만, 고숙련 기능이 약하고 직무역량이 부족하다 보니 취업 이후 재교육에 따른 사회적 비용이 증가하는 것이다. 따라서 고학력 인력에 대한 수요가 증가하는 추세에 맞춰 실질적인 직업교육이 이루어질 수 있도록 대학교육의 혁신이 필요하다 하겠다.

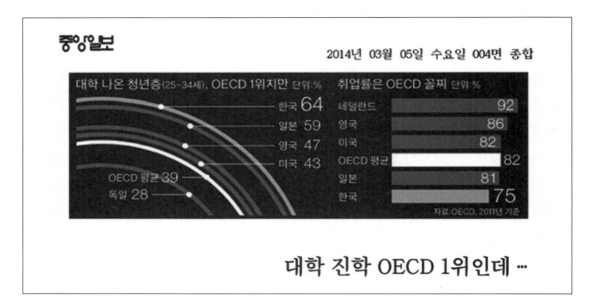

대학 진학 OECD 1위인데 …

(3) 삶의 질을 높이는 직업 비중의 증가

주 5일 근무제가 모든 근로자에게 해당되는 것은 아니지만 점차 확산되고 있는 추세를 보이고 있다. 일주일에 이틀의 여유가 생기면서 가족이나 친지와 야외에서 활동을 즐기는 사람들이 더욱 증가할 것이다. 이에 따라 숙박업, 관광 관련 산업의 비중이 높아질 것으로 예측할 수 있다.

또한 생활수준의 향상으로 삶의 여유를 즐기는 사람이 증가하면서 문화산업에 대한 수요가 증가할 것으로 예상된다. 특히 한국의 영화산업은 최근의 흥행 성공에 힘입어 더욱 번성할 것으로 예상된다. PC의 보급과 인터넷의 확산으로 젊은 층을 위주로 확산되어 가고 있는 게임 분야의 일자리도 많이 생성될 것이다. 또한 평균수명이 연장되면서 건강한 삶을 희망하는 사람도 증가하고 있다. 2010년 우리나라에는 65세 이상의 인구가 전체 인구의 약 11.3%에 달하고 있다. 이로 보아 우리나라는 고령화사회(전체 인구의 7% 이상이 65세 이상)를 이미 넘어섰고, 2018년에는 고령사회에 진입할 것이며, 계속되는 출산율 저하, 의료기술의 진전 등으로 2020년경에는 3명 중 1명이 고령자에 속하는 초고령사회에 진입할 것이다. 따라서 노인들을 대상으로 하는 실버산업의 전망이 밝으며 노인층에 대한 의료 · 보건 관련직이 증가할 것이다. 대표적으로 노인요양원 등과 같은 기관에서 노인의 건강을 돌보아 주고 서비스를 제공하는 일자리가 증가할 것으로 예측된다.

단순히 오래 사는 것보다는 활기찬 삶을 사는 것이 중요하다는 인식이 확산되면서 건강 관련 용품과 건강을 유지하기 위한 스포츠 센터, 그리고 질병이 발생했을 때 이를 치료하는 것뿐만 아니라 질병이 발생하는 것을 예방하기 위한 예방의학 관련 분야의 성장이 예측된다.

(4) 여성 노동력에 대한 수요 증가

노동시장의 변화 양상을 언급할 때 여성의 경제활동 비중이 커지고 있다는 것은 빠지지 않는 항목 중의 하나다. 이는 고등교육 기관으로의 진학률이 지속적으로 증가하면서 여성 노동력의 질이 향상되어 왔고, 출산율의 저하, 가사·육아 부담의 경감 등으로 여성의 사회참여가 꾸준히 증가되어 온 결과다. 4년제 대학 졸업생 중 여학생의 비중이 1990년도에 36.9%였던 것이 2001년도 이후부터는 대폭 증가하였으며, 여성 대졸자가 남성 대졸자보다 많아지는 추세다. 특히 서비스 관련 분야에 많은 일자리가 생성될 것으로 예측할 수 있는데, 이 분야의 직무는 여성의 섬세함이나 미적 능력 그리고 지적 능력 등이 남성보다 유리하거나 차이가 없다고 할 수 있다. 하지만 실제 채용시장에서는 여전히 여성보다는 남성을 선호하고 있으며, 대기업에서 신입사원으로 여성을 채용하는 비율은 18.5%로 매우 낮은 형편이다.

2013년 30대 여성의 경제활동 참가율이 57.0%, 2014년은 58.4%로 사상 최고치를 기록했다. 저출산으로 육아 부담이 줄어든 데다 정부의 일·가정 양립 지원정책이 영향을 미쳤을 것으로 풀이된다. 또한 경제능력을 갖춘 고학력 여성이 증가해 이들의 결혼 시기가 늦어지는 추세도 영향을 미친다고 볼 수 있다. 여성 노동력에 대한 수요 증가에 발맞추기 위해서는 정부가 주도적으로 출산, 육아, 가사 등으로 경력이 단절된 여성의 취업과 창업 지원에 예산과 정책적인 노력을 병행하여야 할 것이다.

(5) 인터넷의 도입에 따른 직무 내용의 변화

컴퓨터와 인터넷의 보급은 전 세계를 하나의 네트워크로 연결하였고 거래방식, 직업구조 그리고 개인의 생활방식을 변화시켰다. 이전에는 판매자와 수요자가 직접 얼굴을 맞대고 상품과 돈을 교환하던 방식이었으나 이제는 인터넷을 통해 전자상거래가 진행되고 있고, 모든 업무가 컴퓨터로 처리됨으로써 컴퓨터 없이 일하는 것을 상상도 못하는 직업들이 증가하고 있다. 또한 컴퓨터의 도입은 일하는 방식에도 영향을 미쳐 재택근무를 가능하게 하였으며 더 이상 작업 공간이 직장이라는 물리적 환경에 제약을 받지 않음을 알려 준다.

🍎 읽어 보기

주요 선진국이 바라본 미래 트렌드(대학생을 위한 취업교육, 한국고용정보원)

1. 경제의 글로벌화
- 신흥국 부상

세계경제에서 신흥경제권이 차지하는 비중이 지속적으로 상승. 특히 중국, 인도 등이 신흥강자로 부상함으로써 세계경제 중심축을 재편성
  - 2025년 GDP는 미국(1위), 중국(2위), 인도(3위) 순으로 전망(미 NIC)
  - 2030년에는 아시아 경제 비중이 G7을 추월(IMF)
- 불완전 글로벌 금융 시스템

국가 간 금융, 무역 시스템의 상호 연계성 증가, 경제·사회 개방 등으로 경제적 불안정성(특정 국가의 경제위기가 전 세계 경제금융 시스템에 영향을 초래) 증대
  - 2000년대 이후 글로벌 임밸런스가 지속되는 한편 국경 간 자본이동이 확대되고 있으나, 이를 조정하는 메커니즘은 미흡

2. 인구구조 변화
- 인구 증가

현재 70억 명의 인구가 2050년에는 93억 명으로 증가(UN)

향후 20년간 전 세계 인구 증가의 대부분이 아프리카, 아시아와 라틴아메리카에서 발생
  - 아프리카 지역 대다수 국가는 저개발과 빈곤, 식량·에너지 부족 등 기존 난제와 함께 인구의 지속적 증가라는 어려움에 직면
- 저출산·고령화

선진국의 경우 인구의 동태적 구조가 저출산과 고령화로 변화하면서 생산가능인구가 격감할 전망
  - 인구 고령화 추세에 따른 노동력 부족 및 성장률 둔화 우려
  - 기대수명이 늘어나 의료·요양 서비스에 대한 기대가 양적·질적으로 증가
  - 고령화로 인한 과도한 재정지출로 후세대의 부담이 늘어나는 '세대 간 불평등' 문제에 대한 관심 증대

3. 기후 변화 및 자원·에너지 고갈
- 기후 변화

1970년대 이후부터 지구는 지속적인 온난화 추세이며, 최근 들어 전 세계적으로 기상이변 발생 빈도가 증가하는 추세
  - 기후 변화는 수자원 희소지역, 농업지역 등을 중심으로 곡물파동, 물 부족 문제 야기
  - 수자원에 대한 통제가 증가할 경우 물의 무기화로 공통된 수원을 가진 국가들 간 물전쟁 발발 가능성 존재
  - 기후 변화에 대한 국제적 대응은 더욱 강화될 것이며, 오염자 부담의 원칙 확립과 온실 가스 감축 요구가 더 커질 것으로 예상
- 에너지 보존량은 한정된 반면, 신흥 거대 경제의 에너지 수요는 지속적으로 증가하여 가격 급등 가능성 커짐
  - 2035년까지 세계적으로 에너지 수요가 40~50% 증가할 것으로 예상되면서 화석연료의 대체 에너지에 대한 투자가 빠르게 증가

6) 10년 단위로 본 우리나라 직업의 변화

모든 것이 변화하듯 직업도 생성과 소멸을 거듭한다. 사회문화가 변화하는 속도만큼 직업도 변하는데 최근 직업의 생멸주기가 점점 더 빨라지고 있다. 얼마 전까지 유망 직업이라고 소개되었던 직업들이 갑작스럽게 사라지는 경우도 허다하다. 이렇듯 직업은 정치·사회·문화·경제 구조의 변화에 따라 바뀌게 되는데, 그렇다면 시대별로 어떤 직업들이 인기가 있었는지 알아보자.

1950년대에는 6·25전쟁을 겪으면서 군인과 타이피스트, 전차운전사가 인기를 끌었으며, 1960년대에는 노동집약적 산업인 섬유와 가발 산업의 성장으로 섬유공학 엔지니어, 가발 기능공이 각광을 받았다. 또 전차보다는 버스가 주된 교통수단이 되면서 버스안내양이 인기직업으로 등장하였다.

1970년대에는 수출지향적인 중화학공업 정책이 펼쳐지면서 화공, 기계공학의 엔지니어, 무역종사자와 중동건설 특수로 건설기술자가 유망 직업으로 떠올랐다. 1980년대에는 금융산업이 성장하면서 은행과 증권회사가 최고의 직장으로 부상하였고, 반도체와 선박 엔지니어가 주목받았다. 또한 컬러 TV와 88서울올림픽 개최로 드라마 프로듀서, 야구선수, 외교관, 통역사 등이 선호되었다.

1990년대에는 금융산업과 정보통신 분야 직업이 세분화되어 펀드매니저, 애널리스트, 외환딜러, 선물거래사, 웹마스터, 프로그래머 등의 직업이 인기를 끌었다. 또한 연예계 관련 직종이 성장하고, 1997년 IMF 외환위기로 M&A 전문가, 경영 컨설턴트 등이 나타나게 되었으며, 위기에 대한 반등으로 직업 안정성을 중시해 교사, 공무원에 대한 선호도가 더욱 높아졌다.

2000년대에 접어들면서 직업이 더 세분화되고 전문화되어 삶의 질 향상과 관련된 사회복지사, 한의사, 인테리어 디자이너, 생명공학 연구원을 많이 지망하였고, 공인회계사, 커플매니저, 프로게이머 등도 선호하게 되었다.

〈우리나라 직업의 변화〉

시기	명칭	주요 특징
1950년대 새 문물 도입기	굴뚝 청소부 시대	한국전쟁 이후 황폐해진 도시와 산업을 일으키기 위해 산업화의 토대를 마련하기 시작. 농업, 임업, 수산업 등 1차 산업 종사자가 전체 인구의 80%를 이룸. 전차, 전화, 라디오 등 새로운 서구문화가 본격적으로 유입되면서 전차운전사, 전화교환원, 라디오조립원, 공장노동자, 군인, 경찰 등이 유망 직종으로 떠오름

1960년대 경제 도약기	기능공/ 공장 노동자 시대	경제 개발을 위한 움직임이 시작된 시기. 경제도약기로 1차 산업과 더불어 경공업이 주력산업으로 자리매김. 농촌을 떠난 노동인력이 대거 도시로 유입돼 공장 근로자 수가 크게 증가. TV나 라디오 등 초보수준의 전자제품 제조가 가능해져 전자제품 기술자가 각광받는 직업으로 등장. 섬유, 합판, 신발 분야 기능공이 인기 직종. 대기업 중심의 산업화가 추진되면서 회사원, 타이피스트, 비서, 은행원, 공무원, 사무직종 종사자가 선망의 대상이 됨
1970년대 산업화 진전기	건설노동자/ 은행원 시대	국가중심의 경제발전을 위한 산업화 시대로서 소비재 중심의 내수시장에서 벗어나 수출과 중화학공업이 중심산업으로 부상. 대기업 중심의 사회경제 구조가 시작된 시기. 대기업 직원, 금융계 종사자, 무역회사 직원은 유망 직종이자 결혼상대 1순위. 노무사, 건설현장 노동자, 중장비 엔지니어가 특수를 잘 탄 직업
1980년대 첨단산업 및 서비스업 태동기	화이트칼라/ 유통업자 시대	1970년대 산업화가 결실을 맺은 1980년대는 중화학공업이 크게 발전. 소득이 늘어나고 산업이 고도화되면서 직업환경이 급속히 변모. 삶에 여유를 갖고, 문화에 대해 관심을 갖기 시작한 시기. 신종 직업이 등장하며 삶의 질과 관련된 산업인 증권, 보험업에 대한 관심 급증. 88서울올림픽 유치를 계기로 도소매 유통 및 음식·숙박업의 종사자가 급속히 증가. 인기 직업으로 컴퓨터 프로그램, 반도체 기술자, 증권사 직원, 광고기획자, 카피라이터, 프로듀서, 통역사 등이 있음. 컬러 TV의 보급으로 방송연예와 프로 스포츠에 대한 대중의 관심 증가
1990년대 문화산업 진전기	전문직종 시대	국가 주도로 IT가 발달하며 정보통신산업, 금융전문산업이 크게 각광. 외환딜러, 선물거래사, 펀드매니저, 프로그래머, 벤처기업가들의 역할이 새롭게 평가되면서 이들이 사회의 고급 인력으로 추앙받음. 방송연예에 대한 관심이 인터넷 수용에 적극적인 10대 청소년들을 중심으로 확산되며 연예인 코디네이터, 멀티미디어 PD, 웹마스터가 인기 직종
2000년대 첨단산업 및 레저환경 산업발전기	디지털/ 글로벌 전문가 시대	지식기반 경제활동 활발, 글로벌 인터넷 사회를 무대로 인터넷 분야 전문직 인기. 통신 네트워크 전문가, 인터넷 솔루션 전문가, 국제공인회계사, 국제회의 전문가, 국제고용 전문변호사가 유망 직종으로 부각. 우주와 인간복지에 대한 관심으로 항공우주 하이테크 종사자, 첨단의료, 유전자감식 전문가에 대한 인식 확산. 노동시간 단축, 고용 유연화 경향에 따라 삶의 여유를 즐기려는 인식. 실버산업의 대형화, 환경 전문가, 공해방지 전문가의 역할 커짐
2010년대 인간중심 산업발전기	인간관리/ 복지전문가 시대	정보통신산업과 첨단의학산업이 만개한 시대로, 노동자들의 생활수준이 높아지고 개인금융자산관리사와 사회복지, 레저관광 전문가를 찾는 이들의 발길이 늘어날 것으로 예측. 평생직장의 개념이 없어지면서 여가와 자기계발 등을 컨설팅하는 생활 컨설턴트라는 신종 직업 생성. 국적을 초월한 초대형 기업이 출현함에 따라 이들 기업에서 필요로 하는 인력관리 전문가의 위상 제고

출처: 한국고용정보원 CDP(대학생 경력개발프로그램) 자료.

2. 직업 가치관

1) 직업 가치관의 이해

직업은 왜 중요한가? 직업은 단순히 돈을 벌어 의식주를 해결하기 위한 경제적 목적뿐만 아니라 자아정체성의 발현이라 할 수 있다. 즉, 자신의 성격, 흥미, 가치관 및 적성에 맞는 직업을 통해 자신의 능력을 마음껏 발휘하고 사회적 인정과 명성을 얻음으로써 자아성취감을 얻는다는 심인적 목적도 가지고 있다. 또한 직업을 통해 조직 안에서 폭넓은 대인관계를 형성함으로써 타인의 삶에 긍정적인 영향과 도움을 줄 수도 있다. 따라서 직업은 전 생애적 관점에서 삶의 만족과 행복을 결정짓는 중요한 요소다.

그렇다면 사람들의 직업 선택의 기준은 무엇일까? 어떤 사람은 급여수준을 우선시하고, 어떤 사람은 직업의 안정성을 중요시하며, 사회적 지위와 명성 또는 개인의 발전 가능성을 선택의 핵심 기준으로 보기도 한다. 직업의 중요성을 생각한다면 보다 신중하게 직업을 선택해야 하며, 특히 자신의 특성을 면밀히 검토하고 분석하여 자신에게 가장 적합한 직업을 선택해야 한다.

Worksheet 3 직업 가치관 경매

가치	입찰액	낙찰액	자신에게 중요한 정도		
			중요하다	보통	중요하지 않다
1) 다른 사람을 돕는다.					
2) 여러 곳을 돌아다닌다.					
3) 오랜 기간 계속 일할 수 있다.					
4) 남에게 인정받는다.					
5) 급여가 많다.					
6) 독창적인 일이다.					
7) 많은 사람을 거느린다.					
8) 여가시간이 많다.					
9) 자율적으로 일한다.					
10) 여러 사람을 만날 수 있다.					
11) 자부심을 느낀다.					
12) 장래성이 있다.					
13) 능력에 따른 승진 기회가 많다.					
14) 성취감을 느낄 수 있다.					
15) 많은 사람의 존경을 받는다.					
16) 나의 능력을 개발시킨다.					
17) 근무시간이 적당하다.					
18) 사회발전에 기여한다.					
19) 종교적 신념과 일치해야 한다.					
20) 건강을 해치지 않는다.					
21) 새롭고 흥미로운 일이어야 한다.					

Worksheet 4 가치관 경매를 통한 결과 탐색

1. 내가 구입한 가치관은 몇 개인가? _____
   _____

2. 집단 구성원 모두가 중요시한 가치관은 무엇인가? _____
   _____

3. 가장 비싼 가격으로 낙찰된 가치관은 무엇인가? _____
   _____

4. 나만 중요하게 생각한 가치관은 무엇인가? _____
   _____

5. 나의 직업 가치관은 어떻게 형성되었나? _____
   _____

6. 남은 금액은 얼마인가? _____
   _____

7. 입찰액과 낙찰액의 차이는 얼마인가? _____
   _____

8. 사려고 시도했으나 중간에 포기한 가치관은 무엇인가? _____
   _____

9. 낙찰받지 못한 이유는 무엇인가? _____
   _____

워크시트 활용 및 해석 Tip

　직업 가치관 분석하기 워크시트는 개인별로 상이한 직업 선택의 기준을 알아볼 수 있는 가치관 경매 활동이다. 먼저, 직업 가치관들을 읽고 자신에게 중요한 정도를 표시한다.

　다음으로, 가상의 금액 1,000만 원을 가지고 있다고 생각하고 워크시트에 있는 가치관들을 산다면 얼마까지 투자할 것인지 금액을 산정하여 입찰액 칸에 적는다. 매우 중요한 가치관에는 높은 금액을, 보통이거나 별로 중요하지 않은 가치관에는 낮은 금액을 산정하여 모든 입찰액을 합쳐서 1,000만 원이 되도록 한다.

　모든 작업이 끝나면 조별(6~8명)로 나눈 후 각 조마다 경매사를 한 명 정하고 경매방식으로 진행한다. 경매사가 가치관을 하나씩 읽으면 조원들은 자신이 입찰액에 적어 둔 금액 이하로 경매에 참여할 수 있다. 시간 관계상 최소단위를 10만 원으로 정해 놓고 진행하는 것도 좋은 방법이다.

　최종 낙찰이 되면 낙찰액을 적고 다음 가치관 경매를 시작한다. 모든 경매를 마치면 각자 자신이 구입한 가치관이 몇 개이고 그것이 무엇인지 정리한 후, 워크시트 4를 완성하여 조별로 발표한다.

2) 직업 가치관과 연관 직업

가치요인	가치 정의	연관 직업
성취	스스로 달성하기 어려운 목표를 세우고 이를 달성하여 성취감을 맛보는 것을 중시하는 가치	대학교수, 연구원, 프로운동선수, 학자, 관리자 등
봉사	자신의 이익보다는 사회의 이익을 고려하며, 어려운 사람을 돕고 남을 위해 봉사하는 것을 중시하는 가치	판사, 소방관, 성직자, 경찰관, 사회복지사 등
개별활동	여러 사람과 어울려 일하기보다 자신만의 시간과 공간을 가지고 혼자 일하는 것을 중시하는 가치	디자이너, 화가, 운전사, 교수, 연구자, 과학자, 예술가 등
직업안정	해고나 조기퇴직의 걱정 없이 오랫동안 안정적으로 일하며 안정적인 수입을 중시하는 가치	연주가, 미용사, 교사, 약사, 변호사, 기술자, 공무원 등
변화지향	일이 반복적이거나 정형화되어 있지 않고 다양하며 새로운 것을 경험할 수 있는지를 중시하는 가치	연구원, 컨설턴트, 소프트웨어 개발자, 광고 홍보전문가, 아티스트 등
심신의 여유	건강을 유지하며 스트레스를 적게 받고 마음과 몸의 여유를 가질 수 있는 업무나 직업을 중시하는 가치	레크리에이션 진행자, 교사, 예술가, 조경기술자 등
영향력 발휘	타인에게 영향력을 행사하고 일을 자신의 뜻대로 진행할 수 있는지를 중시하는 가치	감독, 코치, 관리자, 성직자, 변호사, 최고경영자 등
지식추구	일에서 새로운 지식과 기술을 얻을 수 있고 새로운 지식을 발견할 수 있는지를 중시하는 가치	판사, 연구원, 경영 컨설턴트, 소프트웨어 개발자, 디자이너
애국	국가의 장래나 발전을 위하여 기여하는 것을 중시하는 가치	군인, 경찰관, 검사, 소방관, 민간사회단체 활동가, 국회의원 등
자율성	다른 사람들에게 지시나 통제를 받지 않고 자율적으로 업무를 해 나가는 것을 중시하는 가치	연구원, 영업사원, 광고전문가, 예술가, 여행가 등
금전적 보상	생활하는 데 경제적인 어려움이 없고 돈을 많이 벌 수 있는지를 중시하는 가치	프로선수, 증권 및 투자 중개인, 금융자산 운용가, 기업임원
인정	자신의 일이 다른 사람들로부터 인정받고 존경받을 수 있는지를 중시하는 가치	항공기조종사, 교수, 종교인, 운동선수, 예술가 등
실내활동	주로 사무실에서 일하며 신체활동을 적게 요구하는 업무나 직업을 중시하는 가치	번역사, 관리자, 상담원, 연구원, 법무사 등

출처: 워크넷(http://www.work.go.kr).

3) 직업가치관검사 결과 예시

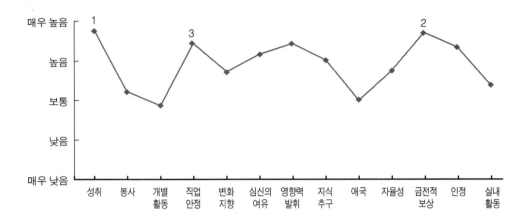

〈검사결과 요약〉

• 당신이 생각하는 가장 높은 직업 가치는 성취, 금전적 보상, 직업안정이고, 가장 낮은 가치는 개별활동, 애국, 봉사입니다.

• 당신에게 적합한 직업

0202. 노무사	0203. 헤드헌터	0209. 마케팅 및 여론조사 전문가
0213. 구매 및 자재 사무원	0302. 금융자산 운용가	0303. 증권 및 투자 중개인
0304. 보험계리인	0308. 은행사무원	0617. 안경사
0804. 출판물기획 전문가	0812. 기술감독	0827. 큐레이터
1003. <u>광고영업원</u>	1402. 건축설계 기술자	1412. 식품공학 기술자

출처: 워크넷 결과표. www.work.go.kr.

[광고영업원]이 중요시하는 가치관과 자신의 가치관 매칭 그래프

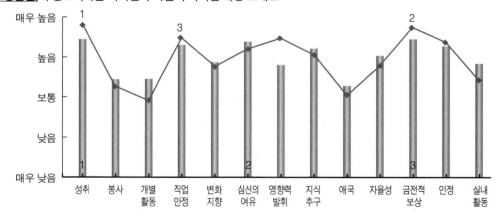

3. 직업분류

　직업분류는 직업을 체계적으로 유형화한 것으로, 직능수준이나 직능유형, 종사자 수 등을 고려하여 분류하게 된다. 직업분류를 하는 목적은 각종 통계자료 수집 시 쉽고 정확하게 하기 위해서뿐만 아니라 결과분석 시 신뢰할 수 있는 정보를 얻기 위해서다. 보통 대분류, 중분류, 소분류, 세분류, 세세분류 등으로 세분화되어 있고 수치화된 분류 코드가 부여된다.

　직업분류는 우리나라 고용시장의 인력수급 정책을 수립하는 데 기초자료로 활용할 수 있고 국가 간 노동시장 정보를 비교할 수 있는 장점이 있다. 하지만 직업은 생성, 통합, 분화, 소멸 과정을 거치며 발달하기 때문에 주기적인 조사를 통해 개정 작업이 이루어지게 된다.

1) 한국표준직업분류

　국제노동기구(ILO)의 국제표준직업분류(ISCO)를 반영한 것으로 국제 비교가 가능한 한국표준직업분류는 직무를 기본으로 직능유형, 직능수준 등을 고려하여 분류하였으며, 대분류 10개, 중분류 52개, 소분류 149개, 세분류 426개, 세세분류 1,206개로 나뉜다.

　한국표준직업분류는 워크넷(www.work.go.kr)에서 직업진로검색－한국직업사전을 통해 제공하고 있으며, 각 직업의 세세분류를 클릭하면 직무개요, 수행직무, 부가직업정보 등이 자세하게 설명되어 있다. 부가직업정보에는 ① 정규교육, ② 숙련기간, ③ 직무기능, ④ 작업강도, ⑤ 육체활동, ⑥ 작업장소, ⑦ 작업환경, ⑧ 유사명칭, ⑨ 관련 직업, ⑩ 자격·면허, ⑪ 표준산업분류, ⑫ 표준직업분류, ⑬ 조사연도가 포함되어 있다.

(1) 한국표준직업분류 요약

0

명칭　의회의원, 고위임직원 및 관리자(Legislators, Senior Officials and Managers)

내용　법률과 규칙을 제정하고 정부 및 특수 이익단체의 정책을 결정하고 감독하며, 정부를 대표, 대리하거나 기업, 단체 또는 부서의 정책을 기획, 지시 및 조정하는 직무를 수행한다. 이 대분류의 범위를 정의하는 데는 직무능력 수준에 관한 사항은 사용되지 않았다.

직능수준　직무수행 능력 수준과 무관

1

명칭　전문가(Professionals)

내용 물리 및 생명과학 및 인류학 분야에서 높은 수준의 전문적 지식과 경험을 기초로 기존의 지식을 증진시키기 위하여 과학적 개념과 이론을 응용하여 해당 분야를 연구, 개발 및 개선하며 고도의 전문 지식을 이용하여 의료진료 활동과 각급학교 학생을 지도하고 예술적인 창작활동을 수행한다.

직능수준 제4수준

2

명칭 기술공 및 준전문가(Technicians and Associate Professionals)

내용 하나 이상의 물리 및 생명과학 분야 또는 사회과학 및 인문학 분야의 기술적 지식과 경험을 기초로 전문가의 지휘하에 조사·연구 및 의료·경영·상품거래에 관련된 기술적인 업무와 스포츠 활동을 수행한다.

직능수준 제3수준

3

명칭 사무종사자(Clerks)

내용 관리자, 전문가 및 준전문가를 보조하여 경영방침에 의해 사업계획을 입안하고 계획에 따라 업무추진을 수행하며, 당해 작업에 관련된 정보 기록, 보관, 계산 및 검색 업무를 수행한다. 또한 금전취급 활동, 여행알선, 정보요청 및 예약업무에 관련하여 많은 고객을 대상으로 하는 사무적인 업무를 수행한다.

직능수준 제2수준

4

명칭 서비스 종사자(Service Workers)

내용 개인보호, 이·미용, 조리 및 신변보호에 관련된 서비스를 제공하는 업무를 수행한다.

직능수준 제2수준

5

명칭 판매종사자(Sale Workers)

내용 도·소매 상점이나 유사 사업체 또는 거리 및 공공장소에서 상품을 판매하며, 상품을 광고하거나 예술작품을 위하여 일정한 자세를 취하고 상품의 품질과 기능을 선전하는 등의 활동을 수행한다.

직능수준 제2수준

6

명칭 농업, 임업 및 어업숙련 종사자(Skilled Agricultural, Forestry and Fishery Workers)

내용 농산물, 임산물 및 수산물의 생산에 필요한 지식과 경험을 기초로 전답작물 또는 과수작물을 재배·수확하고 동물을 번식·사육하며 산림을 경작, 보존 및 개발한다. 또한 물고기의 번식 및 채취 또는 기타 형태의 수생 동식물을 양식·채취하는 업무를 수행한다.

직능수준 제2수준

7

명칭 기능원 및 관련기능 종사자(Craft and Related Trades Workers)

내용 광공업, 건설업 분야에서 관련된 지식과 기술을 응용하여 금속을 성형하고 각종 기계를 설치 및 정비한다. 또한 섬유, 수공예 제품과 목재, 금속 및 기타 제품을 가공한다. 작업은 손과 수공구를 사용하며 이러한 업무는 생산과정의 모든 공정과 사용되는 재료, 최종 제품에 관련된 내용을 이해할 수 있어야 한다.

직능수준 제2수준

8

명칭 장치 기계조작 및 조립 종사자(Plant and Machine Operators and Assemblers)

내용 대규모적이고 때로는 고도의 자동화된 산업용 기계 및 장비를 조작하고 부분품을 가지고 제품을 조립하는 업무로 구성된다. 작업은 기계 조작뿐만 아니라 컴퓨터에 의한 기계 제어 등 기술적 혁신에 적응할 수 있는 능력을 포함하여 기계 및 장비에 대한 경험과 이해가 요구된다.

직능수준 제2수준

9

명칭 단순노무 종사자(Elementary Occupations)

내용 주로 수공구의 사용과 단순하고 일상적이며, 어떤 경우에는 상당한 육체적 노력이 요구되고, 거의 제한된 창의와 판단만을 필요로 하는 업무를 수행한다.

직능수준 제1수준

A

명칭 군인(Armed Forces)

내용 의무복무 중인 사병을 제외하고 현재 군복무에 종사하는 자로 민간고용이 자유롭지 못한 자를 말한다. 국방과 관련된 정부기업에 고용된 민간인, 경찰, 세관원 및 무장 민간 복무자, 국가의 요청에 따라 단기간 군사훈련 또는 재훈련을 위해 일시적으로 소집된 자 및 예비군은 제외한다.

직능수준 무관

(2) 한국표준직업분류의 주요 직업분류 개념 알아보기

직능(skill)은 주어진 직무의 업무와 과업을 수행하는 능력을 말하고, 직능수준(skill level)은 직무수행 능력의 높낮이를 말하는 것으로 정규교육, 직업훈련, 직업 경험, 그리고 선천적 능력과 사회·문화적 환경 등에 따라 결정된다. 직능수준은 4개로 분류되며 다음과 같다.

① 제1직능 수준

일반적으로 단순하고 반복적이며 때로는 육체적인 힘을 요하는 과업을 수행한다. 최소한의 문자 이해와 수리적 사고능력이 요구되는 간단한 직무교육으로 누구나 수행할 수 있다. 초등교육이나 기초적인 교육(ISCED 수준 1)을 필요로 한다.

② 제2직능 수준

일반적으로 완벽하게 읽고 쓸 수 있는 능력과 정확한 계산능력, 그리고 상당한 정도의 의사소통 능력을 필요로 한다. 중등 이상의 교육과정의 정규교육 이수(ISCED 수준 2, 3) 또는 이에 상응하는 직업훈련이나 직업 경험을 필요로 한다. 일부 직업은 중등학교 교육 졸업 후 교육(ISCED 4)이나 직업교육 기관에서의 추가적인 교육이나 훈련을 요구할 수 있다.

③ 제3직능 수준

복잡한 과업이나 실제적인 업무를 수행할 정도의 전문적인 지식을 보유하고 수리계산이나 의사소통 능력이 상당히 높아야 한다. 중등교육을 마치고 1~3년 정도의 추가적인 교육과정(ISCED 수준 5b) 정도의 정규교육 또는 직업훈련을 필요로 한다.

④ 제4직능 수준

매우 높은 이해력과 창의력 및 의사소통 능력이 필요하다. 일반적으로 4년 또는 그 이상 교육수준(ISCED 수준 5a 혹은 그 이상)의 정규교육 또는 훈련을 필요로 한다.

(3) 한국고용직업분류

2005년 처음 개발되었으며 그 일을 하기 위해 필요한 지식, 능력, 기질을 말하는 직능유형(skill type)을 우선으로 하여 직업능력 수준, 산업·직업 이동성, 노동시장 구조 등을 함께 고려하여 직업을 분류하였다. 대분류체제를 코드 분류에서 제외하고 중분류 24개, 소분류 139개, 세분류 429개로 분류하여 데이터의 활용성을 높였다.

〈한국고용직업분류(KECO) 중분류별 직업 수(2013년)〉

한국고용직업분류(KECO) 중분류	본 직업	관련 직업	유사 명칭	합계
01 관리직	158	148	56	362
02 경영 · 회계 · 사무 관련직	427	207	149	783
03 금융 · 보험 관련직	181	112	85	378
04 교육 및 자연과학 · 사회과학 연구 관련직	272	619	54	945
05 법률 · 경찰 · 소방 · 교도 관련직	35	30	13	78
06 보건 · 의료 관련직	128	66	72	266
07 사회복지 및 종교 관련직	25	27	15	67
08 문화 · 예술 · 디자인 · 방송 관련직	233	225	180	638
09 운전 및 운송 관련직	118	75	51	244
10 영업 및 판매 관련직	137	176	63	376
11 경비 및 청소 관련직	61	16	33	110
12 미용 · 숙박 · 여행 · 오락 · 스포츠 관련직	97	127	81	305
13 음식서비스 관련직	21	10	21	52
14 건설 관련직	265	176	186	627
15 기계 관련직	396	216	126	738
16 재료 관련직(금속 · 유리 · 점토 · 시멘트)	478	244	216	938
17 화학 관련직	374	251	126	938
18 섬유 및 의복 관련직	387	97	267	751
19 전기 · 전자 관련직	460	323	178	961
20 정보통신 관련직	185	85	57	327
21 식품가공 관련직	323	182	98	603
22 환경 · 인쇄 · 목재 · 가구 · 공예 및 생산 단순직	514	357	193	1064
23 농림어업 관련직	105	144	37	286
24 군인	5	0	0	5
총계	5,385 (+116) 5,501	3,913 (+727) 4,640	2,357 (+67) 2,424	11,655 (+910) 12,565

4. 직무사전 익히기

'당신은 어떤 직무를 원하는가?'라는 질문에 '대기업 회사원'이라는 대답을 하는 경우를 종종 볼 수 있다. 또한 '어떤 직업을 원하는가?'라는 물음에 '○○전자'라며 특정 기업명을 큰 소리로 답변하는 웃지 못할 상황이 벌어지기도 한다.

취업전략을 세우고 취업 준비를 하는 데 있어 가장 중요한 것은 지원하는 직무에 대한 정확한 분석과 이해다. 자기 자신에 대해 이해하고 직업정보를 통해서 자신에게 맞는 직업과 종사하고 싶은 산업 분야를 결정했다면 이러한 내용을 종합하여 자신에게 가장 적합한 직무를 선택하기 위해 충분히 분석하고 이해할 필요가 있다.

지원하는 직무에 대한 이해가 없다면 채용과정의 주요한 관문의 하나인 자기소개서나 면접에서 모호하고 추상적인 답변만 하게 된다. 자신이 지원하는 직무에서 수행하는 업무가 무엇인지, 필요한 자질은 어떤 것이 있는지, 또한 향후 그 직무의 비전은 무엇인지 등에 대해 정확하게 알고 있어야 한다.

직무에 대한 정보는 인적 네트워크를 활용하거나, 기업의 채용설명회 또는 캠퍼스 리쿠르팅을 통하거나, 가장 손쉽게는 기업의 홈페이지를 통해 수집할 수 있다.

1) 직무정보 수집방법

구분	특징
지인을 통한 정보 수집	• 해당 직무에 종사하는 지인이나 선후배를 통해 직무정보를 수집하는 것으로 가장 현실적이고 구체적인 정보를 얻을 수 있고, 대외적으로 공개되지 않은 직무 관련 정보까지 수집이 가능하다는 장점이 있다. • 하지만 지인을 통해 수집한 정보는 개인의 시각차로 인해 왜곡되어 있을 수 있으므로 객관적인 자료와 통합하여 받아들일 필요가 있다.
기업의 채용설명회 및 리쿠르팅	• 각 학교에서 해당 기업의 현업에서 근무하고 있는 직원들이나 인사 담당자를 통해 생생한 정보 수집이 가능하고 자신을 어필할 수 있는 기회를 가질 수 있다. • 캠퍼스 리쿠르팅이나 상담회에 참석할 경우에도 면접을 본다는 생각으로 임하는 것이 좋고, 미리 자신의 명함을 만들어 전달함으로써 인적 네트워크를 구축할 수 있으며, 추후 메일이나 전화를 통해 더 많은 정보를 수집할 수 있다.
기업의 홈페이지	• 기업마다 채용 홈페이지를 통해서 직무소개를 하고 있으며, 직무정보가 없거나 부족할 경우에는 동종 업종의 직무정보를 참고하여 수집할 수 있다. • 홈페이지에서 직무뿐만 아니라 기업의 비전과 전략, 인재상 등 기업에 대한 정보를 총망라하고 있으므로 스크랩을 하여 보관하면 좋은 자료가 될 수 있다.

2) 직무사전

직무	직무 내용 및 주요 업무
영업 · 영업관리	• 고객과 시장의 접점에서 회사 제품 또는 서비스에 대한 영업 및 영업관리 활동 전개 • 시장의 접점에서 고객 만족을 실현하고 판매를 촉진시켜 수익 창출의 직접적인 역할 • 영업계획 수립: 사업계획, 마케팅 전략, 매출목표 영업계획 수립 • 영업활동 및 실적관리
해외영업 · 무역	• 회사의 제품을 수출하거나 해외시장에서 외부제품 수입을 통해 판매 • 회사의 수익을 창출하고 해외시장 개척 • 해외정보 수집 및 판매전략 수립 • 해외 영업활동 및 실적관리
마케팅 · 상품 개발	• 시장환경을 분석하여 마케팅 전략을 수립하고 전개 • 새로운 상품을 기획 · 개발하여 회사의 매출 신장과 수익률 제고에 기여 • 시장조사, 분석 • 마케팅 전략 수립 • 마케팅 활동 및 성과관리
물류 · 유통	• 고객에게 수주받은 회사 제품을 고객이 원하는 시간과 장소에 정확하고 효율적으로 전달하고 제품의 효용 가치를 제고하며 고객 만족을 실현하고 물류비를 절감하여 이익을 확대하는 역할 • 물류계획 수립 • 물류 시스템 구축, 출고, 출하관리
판매 · 매장관리	• 고객과 대면하는 최접점에서 제품의 판매활동과 관련한 일체의 업무 수행 • 제품 진열, 포장 • 매장관리 • 입고관리, 판매 소모품 관리
TM · 고객 지원	• 텔레마케터는 전화로 상품을 판매 홍보 • 판매 업무 이외에 고객 불만사항을 처리하거나 해결 • 인바운드(in-bound) 업무 – 걸려온 전화 받기 • 아웃바운드(out-bound) 업무 – 전화 걸기 • 고객 불만 처리
생산관리	• 사업목표와 연계하여 생산량을 계획하고 인적 · 물적 생산자원 관리 • 생산성을 향상하고 원가를 절감하여 회사 이익률 제고에 기여 • 생산기획 • 생산 실행 및 인적자원 관리
생산기술	• 생산 공정, 설비를 설계하거나 도입, 생산설비를 개선하고 관리 • 생산성 향상과 원가 절감 기여 • 공정설계, 공정 개선

품질	• 안정된 품질과 규격표준을 유지하기 위해 생산 전 단계에 걸쳐 품질을 관리 • 회사 제품의 품질 향상과 품질 경쟁력을 확보하는 역할 • 품질정책 및 품질기획 • 품질관리(Quality Control)
생산	• 부품 및 제품을 작업절차에 따라 조립 • 결합 제품을 현장에서 검사하고 문제해결을 지원 • 부품 및 제품 조립 • 제품 현장검사
연구개발	• 고객의 니즈와 시장 상황에 부합하는 신제품을 개발하고 기존 제품을 지속적으로 개선 • 미래의 핵심기술을 연구함으로써 회사 이익 증대와 기술경쟁력 확보에 기여하는 역할 • 기술정보 수집 • 제품개발 상품화 • 제품 개선, 설계 변경
환경 · 안전	• 회사의 환경정책을 수립하고 공장 내외부의 환경 관리 • 환경문제와 관련하여 자체적으로 점검하거나 대외검사를 받음 • 회사의 무재해 · 무사고 달성을 위해 사내 안전 · 소방 · 보건 관리활동 • 환경관리정책 계획 수립 • 안전관리
기획 · 전략	• 대내외 경영환경을 분석하고 회사의 비전과 경영전략을 수집 • 회사의 모든 업무활동이 전략적 방향에 맞게 이루어질 수 있도록 점검하고 지원 • 경영성과를 극대화하고 회사 비전을 달성할 수 있는 방향타 역할 • 경영환경 분석 • 회사 비전 수립 • 경영전략 수립 및 관리
회계 · 경리	• 회사의 경영실적과 재무상태에 대한 회계정보를 생성하고 분석 • 회계정보를 경영층, 주주, 고객에게 제공함으로써 경영활동과 투자활동에 최적의 의사결정을 내리도록 도움 • 회계업무(재무회계) • 세무업무(세무회계)
자금 · 재무	• 회사의 경영과 투자활동에 필요한 자금을 조달, 운영 • 안정된 재무구조와 원활한 현금흐름을 유지함으로써 성공적인 사업수행을 지원 • 자금계획 수립 • 외환관리
구매 · 자재	• 회사 제품 생산에 필요한 자재 및 장비를 경쟁력 있는 가격으로 구매하고 적기에 제공 • 구매계획 수립, 구매활동 및 공급업체 관리, 자재 관리

홍보 · 광고	• 회사 경영활동과 회사의 상품을 대내외 고객에게 알리는 업무 • 회사 이미지와 상품의 가치를 제고하고 기업 경쟁력을 확보할 수 있도록 지원하는 역할 • 기업 PR, 상품광고(마케팅 지원)
인사	• 회사 핵심역량과 사업니즈에 부합하는 인력을 채용하고 확보하며 이들을 유지하고 육성하는 업무 • 인적자원 경쟁력 확보하고 조직의 성과 창출에 기여하는 역할 • 회사의 인사체계와 제도 수립 • 인재 확보(채용/충원)-직원 평가, 보상, 육성
교육	• 회사 임직원의 성과 향상과 경력 개발을 위해 필요한 교육을 찾아내어 교육체계 수립 • 필요교육과정을 개발 · 운영 · 평가함으로써 구성원의 역량을 육성하고 조직의 성과창출에 기여 • 교육계획 수립 • 교육과정 개발 및 운영
총무	• 임직원의 업무능률 향상을 지원하고 회사 재산을 효율적으로 운영하는 역할 • 행사, 의전-전사차원의 단체 행사 계획 진행 • 경영층의 행사, 출장 지원, 의전 수행, 경영활동 보좌
법무	• 회사의 사업 수행에 관련된 법적 분쟁을 예방하고 효율적으로 대응, 해결 • 경영층의 준법적 판단과 결정을 지원, 회사의 대외 신인도 제고 • 소송 수행 • 법률 자문
비서	• 상사(대표이사, 임원 등)의 업무활동 보좌 • 상사가 최적의 의사결정을 내리고 업무성과를 낼 수 있도록 지원하는 역할 • 상사 일정 관리 • 정보 관리 및 문서 작성 • 내방객 접대
사무보조	• 자료를 입력하고 문서를 관리 • 사무에 필요한 업무사항을 지원 • 업무 관련 각종 자료 정리 및 컴퓨터 입력 • 문서 관리

출처: 취업실전 자료 사이트 잡이룸(www.joberum.com).

3) 직무별 적합한 성격 특성 알아보기

직무	성격유형	비고
경영기획	• 기획력이나 거시적인 판단력이 뛰어남 • 도전적이고 복잡하며 어려운 문제해결을 좋아함 • 추진력 있으며 진행 내용보다는 결과를 중시하는 스타일	전략적 감각
재무/회계	• 정형화되고 변화를 싫어하며 정적이고 내향적인 스타일 • 애매모호한 결과보다는 계획에 맞춰 정량화된 결과치를 중시함 • 조직에서 파워 있고 군림하기를 좋아함	융통성 부족
법무	• 개방적이기보다 폐쇄적이며 남들이 모르는 나만의 비밀을 가지고 문제를 분석하고 해결하기 좋아함 • 자기주장이 강하며 비조직적인 스타일	법대 출신 선호
구매	• 외향적이며 행동지향적인 주변 변화에 감각적으로 적용 • 다소 융통성도 발휘하나 자기중심적인 업무처리를 좋아하는 스타일	
감사	• 업무 자체가 사람을 변화시키는 직무 • 냉정하고 문제제기 능력이 뛰어나나 타인과의 유연성은 상당히 떨어짐	
영업, CS	• 생동적이고 행동지향적이며 조화로운 분위기 작업 • 힘이 넘치고 적응력 있는 사람들을 좋아함 • 자신의 목표 설정과 그 달성에 따른 보상받기를 선호	어학능력
마케팅	• 사업가적 스타일로서 회사의 전체 흐름을 이해하고 전략을 수립하며 해결해 나가는 것을 좋아하는 스타일 • 사고적인 유형이며 융통성이 상당함	거시적 안목
경영혁신	• 적극적이고 독립적으로 문제해결 • 무엇인가 좀 혁신적으로 변화할 수 있는 기회를 원함 • 창의성과 관련되고 융통성이 허용되는 계획	통계, PPT
인사	• 전반적인 사람들과의 교류를 좋아함 • 사람들의 욕구에 민감하며 우호적, 개방적, 이해심이 깊음 • 의사결정에 참여하기를 좋아하며 권력형 스타일	친화력
교육	• 안정된 생활을 추구하며 협조적인 사람들과 일하고 싶어 함 • 타인에게 방해받지 않고 집중할 수 있는 사적인 공간을 원함	자신감
총무	• 외향적이며 활동적인 업무를 선호 • 다양한 색채를 지닌 근무환경, 집단적인 분위기	
홍보	• 외향적이며 직관형 스타일 • 독립적인 사고가들과 함께 작업하기를 좋아함 • 변화나 융통성, 위험 감수, 능력본위의 업무환경	언변 능숙

환경안전	• 부지런하고 성실하며 안정된 생활을 좋아하는 스타일 • 복잡한 일보단 단순 문제해결을 선호하며 활동적인 일을 좋아함	전문성 vs 비전문성
공무	• 안정적인 보수와 생활을 선호하는 스타일 • 발전적인 자기계발보다는 경험중심적인 조직생활 • 폐쇄적인 조직 성향이 다소 강하며 파트너 개념이 강함	
제조기술	• 사무실보다는 현장 활동을 좋아하며 강한 추진력 선호 • 임기응변이 강하며 대인관계에서도 탁월함	현장 출신
생산기술	• 외향적이며 능동적인 스타일로 새로운 프로젝트 수행과 같은 업무를 좋아함 • 꾸준한 자기계발과 자기중심적인 업무 진행 스타일	엔지니어
기술 개발	• 내향적이며 집중할 수 있는 사적인 공간을 좋아함 • 일중심적인 조직으로 조직생활에 대해선 큰 의미를 두지 않음 • 복잡한 문제해결과 성공에 대한 보상 기대	학문적 접근
제조 직접	• 회사에서 선호하는 스타일 • 말수가 적고, 생각이 깊지 않음 • 단순반복적인 일에 적응력이 빠른 사람	
제조 지원	• 결과를 중시하고 조직의 리더 선호 • 도전해 볼 만한 일을 좋아하며 노력에 대해 직접적인 보상을 받기 원함 • 복잡한 문제나 서류 작업보다는 활동적인 작업을 선호	제조 현장 출신 선호

4) 직무에서 요구되는 업무 수행능력

요구능력	정의
읽고 이해하기	업무와 관련된 문서를 읽고 이해한다.
듣고 이해하기	다른 사람들이 말하는 것을 집중해서 듣고 상대방이 말하려는 요점을 이해하거나 적절한 질문을 한다.
글쓰기	글을 통해서 다른 사람과 효과적으로 의사소통한다.
말하기	자기가 알고 있는 것을 다른 사람에게 조리 있게 말한다.
수리력	어떤 문제를 해결하기 위해 수학을 사용한다.
논리적 분석	문제를 해결하기 위해(혹은 의사결정을 하기 위해) 체계적으로 이치에 맞는 생각을 해낸다.
창의력	주어진 주제나 상황에 대하여 독특하고 기발한 아이디어를 산출한다.
범주화	기준이나 법칙을 정하고 그에 따라 사물이나 행위를 분류한다.
기억력	단어, 수, 그림 그리고 절차와 같은 정보를 기억한다.
공간 지각력	자신의 위치를 파악하거나 다른 대상들이 자신을 중심으로 어디에 있는지 안다.
추리력	문제해결 및 의사결정을 위해 새로운 정보가 가지는 의미를 파악한다.
학습전략	새로운 것을 배우거나 가르칠 때 적절한 방법을 활용한다.
선택적 집중력	주의를 산만하게 하는 자극에도 불구하고 원하는 일에 집중한다.
모니터링	타인 혹은 조직의 성과를 점검하고 평가한다.
사람 파악	타인의 반응을 파악하고 왜 그렇게 행동하는지 이해한다.
행동 조정	다른 사람들의 행동에 맞추어 적절히 대응한다.
설득	다른 사람들의 마음이나 행동을 변화시키기 위해 설득한다.
협상	사람들과의 의견 차이를 좁혀 합의점을 찾는다.
가르치기	다른 사람들에게 일하는 방법에 대해 가르친다.
서비스 지향	다른 사람들을 돕기 위해 적극적으로 노력한다.
문제해결	문제의 본질을 파악하여 해결방법을 찾고 이를 실행한다.
판단과 의사결정	이득과 손실을 평가해서 결정을 내린다.
시간관리	자신의 시간과 다른 사람의 시간을 관리한다.
재정관리	업무를 완료하기 위해 필요한 비용을 파악하고 구체적 소요 내역을 산출한다.
물적자원 관리	업무를 수행하는 데 필요한 장비, 시설, 자재 등을 구매하고 관리한다.

인적자원 관리	직원의 근로 의욕을 높이고 능력을 개발하며 적재적소에 인재를 배치한다.
기술분석	새로운 방법을 고안하고 기존의 방법을 개선하기 위해서 현재 사용되는 도구와 기술을 분석한다.
기술설계	사용자의 요구에 맞도록 장비나 기술을 개발하여 적용한다.
장비 선정	업무를 수행하는 데 필요한 도구나 장비를 결정한다.
설치	작업 지시서에 따라 장비, 도구, 배선, 프로그램을 설치한다.
전산	다양한 목적을 위해 소프트웨어나 인터넷을 활용하거나 프로그램을 작성한다.
품질관리 분석	품질 또는 성과를 평가하기 위하여 제품, 서비스, 공정을 검사하거나 조사한다.
조작 및 통제	장비 혹은 시스템을 조작하고 통제한다.
장비의 유지	장비에 대한 일상적인 유지·보수를 하고 장비를 유지하기 위해 언제 어떤 종류의 조치를 취해야 하는가를 안다.
고장의 발견·수리	오작동의 원인이 무엇인가를 확인하고 이를 어떻게 처리할 것인지 결정한다.
작동 점검	기계가 제대로 작동하는지 확인하기 위해 표시판이나 계기판 등을 살펴본다.
조직체계 분석 및 평가	환경이나 조건의 변화가 조직의 체계, 구성, 방식에 어떤 영향을 미칠지 분석하고, 시스템의 효율성을 평가한다.
정교한 동작	손이나 손가락을 이용하여 복잡한 부품을 조립하거나 정교한 작업을 한다.
움직임 통제	신체를 사용하여 기계나 기구를 정확한 위치로 빠르게 움직인다.
반응시간과 속도	신호에 빠르게 반응하거나 신체를 신속히 움직인다.
신체적 강인성	물건을 들어 올리고, 밀고, 당기고, 운반하기 위해 힘을 사용한다.
유연성 및 균형	신체의 균형을 유지하거나 각 부위를 구부리고 편다.
시력	먼 곳이나 가까운 것을 보기 위해 눈을 사용한다.
청력	음의 고저와 크기의 차이를 구분한다.

5) 직무에서 요구되는 공통 성격 특성

특성	정의
성취/노력	도전적인 목표를 설정한 후에 이를 달성하기 위해 노력한다.
인내	장애가 있어도 포기하지 않고 계속 참고 견딘다.
책임과 진취성	책임을 기꺼이 받아들이고 도전하려 한다.
리더십	타인을 이끌고 다른 사람들에게 의견을 제시하거나 방향을 설정하여 준다.
협조	다른 사람들과 즐거운 관계를 유지하며 협조적 태도를 보인다.
타인 배려	다른 사람들의 욕구나 느낌에 민감하며 타인을 이해하고 도와주려 한다.
사회성	혼자 일하기보다는 사람들과 일하는 것을 좋아하며 타인들과 개인적인 유대관계를 형성한다.
자기통제	매우 어려운 상황에서도 공격적 행동을 보이지 않고 분노를 통제하며 심리적 평정을 유지한다.
스트레스 감내성	비판을 받아들이고, 고도의 스트레스 상황에서도 효과적으로 대처한다.
적응성/융통성	변화와 가지각색의 다양성에 대하여 개방적이다.
신뢰성	믿을 수 있고, 자신의 맡은 책무를 완수한다.
꼼꼼함	사소한 부분까지도 주의 깊고 업무를 철저히 완수한다.
정직성	솔직하고 도덕적이다.
독립성	자신의 방식대로 일을 하는 방법을 개발하며 관리·감독이 없이도 스스로 일하는 방향을 설정하고 타인에게 의지하지 않는다.
혁신	새로운 아이디어를 산출하거나 어떤 문제를 해결하기 위해 기발한 아이디어나 대안을 생각해 낸다.
분석적 사고	문제에 대한 답을 구하기 위해 정보를 분석하거나 논리를 사용한다.

5. 직업정보

정보란 무엇인가? 정보는 개인이나 집단이 의사를 결정하는 과정에서 결과에 대한 기대치를 변화시키고 성공할 확률을 높인다. 따라서 과정의 불확실성을 감소시킨다. 그리고 중복적으로 제공되는 정보는 의사소통의 오류를 통제하고 정확도를 높이는 데 유용하다. 정보는 수명(age)과 질(quality)을 갖는다. 따라서 적절한 시기에 맞추어 제공되는 적당한 정보는 의미를 가질 수 있다. 하지만 모든 자료가 정보의 가치를 갖는 것은 아니며, 상황에 맞는 정보의 제공이 이루어져야 한다.

직업정보는 개인이 직업을 결정하고자 하는 의사단계에서 제 역할을 한다. 물론 그 이전 시기인 직업 탐색기에도 개인에게 제공되는 직업정보는 장기적인 차원에서 직업 선택에 영향을 미칠수 있다. 그리고 개인이 이미 입직한 이후에도 전직이나 경력관리를 위해 직업정보를 제공받을 필요가 있다.

직업정보는 미래사회 전망, 노동력에 관한 것, 직업구조와 직업군, 취업 경향, 노동에 관한 제반 규정, 직업의 분류와 직종, 직업에 필요한 자격요건, 준비과정, 취업정보, 취업처에 대한 자세한 내용을 포함하여 이용자가 이해하고 적응하도록 도움을 주는 데 그 목적이 있다.

직업정보에 포함되는 내용은 다음과 같다.

- 경제 및 산업 동향
- 노동시장, 고용 · 실업 동향
- 임금 근로시간 등 근로조건
- 직업에 관한 정보
- 채용/승진 등 고용관리에 관한 사항
- 직업능력 개발훈련에 관한 정보
- 고용 관련 각종 지원 및 보조 제도
- 구인/구직에 관한 정보

1) 직업정보 바로 알기

직업을 결정할 때 자기 자신에 대한 이해가 충분히 되어 있다 하더라도 직업에 대한 구체적인 정보가 없다면 적합한 진로 선택을 하기 어렵다. 지식정보화사회에 살고 있는 우리는 클릭 한 번으로 무수한 정보를 획득할 수 있는 엄청난 혜택을 누리고 있는 반면, 정보의 홍수 속에서 신뢰할 만한 직업정보를 골라낼 수 있느냐는 문제에 봉착해 있다. 어떤 정보를 얼마만큼 많이 가지고 있는지, 그 정보가 얼마나 정확한지는 그에 따라 선택이 달라질 수 있고 급변하는 채용시장과 취업 전쟁에서 뒤처지지 않고 살아남을 수 있다는 점에서 무척 중요하다.

수많은 직업정보로부터 나에게 적합한 직업은 무엇인지, 그 직업의 특성은 무엇인지, 직업이 요구하는 지식, 기술, 능력은 무엇인지 알아야 하며, 직업정보를 수집하는 방법이나 이해하는 방법, 직업과 자신의 적합성 정도를 파악할 수 있어야 합리적인 진로 선택을 할 수 있다.

직업정보는 직업의 특성, 하는 일, 필요한 적성, 능력, 교육·훈련 및 자격, 교육과정, 고용 현황, 향후 전망 등 직업 명세사항과 그 직업과 관련된 노동시장 동향을 포함하고 있고 해당 직업에 종사하는 사람의 전반적인 특성을 반영하고 있어 개인차가 발생할 수 있기에 모든 내용을 그대로 적용하는 것은 어렵다.

직업정보는 각종 조사와 전문가 인터뷰, 관련 통계 데이터 분석을 통해 검증과 자문을 구하는 복잡한 절차를 거쳐 탄생하며 다양한 경로를 통해 수집된다. 가깝게는 부모나 교수, 선배나 동료 등 주변 사람들을 통해서 얻을 수 있고, 인터넷이나 신문, 저서와 같은 매스미디어를 통해 손쉽게 수집이 가능하다. 하지만 직업세계는 수시로 변하기 때문에 '정보의 최신성'을 반드시 확보해야 한다. 아무리 고급정보라도 생성 시기가 오래되었을 경우 유용성이 떨어지므로 항상 신뢰할 수 있는 최신의 정보를 활용하는 것이 좋다.

다음의 사이트는 국내의 유용한 직업정보들을 모아 두고 있으니 참고하기 바란다.

〈유용한 직업정보 사이트〉

사이트명	주소	내용
워크넷	http://www.work.go.kr	한국고용정보원이 운영하는 사이트로 심리검사, 직업정보, 채용정보, 고용정보 등 상세정보 수록
청소년 워크넷	http://youth.work.go.kr	초·중·고등학생, 대학생, 청년 등 대상별 눈높이에 맞는 진로 및 직업 정보 제공
한국직업 정보시스템	http://know.work.go.kr	대학의 학과, 직업에 대한 상세정보와 일자리 전망을 제공하고 자신의 능력과 흥미에 맞는 직업 검색이 가능하며 워크넷과 통합 운영 중
커리어넷	http://www.careernet.re.kr	한국직업능력개발원이 운영하는 사이트로 초등학생부터 성인까지 각 대상별 진로 및 직업 정보 제공
HRD-Net	http://www.hrd.go.kr	직업훈련정보망으로 훈련직종별, 지역별, 기간별 직업훈련을 검색할 수 있음

큐넷 (Q-Net)	http://www.q-net.or.kr	한국산업인력관리공단의 자격정보 시스템으로 국가기술자격, 공인민간자격에 대한 수험정보 제공
교육방송	http://www.ebs.co.kr	직업 관련 방송 및 교육방송 다시보기 가능
진학진로 정보센터	http://www.jinhak.or.kr	서울시 교육연구정보원에서 운영하는 사이트로 직업정보 및 진학, 진로 정보 제공
한국 가이던스	http://www.guidance.co.kr	한국가이던스 홈페이지로 진로, 직업 정보 및 온라인 심리검사 제공
국가직무 능력표준	http://www.ncs.go.kr	산업현장에서 직무를 수행하기 위해 요구되는 능력(지식, 기술, 태도)을 국가가 체계화한 것으로 직무능력중심 채용 정보 제공
히든챔피온	http://hdchamp.career.co.kr	대중에게는 잘 알려져 있지 않지만 각 분야의 세계시장을 지배하고 있는 우량기업에 대한 채용 정보 제공

2) 한국고용정보원(www.keis.or.kr)의 유용한 직업정보

한국고용정보원에서는 고용 관련 정책, 고용 서비스, 직업정보, 인적자원 개발 및 관리, 인력수급 전망 등 다양한 주제영역에 대한 연구논문들을 e-book과 pdf 파일 형태로 제공하고 있어 누구나 손쉽게 가장 공신력 있는 정보를 무료로 간편하게 활용할 수 있으니 참고하기 바란다.

주부재취업 도전직업 60

2013 한국직업전망

2013 직종별 직업사전

청소년들이 궁금해 하는
99가지 직업이야기

청년, 좋은 기업을
만나다2

2013 신생 및 이색직업

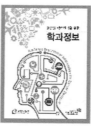
2013 직업선택을 위한
학과정보

2012 한국직업사전

정보통신분야 직업전망

청년, 좋은 기업을
만나다1

녹색직업이 만드는 세상

인생 2막, 두 번째 직업

[청년층 창작가이드]
우리들의 직업 만들기

중고생 한국직업 사전-알고
싶은 직업, 만나고 싶은 직업

2011 신생 및 이색직업

2011 한국직업전망

신성장동력, 미래의
직업세계를 가다

유해·위험 직종(업)
정보가이드

2011 직업선택을 위한
학과정보

녹색직업

3) 직업정보를 활용한 구직활동 계획 짜기

현재의 고등교육 체계는 일방적 주입식 강좌로 교육과정이 이루어지고 있다. 그래서 학습자들은 적극적으로 자신의 흥미나 적성을 찾거나 능동적으로 진로 문제를 해결하기보다는 단순히 구직기술을 배우거나 손쉽게 지식 검색을 하여 정보를 얻으려 하고 빨리 취업을 해야 한다는 심리적 압박감 때문에 비합리적 결정을 내리는 경향이 있다. 이것이 직업을 선택할 때 가장 흔히 범하는 오류라 할 수 있다. 이 때문에 설령 취업에 성공했다 하더라도 자신에 대한 이해가 부족한 상태에서 입사를 하였기 때문에 뒤늦게 이직을 하거나 전직을 고려하는 등 많은 부작용을 낳고 있다.

앞서 밝힌 바와 같이 직업에 있어 안정성과 급여도 중요하지만, 평생 자신이 진정으로 몰입하고 열정을 바칠 수 있으며 행복감을 느낄 수 있는지가 직업을 선택하는 데 무엇보다 중요하다. 이를 위해서 끊임없는 자신에 대한 분석과 이해가 먼저 이루어져야 하는데, 스스로 자신에 대한 평가가 어려울 경우에는 직업심리검사를 받아 보거나 대학교의 취업지원센터나 학생상담센터를 방문하여 전문적인 상담 서비스를 받아 보는 것도 좋은 방법이다.

진로와 직업에 대한 의사결정이 이루어졌을 경우에는 자신이 희망하는 분야에 대한 실질적이고 구체적인 정보를 탐색해야 한다. 공신력 있는 직업정보 사이트, 취업포털 사이트나 기업 홈페이지의 채용정보, 취업 준비생들이 자체적으로 운영하고 있는 SNS 등을 통해 직업의 종류, 직종 또는 직무의 종류, 해당 직무에서 요구하는 능력, 전공, 자격증, 어학수준, IT 역량 등이 어느 정도인지 파악해 볼 필요가 있다.

다음으로 현재 자신의 역량과 요구되는 역량의 차이를 면밀히 검토하고 부족한 부분을 어떻게 채워 나갈 것인지 구체적인 실천계획을 짜야 한다.

때론 온라인상의 정보가 편협하거나 현실과는 동떨어져 있을 수 있으니 관련 분야나 기업에 대해 보다 생동감 있는 정보를 얻기 위해 그 직업에 종사하고 있는 선배, 동료, 친지 등 주변의 지인들을 만나 직접 내부정보를 얻는 방법도 도움이 된다.

이 모든 과정이 마무리되었다면 구체적인 취업 실전 준비에 돌입해야 한다. 아무리 많은 정보를 가지고 있더라도 수집하는 데서 그치고 행동으로 옮기지 않으면 아무 소용이 없다. 항상 새로운 정보를 수집하고 갱신해 가며 서류전형과 면접에 대비하여 구직기술을 익혀 나가야 할 것이다.

4) 고용정보 제대로 알기

가끔 뉴스나 신문을 통해 보고된 청년 실업률과 체감하는 실업률 간에 차이가 커서 잘못된 정보가 아닌가 의심스러운 적이 있을 것이다. 고용정보에서 자주 나오는 용어의 정의를 정확히 알면 왜 이런 차이가 나타나는지 알 수 있다. 만 15~29세의 청년층이 대부분 학생 신분으로 비경제활동인구에 속해 있기 때문에 실업률 산정에 제대로 반영이 안 되기 때문이다. 다음의 용어들은 반드시 알아 두자.

---

① 경제활동인구: 만 15세 이상 취업자와 실업자
② 취업자:
- 조사대상 주간에 소득, 이익, 봉급, 임금 등의 수입을 목적으로 1시간 이상 일한 자
- 자기에게 직접적으로 이득이나 수입이 생기지 않더라도 가구단위에서 경영하는 농장이나 사업체의 수입을 높이는 데 도와준 가족 종사자로 주당 18시간 이상 일한 자
- 직업 또는 사업체를 가지고 있으나 조사대상 주간에 일시휴직자
③ 실업자: 15세 이상 인구 중 조사대상 기간에 일할 의사와 능력을 가지고 있으면서도 전혀 일을 하지 못하였으며 일자리를 찾아 적극적으로 구직활동을 하였던 사람으로서 즉시 취업이 가능한 자
④ 실업률(%):
$$\frac{\text{실업자 수}}{\text{경제활동인구}} \times 100$$
⑤ 경제활동 참가율(%):
$$\frac{\text{경제활동인구}}{\text{경제활동인구} + \text{비경제활동인구}} \times 100$$
⑥ 비경제활동인구: 취업자도 실업자도 아닌 자로, 주부, 학생, 연소자, 연로자, 심신장애인, 자선단체, 종교단체 관련자

예시

(단위: 천 명)

경제활동인구	비경제활동인구	임금근로자	비임금근로자
350	150	190	140

1) 실업률＝(실업자 수/경제활동인구 수)×100
$$= \frac{20}{350} \times 100 = 5.71\%$$

2) 경제활동 참가율＝(경제활동인구 수/경제가능인구 수)×100
$$= \frac{350}{500} \times 100 = 70\%$$

3) 경제활동가능인구 중 취업자 비율(고용률)＝(취업자 수/경제가능인구 수)×100
$$= \frac{330}{500} \times 100 = 66\%$$

읽어 보기

2013년 청년층 고용 현황

2013년 취업자의 증가는 55세 이상의 고령자가 주도하면서 전체 취업자가 56만 명 증가한 데 비해 청년 취업자는 2000년 이후 꾸준히 감소 추세다. 2013년 청년인구가 증가했음에도 불구하고 취업자가 감소하여 고용률이 30% 대로 떨어지면서 최저치를 기록하였다.

청년(15~29세) 고용률 추이

(단위: %)

자료: 통계청(각년도). 경제활동인구조사.

청년 취업자가 감소한 산업분야는 교육서비스업, 제조업, 출판 · 영상 · 방송통신 및 정보서비스업, 금융 및 보험업, 전문 · 과학 및 기술서비스업 등 청년층이 선호하는 분야이며, 증가한 분야는 숙박 및 음식점업, 보건업 및 사회복지 서비스업 등으로 취업의 질은 높아졌다고 볼 수 없다.

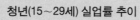

청년(15~29세) 실업률 추이

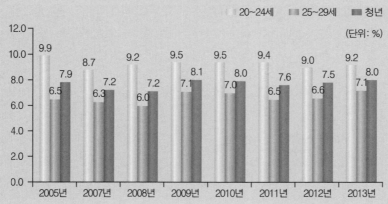

20~24세   25~29세   청년

(단위: %)

자료: 통계청(각년도). 경제활동인구조사.

청년층 실업률 추이를 살펴보면 2013년에 다시 8%대로 진입하였는데 20대 후반 인구가 전년 대비 8만 5,000명 감소하면서, 취업자와 비경제활동인구가 모두 감소한 가운데 실업자는 전년 대비 9,000명 증가하면서 실업률이 7.1%로 상승한 것을 볼 수 있다.

청년 취업자 감소는 통학, 취업 준비의 비경제활동인구의 증가로 이어지고 있는데 이는 심각한 문제를 야기하고 있다. '통학'은 학업을 위한 정규 교육기관 통학이나 입시학원 통학을 말하며, '취업 준비'는 취업을 위한 학원기관 통학, 학원기관 수강 외 취업 준비로, 청년층이 취업이 어려워지다 보니 점점 졸업을 유보해서라도 학교에 머무르려고 하거나 보다 좋은 직장을 구하기 위해 졸업 이후에도 취업을 하지 않고 취업 준비에 많은 시간을 소모하면서 엄청난 사회적 부담을 안기고 있다. 따라서 조기에 진로를 설정하고 구체적인 계획을 수립하여 재학 중에 학업과 취업 준비를 병행할 수 있도록 노력하여야 한다.

출처: 한국고용정보원(2014. 1.). 고용동향브리프.

6. 미래의 유망직업 정보

우리는 모두 일을 하고 그 일을 통해 생계를 이어 간다. 많은 직업이 소리 없이 사라지는 요즘 직업은 안전한가? 경제학자 제레미 리프킨(Jeremy Rifkin)은 기계들은 더 좋아지고 더 저렴해지면서 효율적으로 인간들을 대신하고 있으므로 더 이상 인간이 일할 필요가 없다고 역설한다. 이를 바로 기술적 실업이라고 한다. 히토츠바시 대학교 교수인 켄 쿠노스키 교수는 오직 인간만이 할 수 있는 일, 기계나 컴퓨터가 대신할 수 없는 일만이 살아남을 것이라고 주장한다.

언제부턴가 기계가 비집고 들어와 한 자리씩 차지하기 시작했다. 기계와 인간의 일자리 경쟁에서 인간은 점점 밀리고 있다. 세상은 빠르게 변하고 있고 그에 따라 직업도 빠르게 변하고 있다. 직업의 변화나 이동은 단순히 트렌드의 문제가 아니라 생존의 문제다. 그래서 우리는 지금부터 10년 뒤 혹은 20년 뒤 될 만한 사업과 뜰 만한 직업이 무엇인지 찾아나서야 한다.

직업은 어떻게 변화되어 왔을까? 몸을 쓰는 사람이 머리를 쓰는 사람에게 밀려났고, 경제의 중심은 생산에서 지식으로 넘어왔다. 이렇게 세상이 바뀌면 직업도 바뀌게 된다.

3000년을 이어 온 농경사회는 1차 산업혁명의 발발로 막을 내렸다. 증기력이 노예, 농노보다 훨씬 싸고 더 효율적이다. 증기기관의 발명으로 촉발된 2차 산업혁명은 수공예품 생산과 농업의 쇠퇴를 가져왔다. 작업 현장에는 임금노동자가 있었고 서비스 산업은 사무직 노동자로 대체되었다. 컴퓨터의 발명으로 시작된 3차 지식정보화 혁명은 대규모 임금노동자의 시대를 끝내고 소규모 전문 인력 중심의 시대로 이끌었다.

미국은 이미 직업의 이동과 변화가 시작되었고 그 중심에 3D 프린터가 있다. 작은 생활 소품에서 자동차 부품까지 뚝딱 만들어 내더니, 최근엔 음식에서 사람의 장기까지 그야말로 만들어 내지 못하는 것이 없다. 이제 상점에 가서 물건을 사는 것이 아니라 직접 뽑아서 쓰는 세상이 왔다.

또한 새롭게 주목받는 직업으로 빅데이터 전문가가 있다. 우리 일상의 흔적들을 모아 어느 데이터를 어떻게 겹칠지를 결정하는 직종이 빅데이터 큐레이터라고 할 수 있는데, 이는 매우 유망하고 특히 청년들에게 양질의 일자리를 제공할 수 있다. 예를 들면, 심야버스 노선을 선정하는 데 빅데이터를 활용한다. 30억 개에 이르는 휴대폰 통화량을 분석해 심야시간에 사람들이 어디에 많이 있는지 파악하고 여기에 스마트 카드를 통한 택시 승하차 정보와 기존 버스 노선의 시간·요일별 이용량 패턴을 분석해 가장 많은 사람에게 혜택이 가도록 서울시의 심야버스 노선을 정하는 것이다.

정보와 지식에 관련된 신직업은 바이오메디컬 엔지니어 같은 소수의 고도화된 형태로 진화하고 있다. 바이오메디컬 엔지니어링은 기존의 공학 원리들과 다른 생명공학들과의 합류점으로,

〈시대의 흐름에 따른 사회의 변화〉

구분	농경사회 (3000년)	산업화사회 (300년)	정보화사회 (30년)	창조화사회 (?)
노력	발	손	눈, 귀, 입	머리
가치	공동화	표준화	시스템화	네트워크화
국력	군사력	정치력	경제력	문화력
권위	봉건적	중앙집권	지방분권	개성
추구	생존	삶의 질, 양	속도	미, 즐거움

어떻게 공학 원리들을 일상적 문제들에 적용할 수 있을지를 생각하고, 질병을 치료할 수 있는 방법과 그 모델을 만들어서 몸에 있는 문제들에 대한 해결책을 찾는 것이다. 현재 미국인이 선망하는 직업 1위가 바로 이 바이오메디컬 엔지니어다. 상위 10위 안에 의료 관련 직업이 4개나 된다. 고령화 시대로 접어들면서 미래 신직업들은 고도화된 의료기술 분야나, 환자에게 의료 관련 정보를 쉽고 간단하게 그림이나 만화로 그려 주는 의료 일러스트레이터 같은 감성 직업 분야로 나뉘고 있다.

한국고용정보원의 유길상 원장은 고령화가 되면 노인들을 돌보기 위한 다양한 건강한 일자리가 만들어질 수 있을 것이고, 여러 가지 과학기술과 의료기술이 결합하면서 노인들의 건강을 지원하는 일자리, 특히 의료 분야에서 새로운 일자리가 많이 나타날 것이라고 예측하였다.

컴퓨터와 설비 자동화는 인간에게 노동의 종말을 가져왔다. 그로 인해 많은 사람의 일자리가 흔들리고 있다. 지금까지는 기술이 중요했다면 앞으로는 센스가 중요해질 것이다. 앞으로 기계 조작기술 이상의 기술들이 필요할 것이고, 인류가 더 깊이 생각하며 사회적 · 문화적 자본을 만들어 내고 우리의 마음을 더 많이 이용하게 될 것이다.

직업의 대이동은 이미 시작되었다. 우리는 미래 직업을 위해 무엇을 준비하고 있는가? 기계가 대체할 수 없는 사람만의 능력, 인지 컴퓨터가 흉내 낼 수 없는 당신만의 감성, 즉 10년 뒤, 20년 뒤에는 당신만의 능력, 당신만의 감성이 당신의 직업이 될 것이다(워크넷 신직업 동영상 강의 내용에서 발췌).

1) 유망직업의 선정기준

유망직업의 선정기준은 임금, 직업의 가치, 사회적 지위, 고용 창출 가능성, 고용 안정성, 고용 유연성, 직업의 전문성 등 여러 가지가 있으나, 일반적으로 발표되는 유망직업은 일자리 창출과 임금기준으로 선정된다. 즉, 향후 일자리가 증가하여 상대적으로 취업이 용이하고 임금수준이 높은 직업을 유망직업으로 간주한다. 하지만 최근 안정적으로 정년이 보장되는 직업에 대한 선호도가 높아져 고용 안정성이 유망직업 선정에 중요한 기준으로 부각되고 있으며, 또한 삶의 질을 중요시하는 경향에 따라 육체적 · 정신적 스트레스가 적은 직업, 쾌적한 근무환경 등을 유망직업의 선정기준으로 삼기도 한다. 객관적인 기준이 있는 것이 아니기 때문에 유망직업 선정기준은 기술의 변화, 사회 · 문화적 환경 변화, 정부정책 등에 따라 달라질 수 있고 직업에 대한 사람들의 인식과 가치관에 의해 많은 영향을 받기도 한다.

　국내 유망직업은 단순하고 기능 위주의 숙련 직업이 아닌 전문성과 기술력이 필요한 직업이라고 할 수 있다. 유망직업이라고 해도 과거처럼 평생직장에 대한 개념은 이미 사라졌고, 앞으로는 이직과 전직이 더욱 보편화될 것으로 예상된다.

　분야별로는 전기, 전자, 정보통신 관련 분야가 일자리 창출이 많을 것으로 기대되고 임금수준도 높은 편이며, 경영, 금융 및 기획 관련직과 문화예술, 디자인 및 언론 관련직이 유망하다. 또한 최근 웰빙 열풍과 더불어 주5일 근무제가 확산되고 건강하고 행복한 삶에 대한 관심이 증가하고 있으며 고품질 개인별 서비스에 대한 수요가 증가함에 따라 관광/레저, 문화산업, 의료/보건 관련 직업 및 서비스 관련 분야의 직업, 항공우주공학, 생명공학 등 창의력이 요구되는 직업이 유망할 것으로 본다.

　하지만 유망직업이라고 무조건 장래 직업으로 선정하는 데에는 문제가 있다. 급변하는 직업세계를 완벽하게 예측하기 어렵고, 글로벌 환경 변화에 따라 직업은 민감하게 생성과 소멸을 반복한다. 따라서 유망직업인지 여부만을 기준으로 진로 결정을 할 경우 자신의 적성이나 흥미와 맞지 않아 후회를 할 수도 있고 그 당시 유망직업이었던 것이 추후 유망하지 않을 수도 있기 때문에, 유망직업은 참고만 할 뿐 절대적 기준으로 삼아서는 안 된다.

　다음은 향후 일자리가 늘어날 유망직업 33선이다. 자세한 내용은 워크넷(www.work.go.kr)을 활용하기 바란다.

1. 애완동물미용사	12. 바텐더(조주사)	23. 헤드헌터
2. 시스템소프트웨어 개발자	13. 정보기술 컨설턴트	24. 선물거래중개인
3. 텔레마케터	14. 영상 및 음성 처리 전문가	25. 네트워크관리사
4. 컴퓨터게임 개발자	15. 물류관리 전문가	26. 학예사(큐레이터)
5. 노무사	16. 웹개발자	27. 시스템운영 관리자
6. 가상현실 전문가	17. 보험계리인	28. 쇼핑 호스트
7. 변호사	18. 경호원	29. 전자상거래 전문가
8. 변리사	19. 한의사	30. 세무사
9. 수의사	20. 택배원	31. 지리정보시스템 전문가
10. 결혼상담원	21. 소방관	32. 상담 전문가
11. 사회복지사	22. 경찰관	33. 항공기조종사

Worksheet 5 21세기 유망 신 직업

- 아바타 디자이너: 캐릭터 기획, 실제 디자인 담당
- 컬러리스트: 색상에 관한 정보 수집·분석, 전체적인 컬러의 방향 설정, 브랜드별·아이템별로 컬러 라인을 선정, 색채를 조정하는 능력과 마케팅 자료 및 색의 정보에 민감하며 컬러 예측능력 필수
- 캐릭터 디자이너: 흥행에 성공한 캐릭터를 활용하여 장난감, 문구류 등 다양한 상품 개발, 애니메이션 캐릭터, 스타 캐릭터, 팬시 캐릭터, 프로모션 캐릭터
- 리모델링 컨설턴트: 오래된 아파트, 주택, 건물을 현대 감각에 맞게 최신 유행구조로 바꾸는 개·보수 작업 실행
- 웨딩 플래너: 신혼부부를 대신해 결혼 준비를 해 주는 일
- 미술품 경매사: 예술적 가치가 있는 예술품을 사고파는 역할, 예술품 위탁상담과 구매 권유
- 게임시나리오 작가: 컴퓨터 게임 개발을 위해 필요한 게임 시나리오 작성
- 게임방송 PD: 게임 비즈니스의 전반적인 기획자로 콘텐츠를 기획하고 완성하기까지 모든 과정 연출, 신규 게임방송 기획, 방송 제작을 감독
- 푸드스타일리스트: 고객의 취향에 따라 음식의 스타일 선정
- 네이미스트: 고객으로부터 의뢰받아 기업이나 상품의 이름을 지어 주는 일
- 벨소리 작곡가: 유행할 것 같은 음악을 벨소리로 만듦
- 운동처방사: 신체조건과 건강 상태, 질병의 특성에 따라 적절한 운동의 종류와 방법 제공
- 국제회의 기획자: 국제회의를 전문적으로 진행하고 회의기획, 의전, 관광 스케줄 조정
- 특수견 조련사: 개들에게 특수한 기술을 수행할 수 있도록 조련시키는 업무, 인명구조, 맹인안내견, 마약탐지견, 연기 등 특수 행동을 요하는 개들의 조련 담당
- 호스피스 전문 간호사: 임종을 앞둔 환자의 심리적 안정을 돕고 증상 완화 및 통증 치료

📖 앞으로 유망할 것으로 전망되는 직업 3개를 적어 보고 그 이유를 작성해 보자.

7. 새로운 직업 만들기: 창직

1) 창 직

'문화재디지털복원가', '데이트코디네이터', '디지털장의사', '이혼식기획자'. 혹시 이런 직업들을 들어본 적이 있는가? 앞에 나열한 직업들은 최근 창조경제에 발맞춰 등장한 신흥 직업들이다. 청년 실업과 고령화 같은 사회 · 경제적 문제가 산적한 상황에서 기존 직업에서 일자리를 창출하는 것은 이미 한계에 도달했다. 이에 문화 콘텐츠를 비롯한 전문 서비스, IT 등 개인의 창의성이 강조되는 분야에서 새로운 일자리가 창출될 가능성이 높아짐에 따라 창직이 시작되었다. 창직(創織)은 청년층이 창조적 아이디어와 활동을 통해 스스로 새로운 직업을 발굴하고 이를 통해 노동시장에 진입하는 것을 말한다. 고용 없는 성장 속에서 일자리는 줄어들고 구직자는 많은데다 이들의 눈높이에 비해 양질의 일자리는 제한적인 현실 속에서 창직은 기존의 취업에서 벗어나 직업발굴을 통한 일자리 창출이라는 새로운 대안을 제시한다.

개인의 감성, 상상력, 창의적 아이디어와 역량을 집중해야 하는 창직활동은 성취감과 자아존중감을 높여 줄 뿐만 아니라 높은 직무 만족감을 줄 수 있다. 또한 창직활동은 직업기초능력을 배양하고 자신의 역량을 마음껏 발휘하고 도전하도록 할 수 있으며 새로운 가치 창출의 초석이 되기도 한다. 이와 더불어 창직은 스스로를 고용함으로써 고용 창출 효과는 물론 자신이 만들어 낸 직업으로 다른 사람에게 일자리를 제공하는 사회적 파급효과도 엄청나다. 직업세계를 이해하기 위해서 기존의 직업을 탐색하고 선택하는 과정에서 머무르지 않고 한발 더 나아가 스스로가 직업을 만들어 보는 작업도 필요하다 하겠다.

- **창직의 정의**: 기존 노동시장의 일자리에 진입하지 않고 개인이 문화, 예술, IT, 농업, 제조업 등 다양한 분야에서 창조적인 아이디어와 활동을 통해 자신의 지식, 기술, 능력, 흥미, 적성 등에 용이한 신직업을 발굴하고 이를 통해 일자리를 창출하는 것
- **신직업의 정의**: 기존 직업과 수행하는 일, 요구되는 지식이나 능력, 사용하는 설비, 장비, 도구 등이 다른 것으로 직업분류 체계, 한국직업사전 등에 등록되지 않는 직업이나 전문가 또는 재직자 등이 판단했을 때 새로운 직업으로 판단되는 경우

그렇다면 창직의 조건은 무엇일까?

첫째, 참신해야 한다. 창직에 해당하기 위해서는 지식, 기술, 능력, 작업활동 등이 기존 직업과 다르며, 기존 직업분류 체계에 반영되지 않은 새롭거나 기존에 없던 직업이어야 한다. 사회환경

과 수요자의 필요 변화에 맞춰 완전히 새로 생겨난 직무는 물론, 기존 직업 간의 융·복합, 기존 직업에서의 분화 등으로 새롭게 생겨난 직업도 창직에 포함된다(예: 음악치료사[음악＋치료], 푸듀케이터[음식＋교육] 등).

둘째, 경제성이 있어야 한다. 즉, 지속적으로 수요를 창출할 수 있을 만큼 경쟁력이 있어야 한다. 창직 초기 단계에서는 시장수요가 많을 필요가 없고 신생 직업이라 시장성을 평가하기 어려우므로 저출산 및 고령화, 여성의 경제활동인구 증가, 다문화, 여가에 대한 선호 등 메가트렌드와 얼마나 부합하는지 심도 있게 검토하여 향후 발전 가능성을 살펴봐야 한다.

셋째, 현실적이어야 한다. 창직 가능 직업은 시장에서 실현 가능성이 있어야 한다. 법적으로나 제도적으로 한계가 있는 직업은 현실적으로 창직이 어렵고 법적 근거를 만들고 입법화하는 데 많은 시간과 노력이 들어가므로 실현 가능성이 높지 않다.

넷째, 청년층이 접근하기에 적합한 직업이어야 한다. 고도의 전문적 기술이 요구되거나 오랜 기간 동안 축적된 경력이 필요한 직업은 청년층이 창직하기에는 어려움이 있다. 따라서 대규모의 자본이 요구되는 제조업 분야는 창직하기에 적합하지 않으므로 피하는 것이 좋다.

다섯째, 전문적인 직업이어야 한다. 누구나 너무 쉽게 할 수 있는 직업으로는 경쟁우위를 점하기가 어렵다. 진입장벽이 없는 음식점이나 커피전문점 같은 프렌차이즈업 등 생계형 분야는 창직으로 적합하지 않으므로 피해야 한다.

여섯째, 프리랜서로도 활동이 가능해야 한다. 진입 초기에는 프리랜서로 활동하다가 필요가 커지면 창업하는 것이 바람직하며, 자신이 만들어 낸 직무로 기업에 입사하여 활동하는 것도 창직의 바람직한 방법이라 하겠다.

2) 나의 전용성 소질로 직업 창조하기

더 이상 주어진 직업에 자신을 맞추는 것이 아니라 자신의 소질을 찾아 통합함으로써 자신만의 직업을 창조하는 것이 중요하다. 자신의 타고난 소질을 잘 활용하면 새로운 직업을 만들어 낼 수 있기 때문이다. 창조적 직업을 만들기 위한 3단계에 대해서 알아보자.

(1) 창조적 직업을 위한 3단계

① What: 나는 무엇을 세상에 내어놓을 것인가?(전용성 소질)

자신의 타고난 재능 중 자신 있는 것이 무엇인지, 가장 중요하게 생각하는 소질이 무엇인지 순위대로 정리해 둘 필요가 있다. 자신의 전용성 소질(transferable skills)이 무엇인지 알면 자신에게 맞는 직업을 찾을 수도 있고 하고 싶은 일이나 원하는 직업도 알아낼 수 있다.

② Where: 나의 소질을 어디에 발휘하고 싶은가?(대상 - 사람, 사물, 데이터)

전용성 소질을 알았다면 그것을 어디에 발휘하고 싶은지를 결정하는 단계다. 자신이 좋아하는 주제나 흥미 있는 분야나 취급하고 싶은 대상이 데이터인지, 사람인지, 물건인지를 파악하고 나면 자신이 원하는 직업과 분야를 구체화할 수 있다.

③ How: 내가 일하고 싶은 조직이나 기업에 어떻게 접근할 것인가?(네트워킹)

자신의 전용성 소질을 가지고 일하고 싶은 조직에 취업을 하는 방법을 찾거나 원하는 조직이 없다면 자신이 창직을 하거나 조직을 만드는 방법을 파악하는 것이다. 자신이 아는 모든 사람과 접촉을 하여 정보를 얻거나 자신이 일하고 싶은 기업에 종사하고 있는 사람들 중 주요한 인사 권한이 있는 사람과 인적 네트워크를 구축해 간다면 새로운 경력을 만들어 낼 수 있다.

(2) 전용성 소질이란 무엇인가

배워서 익힌 기술이 아니라 천부적으로 타고나는 고유의 기술을 소질이라고 하고 이러한 선천적 재능을 '전용성 소질'이라고 한다. 전용성 소질은 어떤 분야, 어떤 직업, 어떤 일을 선택하든 간에 작업의 가장 기초 단위가 되며, 한번 생겼다가 사라지는 것이 아니고 완전히 없어지는 것도 아니며 현재도 즐겨 사용할 수 있는 재능으로 지금은 쓰이지 않더라도 언젠가 다시 발휘할 수 있는 소질이다.

전용성 소질의 적용대상은 기본적으로 데이터 · 정보(data), 사람(people), 물건(things)의 세 종류로 구분된다. 다음의 예시를 보면 자신의 전용성 소질을 어떤 대상에 사용하느냐에 따라 작용하는 정도가 다르고 아래로 내려갈수록 단순한 소질이, 위로 올라갈수록 보다 복잡하고 높은 수준의 전용성 소질이 표시되어 있는 것을 볼 수 있다. 전용성 소질의 수준이 높을수록 더 많은 종류의 직업을 얻는 데 용이하고 다른 사람들과의 경쟁에서도 우위를 점할 수 있다.

〈전용성 소질의 적용대상 예시〉

데이터 · 정보(data)	사람(people)	물건(things)
⇑	⇑	⇑
종합하기	멘토링하기	설치하기
⇑	⇑	⇑
분석하기	협상하기	정밀 작업하기
⇑	⇑	⇑
자료 정리하고 계산하기	가르치기	작동-통제하기
⇑	⇑	⇑
복사하기	바꾸기, 설득하기	조작하기
⇑	⇑	⇑
비교하기	말하기	다루기

(3) 전용성 소질을 쉽게 찾을 수 있는 방법은 무엇인가

전용성 소질을 쉽게 찾기 위한 방법은 우선 직업명에서 벗어나 '～을 잘할 수 있는 사람'으로 정의를 내려 보는 것이다. 평소에 가장 자신 있으며 즐겨 할 수 있는 종류의 일들이 무엇인지 생각해 보거나 자신이 신이 나서 시간 가는 줄 모르고 몰입하는 일이 무엇인지 탐색해 보는 것도 좋다. 때로는 과거에 자신이 정말 좋아했던 일이 무엇이었는지 찾아보거나 과거에 발휘했던 자신만의 재능을 생각해 보는 것, 그리고 살아오면서 가장 매력적으로 느껴졌던 직업이나 사람을 만나 보고 목록을 정리해 보는 것도 좋은 방법이다.

전용성 소질을 좀 더 구체화하고 싶다면 자신의 소질을 어디에 활용하는가를 찾아보고 형용사나 부사를 포함시켜 하나의 문장으로 만들어 보면 된다. 예를 들어, '조직하기'라는 전용성 소질을 찾았다면 다음에는 무엇을 조직할 수 있다는 것인가를 찾아내어 '정보를 조직하기'로 소질을 규정하고, 문장에 형용사나 부사 등을 포함하여 남과 차별화된 자신만의 소질을 찾아내어 '세밀하고 논리적으로 인터넷 검색 정보를 조직하기'로 최종 소질을 만들 수 있다.

Worksheet 6　전용성 소질을 찾아내는 목록

📖 다음의 단어 목록을 보고 자신에게 소질이 있다고 생각하는 것에 √ 표, 핵심 소질로 가장 잘하는 것에 ○ 표를 해 보자.

소질	☑	소질	☑	소질	☑
달성하기		분배하기, 베풀기		설치, 설비하기	
활동하기		드러내 보이기		설립, 제정하기	
적응하기		반증하기		지도하기	
연설하기		해부, 해석하기		통합, 종합하기	
관리하기		분할하기		통역, 해설하기	
조언하기		전환하기		면접하기	
분석하기		연극화하기		직관적 판단하기	
예감하기		그리기		발명하기	
중재하기		운전하기		목록 작성하기	
배열, 정리하기		편집하기		재고 정리하기	
분명히 하기		제거하기		발명하기	
조립하기		강조하기		판단, 판정하기	
감정하기		법을 집행하기		유지하기	
획득하기		확립하기		이끌기	
회계, 감사하기		추산하기		배워 익히기	
예산 짜기		평가하기		강의하기	
짓기/세우기		확장하기		향상시키기	
계산하기		조사하기		듣기	
도식화하기		실험하기		기록하기	
점검하기		설명하기		유지, 보전하기	
분류하기		표현하기		만들어 내기	
코치하기		추출해 내기		관리, 경영하기	
수집하기		정리, 보관하기		조작하기	
의사소통하기		자금 대기		중재하기	
편집하기		고치기		만나기	

완성하기		따르기		기억하기	
작곡하기		공식화하기		지도하기	
개념화하기		설립하기		모델화하기	
지휘하기		모으기		모니터하기	
보존하기		얻어 내기		동기부여하기	
통합하기		주기, 전달하기		항해하기/조정하기	
건설하기		안내하기		협상하기	
통제, 관리하기		처리하기		관찰하기	
조정하기		책임지기		획득하기	
대처하기		앞장서기		제의하기	
상담하기		돕기		작동시키기	
창조하기		가설화하기		명령하기	
결심하기		확인하기, 찾기		질서 잡기	
정의 내리기		예시하기		조직하기	
진술하기		상상해 내기		창작하기	
디자인하기		실행, 이행하기		감독하기	
상세히 다루기		개선하기		그려 색칠하기	
탐지하기		대처하기		인식하기	
결정하기		증가시키기		공연하기	
개발하기		영향 주기		성과 올리기	
고안하기		전하기, 알리기		설득하기	
진단하기		시도하기		사진 찍기	
파내기, 발굴하기		혁신하기		안내, 조정하기	
지시하기, 이끌기		검사하기		예측하기	
발견하기		영감 주기, 고무하기		준비시키기	
쓰기		수습하기		여행하기	
사용하기		떠맡기		대접하기	
활용하기		인수하기		교섭하기	
언어로 나타내기		편성하기		개인 교습하기	
씻기		합하기		타자하기	

심사숙고하기		묶기		심판 보기	
이겨 내기		올리기		이해하기	
처방하기		시중들기		발표하기	
자리 잡기		소개하기		봉사하기	
인쇄하기		구축하기		문제 해결하기	
꿰매기		가공하기		생산하기	
형상화하기		구체화하기		프로그램 만들기	
입안하기		분담하기		보여 주기	
촉진하기		노래하기		교정 보기	
스케치하기		보호하기		풀어내기	
홍보하기		분류하기		구매하기	
이야기하기		질문하기		공부하기	
끌어올리기		요약하기		읽기	
감독하기		실현시키기		공급하기	
추론해 내기		체계화하기		수령하기	
지시하기		추천하기		수행하기	
화해시키기		대화하기		글로 나타내기	
노력하기		모집하기		기록하기	
참조하기		감소시키기		조리하기	
회복시키기		관계 짓기		기억해 내기	
번역하기		표현하기		수리하기	
보고하기		나타내기		대표하기	
연구하기		해소하기		답하기	
반응 보이기		회복하기		회수하기	
모험하기		스케줄 잡기		선택하기	
판매하기		감지하기		분리시키기	
가르치기		나누기		팀 만들기	
훈련시키기		옮겨 적기		말해 주기	

〈전용성 소질을 찾아 직업과 분야 만들기 예시〉

　　전용성 소질 목록에서 체크한 소질 중 핵심 소질들을 찾아내어 서로 연결시켜 보면 보다 구체적인 자신만의 소질을 찾아낼 수 있다. 소질을 묶어서 문장을 만들어 보고 이 소질을 어디에 쏟느냐에 따라 종사할 분야가 정해진다.

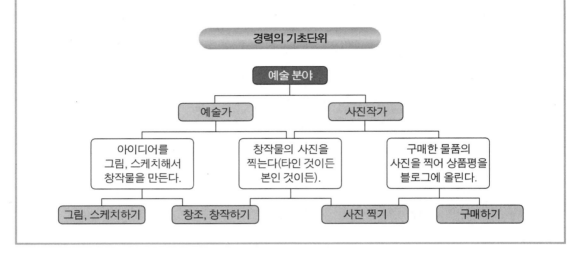

Worksheet 7 전용성 소질을 투자할 곳을 찾아내는 여섯 가지 방법

1. 평소에 내가 좋아하는 주제, 지식, 관심거리는 무엇인가?

_____

_____

2. 이 관심거리가 속해 있는 분야는 어디인가? 가장 관심이 가면서 나의 능력을 잘 발휘할 수 있는 분야를 찾아보자.

_____

_____

3. 이 분야 중 특히 좋아하는 직종이나 직업은 무엇인가?

_____

_____

4. 이 분야의 직업이 나에게 어떤 경력(커리어)을 줄 수 있는가?

_____

_____

5. 이러한 경력을 원하는 조직이나 기업은 어디인가?

_____

_____

6. 이 조직과 나의 가치관은 일치하는가?

_____

_____

🍎 읽어 보기

창직 등장 배경

창조경제의 시대에는 기업이나 개인의 경쟁우위 요소가 상품이나 서비스의 품질과 가격이 아니라 다양한 소비자의 니즈에 대응하는 유연성과 속도에 있다. 따라서 세분화·다양화된 시장과 소비자의 요구에 따라 새로운 산업이 등장하고 있으며, 컴퓨터 등 디지털 기기의 진화와 인터넷의 발전 등 IT의 발전을 기초로 개인의 독특한 아이디어와 창의력으로 시공간을 초월하는 비즈니스가 가능하게 되었다.

사회 진입을 앞둔 청년층은 사회 변화에 따른 직업세계의 변화, 일자리 부족, 길어진 생애주기를 고려한 진로선택 등 다양한 문제에 부딪히게 된다. 청년층이 본인의 적성과 능력, 개성에 부합하는 양질의 직업을 스스로 만들어 내는 창직활동이 이러한 문제를 해결하는 최선의 방안이 될 수 있으며, 이에 따라 이제 청년층은 일자리 선택이 아닌 일자리 창출을 함께 고민해야 한다.

직업세계의 변화

직업세계의 변화에 따라 많은 직업이 새롭게 나타나거나 사라진다. 예전에는 경제적 가치를 가질 수 없었던 단순한 직무수준에 머물렀던 것이 우리 사회의 다양한 상황과 요구에 따라 직업으로 발전하고 있다. 저출산 및 고령화, 여성의 경제활동인구 증가도 직업세계의 변화에 한몫을 하고 있다. 특히 생활수준이 향상되면서 건강, 복지, 미용, 웰빙과 관련된 직업이 많이 나타나고 있으며, 인터넷 등 과학기술의 발전이 교육, 판매, 의료 등 다른 사업과 융합하면서 새로운 직업이 등장하고 있다.

이러한 새로운 직업은 기존의 산업에서 새로운 아이디어를 통해 발생될 수 있고, 새로운 기술, 능력 등을 바탕으로 서로 다른 종류의 산업 사이에서도 발생하고 있다. 특히 지식산업의 도래에 따라 고부가가치를 창출하는 주요 서비스업에서 신직업이 많이 나타나고 있다. 그 원인은 경제 패러다임의 변화에서 찾을 수 있다. 과거 대량생산과 하드웨어 중심의 산업경제 시대에서 정보와 지식이 중심이 되는 지식기반경제로의 이전, 나아가 창조성, 소프트웨어, 문화가 경쟁력이 되는 창조경제시대로 진전되고 있기 때문이다.

창조경제의 시대에는 기업이나 개인의 경쟁우위 요소가 상품이나 서비스의 품질과 가격이 아닌 다양한 소비자의 니즈에 대응하는 유연성과 속도에 있다. 따라서 세분화되고 다양화된 시장과 소비자의 요구에 따라 새로운 산업이 등장하고 있으며, 컴퓨터 등 디지털 기기의 진화와 인터넷의 발전 등 IT의 발전을 기초로 개인의 독특한 아이디어와 창의력으로 시공간을 초월하는 비즈니스가 가능하게 되었다. 한편, 경제 전망이 불투명한 가운데 기업에서는 불확실성에 대비하기 위해 조직의 규모를 줄이고, 핵심 기능 외에는 아웃소싱 하는 등 외부의 힘을 빌리고 있다. 특히 급소한 시장의 변화에 따라 프로젝트 중심의 일거리가 많아진 것은 프리랜서와 같은 1인 사업자 및 소규모 사업자들이 사업 기회를 얻게 되는 중요한 계기가 되고 있다.

출처: 한국고용정보원 직업연구센터(2014b). 우리들의 직업 만들기. 서울: 한국고용정보원.

8. 신생 직업 알아보기

창직은 새로운 직업이나 일자리를 만드는 것을 말한다. 신생 직업은 새롭게 나타난 직업으로, 지식, 기술, 능력, 작업활동 등이 기존 직업과 달라 기존 분류체계에 충분히 반영되지 않는 직업을 말한다. 신생 직업이 직업으로 인정받기 위해서는 경제성, 계속성, 윤리성, 사회성 등의 조건을 만족해야 한다. 노동시장에 새롭게 등장하는 직업은 지속 가능성을 예측하기 어렵다. 수행하고 있는 직무 내용도 표준화되어 있지 않고 진입을 위한 학력, 전공, 세부 전공별 교육과정이나 내용, 직업훈련 과정 등이 정형화되어 있지 않기 때문에 주로 유사한 경력과 경험을 갖춘 분야에 종사하는 사람들이 진출하게 된다.

신생 직업이 발생하게 되는 데 영향을 미치는 요소로 생활수준이 향상되거나 건강에 대한 관심이 높아지고 여가에 대해 관심이 많아지는 등 고객의 필요와 눈높이 변화를 들 수 있고, 기술이나 법 또는 제도의 변화, 고령화나 핵가족화와 같은 인구사회학적 변화 등을 들 수 있다. 따라서 새로운 직업을 만들고자 할 때는 자신의 적성이나 흥미도 중요하지만 자신이 희망하는 창직 분야가 직업세계와 시장수요의 변화 흐름을 잘 반영하고 있는지 면밀히 분석하고 예측해 보아야 성공률을 높일 수 있다.

다음은 한국고용정보원에서 발간한 『2014 신생 및 이색직업: 색다른 직업 생생한 인터뷰』에 소개된 신생 직업을 발췌한 내용이다.

〈『신생 및 이색직업: 색다른 직업 생생한 인터뷰』에 소개된 신생 직업 목록〉

분야	직업명	직업 개요
개인서비스	정리수납컨설턴트	전문적인 정리수납 기술과 방법을 활용해 편리한 주거환경을 지원한다.
	베이비플래너	예비부모에게 임신부 건강관리법, 태교방법, 출산 용품, 돌잔치 정보 등 임신부터 출산, 육아에 이르기까지 필요한 정보를 제공한다.
	유품정리인	홀로 머물던 망자의 유품을 정리해 준다.
	브레인트레이너	뇌교육을 돕는 두뇌훈련 전문가로 두뇌향상 훈련 프로그램을 제시하고 지도한다.
	라이프코치	인생을 살면서 직면하는 삶의 이슈나 문제에 대해 자신의 내면에서 답을 찾고 진정으로 원하는 것을 발견할 수 있도록 돕는다.

경영, 행정, 마케팅	기업컨시어저	기업고객의 업무나 삶에서 필요한 서비스를 제공해 기업의 생산성 향상에 도움을 준다.	
	PPL(간접광고) 마케터	방송 등의 화면 속에 광고제품을 등장시키는 간접광고물(product in placement: PPL)을 활용한 마케팅 활동을 한다.	
	국제개발협력 전문가	국제사회가 공동으로 개발도상국의 경제사회 발전을 촉진하기 위해 벌이는 '국제개발협력활동'을 하도록 관련 사업을 기획하고 실행하는 일을 한다.	
	평판관리 전문가	개인 또는 기업의 평판을 전반적이고도 전문적으로 관리한다.	
	국제의료마케팅 전문가	외국의 환자를 국내에 유치하기 위한 마케팅을 수행한다.	
문화예술, 교육	패션테크니컬디자이너	의류 제품의 기획에서부터 생산단계에 이르기까지 의류의 기술적인 부분을 담당한다.	
	인포그래픽디자이너	다량의 정보를 차트, 지도, 다이어그램, 일러스트레이션 등을 활용해 쉽고 빠르고 정확하게 전달하는 비주얼 그래픽을 디자인한다.	
	화면해설방송작가	시각장애인이 영상물을 이용할 수 있도록 배경, 행동, 표정, 자막 등을 시각적으로 설명하는 대본을 작성한다.	
	과학에듀케이터	박물관 등에서 학생이나 일반인들을 대상으로 과학을 쉽게 이해시키기 위한 교육을 한다.	
	다문화코디네이터	외국인 가정 자녀의 입학상담이나 학교 배치, 다문화 교육 지원사업과 관련된 업무를 지원한다.	
의료, 법률, 동물	감염관리간호사	의료 관련 감염의 관리지침을 만들어 감염이 발생하지 않도록 사전 예방 작업을 하고, 의료 관련 감염이 발생했을 때 보고, 조사 등을 실시한다.	
	의료사고중재조사관	의료사고가 발생했을 때 해당 사안에 대한 모든 의료적 자료(진료차트, 각종 검사 기록 등)를 바탕으로 의료사고의 발생 원인 및 인과관계 등을 조사한다.	
	검시관	변사사건을 조사하고 결과보고서를 작성하는 등 변사자의 사인을 규명하는 일을 한다.	
	가사조사관	가정법원에 소속되어 당사자의 이야기를 듣고 사실관계 여부를 정리하며, 자료 수집, 양육평가, 현장조사, 소년원 감독 등의 조사 업무를 수행한다.	
	동물매개심리사	동물(개, 고양이, 말, 햄스터, 돌고래 등)을 매개로 개인의 신체적·정신적 치료를 담당한다.	
	야생동물재활사	야생동물을 구조하고, 상처를 입은 야생동물을 치료하거나 재활훈련을 시켜 다시 자연으로 돌려보내는 일을 한다.	
	애견유치원교사	애견 전용 유치원에서 애견을 훈련시키거나 함께 놀이를 함으로써 애견의 사회성을 기르고, 기구를 활용한 사회적응 훈련을 시킨다.	

정보통신, 그린잡	홀로그램전시기획자	홀로그램 시스템을 이용해 다양한 전시회, 공연 등을 기획하고 운영한다.
	감성기술연구원	인간의 여러 감성을 인식할 수 있는 유·무선 센서기술이나 상황에 맞는 적절한 처리능력 부여기술 등을 개발한다.
	지능로봇연구개발자	인공의 뇌구조에 대한 지식을 바탕으로 로봇 등이 인간과 같이 사고하고, 의사결정 등을 하도록 인공지능 알고리즘을 개발하거나 프로그램으로 구현하는 기술을 개발한다.
	빅데이터 분석가	숫자, 영상 등으로 이루어진 대량의 데이터인 빅데이터를 관리하고 분석해 사람들의 행동 패턴을 예측하거나 시장경제를 예측할 만한 정보를 제공한다.
	정밀농업기술자	지리정보체계(GIS), 인공위성 자동위치 시스템(GPS) 등 지구과학 기술을 이용해 농산물의 생산에 영향을 주는 토양, 생육, 기후 정보 등을 탐색하는 정밀농업을 연구하고, 개발한 기술을 농사 현장에 도입한다.
	옥상정원디자이너	건물 옥상, 집안 베란다 등에 개성 있는 정원을 만든다.

9. 창업 아이템 구상하기

취업의 또 다른 대안으로 생각해 볼 수 있는 것은 창업이다. 최근 들어 취업난이 가중되고 청년 실업률이 증가하면서 이를 해소하기 위한 방안으로 창업에 대한 관심이 고조되고 있다. 하지만 취업이 어렵다고 해서 막연하게 창업을 하겠다고 생각한다면 오산이다. 창업은 취업보다 더 높은 위험요소를 가지고 있고 실패할 경우 다시 회복하기 어려우며 투자금액을 전부 잃을 수 있는 금전적인 손실까지 감수해야 하기 때문이다. 따라서 '경영'에 대한 기본적인 지식을 익히고, 환경을 탐색할 수 있는 혜안과 자신이 가진 핵심 역량을 발휘할 수 있는 창업 아이템을 찾는 것이 무엇보다 중요하다.

앞서 살펴본 바와 같이 창직은 새로운 직업을 발굴하고 이를 토대로 일자리를 창출하는 활동이라면, 창업은 기업을 새로이 설립하는 것으로 창업자가 이익을 얻기 위해 자본을 이용해 사업 아이디어에서 설정한 재화와 서비스를 생산하는 조직 또는 시스템을 설립하는 행위를 말한다.

창업을 한다는 것은 자신이 사업가로서 자신이 가진 자원을 투자하여 경영과정을 통해 원하는 성과를 낸다는 것이다. 따라서 사업의 비전을 설정하고 목표와 전략을 기획하며, 이를 달성하기 위해 조직을 구성하고 과업을 할당하며, 자신을 포함한 종업원들이 공동의 목표를 이룰 수 있도록 동기부여하고 성과에 대한 지속적인 피드백을 하여야 한다.

취업은 경영과정 중에 자신이 가진 자원을 일부 투입하여 기업의 목표를 달성하는 종업원이 되는 것이라면, 창업은 경영과정 전반을 자신이 계획하고 조직하고 지휘하며 통제하는 기업가가 되는 것이다.

1) 창업 시 주요한 의사결정 사항

1. Who	2. What
정보 수집, 사업적성 및 경영능력 파악하기 (동업관계, 조직 및 인력구성 검토)	내게 맞는 아이템 선정 (평생을 투자해도 아깝지 않을 아이템 찾기)
3. When	4. Where
창업 시기 결정 (비전을 담은 사업계획서 작성하기)	입지 결정 (위치, 사업장 크기, 설비 등을 사전에 파악)
5. How	6. Why
자금 조달 및 최적사업 규모, 사업 형태, 경영전략 결정	비전, 목적, 경영철학의 결정, 회사 설립(개인 또는 법인 설립 결정)

2) 창업 성공의 원칙

창업 성공의 원칙

"나는 세상을 바꿀 '의미'를 만들어 내고 싶은가?"
- 세상을 보다 살기 좋은 곳으로 만드는 것
- 삶의 질을 향상시키는 것
- 잘못된 일을 바로잡는 것
- 좋은 것이 지속될 수 있도록 하는 것

Worksheet 8 창업 아이템

📖 자신이 현재 생각하고 있는 창업 아이템에 대해서 적어 보자.

🍎 읽어 보기

작은 아이디어에서 거대기업으로 성장한 이야기

- **거버**: 통조림 회사 경영자의 며느리 도로시 거버가 이유식 사업을 제안하면서 예쁜 아기 그리기 대회를 개최하고 우승한 그림을 상표화하여 마케팅에 성공함
- **파커만년필**: 교사 조지 파커는 부업으로 필기구 대리점에서 만년필을 수리해 주다가 창업함
- **허츠렌터카**: 존 제이콥은 렌터카 한 대로 시작하여, 영업 아이디어로 무장하고 전역 네트워크화하는 렌터카 업체를 창업함
- **질레트**: 일회용 병뚜껑 영업사원 질레트는 면도하다 상처가 자주 나자 면도날에 빗살을 넣는 아이디어로 창업을 하고, 군대에 납품하면서 성장함
- **피자헛**: 카니 형제는 허름하고 오두막 같은 작은 피자가게를 오픈하고, 제2차 세계대전 이후 이탈리아 지역에 주둔했던 미군들이 고국으로 돌아와 붐이 일어나면서 폭발적 성장을 함
- **수정액(화이트)**: 베트 스미스가 전동식 타자기를 사용하여 타자를 할 때 실수로 오타가 생기자 매니큐어 병에 흰색 페인트를 넣어서 사용한 것에서 창업을 함(질레트가 인수함)
- **보잉사**: 목재상 윌리엄 보잉은 수상비행기 조정법을 취미로 배운 후, 직접 비행기를 만들어 보자는 생각으로 철사와 린넨 천으로 비행기 제조 후 항공사를 창업함
- **에비앙**: 신장결석에 걸린 프랑스 후작이 알프스 에비앙에 요양 가서 그 지역 물을 먹고 나은 후 생수에 포함된 빙하의 무기질과 영양소 성분을 연구하여 생수사업을 창업함
- **밴드에이드**: 부엌일이 서툰 아내를 위해 거즈와 접착물질을 발라 주던 것에 창안하여 밴드를 만들어 창업함(로버트 우즈 존슨 - 존슨앤존슨)

Chapter 4

합리적
진로 의사결정

살아가면서 우리는 매 순간 선택의 기로에 놓이게 된다. 단순하게는 기상시간을 정하거나 무슨 옷을 입을지, 점심 메뉴는 무엇으로 할지와 같이 정형적이고 일상적인 의사결정부터 대학진학, 취업, 결혼, 직업 전환과 같은 전 생애에 막대한 영향을 미치는 중요한 의사결정까지 있다. 정형적인 의사결정은 반복적이고 일상적이며 구조화된 의사결정이기 때문에 선택의 어려움이 크지 않고 설령 잘못된 선택을 했더라도 삶에 지대한 영향을 끼치지 않는다. 하지만 개인의 생애 진로발달 단계에서 반드시 거쳐야 하는 진로 의사결정은 고려해야 할 요인들이 너무나 다양하고 복잡하기 때문에 더욱 신중해야 한다.

　그렇다면 의사결정을 해야 할 상황에서 가장 중요하게 고려해야 하는 것은 무엇일까? 의사결정은 어떤 문제를 해결하거나 목표를 달성하기 위해 여러 대안이나 행동방안을 검토하고 그중 최선의 대안을 선택하여 실행하는 것으로, 진로 의사결정도 의사결정의 하나로 가능한 진로 대안 중에서 최적의 진로를 선택하는 것을 의미한다. 따라서 진로 의사결정을 하기 위해 반드시 필요한 것은, 첫째는 자기 자신에 대한 이해와 심층적인 분석이다. 둘째는 직업세계에 대한 이해와 직업정보 탐색이다. 자신에 대한 이해를 바탕으로 자신에게 적합한 직업은 무엇인지, 향후 직업 전망은 어떠한지, 취업을 위한 교육이나 훈련은 무엇이 있는지 등에 관한 정확한 정보가 있어야 제대로 된 진로 의사결정을 할 수 있다.

　이 장에서는 진로 의사결정에 대한 다양한 정의와 이론들을 살펴보고 합리적 진로 의사결정의 과정을 이해한 후 진로장벽을 해결하는 방안에 대해 살펴보고자 한다.

1. 의사결정의 정의

의사결정이란 의사결정자가 어떤 목적을 설정하고 그 목적을 달성하기 위한 행동을 선택하는 과정이다. 이러한 의사결정 개념은 좁은 의미와 넓은 의미로 나누어 검토해 볼 수 있다. 좁은 의미의 의사결정은 여러 가지 행동 가운데서 하나를 선택하는 것이며, 넓은 의미의 의사결정은 최종 대안의 선택이 있기까지 취해지는 모든 과정을 포함하는 것이라 할 수 있다.

의사결정에는 선택행위, 의도성, 목표지향성이 포함되어 있다. 먼저, 가능한 행동대안이 오직 하나밖에 존재하지 않는다면 의사결정은 존재할 수 없다. 또한 의사결정은 의식적이고 의도적인 수준에서 행해지는 정신적 과정이므로 논리성이 강조된다. 하지만 논리적 측면 외에도 정서적·비합리적·무의식적 요소들이 작용한다. 예를 들어, 자신의 역량보다 훨씬 높은 수준을 요하는 기업에 입사하기 위해 계속 입사지원서를 제출하여 불합격 통보를 받는 사람이 있다고 치자. 논리적으로 생각해 보면 자신의 역량을 높이기 위해 시간과 노력을 더 투자하든지 아니면 눈높이를 낮춰 지원하는 것이 바람직할 것이다. 하지만 그 내면에는 가족의 기대에 부응하고자 하는 욕구나 대기업에 지원했다가 불합격되는 것이 중소기업에 지원했다가 불합격되는 것보다 자존심이 덜 상한다는 정서적이면서 비합리적인 요소들이 영향을 미칠 수 있다는 것이다. 마지막으로, 의사결정은 목표지향적인 성향을 가진다. 즉, 어떤 목표의 달성을 촉진시키기 위해서 이루어지는 행동이라는 것이다.

2. 진로 의사결정에 영향을 미치는 요인

진로를 정하고 직업을 선택하는 일련의 의사결정 과정에 영향을 미치는 것들에는 무엇이 있을까? 첫 번째 주요한 의사결정은 중학교를 졸업하고 고등학교에 진학하는 시점에서 인문계와 전문계 중 어디를 선택할 것인가 하는 것이었을 것이다. 이후 고등학교를 졸업하고 대학진학과 취업 중 선택을 할 때도 의사결정에 직면하게 된다. 대학진학률은 1990년 33.2%에서 2008년 83.8%로 정점을 이루고 난 후 청년층의 인구 감소로 2010년 79.0%로 다소 감소하였으나 여전히 80%에 육박하는 세계 최고수준을 보이고 있다. 결국 우리나라 대부분의 청년층은 대학에 진학하고 졸업 이후 사회에 진출하는 획일적 커리어 경로를 따르게 되면서 복잡하고 다양한 의사결정 기회를 갖지 못하게 된다. 스스로 생각하고 탐색하고 분석하여 합리적인 의사결정을 내리는 대신 정해진 경로대로 주변의 동료나 선배들이 해 왔던 방식으로 결정을 내리거나 부모님과 교사의 선택과 결정에 의존하는 경향이 강해서 의사결정 능력을 향상시키기가 어려운 것이 사실이다.

1) 부모의 영향

베르츠(Werts, 1968)는 부모가 자녀의 직업 선택에 여러 가지 방법으로 영향을 미친다고 하였다. 부모는 자신의 직업을 자녀가 물려받기를 강요할 수도 있고, 자신의 직업기술을 가르쳐서 자녀가 계승하도록 요구할 수도 있다. 또한 부모는 자녀의 흥미와 활동을 제한하거나 촉진하기도 하고, 자녀가 선택할 직업의 범위를 정해 주고 그 범위 안에서만 직업을 선택하도록 독려하기도 한다. 마리니(Marini, 1978)는 자녀의 직업에 대한 포부는 부모의 성취 동기와 관계가 있다고 주장하였고, 지능이나 사회경제적 지위가 동일할 경우 부모의 포부수준이 높을수록 자녀의 포부수준이 높다고 하였다. 하지만 부모가 자녀에게 직업적 역할모델을 제대로 제시하지 못하거나 자신이 이루지 못한 것들을 자녀의 능력이나 적성, 흥미와는 관계없이 자녀에게 강요하거나 기대함으로써 지나친 부담을 주거나 갈등을 유발할 수도 있다(송원영, 김지영, 2011에서 재인용).

2) 사회계층

리만(Lemann, 1986)은 사회경제적 지위가 청년들의 직업에 대한 지식과 이해에 영향을 미친다고 주장하였다. 중류계층의 부모는 하류계층의 부모보다 직업에 대한 지식이 풍부할 수 있기 때문에 자녀에게 좀 더 다양한 지식을 전달해 줄 수 있다. 반면에, 하류계층의 자녀들은 부모로부터 직업에 대한 정보를 얻기 어렵다 보니 직업 선택의 폭이 좁을 수 있다. 부모의 교육수준이 높을수록 사회경제적 지위가 높아지는 경향이 있고, 이를 바탕으로 자녀에게 더 많은 교육과 훈련의 경험을 제공할 수 있기 때문이다(송원영, 김지영, 2011에서 재인용).

3) 심리내적 특성

진로 의사결정은 부모의 영향이나 사회경제적 지위와 같은 외부요인뿐만 아니라 개인의 지능, 흥미, 가치관, 성격 등과 같은 심리내적 특성과의 상호작용에 의해 이루어진다. 딜리(Dilley, 1965)는 지능이 개인의 의사결정 능력과 관계가 있다고 주장하였다. 즉, 지능이 높은 청년은 직업 선택 시 자신의 적성, 흥미, 교육수준, 훈련 기회 등을 고려해서 선택하는 반면, 지능이 낮은 청년은 비현실적이며 자신의 흥미, 능력보다는 단순히 그럴듯해 보이는 직업을 선택하거나 부모나 또래의 영향을 더 많이 받게 된다는 것이다. 피코와 커리(Picou & Curry, 1973)는 지능과 포부수준이 정적인 상관이 있다고 보고하였다.

심리내적 특성에 대해서는 자기분석에 관한 앞의 장에서 살펴보았기 때문에 자세한 설명은 생략하겠다. 개인의 적성과 흥미, 가치관과 욕구 등을 면밀하게 파악하여 직업을 선택하는 것이 바람직하지만 현실에서 개인의 특성만을 고려해서 직업을 찾기란 어렵고 합리적이라고 볼 수도 없다. 자신의 흥미에만 맞춰서 또는 자신이 원하는 직업적 가치관을 기준으로 직업을 선택했지만 실제로 직업이 요구하는 역량수준에 미흡하거나 교육과 훈련을 받을 여건이 되지 않는다면 무모한 선택이 될 수도 있기 때문이다(송원영, 김지영, 2011에서 재인용).

4) 보유하고 있는 직업정보의 양

진로를 결정할 때 자신의 적성이나 흥미, 신체적 조건 등 자기이해가 충분하다고 해도 직업에 대한 정보가 없다면 적합한 진로 선택을 하기는 어렵다. 직업은 단순히 돈을 버는 경제적 수단일 뿐만 아니라 자신의 능력을 맘껏 발휘하고 사회적으로 인정을 받음으로써 자아성취를 할 수 있는 것이기 때문이다. 또한 직업은 타인과 교류를 할 수 있고 삶의 만족도와 행복을 결정할 수 있는 중요한 요소이기 때문에 어떤 직업을 선택하느냐 하는 문제는 개인 내적 특성만 가지고는 판단하기 어렵다. 따라서 자신이 평생 동안 종사하며 생계를 유지해 가고 사명감과 보람을 느끼며 일하기 위해서는 직업세계에 대한 충분한 이해가 필요하다.

직업정보 역시 아는 만큼만 보인다. 진로와 직업 선택과정은 얼마나 많이 알고 있는가와 정확하고 신뢰도 높은 정보를 얼마나 보유하고 있는가에 따라 달라질 수 있다. 급변하는 채용시장의 경향과 직업정보를 선점한다는 것은 치열한 취업경쟁에서 이길 수 있는 주요한 전략이다. 하지만 여과도 없이 마구 쏟아지는 직업정보 가운데 옥석을 가려 적절히 활용한다는 것은 어려운 일이기에 정보를 적절히 활용할 줄 아는 지혜가 필요하다. 직업정보는 직업의 특성, 하는 일, 필요한 적성, 능력, 교육·훈련 및 자격, 교육과정, 고용 현황, 향후 전망 등 직업 명세사항과 노동시장 정보까지 포괄하고 있고 일자리 정보는 각 개별 기업체의 주요 업무, 근무처, 필요한 자격요건, 전형방법 등이 포함되어 있으므로 이에 대한 면밀한 검토가 필요하다. 신뢰할 수 없는 직업정보로 잘못된 진로 의사결정을 내릴 수 있으므로 공신력 있는 경로를 통해 정보를 취득해야 하며, 자신이 보유한 적성과 능력에 일치하는지 파악해서 결정을 내려야 한다.

3. 진로 의사결정 모형 알아보기

1) 진로 의사결정 모형의 배경

진로 의사결정 모형은 직업을 선택해 가는 실질적 과정을 설명하기 위하여 개발되었으며, 선택은 직업에 대한 선호의 개념으로 설명되지만 선호와 실제 행해진 선택은 다를 수 있다. 진로 의사결정 모형이란 개인이 정보를 조직하고, 여러 가지 대안을 신중하게 검토하며, 행동과정에 전념하는 심리학적인 과정에 대한 설명(Harren, 1979)으로, 선택과정은 의사결정자와 둘 혹은 그 이상의 대안이 있는 결정 상황들을 포함한다(Jepsen & Dilly, 1974). 만약 하나의 문제에 하나의 해결책만 있다면 의사결정 과정은 필요 없을 것이다. 두 개 이상의 선택이 동일한 발생 가능성, 매력, 가치를 가진다면 의사결정 과정이 요구되며 무엇보다 의사결정자가 가장 중요한 변수가 된다.

이 장에서는 진로 의사결정 모형의 종류와 주요 특징에 대해 알아보고, 합리적 의사결정 과정에 대한 이해와 진로장벽을 극복하는 방안에 대해 살펴보도록 하겠다.

2) 기술적 진로 의사결정 모형

진로 의사결정 모형은 크게 기술적 모형과 처방적 모형으로 구분할 수 있다. 기술적 모형이 진로 의사결정에 대한 설명에 초점을 둔다면, 처방적 모형은 진로 의사결정을 어떻게 하는 것이 바람직한가에 초점을 두고 있다. 대표적인 기술적 의사결정 모형으로는 브룸(Vroom, 1964)의 기대모형을 들 수 있다. 이 모형은 일과 관련된 개인의 행동 설명에 초점을 두고 있으며, 개인의 행동은 내부로부터 동기화된다는 가정을 전제로 하고 있다.

주요하게 쓰이는 개념은 다음과 같다.

- 일역할(work role): 역할 종사자가 행한 일련의 기능
- 동기(motivation): 자발적인 행동을 조절하는 과정
- 유인가(valence): 특정한 결과에 대한 정서적 방향성, 즉 선호경향
- 기대(expectancy): 선택이 현실화될 수 있다는 믿음

의사결정자들로 하여금 특정한 진로를 선택하게 만드는 것은 모든 결과에 대한 유인가의 총합과 기대의 강도로 설명할 수 있다. 즉, 내가 추구하기만 한다면 충분히 해낼 수 있다는 높은 기대는 가지고 있지만 그 선택의 유인가가 매우 낮다면 진로를 선택하는 데 미치는 영향은 미미할 것

이다. 또한 어떤 진로에 대한 기대수준이 낮다면 아무리 높은 유인가를 갖고 있다 하더라고 선택하지는 못할 것이다.

예를 들어, 기계공학을 전공한 학생이 엔지니어가 될 가능성은 높지만 그것이 별로 선호하지 않는 직업일 수 있다. 또한 가수가 되고 싶은 열망과 욕구가 아주 강한 사람이 실제 음악에 대한 소질은 전혀 없어 현실화하기에 어려움이 있다면 그 진로 의사결정을 내리는 것은 어려울 것이다.

특정한 진로 선택에 대한 유인가와 기대가 모두 높다면 개인은 진로를 선택하는 데 있어 실질적인 노력을 더 하게 되고 결과에 대해 다양하게 고려해 볼 것이다. 따라서 정보를 얼마나 많이 알고 있는가가 중요해진다. 브룸의 기대모형은 성취를 예상하는 것이 아니라 단지 의사결정자가 진로 선택을 위한 노력을 얼마나 할 수 있는가를 예상할 수 있다.

기대는 개인에 의해서 생성되며 정보에 대한 개인의 지각에 기초한 지식들 간의 상호작용으로 형성된다. 그러므로 개인들이 정보를 효율적으로 습득하여야 하며, 어떤 특정 진로에는 긍정적 요소와 부정적 요소가 모두 포함되어 있음을 인식하고 실질적인 기대를 형성할 수 있어야 한다.

두 번째 기술적 모형으로는 자니스와 만(Janis & Mann, 1977)의 갈등모형이 있다. 이 모형은 한 개인이 의사결정을 할 때는 언제나 갈등이 발생한다는 가정에서 시작된다. 의사결정에 직면해 있는 사람은 어떤 행동과정을 수용할 것인가 혹은 거부할 것인가와 같은 상반되는 경향이 동시에 존재한다. 이러한 모순되는 힘은 불확실성을 증대시키고 행동을 망설이게 하며 정서적 혼란을 야기하여 스트레스를 가중시킨다. 따라서 결정 이후에 후회와 스트레스를 최소화하기 위해서는 세심하게 접근하여야 하고, 합리적이고 신중하게 의사결정 과정을 거쳐야 한다. 후회나 갈등을 증폭시키지 않도록 사전에 가능한 모든 대안을 충분히 고려한다면 의사결정으로 발생하는 문제들을 더 잘 처리할 수 있고 최선의 결정에 이를 수 있을 것이다. 간혹 위협과 기회는 의사결정을 촉진하게 한다. 의사결정의 스트레스는 위협이나 기회가 생길 때마다 의사결정자가 현재 행동의 방향을 분명히 하는 정도와 관련이 있다.

예를 들어, 4학년 2학기에 접어든 취업 준비생에게 "올해 안에 당장 취업하지 못하면 모든 지원을 끊겠다."는 아버지의 말은 위협으로 작용할 수 있다. 이 사람은 졸업 전까지 스펙을 쌓기 위해 영어 공부와 자격증 취득을 위한 공부를 계획하고 있었으나, 당장 취업해야 한다는 압박이 강해지면 바람직한 대안을 찾기보다는 소위 '묻지 마 지원'을 하게 되고, 번번이 불합격하게 되어 결국은 '이번엔 어쩔 수 없다. 더 입사 지원을 해 봤자 떨어질 게 뻔하니 다음에 다시 도전하자.'라고 방어적 회피에 이르게 되는 것이다.

모든 의사결정에는 갈등이 따르지만 그 갈등으로 인한 스트레스가 적당하고 합리적인 대안을 찾을 수 있다는 희망이 있다면 유용한 대안들을 평가하고 확인하기 위해 보다 세심한 노력을 기울이게 될 것이다.

　갈등모형은 대차대조표로 활용하는 데 도움이 많이 되지만 진로 결정과정에서 섣부르게 배제하는 것에 대해 안전장치가 없다는 단점을 가지고 있다. 따라서 의사결정자가 여러 대안의 수를 줄이기 위해서는 배제모형을 먼저 사용하고 난 이후 대차대조표 활용법을 이용하는 것이 좋다.

Worksheet 1 자니스와 만의 모형을 바탕으로 한 직업선택 대차대조표

비교 항목	대안 직업 1		대안 직업 2		대안 직업 3	
나에게 주어지는 이득과 손실	+	−	+	−	+	−
나에게 이 일을 할 수 있는 능력이 있는가?						
나는 이 일을 즐기며 할 수 있나?						
직업을 통해 내가 선호하는 가치를 추구할 수 있나?						
미래에도 계속해서 할 수 있는 일인가?						
역량을 높일 수 있는 방안이 마련되어 있는가?						
소득수준이 꾸준히 성장 가능한가?						
다른 분야로 전직할 수 있는 기회가 있는가?						
능력에 따라 진급과 승진이 가능한 일인가?						
이 일이 사회적으로도 인정받는 일인가?						
이 일은 작업환경이 좋은 편인가?						
이 일은 근무시간과 여가시간이 적당한가?						
총 점						

※ 현재 고려하고 있는 직업 세 가지를 대안 직업란에 적는다. 그리고 비교 항목에 따라 10점을 만점으로 계산하여 그 직업을 선택할 때 이득(+)과 손실(−)을 고려하여 숫자를 표기한다. 마지막으로 총점을 내어 가장 높은 점수를 받은 직업을 선택한다.

3) 처방적 진로 의사결정 모형

(1) 미첼의 재개념화된 선택모형

처방적 진로 의사결정 모형 중 대표적인 것으로 미첼(Mitchell, 1975)의 재개념화된 선택모형을 들 수 있다. 이 모형은 의사결정자가 결정 상황의 함의들을 마음속의 이상적인 상황과 비교한다고 가정하고, 의사결정 결과는 이상적 상황이나 결과에 가장 가까울 것이라고 예상한다. 하지만 진로 의사결정의 과정에 있는 사람들이 항상 마음속에 이상적인 대안들을 가지고 있지 않으며 그것이 완벽하지도 않다. 다만 어떤 특성들과 우수성에 대한 선호를 가지고 있을 뿐이다.

미첼은 진로 의사결정을 위한 다양한 방법을 제안하였다. 첫째는 단순하게 대안의 긍정적 특성들만 비교하는 것이다. 둘째는 부정적 특성에 대비되는 긍정적 특성에 가중치를 주는 방법이다. 셋째는 대안들의 긍정적 특성 때문이 아니라 부정적 특성 때문에 어떤 대안을 선택하는 것인데, 이때의 선택은 회피적 행동이 될 수 있다. 넷째는 오로지 부정적 특성만을 가지고 대안들을 탐색하는 것으로, 의사결정자는 선택의 부정적인 영향을 최소화하는 데 집중하게 된다. 다섯째는 대안의 긍정적 특성과 부정적 특성을 동시에 고려하는 방법이다. 마지막으로, 의사결정자는 대안에 따라 긍정적 특성만 지닌 것으로 볼 수도 있고 부정적 특성만 지닌 것으로 볼 수도 있으며 양쪽 특성을 모두 가진 것으로 생각할 수도 있다.

예를 들면, 의학전문대학원에 입학하는 것과 신약 연구개발 부서가 있는 제약회사에 입사하는 것의 두 가지 진로 대안으로 고민하고 있는 사람이 있다고 가정하자. 진로 의사결정의 다양한 방법으로 보자면, 우선 첫 번째 방법은 의학전문대학원을 나와서 의사가 될 경우의 긍정적 특성과 제약회사 연구원의 긍정적 특성만 가지고 단순 비교해 보는 것이다. 두 번째 방법은 의사 또는 연구원의 부정적 특성도 있지만 긍정적 특성에 보다 가중치를 두어 비교하는 것이다. 의사는 인턴과 레지던트 기간을 포함하여 약 10년의 시간을 투자해야 하는 부정적 측면이 있지만 의사면허를 취득한 후 개업할 경우 고소득이 보장된다. 제약회사 연구원은 급여가 많지 않다는 부정적 특성이 있지만, 바로 취업이 가능하고 신약을 개발해서 시판이 될 경우 안정적인 소득이 가능하다는 긍정적 특성이 있다. 이때 각각의 부정적 특성보다 긍정적 특성에 가중치를 두어 비교 선택하는 것이다. 세 번째 방법은 의사의 부정적 특성, 제약회사 연구원의 부정적 특성만을 비교해서 '적어도 이런 일은 안 하고 싶다'는 기준으로 선택할 수 있다. 이런 방법으로 의사결정자가 활용 가능한 대안들의 여러 가지 특성에 부여하는 가중치의 크기를 안다면 이 모형을 통하여 최종 의사결정 때 후회를 최소화할 수 있을 것이다.

이 모형은 대안의 긍정적 특성과 부정적 특성을 모두 고려한다는 점에서 유용하며 진로 탐색과정 중 시작단계에서 매우 유용한 방법이다.

(2) 기대효용 모형

기대효용 모형은 상보적 의사결정 모형의 일종으로, 개인이 가능한 진로 대안들이 자신이 고려하는 모든 측면에서 어느 정도의 효용을 주는가를 비교해서 가장 높은 효용을 갖는 진로 대안을 선택한다는 것이다. 기대효용 모형으로서 처음 소개된 모형은 겔라트(Gelatt, 1962)의 모형이다. 그는 의사결정은 결과만 가지고 평가될 것이 아니라 결정을 내리게 되는 과정에 따라 평가되어야 한다고 제안하였다. 의사결정 과정은 먼저 의사결정자가 목적의식을 가지고 정보를 가능한 한 많이 수집한 후 그 자료를 바탕으로 가능한 대안을 열거한다. 다음으로는 각 대안의 실현 가능성을 예측해 보고 가치를 평가하여 최고의 효용을 주는 대안을 선택한다. 의사결정은 순환과정으로서 주기적이며 계속적인 성격을 띠게 된다.

의사결정 유형을 분류한 하렌(Harren, 1979)은 기대효용 모형의 특징을 기술하였다. 첫째, 사람들은 최대 효용을 주는 대안을 선택해야 한다는 것이다. 둘째, 의사결정 과정은 매우 복잡한 현상이지만 효용을 계산하는 단계는 수학적이어서 진로 의사결정 과정에서 기대(가능성)와 값(효용)을 결합시키는 어떤 규칙이 존재한다는 점이다.

기대효용 모형이 주는 시사점은 의사결정자들은 원하는 결과들을 이끌어 낼 수 있는 실행 가능한 대안들을 최대한 창출해 낼 수 있어야 한다는 점이다. 또한 자신의 가치를 명료화하고 사정할 수 있는 능력을 갖춰야 하며 정확한 직업정보를 확보하고 사용하는 능력을 향상시켜야 한다. 그럴듯해 보이는 대안을 찾아내는 것이 아니라 모든 가능한 대안을 탐색하여 최적의 대안을 찾을 수 있도록 의사결정 훈련이 필요하다.

Worksheet 2 기대효용 모형을 바탕으로 한 의사결정 연습하기

1. 아래의 진로 대안 칸에 현재 고려 중인 대안들을 적는다. 구체적으로 직업명을 적거나 기업명을 적어도 된다. 또는 취업과 진학, 군대 입대, 어학연수, 휴학 등과 같은 다양한 진로 대안을 작성해도 된다.

2. 왼쪽 비교 목록 칸에는 진로 선택에 있어 자신에게 중요한 가치관이나 신념 등이 적혀 있으며 각각의 상대적 중요도에 따라 가중치를 적는다. 예를 들어, 자율성은 10점, 사회적 지위와 인정은 30점, 경제적 보상은 40점, 새로운 경험 추구는 10점, 직업적 안정은 10점으로 가중치를 배분하고 가중치의 합은 100점이 되도록 한다. 다음으로 진로 대안마다 매력도 점수를 적습니다.

3. 성취 가능성 칸은 자신의 역량과 여건을 고려하여 가능성을 표시한다. 역량은 자신이 현재 보유하고 있는 역량과 향후 개발할 수 있는 역량을 모두 고려하여 작성하면 된다. 또한 경제적 · 환경적 여건도 고려하여 가능성을 평가한다.

4. 마지막으로, 매력도 합계와 성취 가능성을 곱하여 최종적인 점수를 산출한다. 가장 점수가 높은 진로 대안이 자신에게 가장 효용이 높고 만족도가 큰 진로 대안이 된다.

비교 목록		가중치	진로 대안		
			1.	2.	3.
매력도 합계 (100점)	자율성				
	사회적 지위와 인정				
	경제적 보상				
	새로운 경험 추구				
	직업적 안정				
성취 가능성(100%)					
총점 (매력도 합계×성취 가능성)					

4. 진로 의사결정의 유형

진로를 결정하는 일은 개인의 일생을 통해서 반드시 성취해야 하는 가장 중요한 과업 중의 하나다. 어떤 진로 선택을 하였는가가 한 사람의 생활 전반에 영향을 미치기 때문이다. 진로 의사결정에 따라 거주지, 친구 유형, 사회경제적 지위, 건강, 가족과의 관계, 성공의 기회, 성격 등 모든 측면이 달라질 수 있다. 이렇게 진로 의사결정이 중요한데도 의사결정 시 매우 불합리한 방법을 취하거나 대충 고민하고 빨리 결정짓거나 때론 다른 사람에게 떠넘기는 경우도 발생한다. 자기 자신에 대한 이해를 충분히 하고 자신이 평생 몸담을 수 있는 직업과 직장에 대한 공부를 충분히 하여 자신의 특성과 직업의 요인을 둘 다 고려하여 직업 선택을 하는 것이 가장 바람직하지만 모두가 동일한 의사결정 유형을 가질 수는 없다. 이에 하렌(Harren, 1979)은 다음과 같은 진로 의사결정 유형을 제시하였다.

1) 합리적 유형

합리적 유형은 의사결정 과업에 대해서 논리적이고 체계적으로 접근하며 결정에 대한 책임을 수용하고 이전의 결정을 검토해 보기도 하고 현재 자신의 결정이 미칠 영향에 대해서로 미리 평가해 보는 유형으로, 앞으로 닥칠 의사결정을 미리 예견하여 자신과 상황에 대한 정보를 수집하고 준비하는 신중한 타입이다. 단점이라면 매우 신중하고 논리적이기 때문에 의사결정에 이르기까지 시간이 오래 걸린다는 점이다.

2) 직관적 유형

직관적 유형은 의사결정에 있어서 개인 내적인 감정적 상태에 의존하고 결정에 대한 책임은 수용하지만 미래에 대한 예견을 거의 하지 않는 유형이다. 정보 수집을 위한 활동도 구체적으로 하지 않으며 사실에 대해서 논리적인 비중을 거의 두지 않는다. 주로 상상과 직관을 활용하여 현재의 느낌에 주의를 기울이기 때문에 결정과정에서 각 단계의 선택과 수용이 비교적 빨리 이루어진다. 하지만 자신의 진로결정 과정에 대해서 명백하게 설명하지 못하는 경향이 있고 잘못 결정하여 실패하게 되는 확률이 상대적으로 높다.

3) 의존적 유형

　의존적 유형은 의사결정에 대한 책임을 자신이 지기를 거부하고 가족이나 친구, 동료 등 주요한 타인에게 책임을 전가하는 유형이다. 타인들의 기대에 크게 영향을 받고 사회적인 승인에 대한 욕구가 높으며 환경으로부터 제한을 많이 받는다고 지각한다.

〈의사결정 유형별 특성 개요〉

합리적 의사결정
• 의사결정을 할 때 자신과 상황을 고려하여 유익한 결정을 내리는 유형 • 정확한 정보를 얻고, 신중하게 결정한다. • 그 결정에 대한 책임을 진다. • 장점: 합리적이고, 심리적 독립과 성장에 도움이 되며, 실패율이 낮다. • 단점: 결정을 내리는 데 오랜 시간이 걸린다.

직관적 의사결정
• 의사결정을 할 때 자신과 상황에 대해 감정적으로 평가하는 유형 • 환상, 감정, 상상을 이용하고, 즉흥적인 느낌을 중시한다. • 결정에 대한 책임을 진다. • 장점: 의사결정이 빠르고, 스스로의 선택에 대해 책임을 지며, 창조적 해결방법을 사용한다. • 단점: 실패할 확률이 높다.

의존적 의사결정
• 의사결정을 할 때 다른 사람의 영향을 많이 받고 그대로 수용하는 유형 • 사회적인 인정을 중요시한다. • 나의 상황이 여러 가지로 제한받는다고 느낀다. • 의사결정에 대한 책임을 지지 않는다. • 장점: 영향력 있는 사람의 결정에 따를 때 실패율이 적다. • 단점: 소신 있게 일처리를 하지 못하고, 실패 시 남의 탓을 한다.

Worksheet 3 진로 의사결정 유형 검사

📖 다음 문항에서 해당하는 곳에 V표 하라.

	문항	그렇다	아니다
1	나는 중요한 의사결정을 할 때 한 단계 한 단계 체계적으로 한다.		
2	나는 내 자신의 욕구에 따라 매우 독특하게 의사결정을 한다.		
3	나는 얻을 수 있는 모든 정보를 수집하지 않고는 중요한 의사결정을 거의 하지 않는다.		
4	의사결정을 할 때 내 친구들이 나의 결정을 어떻게 생각할 것인가를 매우 중요시한다.		
5	나는 의사결정을 할 때, 이 의사결정과 관련된 결과까지 고려한다.		
6	나는 다른 사람의 도움 없이는 중요한 의사결정을 하기가 힘들다.		
7	나는 어려운 문제에 부딪히면 재빨리 결정을 내린다.		
8	나는 의사결정을 할 때 내 자신의 즉각적인 느낌이나 감정에 따른다.		
9	나는 내가 하고 싶은 것보다 다른 사람이 어떻게 생각하느냐에 영향을 받아 결정한다.		
10	어떤 의사결정을 할 때 나는 시간을 갖고 주의 깊게 생각해 본다.		
11	나는 문제의 본질에 대해 찰나적으로 떠오르는 생각에 따라 결정을 한다.		
12	나는 친한 친구에게 먼저 이야기하지 않고는 의사결정을 거의 하지 않는다.		
13	나는 중대한 의사결정 문제가 예상될 때, 그것을 계획하고 생각할 시간을 충분히 갖는다.		
14	나는 의사결정을 못한 채 뒤로 미루는 경우가 있다.		
15	의사결정을 하기 전에 올바른 사실을 알고 있나 확인하기 위해 관련 정보들을 다시 살펴본다.		

16	나는 의사결정에 관해 실제로 생각하지는 않지만 갑자기 생각이 떠오르면서 무엇을 해야 할지를 알게 된다.		
17	어떤 중요한 일을 하기 전에 나는 신중하게 계획을 세운다.		
18	의사결정을 할 때 나는 다른 사람의 많은 격려와 지지를 필요로 한다.		
19	나는 의사결정을 할 때 마음이 가장 끌리는 쪽으로 결정을 한다.		
20	나의 인기를 떨어뜨릴 의사결정을 별로 하고 싶지 않다.		
21	나는 의사결정을 할 때, 예감 또는 육감을 중요시한다.		
22	나는 조급하게 결정을 내리지 않는데, 그 이유는 올바른 의사결정임을 확신하고 싶기 때문이다.		
23	어떤 의사결정이 감정적으로 나에게 만족스러우면 나는 그 결정을 올바른 것으로 본다.		
24	올바른 의사결정을 할 수 있는 능력에 자신이 없기 때문에 주로 다른 사람의 의견을 따른다.		
25	종종 내가 내린 각각의 의사결정을 일정한 목표를 향한 진보의 단계들로 본다.		
26	내가 내리는 의사결정을 친구들이 지지해 주지 않으면 그 결정에 대해 확신을 갖지 못한다.		
27	의사결정을 하기 전에, 나는 그 결정을 함으로써 생기는 결과에 대해 가능한 한 많이 알고 싶다.		
28	나는 이것이다라는 느낌에 따라 결정을 내릴 때가 종종 있다.		
29	대개의 경우 나는 주위 사람들이 바라는 방향으로 의사결정을 한다.		
30	여러 가지 정보를 수집하거나 검토하는 과정을 갖기보다, 나에게 떠오르는 생각대로 결정을 내리는 경우가 자주 있다.		

Worksheet 4 나의 의사결정 성공 사례 찾기

📖 다음의 표에 각 번호에서 '그렇다'를 1점으로 계산하여 총합을 적으시오.

의존적 의사결정	직관적 의사결정	합리적 의사결정
4, 6, 9, 12, 14, 18, 20, 24, 26, 29	2, 7, 8, 11, 16, 19, 21, 23, 28, 30	1, 3, 5, 10, 13, 15, 17, 22, 25, 27
(　　)점	(　　)점	(　　)점
나의 의사결정 유형은?		

📖 자신의 유형에 대해서 장점과 단점을 알아보고, 살아오면서 경험한 가장 성공적인 의사결정 사례를 작성하고 조별로 발표해 보자.

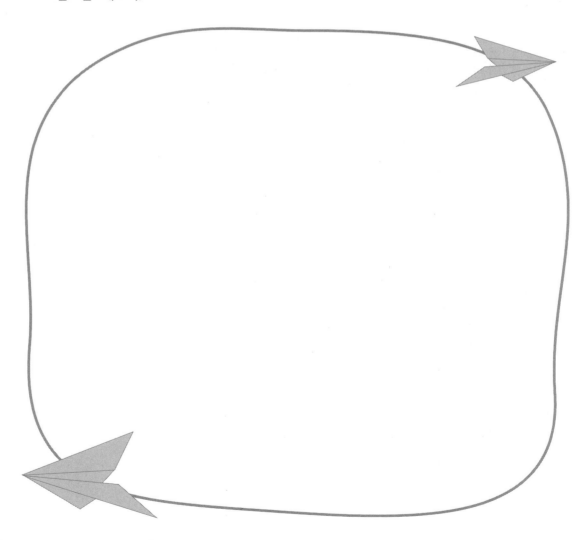

5. 합리적 진로 의사결정 과정

의사결정은 어떤 문제에 대해서 바람직한 해결책을 가져다줄 것으로 기대되는 여러 가능한 대안 중에서 한 가지를 선택하는 것을 말한다. 의사결정의 기본 전제로는 현재와 목표 사이에 차이가 존재해야 하며, 그 차이에 대한 심각성을 인식하고 있어야 한다. 또한 목표를 이루기 위해 취해야 할 행동에 대한 강한 동기가 부여되어야 하며, 수정된 행동을 취할 다양한 대안과 자원을 보유하고 있어야 한다.

의사결정 유형에는 합리적·직관적·의존적 의사결정이 있다고 앞서 설명하였다. 각각의 유형마다 장점과 단점이 있지만, 진로 의사결정은 전 생애에서 매우 중요하고 반복적으로 일어나므로 합리적 의사결정 과정을 따르는 것이 가장 유용하다고 할 수 있다.

합리적 진로 의사결정 과정을 살펴보면, 먼저 '어떤 직업을 가질 것인가'와 같이 의사결정을 내릴 대상을 확정한다. 다음으로, 직업에 관련된 다양한 정보를 수집한다. 이때는 앞서 직업정보에서 다루었던 각종 정보를 활용하는 것이 좋다. 그리고 많은 정보 중 자신의 가치관, 적성, 능력, 처해 있는 환경과 직업세계를 고려하여 복수의 대안을 도출한다. 현재 상황에서 자신에게 적합한 직업들, 주위에서 추천하는 직업들, 그리고 자신이 소망하는 직업들을 추려서 서로 비교 분석을 해 본다. 비교와 평가는 앞서 다룬 기술적 모형이나 처방적 모형을 참고하여 자신이 우선시하는 가치에 준해서 한다.

이렇게 1차 의사결정을 내리고 나면 실천에 옮겨 보고 추후 피드백을 통해 보완을 하며 다시 관련 정보를 수집하는 순환적 과정을 거치는 것이 가장 합리적인 진로 의사결정 과정이라 할 수 있다.

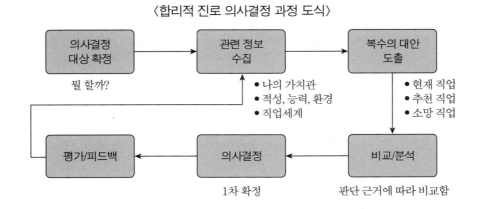

〈합리적 진로 의사결정 과정 도식〉

Worksheet 5　일상에서 합리적 의사결정 상황 연습하기

📖 일상 속에서 흔히 접할 수 있는 의사결정 상황을 생각해 보거나 이미 경험한 사건을 바탕으로 합리적 의사결정을 내릴 수 있도록 연습해 보자.

문제	1		2	

내가 생각하는 의사결정 기준		

가능한 대안	A		A	
	B		B	
	C		C	

대안별 장단점		장점	단점		장점	단점
	A			A		
	B			B		
	C			C		

최적안 결정		

결정에 대한 피드백		

Worksheet 6 상세 직업정보 탐색하기

📖 다음의 워크시트는 직업정보를 탐색하는 데 유용하게 쓸 수 있다. 직업명을 적고 그 직업과 관련해 하는 일, 되는 길, 요구되는 특성, 필요한 학력과 자격, 소득, 향후 직업 전망 등을 총망라해서 작성한다. 관련 자료는 워크넷(www.work.go.kr)에서 직업정보 – 한국직업정보시스템 – 키워드로 직업 탐색이나 나의 특성에 맞는 직업 찾기를 활용한다.

직업명:		
희망 직업별 탐색해야 할 정보		
하는 일 (해당 직업에 종사하는 사람들이 주로 하는 일의 내용)		
되는 길	교육 · 훈련	
	관련 자격	
요구되는 특성	능력 및 지식	
	성격 및 흥미	
필요한 학력과 자격 취득 후 취업 가능성	① 80~100%　② 60~79%　③ 40~59% ④ 20~39%　⑤ 20% 이하	
보수(소득)	희망 소득	만 원(월)
	신입 초봉	만 원(월)
	10년 후 소득	만 원(월)
향후 직업 전망	① 매우 밝다　② 밝다　③ 보통　④ 어둡다　⑤ 매우 어둡다	

Worksheet 7 나의 스펙 점검하기

📖 직업 또는 기업을 결정했다면 과연 현재 나의 취업 경쟁력 지수는 어느 정도인지 파악할 필요가 있다. 다음의 표에는 자신의 기초 역량과 핵심 역량에 대한 평가 항목이 포함되어 있다. 자신에 대한 객관적인 평가를 통해서 희망하는 직업 또는 기업에 진입할 수 있는지 여부를 확인해야 비로소 최종 선택이 가능해진다.

희망 직업		희망 기업		희망 직군	
구분		평가 항목		가중치	자기평가 (10점 만점)
기초 역량	기초능력	학교 브랜드		10	
		최종 졸업학점		20	
		영어능력		20	
		전공 지식/경험		10	
		관련 자격증		10	
	자질	호감도(외모/화법/태도)		20	
		성격과 적성		10	
		기초 역량 소계		100	
핵심 역량	직무능력	지원 분야 지식 및 관심 정도		10	
		지원기업에 대한 이해수준		20	
		직무 경험(인턴십/아르바이트)		20	
		직무 관련 교육 이수		20	
	감동요소	나만의 특징(취미/특기/경험)		10	
		나만의 보유 역량		20	
		핵심 역량 소계		100	
취업 경쟁력 지수(기초 역량 40%＋핵심 역량 60%)					

6. 진로장벽

1) 진로장벽의 정의

진로 결정에 영향을 미치는 요인들은 긍정적인 경우도 있지만 부정적인 경우도 있다. 예를 들어, 부모가 자신의 결정을 지지할 경우에는 자원이 될 수도 있지만, 부모의 결정이 자신의 결정과 상충하게 되면 진로를 결정하고 직업을 선택하는 데 커다란 장벽으로 작용할 수 있다. 이처럼 진로장벽(career barriers)은 진로의 결정과 선택 과정을 방해하는 요인으로 취업, 진학, 직업 전환 등을 수행해 가는 과정에서 개인의 진로 선택에 영향을 미치거나 역할행동을 방해하는 것으로 지각되는 여러 가지 부정적인 사건을 통칭한다.

진로장벽은 내적 요인과 외적 요인으로 구분 짓는 이분법적 분류가 일반적이다. 내적 요인은 심리내적인 측면의 장벽들로 자아개념, 가치관, 성취 동기, 욕구 등을 의미하고, 외적 요인은 주로 의사결정자 외부의 환경에서 발견할 수 있는 장벽들로 사회적 · 경제적 · 문화적 구조, 사회적 차별, 근무조건 등을 들 수 있다.

이분법적 분류는 단순하고 일반론적인 구분이어서 현실적으로 진로장벽의 전체 영역을 설명하기에 부족하다는 비판이 대두되면서, 스완슨과 토카(Swanson & Tokar, 1991)는 태도장벽, 사회적 · 대인적 장벽, 상호작용적 장벽의 세 가지로 구분하는 삼분법적 분류를 제시하였다. 태도장벽은 주로 전공의 선택이나 학위 취득 시에 지각되는 것으로 내적인 자아개념, 흥미, 직업에 대한 태도로 정의할 수 있다. 사회적 · 대인적 장벽은 진로와 가사활동의 조화 시에 지각되는 것으로 가족, 미래의 결혼과 가족계획 등을 포함한다. 상호작용적 장벽은 처음 구직활동을 할 때 지각되는 장벽으로 인구통계학적 특성(성, 연령, 인종 등)과 관련된 어려움, 직업에 대한 준비수준(교육과 훈련 경험), 직업환경에 대한 준비 등으로 정의할 수 있다.

Worksheet 8 나의 진로장벽 요인 탐색하기

📖 다음은 진로장벽이 될 수 있는 여러 가지 항목이다. 다음의 항목 중에 내가 진로를 결정하는 데 어려움이 될 것으로 생각되는 항목이 있다면 표시하고, 구체적으로 어떤 내용인지 작성해 보자.

요인	예	아니요	구체적인 내용
1. 성차별			
2. 자신감, 능력 또는 흥미 부족			
3. 다중 역할갈등			
4. 연령차별			
5. 인종차별			
6. 성역할 갈등			
7. 부적절한 경험이나 훈련			
8. 타인으로부터 인정받지 못함			
9. 미래의 생활방식에 대한 불확실성			
10. 진로 미결정이나 정보 부족			
11. 진로에 대한 불만족			
12. 재배치나 직무 순환에 대한 욕구			
13. 직업 탐색에 대한 불확실성			
14. 과잉 자격(다양한 스펙)			
15. 결혼/자녀 계획에 대한 불확실성			
16. 배우자 또는 애인의 지지 부족			
17. 비전통적인 분야 선택에 대한 반대			
18. 신체적 장애			
합계			

2) 진로장벽 극복하기

진로목표를 달성해 가는 과정에는 언제나 진로장벽이 기다리고 있다. "한 번도 실패한 적이 없는 사람은 한 번도 도전해 보지 않은 사람이다."라는 말이 있듯이, 흔히 성공한 사람들은 실패한 적이 없는 사람이 아니라 끊임없는 도전을 통해서 실패를 극복한 사람이라고 할 수 있다. 따라서 진로장벽 때문에 진로 결정을 미루거나 실패에 대한 두려움 때문에 시도조차 하지 않는다면 절대로 성공적인 삶을 이끌어 낼 수 없다. 진로장벽은 살아가면서 어쩔 수 없이 직면하게 되는 인생의 한 부분이고, 대부분의 진로장벽은 문제 상황에서 효율적으로 대처할 수 있다면 해결 가능한 것들이 다수 포함되어 있다.

진로장벽을 극복하는 가장 좋은 방법은 문제가 무엇인지 인식하고 대안들을 탐색하여 해결방법을 찾는 것이다. 이는 오늘날 기업에서 요구하는 직무 수행능력 중 인재 선발의 중요한 기준이 되는 '문제해결 능력'과도 상통한다. 효과적인 문제해결 능력을 갖춘 사람은 드문데, 왜냐하면 문제해결 능력, 지식, 기술을 교육받은 적이 없고, 문제를 정의 내리는 것도 너무 복잡하고 어려운 과정이며, 문제해결에 도움이 되는 효과적인 정보를 모두 가지고 있지 못하기 때문이다. 결국 제한된 합리성하에 의사결정을 내리게 되는 것이다. 직면하는 문제마다 가능한 모든 대안을 탐색할 수도 없으며 모든 정보를 획득하기엔 시간과 노력이 너무나 많이 들기 때문이다. 직업 선택을 위해 직업사전에 명시된 2만여 개의 직업을 모두 대안으로 선택할 필요가 없는 것과 같다.

진로장벽을 극복하기 위한 효과적인 문제해결 과정은, 먼저 문제를 인식하고, 문제를 정의하며, 문제에 대한 다양한 대안을 개발하고, 대안에 대한 평가를 하며, 해결방안들 가운데 하나 또는 그 이상을 선택하여 실행에 옮긴 후, 그 결과에 대해 효과성을 검토하고 피드백하는 순환적 구조로 이루어져 있다.

〈합리적인 문제해결 과정〉

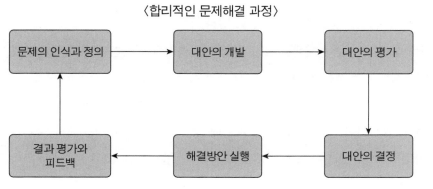

출처: Krumboltz (1979).

3) 문제해결 단계별 주요 내용

(1) 문제의 인식과 정의

문제해결 과정의 첫 단계는 문제 인식이다. 대부분의 사람은 자신이 처해 있는 문제가 무엇인지조차 모르고 있는 경우가 허다하다. 문제 인식은 차이(gap)를 인식하는 것에서 시작된다. 여기서 말하는 차이란 미래에 내가 원하는 바람직한 상태와 현재 내가 처한 상태 간의 차이를 의미하며, 문제해결이란 결국 현재의 상황을 바람직한 상황으로 바로잡기 위한 방안을 모색하는 과정이라 할 수 있다.

문제해결 과정에서 가장 중요한 부분은 바로 '문제를 정의'하는 것이다. 문제해결에 실패하는 원인 중의 하나로 문제를 정확하게 정의하지 못한 것을 들 수 있다. 문제 정의에는 두 가지 구성요소가 있다. 첫째, 진로장벽이라는 원인과 목표 달성의 방해라는 결과 사이의 인과관계가 성립되어야 한다는 것이다. 만일 원인과 결과의 관계가 모호하다면 해결방안을 찾기는 더욱 어려워지기 때문이다. 둘째, 문제를 통제 가능한 범위에서 정의하는 것이다. 만일 자신의 목표와 진로장벽이 전적으로 자신의 통제 밖에 있다면 문제를 제대로 정의하지 못한 것이다. 예를 들어, 자신의 실업에 대해 글로벌 경제위기나 사회구조적 문제를 장벽으로 인식하면 결코 문제해결을 할 수 없으며 오히려 좌절감과 의욕 저하를 야기할 뿐이다. 따라서 문제를 정의할 때는 통제 가능한 요인들로 구성하여야 가능한 해결방안을 모색할 수 있다.

(2) 대안의 개발

해결방안을 개발하기 위해서는 가능한 대안에 대해 합리적이고 철저하게 분석해야 할 뿐만 아니라 유연하고 창의적인 발상의 전환이 필요하다. 문제해결을 위해 대부분의 사람은 최소한의 노력과 시간을 투자하고 싶어 하기 때문에 여러 가능성을 체계적으로 꼼꼼하게 따져 보지 않고 가장 쉬운 대안을 성급하게 선택하는 경향이 있다.

불확실성에 대한 불안과 실패에 따르는 두려움이 커질수록 시간을 두고 문제를 합리적으로 해결하기보다는 어떤 선택이든 빨리 결정을 내리고 행동으로 옮기고 싶어 하며, 그러다 보니 새로운 가능성을 검토해 보거나 시도하려는 노력을 하지 않게 된다. 이 단계에서는 최대한 많은 가능성을 열어 두고 탐색하는 것이 요구되며, 과거에 성공한 방법만을 사용하지 말고 새롭고 창의적인 방법을 다양하게 모색해야 한다.

(3) 대안의 평가

여러 가지 대안 중에서 최적의 대안을 선택하기 위해 철저하게 비교·검토해서 그 결과를 예측해 보는 과정이다. 대안의 개발 단계에서 창의성과 참신함이 요구된다면, 대안의 평가단계에서는 합리성과 철저함이 요구된다. 따라서 과거의 성공 경험과 실패 경험을 면밀히 검토하여 미래의 성공 가능성을 예측해 보는 것이 유익하다. 성공 가능성을 평가할 때는 대안마다 투자되는 시간과 노력을 포함한 비용 측면, 그에 따른 수익 또는 결과를 예측해야 하는데, 예측이 정확하고 합리적일수록 성공적인 문제해결이 가능해진다. 대안을 평가할 때는 개인마다 중요하게 여기는 기준이 다르기 때문에 똑같은 기준으로 평가할 수 없다. 따라서 자신의 기준에 따라 가중치를 두고 우선순위를 정하여 대안을 평가해야 한다.

(4) 대안의 결정

대안의 평가를 마치고 나면 여러 해결방안 중 하나를 선택해야 한다. 의사결정 과정에서 가장 중요한 것은 최소의 비용으로 최대의 효과를 가져올 수 있는 가장 효율적이고 효과적인 해결방안을 선택하는 것이다. 의사결정은 문제에 대한 바람직한 해결책을 가져다줄 것으로 기대되는 여러 가지 대안 가운데서 하나를 선택하는 것으로 다음과 같은 전제를 가지고 있다. 첫째, 현재와 목표 사이의 차이가 존재하고, 둘째, 그 차이에 대한 심각성을 인식하고 있어야 하며, 셋째, 수정 행동에 대한 강한 동기부여가 되어 있어야 하고, 마지막으로 수정할 수 있는 자원을 보유하고 있어야 한다.

대안의 결정 시 반드시 고려해야 하는 것은 선택에 따른 기회비용이 발생한다는 점이다. 즉, 한 가지를 선택함으로써 선택하지 못한 대안이 가져다줄 이익까지도 포기해야 한다. 예를 들면, 4학년 취업 준비생이 대기업 취업과 대학원 진학을 두고 고민하고 있다고 가정하자. 취업을 하지 않고 2년간의 대학원 과정에 진학하기로 결정을 내렸다면, 추가적으로 발생하는 비용은 2년간의 등록금뿐만 아니라 취업을 했을 때 받을 수 있는 2년간의 급여에서 등록금을 뺀 만큼의 기회비용이다. 또한 모든 의사결정에는 시간 제한이 따른다. 주어진 시간 안에 의사결정을 내려야 하기 때문에 무작정 오래 고민한다고 최적의 대안이 나오는 것은 아니다. 시간 역시 기회비용으로 작용할 수 있음을 명심하고 의사결정을 내려야 한다.

(5) 해결방안 실행

문제해결 과정에서 실제 성과로 이어지는 가장 중요한 단계는 바로 실행이다. 아무리 철저하게 탐색하고 평가해서 최적의 대안을 선택했더라도 행동으로 옮기지 않으면 어떠한 결과도 얻을 수 없기 때문이다. 실행도 무작정 진행하는 것이 아니라 실행계획을 수립해야 한다. 먼저 구체적인 단계로 계획을 분리하여 일련의 순서로 조직하고, 단기·중기·장기 계획의 각 단계마다 목표를 분명히 정하며, 자신에게 영향력이 큰 주변 사람들에게 행동계획을 공표한다. 그리고 계획의 진행 정도를 파악할 수 있는 점검표를 만들어서 진행과정을 가시화하고 실행 성공 여부에 따라 자신에게 보상을 주는 것도 잊지 말아야 한다.

(6) 결과 평가와 피드백

해결방안을 실행에 옮긴다고 해서 모든 과정이 끝나는 것이 아니다. 자신이 원하는 목표를 달성하였는지 평가해 봐야 한다. 진로장벽은 무엇이었는지, 어떤 과정이 가장 힘들었는지, 어떤 행동이 문제해결에 가장 도움이 되었는지 등 전략의 효과성을 검토하여 추후 발생할 수 있는 문제들의 해결에 지침으로 활용할 수 있다. 만약 실천에 옮기지 못한 경우나 결과가 좋지 않을 경우에는 문제해결 과정의 적합성을 재평가하고 각 단계마다 재점검하는 것이 필요하다.

Worksheet 9 진로장벽과 문제해결 연습하기

1. 자신이 원하는 진로목표를 달성하는 과정에서 현재 예상되는 자신의 진로장벽은 무엇입니까?
①
②
③
④
⑤

2. 위에 작성한 진로장벽 중 가장 해결하기 어려운 항목을 골라서 해결방안을 작성해 봅시다.

① 문제를 정의해 보라.

② 문제에 대한 의사결정 기준은 무엇인가?

③ 문제를 해결하기 위한 가능한 대안을 작성해 보라.

대안 Ⓐ	대안 Ⓑ	대안 Ⓒ

④ 대안들을 서로 비교하고 검토하여 장점과 단점을 작성해 보라.

대안 Ⓐ		대안 Ⓑ		대안 Ⓒ	
장점	단점	장점	단점	장점	단점

⑤ 대안들 중 가장 실현 가능한 대안은 무엇인지 선택해 보라.

⑥ 해결방안의 구체적인 세부 실천사항을 작성해 보라.

Chapter 5

채용 트렌드와
취업전략

채용시장은 시대상을 반영하고 사회구조적인 변화에 맞춰 발 빠르게 변모하고 있다. 기업이나 산업의 요구에 따라 추구하는 인재상이 바뀌고 이에 따라 인사 담당자의 평가기준, 정보 습득을 위한 방법, 지원방식과 채용과정 등도 다양하게 변화하고 있다. 따라서 채용 트렌드에 대한 이해가 선행되어야 취업 준비전략을 세울 수 있으므로 이 장에서는 시대별 채용 트렌드와 시대별 인재상, 이에 따른 취업 준비전략, 현재 채용시장에서 가장 화두가 되고 있는 NCS 기반 능력중심 채용에 대해서 살펴보도록 하자.

1. 인재 채용의 변화

1) 대학 진학률과 취업

　기업의 채용제도는 기업의 인재상과 기업문화를 반영할 뿐만 아니라 기업이 처한 대외적인 비즈니스 환경과 비전에 따라 변화한다. 1980년대 말까지는 대학 진학률이 30% 수준으로 대학 졸업장은 취업을 결정짓는 가장 중요한 요인이었으며 연평균 10% 이상 경제성장을 이룬 호황기였기에 대졸 구직자는 골라서 입사할 수 있는 선택권을 가지고 있었다. 하지만 대학정원 자율화와 대학설립준칙주의에 따라 대학이 양적으로 확산되면서 대학 진학률은 2000년엔 68.2%, 2005년 이후로는 80%대로 치솟았으며, 최근 고졸자 취업지원 정책의 일환으로 2012년에는 71.3%로 하락하는 추세이나, 여전히 OECD의 선진국에 비해 월등하게 높은 수준을 유지하고 있다. 더 이상 대학 졸업장은 취업을 보장해 주지 못하며 기업이 인재를 선택할 수 있는 권한이 더욱 강해지게 되면서 우수인재를 확보하기 위해 채용과정은 보다 다양화되고 차별화되었다.

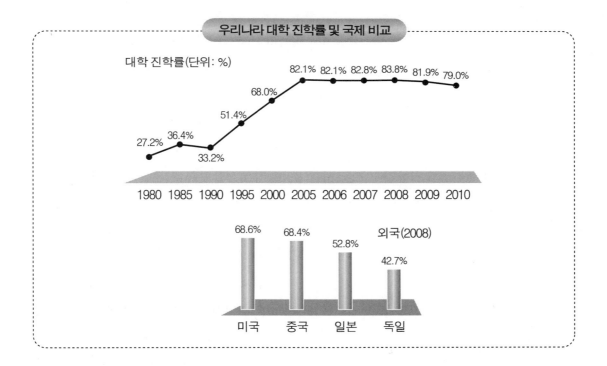

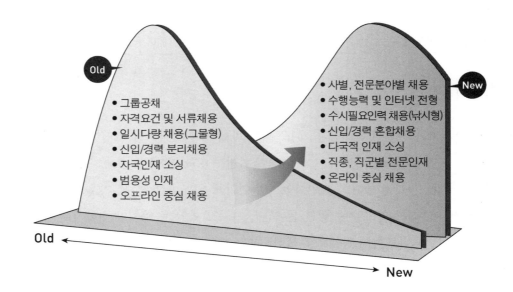

2) 시대별 채용의 변화

1994년 이전에는 채용이 대학졸업 학력을 기준으로 필기시험과 면접전형을 통해서 이루어지고 기업의 체계적인 교육을 통하여 조직에 적합한 인재를 양성하는 방식으로 진행되었다. 채용에서는 학벌과 필기시험 성적과 같은 정량적인 평가가 주요 선발기준이 되었다. 채용과정은 필기시험 → 면접 → 신체검사 → 채용의 순으로, 가장 중요한 채용변수는 필기시험 성적이고 면접과 신체검사는 문제가 될 만한 사람을 걸러 내는 도구로서 당락을 크게 좌우하지 않았다. 이후 대학 졸업자가 증가하여 정량평가만으로 우수인재를 선발하기 어려워지면서 채용제도도 다양해졌다. 필기시험 제도는 점차 폐지되고 기업마다 자체적으로 직무적성검사 제도를 도입함으로써 능력 위주의 채용을 하려고 노력하였다. 이 시기의 채용과정은 서류전형 → 직무적성검사 → 개별면접 → 집단면접 → 신체검사 → 채용의 순으로 면접이 강화되었다.

2002년 이후부터는 직무 연관성이 높으면서 조직문화와 인재상에 부합하는 적합한 인재를 선발하기 위하여 인·적성검사와 서류전형만으로 평가하기 어려운 조직 적응력, 적극성, 창의성 등과 같은 인성을 심층적으로 파악하기 위한 다양한 면접전형이 도입되었다. 채용과정을 살펴보면 서류전형(이력서와 자기소개서 평가) → 인·적성검사 → 개인면접 → 집단면접, 토론면접, PT면접 → 인성면접 → 신체검사 → 채용 순으로 면접전형의 비중이 상당히 높아졌다.

2010년 이후에는 기존의 채용과정과 유사하지만 각 단계마다 평가가 다양해지고 세분화되었다. 서류전형에서는 이력서를 통해 성적평점 3.0/4.5 이상, 토익점수 700점 이상인 자를 선발하는 정량평가를, 자기소개서에서는 전반적인 인성과 향후 포부에 대한 정성평가를 하게 된다. 이후 인·적성검사에서는 기업마다 기준은 다르지만 일정 수준 이상자를 선발하여 최종 선발인원의 약 3배수에 해당하는 인원을 면접전형 대상자로 선발한다. 개인의 역량과 인성을 다각도로 파악하기 위해서 개인면접, 실무진에 의한 역량면접, 집단면접, 토론면접, PT면접, 인성면접, 압박면접, 임원면접 등 다양한 방법의 면접이 이루어진다.

채용과정이 다양화되고 세분화되면서 어떤 요인이 최종 합격에 가장 큰 영향을 미치는가를 파악하기는 쉽지 않다. 면접전형이 강화되고 중요해졌다고 하지만 1차 관문인 서류전형에서 학점, 외국어 점수 등이 일정 수준 이상 되지 않으면 탈락되므로 등한시할 수 없다. 2차 관문인 인·적성검사도 최근 강화되는 분위기다. 특히 대기업 선호현상으로 서류전형에 엄청난 인원이 접수를 하고 이들을 추려낼 수 있는 방법으로 인·적성검사를 활용하고 있기 때문이다. 일부 대기업은 자신만의 인재상과 조직문화에 적합한 인재를 선발하기 위해 독자적으로 검사를 개발하는 데 많은 투자를 하고 있다. 서류전형에 통과했다 하더라도 인·적성검사에서 대다수가 탈락한다는 점에서 대비를 철저히 해야 한다.

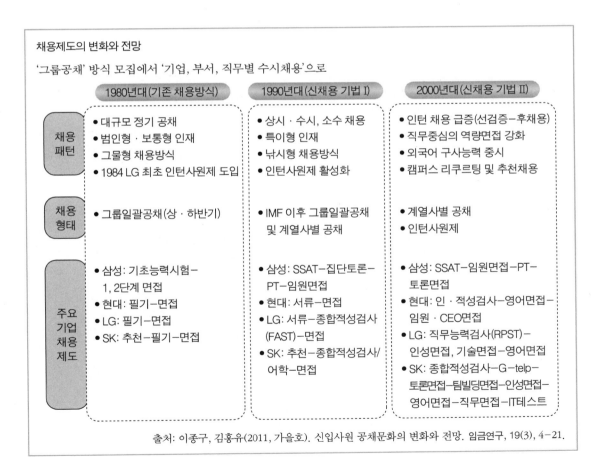

채용제도의 변화와 전망

'그룹공채' 방식 모집에서 '기업, 부서, 직무별 수시채용'으로

	1980년대(기존 채용방식)	1990년대(신채용 기법 I)	2000년대(신채용 기법 II)
채용 패턴	• 대규모 정기 공채 • 범인형·보통형 인재 • 그물형 채용방식 • 1984 LG 최초 인턴사원제 도입	• 상시·수시, 소수 채용 • 특이형 인재 • 낚시형 채용방식 • 인턴사원제 활성화	• 인턴 채용 급증(선검증-후채용) • 직무중심의 역량면접 강화 • 외국어 구사능력 중시 • 캠퍼스 리쿠르팅 및 추천채용
채용 형태	• 그룹일괄공채(상·하반기)	• IMF 이후 그룹일괄공채 및 계열사별 공채	• 계열사별 공채 • 인턴사원제
주요 기업 채용 제도	• 삼성: 기초능력시험- 　1, 2단계 면접 • 현대: 필기-면접 • LG: 필기-면접 • SK: 추천-필기-면접	• 삼성: SSAT-집단토론- 　PT-임원면접 • 현대: 서류-면접 • LG: 서류-종합적성검사 　(FAST)-면접 • SK: 추천-종합적성검사/ 　어학-면접	• 삼성: SSAT-임원면접-PT- 　토론면접 • 현대: 인·적성검사-영어면접- 　임원·CEO면접 • LG: 직무능력검사(RPST)- 　인성면접, 기술면접-영어면접 • SK: 종합적성검사-G-telp- 　토론면접-팀빌딩면접-인성면접- 　영어면접-직무면접-IT테스트

출처: 이종구, 김홍유(2011, 가을호). 신입사원 공채문화의 변화와 전망. 임금연구, 19(3), 4-21.

2013년 이후 새롭게 등장한 '오디션 스타일' 채용은 창조경제 시대에 맞는 '창조인재'를 선발하기 위한 방법이다. 창조인재는 아이디어가 풍부하고 도전정신이 있는 인재를 말하는데, 단순히 창의성만 가지고 있는 게 아니라 실무능력도 겸비해야 하며 이론과 실제를 두루 갖춘 통섭형 인재여야 채용이 가능하다. 기업마다 새로운 채용 프로그램을 개발하여 창조인재를 선발하려고 노력하고 있다. 다음 표는 주요기업의 톡톡 튀는 채용 프로그램들을 소개하고 있다.

〈톡톡 튀는 채용 프로그램〉

기업	프로그램명	특징
삼성	창의플러스전형	필기시험 면제하고 에세이, 포트폴리오 제출
SK	SK바이킹 챌린저	전국 6개 도시에서 오디션, 합숙평가 등을 거쳐 신입사원 채용
LG	LG글로벌 챌린저	해외탐방 기회를 제공하여 우수한 성과를 보여 준 팀 채용
현대차	더 에이치	길거리 캐스팅 방식으로 채용 담당자가 길거리에 직접 나가 인재 캐스팅
KT	올레 스타오디션	자유로운 방식으로 오디션을 준비해 보여 주면 이를 보고 면접전형
NHN	User eXperience Design Practicum	여름방학 기간에 10박 11일간 합숙 워크숍으로 진행되는 인턴 프로그램
아모레퍼시픽	채널 부스터	다양한 유통 채널에서 현장실습 기회를 부여하는 영업직군 인턴 프로그램
KB국민은행	열린채용	서류전형란의 스펙 기재란을 없애고 서류전형은 자기소개서만으로 평가
CJ제일제당	CJAT	본인의 가치관과 CJ의 가치가 얼마나 부합하는가를 검증하는 테스트 실시

〈시대별 채용과정 변화 요약〉

구분	~1994년	1995~2001년
채용 제도	• 필기시험＋면접시험 • 그룹사별 대규모 정기공채 • 학벌 중시(대학 서열화 심화) • 직군 없이 일괄 공채 • 보편적인 인재 대규모 채용: 그물형 • 신입, 경력 분리채용	• 서류전형＋직무능력검사＋면접전형 • 연중 상시채용 • 능력 위주 채용으로 학벌 철폐 • 공채, 추천, 인턴제 병행 • 신입, 경력 혼합채용: 낚시형 채용 • 다국적 인재 선호, 채용박람회 도입 • 온라인, 오프라인 채용 병행
필기시험 유형	• 그룹 전체 필기시험 • 영어＋전공＋일반상식	• 필기시험 폐지 전환 • 인·적성검사 및 직무적성검사 점차 도입 • 외국어시험은 공인성적으로 대체

면접시험 유형	• 단순면접으로 인성 위주 기본소양 평가 • 능력보다 학력 위주의 평가 • 임원중심 면접 • 면접질문 비표준화 • 내부 면접관 위주로 구성	• 무자료 면접 도입 • 1회 면접에서 복수면접으로 면접 강화-개별 및 집단 토론면접, PT면접, 임원면접 등 • 학력중심에서 능력중심 평가 강화 • 외부 면접관 참여
인재상	• 범용형, 획일형 인재 • 관리지향적 인재, 기능축적형 인재 • 모범적 보통형 인재 • 아날로그형 인재 • 충성도와 산업전사형 인재	• 핵심인재 • 창조적 인재, 정보지식형 인재 • 개방적 사고, 자율적 학습인재 • 디지털형 인재, 직업중실형 인재 • 도전적, 적극적, 글로벌 감각 소유자 선호 • 창조형 인재
시장 특성	• 노동집약적 산업에서 점차 지식집약적 산업으로 변모	• IT산업의 급성장으로 산업구조 개편 • 벤처 및 개인 창업 권장
구분	**2002~2009년**	**2010~2012년**
채용 제도	• 서류전형+인·적성검사+면접시험 • 채용방법 및 시기 다양화 – 수시 및 소수채용, 온라인 채용 • 신입, 경력, 해외인력 혼합채용 • 찾아가는 채용(캠퍼스 리크루팅) • 공채 및 인턴 채용 병행 • 직종별·직군별 전문인력 일반화 • 졸업성적 및 TOEIC 성적 – 평점 3.5/4.5, 토익 700점 이상(대기업)	• 서류전형+종합인·적성검사+면접시험+신체검사 강조(흡연자 검색) • 그룹공채, 수시채용 등 다양화 • 인턴채용 급증(선검증 → 후채용) 　– 직업 체험 및 채용 연계 • 캠퍼스 리크루팅, 추천 및 지역할당 • 대규모 채용박람회: 현장채용 확대 • 입사지원서(자기소개서) 평가강화 　– 평점 3.0/4.5, 토익 스피킹 5~6등급 이상
필기시험 유형	• 필기시험 폐지 • 종합인·적성검사 일반화 　– 직무역량 전문성 및 적합성/한자능력 보유자 가산점 도입	• 필기시험 폐지 • 종합인·적성검사 강화(합격점 상향 조정) 　– 직무역량 및 인성 강조/한자능력 보유자 가산점 확대
면접시험 유형	• 역량면접 강화 　– 직무 수행능력 평가 • 다차원 면접 일반화 　– 면접 횟수 평균 3회 실시 　– 프레젠테이션 면접 대폭 강화 　– 외국어 구사능력 테스트 필수 • 기존의 학력 및 적성평가 위주의 면접(인성면접 도입 시도)	• 구조화된 면접역량 강화 　– 직무 전문성 평가 　– 면접질문 표준화 　– 내부 면접관 역량강화 및 교육 • 다원적 면접방법(면접 횟수 3회) 　– 발표력, 외국어 구사능력 테스트 필수 • 인성면접 강화(조직 적응력, 도덕성, 윤리성, 소통능력, 팀워크 중시)

인재상	• 글로벌 핵심인재(best people) • 비즈니스 지향적, 글로벌 인재, 특화된 핵심인재 • 도덕성, 신뢰성, 투명성 강조 • 전문능력 소유자, 기업가정신 강조 • 조직 가치, 덕목 강조, 창의적 인재 　– 전략가적 인재	• 기업에 적합한 함께할 인재(right people) • 인성역량을 갖춘 전문가형 인재 • 글로벌 역량을 갖춘 인재 • 직무전문성, 창의성, 도전적 인재 • 커뮤니케이션 역량, 봉사와 배려로 팀워크 향상 및 적응력 우수인재 　– 창의·융합형 인재(creative & fusion power)
시장 특성	• 대졸 취업난, 일자리 부족 심각 　– 비정규직 사회적 문제 대두	• 대졸 인력의 구직난 속 구인난 상존 　– 중소기업 취업 기피, NEET족 증가 　– 지방 소재기업 취업 기피

출처: 최일수(2013). 진로·취업교수법: 교수가이드. 서울: 엘리트코리아.

2. 인재상의 변화

1) 기업은 어떤 인재를 원하는가

기업의 인재상은 취업 준비전략을 짜는 데 가장 중요한 기준이 된다. 지식정보화사회가 도래하면서 각 기업은 인재가 경쟁력이라는 시대적 화두에 직면하게 되었고, 각 기업의 특성과 조직문화에 부합하는 인재를 선발하기 위하여 다양한 신입 사원 채용전략을 구사하고 있다.

1990년대 이전까지는 스펙 위주의 역량을 중시하였고, 어떤 일이든 시키면 두루두루 해낼 수 있는 범용인재를 선호하였다면, 기술의 발달과 지식정보화사회가 되면서 특정 분야에서 고도의 전문성을 갖춘 스페셜리스트를 선호하게 되었다. 이후 글로벌 경쟁력을 강화할 필요성이 대두되면서 특정 분야의 지식을 서로 연결할 수 있는 역량을 가진 제너럴리스트와 창의성을 갖춘 글로벌 인재에 대한 요구가 강해졌다. 현재는 한 분야에서는 고도의 전문성을 갖추고 있으면서 다른 분야들에 대해서도 탁월한 성과를 낼 수 있는 'Generalized Specialist'를 원하고 있다. 따라서 단편적인 지식을 중시하는 스펙 평가에서 벗어나 다양한 경험과 역량을 종합적으로 평가할 수 있는 종합인·적성검사 제도를 도입하고 인재상에 부합하는지 여부를 심도 있게 파악하기 위해 면접시험 비중이 점차 강화되고 있다는 점을 명심하고 취업 준비전략을 마련해야 한다.

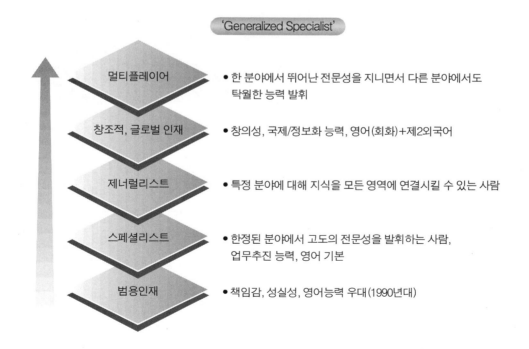

'Generalized Specialist'

멀티플레이어
- 한 분야에서 뛰어난 전문성을 지니면서 다른 분야에서도 탁월한 능력 발휘

창조적, 글로벌 인재
- 창의성, 국제/정보화 능력, 영어(회화)+제2외국어

제너럴리스트
- 특정 분야에 대해 지식을 모든 영역에 연결시킬 수 있는 사람

스페셜리스트
- 한정된 분야에서 고도의 전문성을 발휘하는 사람, 업무추진 능력, 영어 기본

범용인재
- 책임감, 성실성, 영어능력 우대(1990년대)

　　1990년대 이전에는 좋은 인재(best people)를 유치하는 것이 기업의 주요한 관건이었다. 좋은 인재란 어떤 일을 시켜도 두루두루 잘 해내는 인재, 기술을 익혀 온 기능축적형 인재, 범용형이며 획일적인 인재, 기업 내에서 모범생으로 통하고 시키는 일을 잘 해내는 인재를 의미했다. 하지만 이후에는 적합한 인재(right people)에 대한 기업의 요구가 많아졌다. 단순히 좋은 인재만으로는 창의적인 기업전략이나 신제품을 개발하는 데 한계가 있기 때문이다. 이에 기업은 전문성을 갖춘 창조적 인재, 정보와 지식을 갖춘 인재, 타 문화에 대해 개방적인 글로벌 인재, 실행력을 갖춘 전문가이자 자기주도적으로 업무를 수행하고 평생학습을 통해 끊임없이 자기계발을 하는 인재를 채용하기 위해서 최선을 다하고 있다.

좋은 인재
Best people

- 두루두루 잘하는 인재
- 기능, 축적형 인재
- 기업 내 모범생
- 범용형 획일적 인재
- 지시에 따른 업무 수행

적합한 인재
Right people

- 전문성을 갖춘 창조적 인재
- 정보, 지식형 인재
- 개방적 글로벌 인재
- 실행력 갖춘 프로전문가
- 자기주도적 업무 수행, 학습

2) 기업별 주요 인재상 현황

기업의 규모나 유형에 따라 추구하는 인재상은 조금씩 차이가 있다. 하지만 시대의 요구와 외부 환경의 변화에 맞춰 공통으로 요구하는 인재상이 있다. 다음의 표에서 보는 바와 같이 기업이 원하는 인재상은 대부분 창의성, 성실성, 책임감, 도전정신과 같은 인성역량이 1순위인 것으로 나타났고, 전문성과 실무능력은 2순위로 나타났다. 즉, 기업은 지원자의 전문성과 스펙보다는 태도와 인성을 중요시한다는 것을 알 수 있다.

〈기업유형별 인재상 현황〉

구분	1순위	2순위	3순위	4순위	5순위
전체	성실성, 책임감	전문성	실무능력	창의성	글로벌 역량
대기업	창의성	전문성, 성실성, 책임감		글로벌 역량	도전정신
중소기업	성실성, 책임감	실무능력	창의성	전문성	성과 창출력
외국계기업	글로벌 역량	전문성	성실성, 책임감	실무능력	창의성

출처: 대한상공회의소(2012. 2. 27.). 기업의 인재상 조사.

〈기업 규모별 신입사원 인재상〉

구분	대기업	구분	중소기업
1위	창의성, 창조성	1위	열의/열정
2위	도전정신	2위	도전정신
3위	전문성	3위	책임감
4위	조직력/팀워크/협조성	4위	조직력/팀워크/협조성
5위	혁신적 사고	5위	신뢰/정직
6위	열정/열의	6위	추진력/적극성
7위	도덕성/윤리의식	7위	전문성
8위	친화력/인화/인간관계	8위	유연한 사고력/융통성
9위	책임감	9위	친화력/인화/인간관계

출처: 전국대학 취업실(과)장 협의회 포럼.

〈우리나라 100대 기업의 인재상 역량의 주요 키워드〉

인재상	주요 키워드
창의성	폭넓은 상상력, 인식의 전환, 독창성, 가치 창출, 변화와 혁신, 제도 개선
전문성	전문지식, 역량 개발, 탁월성, 자격증 취득, IT 활용능력, 졸업과제 수행
도전정신	개척정신, 모험성, 도전 경험, 과감한 시도, 위험 감수, 공모전, 인내와 성취
도덕성	윤리성, 정직성, 원칙 준수, 신뢰성, 무결점, 예의범절, 근면성실, 일관성, 인간미
팀워크	동료애, 협력, 공동체의식, 상호존중, 공동연구
글로벌 역량	국제적 안목, 어학능력, 해외여행, 어학연수, 폭넓은 시야, 열린 사고, 글로벌 마인드, 다양성 존중
열정	승부근성, 건강, 체력, 자신감, 도전의식, 공모전 참가
주인의식	책임감, 자긍심, 자율성, 성실성, 사명감, 자부심, 투철한 직업관
실행력	리더십, 추진력, 실천력, 신속한 의사결정, 유연성
고객중심	봉사, 배려, 역지사지, 헌신성, 고객 만족, 소통과 협력, 신용과 의리, 솔선수범, 서비스 마인드

출처: 대한상공회의소(2013. 4.).

주요 기업의 인재상 사례(2010년 기준)

	개인역량	글로벌 역량	조직역량	태도/가치관	기타
SAMSUNG	전문지식, 끊임없는 학습, 폭넓은 교양	국제감각, 능력	협력, 에티켓	유연한 사고, 창의력, 도덕성, 자기표현 능력 등	시장경제에 긍정적인 시각
LG	기본에 충실	넓은 시야, 외국어 실력	협조, 양보	창의력, 개성, 올바른 가치관 등	–
SK	경영지식, 기획력, 과학적 지식	국제감각	사교성	적극성, 진취성, 도전정신 등	가정중시 및 건강관리
HYUNDAI	학습하는 전문인	국제감각	더불어 사는 사회 구성원	창의력, 인간미, 유연한 사고 등	정직, 근면
POSCO	프로정신, IT능력	국제감각, 외국어 실력	신용	창의력	–
LOTTE	자기개발	국제화 능력	협력과 양보	패기, 투지, 도전정신, 인내 등	–

3. 현재 채용 핵심 키워드와 변화하는 취업 트렌드

- **시간제 일자리:** 2014년까지 공무원 4,000명, 공공기관 9,000명까지 시간제 일자리 확대. 시간제 일자리에 대한 보조금 월 80만 원 확대. 경력단절 여성 위주로 채용 예정. 상대적으로 대졸신입 일자리 감소할 전망

- **정년 60세:** 2013년 5월로 정년이 55세에서 60세로 조정. 정년연장을 받을 근로자들은 조기퇴직보다는 현재의 일자리를 지키려는 가능성 높으나 신규채용 기회는 감소할 전망

- **창조경제에 따른 창조인재:** 전형적인 채용 절차를 탈피하여 기업마다 새로운 신규채용 방식 도입. 취업의 스펙을 강조했던 기존 방식에서 경험과 스토리를 중시하는 새로운 채용방식에 맞게 준비해야 함. 학점, 영어 점수, 자격증 같은 스펙보다는 업무 관련 경험이 녹아 있는 스토리를 담은 자기소개서의 중요성 커짐

- **고졸채용 확대:** 고졸채용 확대로 초·대졸의 채용 규모 감소. 고졸채용은 초·대졸의 일자리를 나누는 잡셰어링 형태로 채용. 고졸자에게는 취업의 기회 확대, 기업의 입장에서 인건비 지출을 낮춘다는 장점은 있으나, 고학력자가 고소득의 직업과 직무를 얻을 수 있다는 통상적 개념을 깨뜨리며 초·대졸자의 채용 기회 축소 우려

- **SNS를 통한 채용 확대:** 기업에서 채용정보를 알려 주는 기존 기능에서 지원자가 자신의 포트폴리오를 SNS에 공개함으로써 기업으로부터 평가를 받을 수 있음. 기업과 지원자의 연결고리가 된다는 긍정적 측면과 보여 주기 위한 SNS를 만들어야 하는 부담과 사생활 노출이라는 부정적 측면이 상존함

- **스펙보다는 인성:** 스펙보다 인성의 평가 비중 커짐. 기업의 직무는 협업을 통해 이루어지므로 개인 역량이 아무리 뛰어나도 조직생활에 대한 이해가 부족하면 역량 발휘가 어려움. 인성을 파악하기 위해 면접평가가 더욱 강화되고 조직적응력 평가를 위해 합숙면접을 시행하기도 함

- **점수 영어에서 실용회화로:** 토익 점수만으로 실무에서 영어 활용능력을 파악할 수 없음. 영어평가에서 회화에 더 초점을 맞춰서 토익 스피킹, 오픽 등 말하기 능력을 평가하는 시험이 각광받고 있으며 회화능력을 평가하기 위한 영어면접이 강화되고 있음

- **블라인드 전형 확대:** 입사서류에 출신학교, 학점, 어학 점수 등 기본 스펙 평가요소를 배제하고 면접을 통해 능력과 역량 평가

- **인·적성검사의 난이도 상승 또는 검사 폐지:** 기업에 맞는 맞춤 인재를 선발하기 위해 자체적으로 검사를 개발하는 데 투자하고 있으며 점점 문제의 난이도를 높이고 있음. 반면, 지원자들의 취업 준비 부담을 덜어 주기 위해 인·적성검사를 폐지하는 기업도 있음

2015년 향후 채용 트렌드

🍎 읽어 보기

탈스펙 채용문화, 구직자들에게 희망인가

　탈스펙 채용문화에 맞춰 구직자들은 무엇을 준비해야 하는가? 기업에서는 구직자의 인성과 실무 경험을 파악하기 위해 서류전형 단계에 에세이 형식이나 커리어 포트폴리오를 제시하도록 대체하고 있다. 단순히 학점, 토익 점수, 자격증, 경력 나열이 아니라 자신의 업무 관련 역량과 인성을 드러낼 수 있는 경험과 입사에 대한 의지가 담긴 문장으로 풀어써야 한다.

　남들과 다른 자신만의 독특한 경험을 적기란 어렵다. 대부분의 지원자들은 대졸자로 비슷한 학창 시절을 보내기 때문에 학과 공부, 동아리 활동, 봉사활동, 아르바이트 등 소재가 한정되어 있기 때문이다. 따라서 새로운 경험만을 추구하는 것보다는 자신의 경험을 어떻게 풀어내느냐가 더욱 중요하다. 자신이 맡은 업무만 작성하지 말고 업무를 수행하는 과정에서 발휘된 자신의 역량과 인성 위주로 작성할 필요가 있으며 그로 인한 결과와 성과를 구체적으로 작성해야 한다. 또한 이런 경험이 입사 이후 업무 수행 시 어떻게 활용되고 조직에 도움이 될 수 있는지를 반드시 제시해야 한다.

　또한 탈스펙을 모토로 독창적인 채용과정을 내놓은 기업들이 많아지는 추세이므로 자신이 지원하고자 하는 기업이 어떤 방식으로 채용하는지 미리 파악하고 있어야 한다. 인턴십을 통해 역량을 평가한 후 선발하거나, 장기간의 프로젝트와 미션을 수행하도록 하거나, 오디션을 통해 선발하는 등 다양한 채용방식을 도입하고 있음을 미리 숙지하고 준비해야 한다.

　그렇다면 정말 학점관리나 자격증과 어학 점수는 취득하지 않아도 될까? 결론부터 말하자면 아니다. 대부분의 기업이 탈스펙 채용전형만 진행하는 것이 아니라 일반공채와 동시에 진행하며 여전히 서류전형에서 스펙을 평가의 중요한 기준으로 보고 있다. 아래에 제시한 그래프는 구직자들에게는 탈스펙 문화가 이중고로 작용하고 있다는 것을 보여 준다.

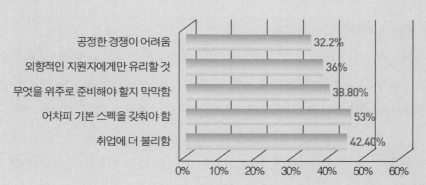

공정한 경쟁이 어려움	32.2%
외향적인 지원자에게만 유리할 것	36%
무엇을 위주로 준비해야 할지 막막함	38.80%
어차피 기본 스펙을 갖춰야 함	53%
취업에 더 불리함	42.40%

출처: 탈스펙 채용문화에 대한 구직자 설문조사 결과(2013). 사람인 구직자 747명 대상 설문조사 결과.

4. 기업별 취업 준비전략

1) 대기업

대부분의 대졸 구직자는 대기업 입사를 선호한다. 대기업이 중소기업보다 고임금, 고용 안정성, 더 나은 복리후생 제도, 기업 인지도에 따른 자부심 등 보다 좋은 근로조건을 갖추고 있고, 다양한 분야의 업무를 직무 순환을 통해 섭렵할 수 있으며, 해외연수나 학비 지원, 사내교육 등 훈련제도가 잘 마련되어 있으므로 업무의 전문성을 키워서 전문가로 성장하는 데 훨씬 유리하기 때문이다. 또한 이직이나 퇴직 이후에도 대기업에서 근무한 경력을 더 높이 인정해 주기 때문이다. 그래서 진입장벽이 높음에도 불구하고 대기업 입사를 위해 시간과 돈이라는 두 가지 기회비용을 감수하면서도 구직활동을 지속하게 된다.

최근 대기업 채용은 학력, 성별을 넘어 다양한 경험, 직무 적합도 등을 고려하여 적극적으로 채용 기회를 부여하는 '열린 채용'을 지향하고 있고 정부정책에 맞춰 고졸채용이 확산되는 추세라 대졸 구직자의 채용 증가율은 감소세를 나타내고 있으므로 취업난이 가중되는 양상을 보이고 있다. 따라서 일반 기업에 비해 장점이 많은 만큼 진입하기가 쉽지 않으므로 대기업의 채용 트렌드에 대해서 자세히 알아보고 체계적인 취업 준비전략을 마련해야 한다.

(1) 1단계 준비전략: 인턴십 참여

"인턴도 경력이다."라는 말이 나오는 것처럼 인턴채용이 활성화되고 있다. 꾸준히 인턴 경력을 쌓으면 취업 준비생이 되었을 때 많은 도움이 되며 CJ그룹, 현대기아자동차, 대우건설 등은 인턴제를 적극 활용하여 최종평가에 따라 정규직으로 전환되는 경우가 많기 때문에 인턴제를 간과해서는 안 된다. 인턴은 관련 업무를 미리 경험해 봄으로써 기업과 직무를 이해하는 데 상당한 도움을 주며 자신이 해당 직무에 적합한지 아닌지를 확인할 수 있는 기회로 활용 가능하고 기업문화를 선체험할 수 있어 입사 이후 적응력을 높이는 데도 도움이 될 수 있다.

(2) 2단계 준비전략: 영어 말하기 역량 강화

취업을 위해서 준비해야 하는 어학 성적은 토익 하나면 충분했으나 최근 토익 점수에 제한을 두겠다는 기업은 전체의 34%에 불과했지만 영어면접을 시행하겠다고 응답한 기업은 56.3%로 점점 영어 말하기 능력을 중요시하고 있는 추세다. 따라서 서류전형 시 토익 스피킹, 오픽 등 회화능력시험 성적을 필수적으로 요구하고 있다. 또한 기업들의 글로벌 경영 확대와 해외시장 진출이 활발해지면서 글로벌 언어 소통능력을 가진 인재에 대한 필요성이 증가하기 때문에 중국어와 같은 제2 외국어에 가산점을 부가하는 등 다양한 어학능력을 요구하고 있다. 한 예로, 매출액 상위 10개 대기업에 입사한 구직자들의 평균 스펙을 살펴보면 평균 토익은 852점, 학점은 3.7점이고, 인턴 경험도 1회인 것으로 나타났다.

국내 주요 대기업 합격자 평균 스펙

기업명	학점	토익
삼성전자	3.70	841
GS칼텍스	3.82	832
현대자동차	3.80	823
포스코	3.83	877
S-oil	3.76	914
LG전자	3.63	821
기아자동차	3.76	828
우리은행	3.73	850
SK네트웍스	3.67	879

* 2006년~2012년 잡코리아 신입사원 자료 분석 결과(2012. 10. 19.).

대학생들이 가장 선호하는 기업인 삼성그룹은 지원서 접수 때 반드시 토익 스피킹이나 오픽을 제출해야 하고, CJ그룹은 토익 스피킹, 오픽, 텝스 스피킹을 제출해야 한다. 대부분의 대기업이 영어면접을 실시하고 있고, 특히 외국계 기업과 무역업체는 자주 외국인과 접촉하고 영문서를 접해야 하므로 영어면접뿐만 아니라 영어 프레젠테이션 및 토론까지 실시하고 있다. 영어는 단기간에 완성되는 것이 아니므로 저학년 때부터 꾸준히 준비하고 주기적으로 응시하여 자신의 실력을 평가해 봐야 한다. 하지만 최근 기업에서 영어자격을 필수조건으로 반영하지 않는 경우도 있으니 자신이 지망하는 기업의 채용공고를 사전에 확인하고 준비하는 것이 필요하다.

(3) 3단계: 인·적성검사 준비하기

많은 대기업에서 자사의 인재상 및 핵심 역량을 반영한 직무적성검사를 필기전형으로 활용하고 있는데 스펙은 부족하지만 자질과 역량이 뛰어난 인재를 공정하게 선발하기 위한 방안으로 점차 강화되고 있다. 직무적성검사의 결과는 일차적으로 면접인원을 선발하는 데 활용되며 입사 이후 적절한 부서 배치를 위한 기초자료로 사용한다.

가장 많은 응시율을 보이고 있는 SSAT(삼성직무능력검사)를 살펴보면 언어논리, 수치논리, 추리, 시각적 사고, 상식 영역이 포함되어 있다. 시각적 사고에는 직관적 사고력과 공간지각 유형이 새롭게 추가되어 난이도가 높은 편이며, 상식도 한국사와 세계사가 두루 출제되고 있으므로 역사에 대한 높은 수준의 이해력을 요구하고 있다.

점차 인·적성검사가 단순암기 형태에서 추리나 이해력 중심의 측정으로 변화하고 있다는 점을 이해하고 각 영역별 특성에 맞게 체계적으로 준비해야 한다. 언어논리는 신문이나 경제잡지, 여러 분야의 서적을 읽어서 독해능력 자체를 향상시켜 둬야 한다. 수치논리는 중학교 3학년에서 고등학교 1학년 수준의 문제가 출제되므로 미리 풀어 보는 것이 좋고, 시각적 사고는 다양한 기출문제와 예상문제를 많이 풀어서 익숙해지는 것이 필요하다. 상식은 앞서 말한 바와 같이 사건 발생 연도 등을 단순 암기하는 것이 아니라 각 시대별 주요 사건을 정리하고 그 사건이 발생한 배경을 파악하는 것이 필요하고, 평상시 경제신문 등을 통해 최근 시사상식을 익히는 연습이 필요하다.

직무적성검사는 평소 실력으로 무방비 상태로 응시하는 검사가 아니라 능력검사다. 따라서 정답이 있으며 등수에 따라 당락이 좌우되는 검사다. 특히 시간적 압박을 받으며 풀어야 하므로 미리 출제유형을 익히고 시험장에 가야 하며 합격을 위해서 충분한 노력과 시간을 투자하는 것이 중요하다.

2) 중견·중소기업

중견·중소기업은 낮은 임금, 열악한 근무환경, 고용불안, 낮은 사회 인지도 등을 가진 것으로 인식되어 구직자들이 대기업에 비해 상대적으로 만족도가 떨어지고 선호도도 낮은 편이다. 하지만 중소기업도 대기업 못지않은 근무환경을 갖춘 우수기업이 많으므로 단순히 높은 연봉과 근무환경만을 선호하는 것이 아니라 자신이 희망하는 직종 및 직무에서 역량을 펼치기 원한다면 도전할 가치가 충분하다. 또한 중소기업은 회사의 전반적인 부분을 두루 거칠 수 있고 적은 인력으로 업무를 수행하기 때문에 신입사원으로서 곧바로 실무에 투입될 수 있어서 자신의 역량을 펼칠 기회를 초기에 얻을 수 있다는 장점이 있다. 그리고 중소기업에서 커리어를 쌓아서 경력직으로 대기업이나 공기업으로 이직하는 경우도 많기 때문에 성공적인 커리어 로드맵을 설정하는 데 좋은 사다리가 될 수 있다.

중견·중소기업에 입사하기 위해서 가장 중요한 것은 정확한 채용정보와 기업정보를 수집하는 것이다. 중소기업은 충원이 필요할 때 수시로 직원을 모집하므로 취업정보 사이트를 통해 수시로 정보를 수집해야 한다. 중소기업의 채용은 대기업 채용 시즌과 겹치지 않게 매년 8~9월, 11월~익년 2월에 주로 이루어지므로 유의하여야 한다. 그리고 무조건 지원을 할 경우, 열악한 환경과 근무조건의 중소기업에 입사할 수도 있으므로 해당 기업이 우수기업인지 지원 전에 채용기업의 재무적 안정성과 성장 잠재력을 점검해 볼 필요가 있다. 중소기업현황정보시스템, 대한상공회의소의 코참비즈, 워크넷의 강소기업 사이트는 공신력 있는 정보를 담고 있으므로 반드시 기업에 대한 정보를 확인한 후 응시하는 것이 좋다.

또한 중소기업은 채용 후 바로 실무에 투입될 수 있는 인재를 선호하므로 지원자의 실무역량을 가장 중점적으로 평가한다. 대기업처럼 자체적으로 직무적성검사를 실시할 수 있는 시스템이 마련되어 있지 않기 때문에 본인의 실무능력을 증명할 수 있는 자료를 철저하게 준비하여 서류전형에 담을 필요가 있다. 그리고 무엇보다 중소기업을 잠시 스쳐 가는 정도로 생각하고 지원하는 경우가 많기 때문에 오랫동안 함께 일할 수 있는 근성과 충성심을 가진 인재를 선호한다는 것을 인지하고 면접 시 자신의 이런 면을 강조하는 것이 중요하다.

중소기업현황 정보시스템(http://sminfo.smba.go.kr)

대한상공회의소 코참비즈(www.corchambiz.net)

워크넷 강소기업(www.work.go.kr)

3) 공기업

공기업은 사기업에 비해 학력, 나이, 성별, 출신지역에 대한 차별이 거의 없고, 근속기간이 길어 비교적 안정성이 높으며, 평생직장으로 삼을 만큼 급여와 복리후생 제도가 잘 마련되어 있다. 따라서 대졸 구직자들의 선호도가 매우 높아 경쟁률도 점차 증가하는 추세다. 공기업의 청년인턴제를 활용하거나 해당 지역 출신자를 우대하여 채용하는 지역할당제를 적용하고 있는 기업도 있으므로 해당 지역 공기업의 채용전형을 확인해 보고 응시하는 것이 좋다.

공기업은 지원하고자 하는 직군별로 준비전략도 달라지기 때문에 먼저 직군을 선정해야 한다. 공기업 직군은 에너지 발전, 금융권, 토목이나 건축, 국제무역, 환경, 관광, 교통, 사회, 체육, 복지 등 다양하다. 자신의 성격, 흥미, 적성과 부합하는 직군이 무엇인지 면밀히 탐색하여 직군을 정하고 해당 직군의 공기업을 검색하여 관련 자료를 자세히 수집한다.

공기업을 위한 취업 준비전략은 다음과 같다.

첫째, 해당 업종 및 직무 인턴 경력을 갖출 필요가 있다. 공기업은 해당 직무 관련 경험을 가진 인재를 선호하고 인턴을 통해 지원자를 검증하여 결격 사유가 없는 경우 공채 지원자보다 상대적으로 긍정적 평가를 받게 된다. 따라서 원하는 기업이나 동종 업종에서 관련 직무 경험을 쌓는 것이 가장 유리하다.

둘째, 공기업 지원에 필요한 스펙을 대학 3학년부터 체계적으로 준비하는 것이다. 특히 가산점이 주어지는 정보, 통신, 사무관리 분야 자격증과 공인어학 성적, 관련 분야 전문자격증을 반드시 갖춰야 한다.

〈공기업 합격을 위한 학년별 계획표〉

준비 시기	준비 내용
3학년 1학기	• 토익, 토익 스피킹, 오픽 준비 • 공기업에서 요구하는 자격증 준비 • 다방면의 시사상식 습득
3학년 2학기	• 토익, 토익 스피킹, 오픽 등 공인어학 성적 획득
4학년 1학기	• 직군별 준비 • 기술직: 전공 관련 기사자격증 취득 • 사무직: IT자격증, 한국사, 한국어, 한자검증 등 취득 • 금융권: 국제금융자격증(FRM, CIA 등), TESAT 취득 • 국제무역직: 국제무역사, 무역영어 준비
4학년 2학기	• 논술과 면접 준비

4) 외국계 기업

외국계 기업은 국내 대기업과 중소기업의 장점을 모두 갖춘 기업으로 의사결정 과정이 명쾌하고 조직 구성원 개개인의 권한과 책임이 확실하기 때문에 위험요소도 크지만 그만큼 승진과 높은 연봉을 받을 수 있는 기회도 열려 있다. 대부분의 외국계 기업은 자유로운 조직문화 속에서 자기계발을 위한 충분한 시간을 확보해 주고 여성들이 직장생활에서 느끼는 유리천장과 같은 불이익이 거의 없을 정도로 좋은 근무환경을 갖추고 있다는 면에서 대졸 구직자들이 매우 선호한다. 하지만 업무 강도는 매우 높고 무한경쟁 구도에서 살아남기 위해 애쓰지 않으면 한순간에 권고사직이나 해고를 당할 수 있다는 점을 주지해야 한다.

외국계 기업의 취업 준비전략으로 중요한 점은 한국의 대기업과 달리 수시채용이 일반화되어 있다는 점이다. 공개채용 방식이 아니라 인맥과 헤드헌터를 통해 채용이 이루어진다. 일차적으로 결원이 발생하면 해당 기업의 인적자원 DB를 통해 인재를 검토하고 사내 추천제나 공모제를 통해 선발을 하고 이차적으로 취업 사이트에 공고를 하거나 헤드헌터에게 의뢰하는 과정을 거친다. 따라서 해당 기업에 근무하고 있는 선배나 지인을 적극적으로 활용하는 것이 좋은 방법이다. 선배를 통해서 추천을 받을 수도 있고 입사에 필요한 고급정보도 얻을 수 있기 때문에 지원하고자 할 때는 자신의 관심을 적극적으로 알리고 자주 연락하며 친목과 인적 네트워크를 관리할 필요가 있다.

또한 외국계 기업에 입사를 하고자 한다면 외국계 기업 채용 전문사이트를 통해 채용정보를 얻고, 자신의 이력서와 자기소개서를 등록해서 인사 담당자들에게 자신의 역량을 최대한 어필할 수 있도록 미리 준비한다. 외국계 기업은 결원이 발생할 경우 채용을 진행하기 때문에 미리 여러 기업에 등록을 해 놓고 기다리는 것에 머물지 말고 적극적으로 채용정보를 수집하는 것이 좋다.

외국계 기업 채용 전문사이트(www.peoplenjob.com)

| [외국계소비재] Trade Marketing (대... | (주)더라이징... | 채용시까지 |
| [외국계 소비재] AR Specialist | (주)더라이징... | 채용시까지 |

| 채용정보 Job Listing | 프리미엄정보 Paid Membership | 개인회원 Individual | 기업회원 Company |

프리미엄 채용공고

Ⓤ국내 대기업에서 법무팀변호사를 채용합니다	HR BRIDGE	07-02
HR BRIDGE에서 경력 헤드헌터를 채용합니다.	HR BRIDGE	채용시까지
*CRA-Clinical Research Associate	HR BRIDGE	채용시까지
Head of Planning & Merchandising (부장급) - ...	HR 킴벌리	07-03
CS Sales Manager(부장/이사급)-외국계 Medical	HR 킴벌리	07-03
Retail 총괄 영업 이사급 명품회사	HR 킴벌리	07-03
★ 외국계 회사 Sr.Finance Analyst (대리) ★	(주)핀커스코...	07-03
★ 외국계 유명회사 HR (대리급)★	(주)핀커스코...	07-03
대기업 화학회사 구매부문 과장 차장급 채용	(주)핀커스코...	07-03
Ⓤ[외국계 명품] 회계팀(2개월)	(주)더라이징...	채용시까지
[외국계소비재] Trade Marketing (대리급)	(주)더라이징...	채용시까지
[외국계 소비재] AR Specialist	(주)더라이징...	채용시까지
외국계 코스메틱 Brand Manager	(주)브랜드미	채용시까지
글로벌 식품, 소비재 홍보_PR 경력	(주)브랜드미	채용시까지
글로벌기업 고객지원센터 경력	(주)브랜드미	채용시까지
ⓊCorporate Marketing & Communications Offic..	베스트네트워...	채용시까지
Ⓤ전략/기획/ 신사업개발/과장급	베스트네트워...	채용시까지
Ⓜ보험사 감사 유영/인반제재관리/부장급/외국계..	베스트네트워...	채용시까지

피플앤잡 채용공고

한국유빅 변호사 모집 (eDiscovery consulting)

[Synopsys Korea] Sr. Corporate Counsel (사...

Ⓤ[GE Korea/P&W] Senior Counsel 이사~상무급

Legal Counsel

[라이엇게임즈] 사내변호사

프리미엄 채용공고

Ⓤ국내 대기업에서 법무팀변호사를 채용합니다

HR BRIDGE에서 경력 헤드헌터를 채용합니다.

*CRA-Clinical Research Associate

Pharmacy Brand Manager를 찾습니다(외국계 제...

헤드헌팅 HOT 채용공고

Business Planning Analyst

Ⓤ*방콕/쿠알라룸프 근무 *Customer Support Rep

전략기획 신사업기획, 대리급

해외 마케팅

REED

(주)에이치알맨파워그룹

HR MAN POWER GROUP
hrman.co.kr

SCOUTSEARCH
"Great Talents, Great Clients"

People
Job.com
외국기업 취업전문사이트

로그인

비밀번호찾기 회원가입

5. 합리적인 취업 준비전략

대부분의 취업 준비생들이 가장 힘들어하는 부분은 대학 4학년이 돼서 막상 채용 시즌이 닥쳤을 때 어디서부터 어떻게 무엇을 해야 하는지를 모른다는 것이다. 그러다 보니 채용공고가 나면 자신이 평소에 관심이 있든 없든 상관없이 무조건 원서를 작성해서 아무 곳이나 제출하는 경우를 흔히 볼 수 있다. 이럴 경우 자신에 대한 분석이 완벽하게 되어 있고 원하는 직종과 직무를 미리 선택하며 관심 있는 업종과 기업에 대한 정보를 파악하고 오랫동안 준비해 온 구직자들과 비교하여 우위를 선점할 수 없기 때문에 합격할 확률도 현저히 낮아질 수밖에 없다.

취업 준비생들이 흔히 범하는 오류 중의 하나는 취업 준비단계를 생략하거나 거꾸로 진행한다는 점이다. 예를 들면, 무작정 ○○그룹에 입사하겠다는 막연한 목표를 설정하고 취업 준비를 하는 것이다. 자기이해나 심층적인 자기분석 없이 남들이 좋다고 하는 기업이나 급여가 많은 기업을 정해 놓고 취업 준비를 할 경우 직무 적합성이 떨어지므로 합격하기가 어렵고, 만일 운이 좋아 합격한다 하더라도 직무 만족도가 낮아 성과를 내지 못하고 결국 중도퇴사를 하게 된다.

가장 합리적인 취업 준비과정은 다음의 표에서 밝힌 바와 같이 ① 자기분석, ② 직종과 직무 선택, ③ 업종 선택, ④ 기업 선택, ⑤ 기업정보 수집, ⑥ 채용전형 준비, ⑦ 실전연습, ⑧ 취업의 단계로 이루어진다. 중요한 것은 기업의 선택은 직종과 직무를 먼저 선택하고 종사하고 싶은 업종이나 분야를 선택한 다음에 이루어져야 한다는 것이다. 예를 들어, 마케팅 직무에 흥미를 가지고 있다 하더라도 금융회사인지 유통회사인지에 따라 마케팅 실무는 달라질 수 있다. 유통회사로 결정하였다면 신세계 이마트, 롯데마트, 메가마트, 킴스클럽, 코스트코 등 다양한 기업이 있고 그중에서 가고 싶은 기업을 정해서 기업정보를 수집하는 것이 바람직하다.

〈합리적인 취업 준비과정〉

① 자기분석	② 직종·직무 선택	③ 업종 선택	④ 기업 선택
• 자신의 강점·약점 분석 • 흥미, 성격, 적성, 가치관 탐색 • 생애목표 수립	• 경영지원 • 연구개발 • 판매영업 • 생산관리 • 교직 • 서비스직 등 적합한 직종·직무 선택	• 전기, 전자, 반도체 • 기계, 자동차, 조선 • 정보통신, 금융 • 외식, 유통, 물류 등 자신이 관심 있는 산업 분야 선택	• 산업 분야 중 지속 가능성이 높고 인재상과도 부합하는 기업 선택 • 같은 업종 내의 20개 정도 기업 목록 정리

⑧ 취업	⑦ 실전연습	⑥ 채용전형 준비	⑤ 기업정보 수집
• 직무관련 교육 • 직장예절 교육 • 대인관계 능력 • 의사소통 능력 등 직무역량 강화를 위한 준비	• 모의면접 또는 면접 클리닉 • 교수, 선배, 동료 등의 피드백을 받을 것 • 이미지 메이킹 훈련	• 입사지원서 작성 및 클리닉 • 최근 시사정보 • 사회적 이슈 분석 • 면접 기출문제 대비 • 전공지식 정리	• 채용 절차 • 인재상 • 시장점유율, 매출 • 경쟁사 현황 • CEO 정보 • 주력상품 • 신사업 분야 등 기업 정보 스크랩

6. 취업을 위한 학년별 경력관리

취업 준비는 언제부터 하는 것이 가장 좋을까? 대학생의 60% 이상이 3학년부터 준비한다고 응답하였고, 10%는 4학년부터 준비한다고 응답하였다. 하지만 취업을 위해 단시간에 스펙을 갖추거나 경력을 만들기는 쉽지 않으며, 학년별로 경력관리를 하지 않으면 고학년이 되어 시간 압박을 받게 될 경우 제대로 준비할 수가 없어서 졸업을 유보하거나 취업을 포기하는 사례도 발생하게 된다. 따라서 학년별로 경력목표를 설정하고 꾸준히 관리하는 노력을 게을리해서는 안 된다.

1) 1학년: 대학생활 설계

대학교 1학년은 대학생활을 어떻게 보낼 것인가에 대한 커다란 진로계획을 수립하는 단계다. 진로 선택의 출발은 자기 자신에 대한 이해에서 시작되며 보다 객관적인 자기분석을 위해 성격검사, 흥미검사, 가치관검사, 적성검사 등 표준화된 검사를 활용하면 좋다. 고등학교와는 달리 자기 주도적으로 시간을 할애할 수 있으므로 체계적인 시간관리를 하지 않으면 강의시간만 활용되고 나머지 시간은 사장될 수 있다.

전공 공부가 가장 중요하지만 나머지 시간을 의미 있게 활용한다면 대학생활을 더욱 유용하게 보낼 수 있다. 아르바이트를 해 보거나 동아리 활동을 하면 자신이 어떤 일에 흥미를 가지고 잘 할 수 있는지 알 수 있다. 또한 봉사활동을 함으로써 자신뿐만 아니라 타인에 대한 이해의 폭을 넓힐 수 있다. 학업 외에도 인적 네트워크를 구축해 놓는 것이 대인관계 역량을 증진시키는 데 많은 도움이 된다. 각종 모임에 되도록이면 참석해서 교수, 동기, 선배와 개인적인 유대관계를 가져 본다면 그들을 통해서 미래의 직업세계에 대한 탐색도 하고 대학생활에 대한 조언들을 받을 수 있다.

2) 2학년: 진로목표 탐색 및 진로 설정

대학교 2학년은 본격적으로 전공 공부를 시작하게 되는 시기로 자신과 전공 적합성을 파악해 볼 수 있는 중요한 시점이다. 간혹 전공이 자신의 적성과 맞지 않는다고 전과를 계획하거나 자퇴를 고려하는 학생들이 있다. 이들은 대부분 전공에 대한 심층적인 공부를 해 본 적이 없고 막연하게 수업을 따라가기 힘들다거나 학점을 못 받게 되면 자신과 안 맞다고 판단하고 다른 진로를 모색한다. 전공이 정말 자신에게 맞는지 알아보려면 집중적으로 전공 공부에 몰입하는 시간들을 가져 봐야 한다.

전공 적합성이 높을 경우 보다 명확한 진로목표를 수립할 수 있고 진로 설정을 할 수 있다. 전공을 살려 일할 수 있는 분야와 직업을 탐색하고 학업을 계속하고자 한다면 대학원 진학에 대해서도 고려해 볼 필요가 있다. 만약 전공에 대한 흥미가 없거나 맞지 않는다면 보다 다양한 진로탐색이 이루어져야 한다. 직업에 대한 정보 수집활동을 하거나 해외 체험과 같은 교외활동에 시간을 투자해 보는 것이 좋다. 해외 체험을 위해서는 기본적인 언어 구사능력이 바탕이 되어야 하므로 영어 및 외국어 공부는 필수다. 취업을 앞둔 4학년이 되어서 영어공인 점수를 얻기 위해 학원을 다니는 학생들을 흔히 볼 수 있다. 그러나 외국어는 단기간에 실력이 향상되는 것이 아니므로 저학년 때부터 착실히 공부를 해야 하며, 실제로 고학년 때 어학 공부를 할 시간은 턱없이 부족하기 때문에 2학년 때부터 차근차근 준비를 할 필요가 있다.

3) 3학년: 취업역량 강화

대학교 3학년은 진로목표를 구체화하는 단계로 취업을 위한 역량을 강화하는 시점이라고 볼 수 있다. 물론 대학원 진학이나 창업을 목표로 설정할 수도 있지만 기본적으로는 취업의 과정을 거치게 된다. 대학원을 진학하여 석사 또는 박사 학위를 취득한 이후에도 교수가 되기 위해 또는 기업체나 국가기관 연구소에 취업을 하기 위해 서류전형과 면접전형을 통과해야 하며, 창업 역시 청년창업을 하기보다는 기업체 경험을 바탕으로 경력을 쌓은 후 창업을 하는 경우가 많기 때문에 취업 핵심역량 강화에 많은 시간을 할애해야 한다.

이 시기에 방심하지 말아야 할 것은 취업 준비를 하느라 전공 공부를 등한시하는 것이다. 전공은 취업을 결정짓는 중요한 요소이며, 학점은 서류전형에서 당락을 좌우하는 핵심적인 요인이다. 최근 학점 인플레이션으로 인해 변별력이 많이 떨어졌다고 하지만 여전히 학점은 구직자의 성실성을 대변하는 중요한 변수이며, 특히 전공필수 과목의 학점은 구직자의 직무역량을 파악할 수 있기에 결코 소홀해서는 안 된다.

덧붙여 자신의 적성에 맞는 직업과 직무를 선택하기 위해 각종 취업설명회나 상담회 등 교내 리쿠르팅에 참여해 보고 대학의 취업지원 부서에서 운영하고 있는 취업 프로그램에 적극적으로 참여해야 한다. 대부분의 대학에서는 취업 준비를 위해 입사서류 작성법, 면접기법, 기업인ㆍ적성검사 및 대비특강 등의 단기 프로그램과 취업상담, 입사서류 클리닉 등 개인별 프로그램, 취업캠프나 청년층직업지도 프로그램(CAP)과 같은 집단 프로그램 등을 운영하고 있으니 적극적으로 참여하여 도움을 받으면 된다.

이 외에도 외국어 능력 향상을 위해 공인어학 점수를 획득하도록 노력하고 취업에 도움이 되는 전공 관련 자격증이나 컴퓨터, 한자능력 시험도 준비해야 한다. 최근 기업에서 선호하고 있는 스펙 중 하나로 공모전을 들 수 있다. 공모전은 수상 여부만 가지고 평가하는 것이 아니며, 공모전을 준비하면서 지원자의 능력, 창의성, 의사소통, 리더십, 팔로우십, 대인관계 등 다양한 직업역량을 파악할 수 있고, 지원자 스스로도 도전정신과 보람을 느낄 수 있는 좋은 기회가 된다. 3학년을 어떻게 보내는가에 따라 취업 여부가 결정된다고 봐도 과언이 아님을 명심하고 전공 공부와 취업 준비라는 두 마리 토끼를 잡을 수 있도록 시간관리에 힘써야 한다.

4) 4학년: 실질적인 구직활동

4학년은 실질적인 구직활동을 통해 성공취업이라는 목표를 달성해 가는 단계다. 자신이 지원할 기업정보를 수집하고 수시로 채용공고와 취업 관련 정보를 분석하여 입사서류를 준비해야 한다. 구체적인 지원 직무나 기업을 결정하지 못했을 때는 친구나 학과 동료들이 선택한 곳을 무작정 따라서 지원하는 경우가 허다한데, 이럴 경우 취업 준비가 제대로 이루어지지 않아 결국 서류전형에서 탈락하게 된다. 원하는 기업과 직무가 정해져 있다고 해도 이력서나 자기소개서 작성법에 대한 예비지식이 없으면 계속해서 고배를 마시게 될 수 있다. 따라서 입사서류 작성법에 대한 특강을 듣거나 교재를 활용하여 기업과 직무에 적합한 입사서류를 준비할 수 있도록 해야 한다. 또한 커리어 컨설턴트나 교수님께 자신이 작성한 입사서류의 첨삭지도를 받고 최소 3명 이상의 동료에게도 보여 주고 클리닉을 받는 것이 좋다. 입사서류가 준비되면 서류전형에 도전하고 불합격한 서류에 대해서도 어떤 점이 잘못되었는지 피드백을 받아 보는 것이 좋다.

또한 캠퍼스 리크루팅, 채용설명회, 채용박람회 등에 참여하여 이슈화되고 있는 최신 기업정보와 채용정보를 스크랩하고 자신에게 맞는 기업을 탐색해 보는 것이 필요하다. 참여할 때도 면접을 본다는 마음가짐으로 인사 담당자들에게 어필할 수 있는 이력서와 명함을 준비하며, 가능한 한 정장을 착용하고 참석한다면 좋은 이미지를 심어 줄 수 있다.

간혹 4학년임에도 불구하고 부족한 스펙을 갖추기 위해 학점세탁을 하는 데 시간을 보내거나 영어 공부만 하는 학생들을 볼 수 있는데 이럴 경우 실제 취업에 성공하기는 힘들다. 실제로 발로 뛰어다니며 정보를 수집하고 서류전형에 지속적으로 응시하고, 기업의 인·적성검사에 대비하여 스터디를 한다든지, 취업동아리에 가입하여 모의면접을 해 보는 것이 취업의 성공 확률을 높일 것이다. 덧붙여 자신이 희망하는 기업을 미리 탐방해 보거나 졸업한 선배의 멘토링을 받으면서 취업할 수 있는 분야와 영역을 넓혀 나가는 것이 중요하다.

〈학년별 커리어 포트폴리오〉

대학생활 설계	진로목표 탐색 및 설정	취업역량 강화	실질적인 구직활동
1학년	2학년	3학년	4학년
• 적성, 흥미, 가치관 탐색 • 자기 장점·단점 분석 • 미래의 직업 탐색 • 다양한 활동(동아리, 아르바이트, 봉사활동) • 진로취업 강좌 수강 • 학점관리	• 세부전공 공부 • 직업세계 탐구 • 영어(토익, 스피킹) • 동아리, 봉사활동 해외 체험(워킹홀리데이, 해외봉사, 어학연수, 교환학생)	• 전공 심화 공부 • 취업특강설명회 참가 • 외국어 능력 관리 • 자격증 취득(컴퓨터, 한자, 전공 관련 자격) • 공모전 참가 • 진로희망 분야선배 멘토링 받기	• 기업정보 수집 및 분석 • 직장체험 및 인턴십 • 입사서류 포트폴리오 작성 • 취업동아리 활동 • 모의면접 참가 • 취업박람회 참가 • 구직등록 • 채용공고 스크랩

7. 취업을 위한 스펙별 역량 쌓기

1) 어학능력

취업 준비를 하면서 가장 시간과 노력을 기울이는 스펙은 바로 공인어학 성적을 만드는 것이다. 글로벌 경영환경에서 영어는 기본이고 중국어, 일본어 등 제2외국어도 구사할 수 있다면 더욱 높은 가산점을 얻을 수 있다. 다음의 도표는 취업에 영향을 미친 요인에 대한 취업자와 취업 준비생의 의견을 담고 있다. 자신이 취업을 하는 데 가장 중요한 요인으로 취업자들은 일자리와 전공의 매칭, 즉 전공-직무 적합도를 꼽은 반면, 취업 준비생들은 외국어 능력을 꼽았다. 즉, 구직자들 입장에서는 어학능력을 배양하는 데 많은 투자를 할 수밖에 없다.

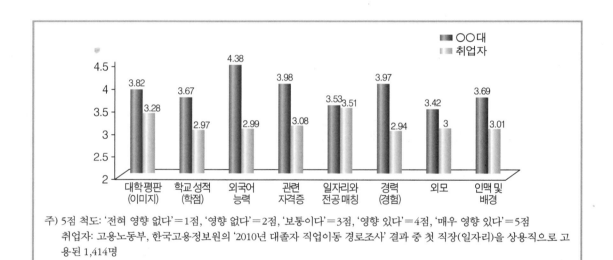

주) 5점 척도: '전혀 영향 없다'=1점, '영향 없다'=2점, '보통이다'=3점, '영향 있다'=4점, '매우 영향 있다'=5점
취업자: 고용노동부, 한국고용정보원의 '2010년 대졸자 직업이동 경로조사' 결과 중 첫 직장(일자리)을 상용직으로 고용된 1,414명

대부분의 취업 준비생들은 외국어 능력은 토익 점수만 있으면 된다고 생각하지만, 최근의 기업들은 스펙용 어학 점수보다는 말하기 능력을 중요하게 평가하고 있다. 공인어학 성적은 채용 커트라인용으로 제시하고 있으므로 반드시 취득해야 하지만, 이를 뒷받침해 줄 수 있는 말하기 역량을 준비해야 한다.

한 취업컨설팅 회사에서 선정한 1,000대 기업의 채용공고 속 어학자격을 분석한 결과, 20%의 기업이 토익 평균 700점을 요구하고 있고, 최종 합격자의 통계를 보면 평균 822점으로 나타났다. 토익 스피킹의 경우 약 11%의 기업이 필수로 요구하고 있고, 참고로 하는 기업이 7%로 나타났으며, 지원자격으로는 레벨 5 이상을 요구하고 있고, 최종 합격자의 경우는 레벨 6 이상이 75% 이상인 것으로 나타났다. 오픽의 경우는 토익 스피킹과 동등하게 활용하고 있고, IL 이상 점수를 가장 많이 요구하였으며, 최종 합격자의 71% 이상이 IL과 IM을 취득한 것으로 나타났다.

어학시험	지원가능점수	최종합격자 평균 점수
TOEIC	700점 이상	822점
TOEIC SPEAKING	레벨 5 이상	레벨 6
OPIc	IL 이상	IM

출처: 에듀스.

　외국어 능력은 한순간에 일취월장하는 것이 아니므로 공부할 때는 차근차근 목표를 세워서 끊임없이 반복하는 것이 중요하다. 단순히 단어를 외운다고 실력이 늘지 않으며 문법만 알아서는 말하기 역량은 개발되지 않는다. 좋은 점수를 받기 위해서보다는 보다 장기적으로 업무를 하면서 원활한 커뮤니케이션이 가능하도록 하겠다는 목표를 가지고 공부하는 것이 도움이 될 것이다.

🍎 읽어 보기

외국어를 잘하면 연봉도 높게 받을까?

연합뉴스(2013. 10.)의 한 기사에 의하면, 토익 점수가 100점 높을 경우 연봉이 약 170만 원 정도 증가하고, 어학연수를 다녀온 경우 무경험자보다 연봉이 약 68만 원 정도 높은 것으로 나타났다. 또한 졸업학점의 평점 평균이 1점 높을 경우 약 100만 원의 연봉 상승효과가 있는 것으로 조사되었다.

또한 중앙일보(2014. 9.)에서 한국직업능력개발원이 4년제 대학을 졸업하고 정규직 근로자로 일하는 직장인의 직업이동 경로 자료를 분석한 결과를 보면, 외국어를 잘하면 월급이 60만 원 더 많은 것으로 나타났다. 외국어를 중시하는 기업 비율을 살펴보면 외국계 회사, 대기업, 공기업 등이 월등히 높은 것으로 나타나서 여전히 외국어 능력은 취업을 위한 중요한 스펙임을 보여 주고 있다.

토익, 학점이 연봉에 영향을 줄까?

- 토익점수가 100점 높은 경우 연봉이 약 170만원 정도 증가
- 어학연수 경험자 68만원 연봉 높음
- 졸업학점이 평점 평균이 1점 높을 때 약 100만원의 연봉상승

중앙일보

2014년 09월 16일 화요일 B04면 경제

오늘의 데이터 뉴스

취업 때 어떤 점이 중시되나 단위:%, 중복응답

인성	62.7
전공	55.8
학력	52.8
외국어능력	35.1
학벌	33.9

외국어 중시하는 기업 비율
단위:%, ( )안은 평균 토익 점수

전체 : 35.1 (781.4)

기업	값 (토익)
정부기관	20.5 (741.9)
법인단체	24 (765.8)
중소기업	26.6 (750)
교육기관	33.2 (762.1)
공기업	45.3 (839.6)
대기업	53 (820.4)
외국계 회사	68.8 (816.5)

외국어 잘하면 월급 60만원 많네요

직업능력개발원 분석
취업 땐 '인성' 가장 중요

대학을 졸업한 뒤 취업할 때 가장 중요한 것은 인성이었다. 하지만 두둑한 월급을 위한다면 외국어능력을 갖춰야 하는 것으로 나타났다. 국무총리실 산하 국책연구기관인 한국직업능력개발원이 2011년에 4년제 대학을 졸업하고 정규직 근로자로 일하고 있는 6579명의 직업이동경로 자료를 분석한 결과다. 기업들은 인성(62.7%)을 가장 중요한 채용요건으로 꼽았다. 이어 전공, 학력, 외국어능력, 학벌 순이었다. 특히 외국어를 중시하는 회사에 취업한 근로자는 그다지 외국어 능력을 따지지 않는 기업의 근로자보다 60만원이나 더 받았다. 이런 현상은 중하위권 대학으로 갈수록 더 심해졌다. 김기찬 선임기자
wolsu@joongang.co.kr

〈스피킹 능력 얼마나 요구하는가〉

회사명	스피킹 능력 지원자격
삼성	토익 스피킹, 오픽 필수 제출, 재무/Trading/법무/경영 지원 시 토익 스피킹 레벨 6 이상
LG	면접전형 시 토익 스피킹, 오픽 제출, 승진 및 인사고과에 토익 스피킹 실시 및 점수 반영
포스코	최소 지원자격 토익 스피킹 레벨 6 이상, 오픽 IM 이상
CJ/대림	지원 시 토익 스피킹 성적 제출 필수
두산	토익 스피킹, 오픽 성적 제출, 계열사 입사 시 필수, 승진 및 인사고과 반영
현대중공업/현대미포조선/현대삼호중공업	1차 토익 성적, 2차 토익 스피킹과 토익 라이팅 시행
GS	재무/Trading/법무/경영 지원 시 토익 스피킹 레벨 6 이상 오픽 제출 필수(GS칼텍스-IM2 이상)
STX	토익 스피킹 성적 제출 필수, 이공계는 레벨 5/인문(상경)계는 레벨 6 이상
LG디스플레이	토익 스피킹, 오픽 필수 제출, 이공계는 레벨5/인문(상경)계는 레벨 6 이상
동부/한화/효성	토익 스피킹, 오픽 성적 제출 시 가산점 부여
KT	토익 스피킹 레벨 5 이상 또는 토익 600점 이상 성적 제출, 타 성적 인정 안 함
BC카드/아시아나항공	토익 스피킹 성적 제출 시 우대 및 가산점 부여, 타 성적 인정 안함
LG패션	토익 스피킹 레벨 6 이상 성적 제출
농협중앙회	토익 스피킹 레벨 6 이상 성적 제출, 타 성적 인정 안 함
한국은행	토익 스피킹, 토익 라이팅 성적 제출, 타 성적 인정 안 함
신한은행/KEB/우리은행	신입 채용 시 토익 스피킹 성적 제출
동아일보	신입기자 채용 시 토익 스피킹 레벨 6/ 토익 라이팅 160점 제출
K water	토익 스피킹 레벨 5 이상자만 지원 가능
한국대학교육협의회 교육과학기술부	신입 채용 시 토익 스피킹 성적 제출

출처: 월간리크루트(2014. 8.).

2) 공모전

기업이 구직자의 창의성과 문제해결 능력을 평가하기 위해 가장 적합한 스펙 중에 하나가 바로 공모전이라 할 수 있다. 공모전은 대학생들의 독특한 아이디어를 단시간에 획득할 수 있고 인재의 실무능력을 평가하며 적합한 인재에게 가산점이나 특별채용 등의 특전을 주어 입사를 유도할 수 있다. 또한 대학생들은 꼭 수상을 하지 않아도 공모전을 준비하면서 자신의 능력, 창의성, 커뮤니케이션 역량, 리더십, 팀워크, 대인관계 역량 등을 기를 수 있다는 장점이 있다. 따라서 처음부터 수상을 목표로 접근하지 말고 자신의 역량을 공식적으로 평가받을 수 있는 좋은 기회라 생각하고 참가해 보는 경험을 가지는 것이 좋다.

공모전을 제대로 준비하기 위해서는 먼저 어떤 종류의 공모전이 있는지 '공모전 전문 사이트'들을 살펴봐야 한다. 유명한 공모전 전문 사이트로는 사람인 공모전, 인쿠르트 캠퍼스 공모전, 캠퍼스몬 공모전, 스펙업 등이 있다. 대부분의 공모전은 특정한 주제에 대한 아이디어를 도출하는 유형이 많다. 그러므로 단순히 이력서나 자기소개서에 한 줄을 더 기입하기 위해 무분별하게 선택하지 말고 희망 직무에 필요한 역량을 쌓을 수 있는 기회가 주어지는 관련 공모전을 선택하는 것이 중요하다.

공모전을 선택하였다면 공모전 요강을 철저하게 분석하여야 한다. 탁월한 아이디어를 내기 위해서 '공모전을 주최한 이유가 무엇인지'를 파악하는 것이다. 목적을 명확하게 알면 그에 부합하는 성과물을 만들어 낼 수 있을 것이다.

공모전 분석이 제대로 이루어졌다면 필요한 자료를 최대한 많이 수집해야 한다. 공모전이라고 해서 참신하고 창의력만 있으면 되는 것은 아니다. 아이디어가 실제 실현 가능한 것인지, 고객의 공감을 얻을 수 있는 아이디어인지를 알아보기 위해 제대로 된 자료를 수집해야 한다.

공모전은 혼자서 작업을 다 할 수 없다. 팀을 구성해서 단체로 참가해야 하는 공모전은 팀과 리더십 역량을 확인해 볼 수 있는 절호의 기회다. 따라서 단순하게 지인이나 동료들로 팀을 구성하기보다는 해당 분야에 대한 관심과 열정을 가지고 있으면서 길게는 수개월이 걸리므로 처음부터 끝까지 책임감을 가지고 성실히 임할 수 있는 사람을 고르는 것이 매우 중요하다.

마지막으로, 공모전에 제출할 작품에 대해서 사전에 관련 분야 선배나 교수에게 객관적인 평가를 받아 보고 보완이나 수정을 한 후 최종 제출하는 것이 좋다. 공모전에 참가한다고 모두 수상하기는 어렵다. 간혹 자신의 아이디어가 참신하다고 생각했으나 기존에 이미 나와 있을 수도 있고, 너무 많은 참가자가 동일한 작품을 제출했을 수도 있다. 따라서 한 번에 수상하겠다는 욕심을 버리고 꾸준히 자신의 역량을 기른다고 생각하고 여러 번 참가해 보는 것이 좋다.

3) 봉사활동

'또 하나의 스펙'이라는 말이 나올 정도로 봉사활동은 본연의 의미가 퇴색하고 취업을 위한 스펙 쌓기의 일환으로 변질된 것 같아 아쉬움이 있다. 하지만 여전히 봉사 경험은 지원자의 인성을 판단하는 주요한 도구이며 '사회와 공익을 위한 일'이라는 고유의 목적을 생각하며 꾸준히 활동을 한다면 자부심과 행복감 그리고 취업이라는 부가적인 것들이 따라올 것이다. 단순히 스펙을 쌓기 위해 4학년 때 단기간 봉사활동을 한 것은 실제 취업에 도움이 되지 않는다. 인사 담당자가 판단할 때 스펙 만들기의 일종으로 보이기 때문이며, 대학생활 내내 안 했던 봉사활동을 구직활동으로 가장 바쁜 4학년 때 한다는 것은 더욱 쉽지 않기 때문이다. 따라서 작은 봉사활동이라도 저학년부터 꾸준히 하는 것이 바람직하다.

242

4) 대외활동

대부분의 대학생은 전공 공부, 학내 동아리활동, 영어 공부, 봉사활동 등으로 대학생활을 보낸다. 하지만 같은 학교, 같은 학과 선후배들과만 교류하다 보면 한계가 있고 다양한 경험을 축적하기가 어렵다. 이러한 한계를 벗어나기 위해 최근 학생들은 대외활동에도 눈을 돌리고 있고, 기업들은 학생들에게 참여할 수 있는 기회를 주면서 자신의 기업에 대한 홍보도 할 수 있는 다양한 대외활동들을 마련하고 있다.

2013년도의 한 조사(잡코리아, 알바몬, 718명 대상)에서는 대학생들이 최고로 뽑는 대외활동으로 1위가 해외탐방, 2위가 봉사활동, 3위가 국토대장정, 그다음으로는 홍보대사, 마케터, 기자단 순으로 나타났다.

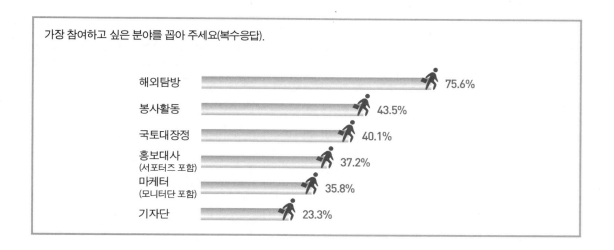

가장 참여하고 싶은 분야를 꼽아 주세요(복수응답).

- 해외탐방 75.6%
- 봉사활동 43.5%
- 국토대장정 40.1%
- 홍보대사 (서포터즈 포함) 37.2%
- 마케터 (모니터단 포함) 35.8%
- 기자단 23.3%

대외활동을 하면서 얻을 수 있는 장점을 물은 결과, 관심 분야에서 다양한 실전 경험을 할 수 있다는 응답이 가장 많았고(33.3%), 취업에 유용한 스펙으로 활용할 수 있다(28.7%), 활동비와 해외여행 등 다양한 특전을 누릴 수 있다(23.3%), 비슷한 또래와 인맥을 만들 수 있다(8.5%), 인턴십 기회 등 입사 시 혜택을 받을 수 있다(5.7%) 등의 응답이 많았다.

하지만 모든 대외활동이 스펙으로 도움이 되는 것은 아니다. 대외활동 가운데는 이름만 거창하고 내용이 허술한 프로그램도 많고, 대학생의 아이디어와 노동력에 대한 보상 치고는 너무 미흡하기도 하며, 대부분의 대외활동이 비슷비슷해서 별 특징이 없다는 문제점도 가지고 있으니 자신의 시간과 노력을 투자할 만큼 가치 있는 대외활동을 찾아보고 임하는 것이 중요하다.

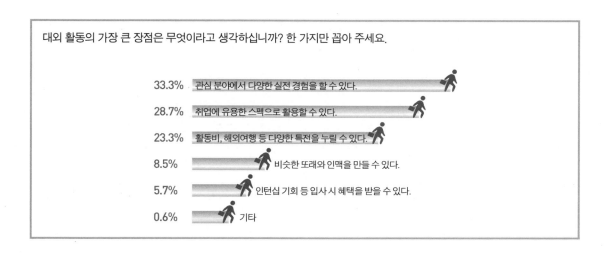

대외 활동의 가장 큰 장점은 무엇이라고 생각하십니까? 한 가지만 꼽아 주세요.

- 33.3% 관심 분야에서 다양한 실전 경험을 할 수 있다.
- 28.7% 취업에 유용한 스펙으로 활용할 수 있다.
- 23.3% 활동비, 해외여행 등 다양한 특전을 누릴 수 있다.
- 8.5% 비슷한 또래와 인맥을 만들 수 있다.
- 5.7% 인턴십 기회 등 입사 시 혜택을 받을 수 있다.
- 0.6% 기타

〈유용한 대외활동 알아보기〉

분야	주최명	사이트 주소
해외탐방	KB국민은행 락스타챌린지 해외배낭여행	http://www.kbrockstar.com
	엘지그룹 글로벌 챌린저	http://www.lovegen.co.kr
	KT&G 상상원정대	http://www.sangsanguniv.com
	카페베네 글로벌 문화탐험대	http://www.caffebene.co.kr
기자단	네이버 트렌드 리포터	blog.naver.com/20trend
	삼성그룹 열정기자단	www.youngsamsung.com
	신한은행 S20기자단	http://www.s20.co.kr
	넥슨인 기자단	https://www.nexonin.com
봉사단	현대그룹 해피무브 글로벌 청년봉사단	http://home.happymove.kr
	교보생명 대학생 동북아대장정	dongbuka.kyobo.co.kr
	포스코글로벌 청년봉사단 비욘드	blog.naver.com/poscobeyond
	지마켓 해외봉사단 GLOVE	http://cafe.naver.com/funation
	카페베네 청년봉사단	http://www.benebong.co.kr
	SK 대학생 자원봉사단	www.besunny.com
서포터즈	현대그룹 영현대	http://young.hyundai.com
	LIG 서포터즈	http://ligstory.tistory.com/notice/798
	KT&G 상상마당	http://sangsangmadang.com
	GS&POINT 대학생 마케터	www.gsnpoint.com
	한국수자원공사 대학생 서포터즈	www.kwater-supporters.com
	삼성생명 대학생 서포터즈	blog.naver.com/sl-supporter
	삼성증권 영크리에이터	www.youngcreator.blog.me
	삼성그룹 대학생 서포터즈 영삼성	www.youngsamsung.com
	삼성전자 삼성모바일러스	http://cafe.naver.com/samsungmobilers
	KB국민은행 KB캠퍼스스타	www.kbcampusstar.com
	신한은행 브랜드 대사	www.s20.co.kr
	아모레퍼시픽 뷰티포인트 서포터즈	http://cafe.naver.com/beautypoint
	농심 대학생 서포터즈 펀스터즈	www.nongshim.com
	마이크로소프트 스튜던트 파트너	http://www.facebook.com/microsoftstudentkorea

🍎 읽어 보기

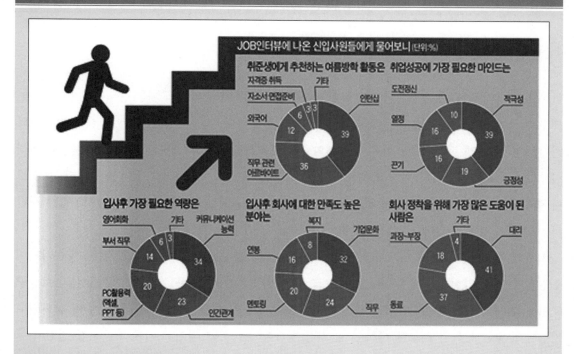

1. 태도와 커뮤니케이션 능력 중요!

　　입사 후 가장 필요한 역량으로는 스펙보다는 '인간관계와 커뮤니케이션 능력'이 57%로 가장 많았고, 업무와
관련된 PC 활용능력(엑셀, PPT 등), 배치될 부서의 직무역량, 어학능력 순으로 나타났다.

2. 취업 성공에 가장 필요한 마인드는 응답자의 39%가 '적극성'을 꼽았다. 그 뒤로 긍정성, 끈기, 열정, 도전정신
순으로 나타났다. 즉, 취업을 위해서는 플러스적 사고방식을 가지고 적극적으로 임하는 것이 가장 필요하다.

3. 신입사원들이 취업 준비생들에게 가장 추천하는 여름방학 활동으로는 인턴십이 39%로 가장 높았다. 다음으
로 직무 관련 아르바이트(36%), 외국어능력 향상(12%), 입사서류와 면접 준비(6%), 자격증 취득(3%) 순으로
나타났다. 실무경험을 쌓을 수 있고 직무에 대한 이해를 높일 수 있다는 측면에서 인턴십과 아르바이트가 가장
권장할 만한 활동이다. 앞서 말한 바와 같이 외국어나 자격증은 미리 준비하여 취득해 놓는 것이 필요하다.

4. 입사 이후 회사에 대한 만족도가 높은 분야를 살펴보면 기업문화(32%)에 가장 큰 만족감을 나타냈고, 주어진
직무(24%), 선배와의 멘토링(20%), 연봉(16%), 복지(8%) 순으로 만족도가 높았다. 대부분 연봉이나 복리후생
과 같이 금전적 보상에 대한 만족보다는 기업문화나 직무에 대한 만족도가 높아야 오랫동안 그 기업에서 근무
를 할 수 있다. 따라서 금전적 보상보다는 자신에게 적합한 조직문화와 가치를 가진 기업을 선정하여 취업 준비
를 하는 것이 무엇보다 중요하다.

출처: 한국경제신문(2014. 7. 1.) 일부 발췌;
한국경제신문 상반기 'JOB인터뷰' 신입사원 20명 설문조사 결과자료.

8. NCS(National Competency Standards) 기반 능력중심 채용

1) NCS(국가직무능력표준)

NCS(국가직무능력표준)는 산업현장에서 직무를 수행하기 위해 요구되는 능력, 즉 지식, 기술, 태도를 국가가 산업부문별, 수준별로 체계화한 것을 말한다. NCS가 최근 새로운 채용 트렌드의 하나로 자리 잡게 된 가장 큰 이유는 현재의 직업교육훈련 및 자격제도가 실제 산업현장과 괴리가 크고, 이로 인해 신입사원 재교육에 지나치게 많은 비용과 시간이 소요된다는 점이다. 무엇보다 취업 준비생들이 직무와 관련 없는 스펙을 쌓기 위해 휴학과 졸업을 유보하는 등 더 많은 시간과 비용을 투자하고 있다는 것이 커다란 사회문제로 대두되고 있기 때문이다.

기존의 학벌중심사회에서는 지식만을 주입하는 교육훈련으로 스펙을 쌓기 위해 학습기간이 연장되다 보니 입직연령이 갈수록 높아지고, 결국 학력에 따른 연봉 차별 등 학력중심의 보상구조가 당연시되었다. 하지만 능력중심사회에서는 실제로 일을 할 수 있도록 교육훈련이 강화되고 자신에게 맞는 분야와 직무에 특화된 일 기반 학습이 가능하게 되어 조기에 노동시장 진입이 쉬워져 능력중심 채용과 능력기반 승진 문화가 조직사회에 스며들게 될 것이다.

NCS 개발 영역은 대분류 24개, 중분류 77개, 소분류 227개, 세분류 857개로 구성되어 있는데, 현재까지 797개가 개발 완료되었다. NCS의 궁극적인 목적은 산업현장에 산재되어 있는 다양한 지식, 기술, 태도 등을 표준화하여 국가직무능력표준을 만들고, 이를 자격, 교육훈련, 경력개발에 적용하여 산업현장에 적합한 인재를 양성함으로써 능력중심 채용에 활용하는 것이다.

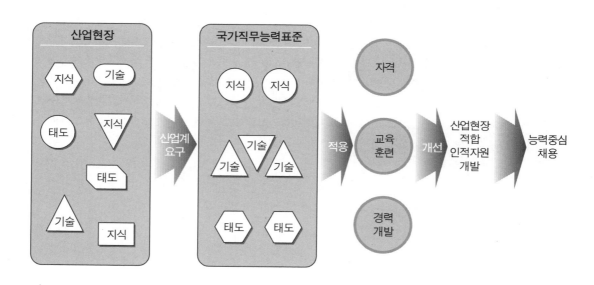

2) NCS 기반 능력중심 채용

NCS는 갑자기 대두된 것이 아니라 그간 스펙초월 채용시스템이 일부 시행되어 왔다. 특별한 학력조건이나 자격요건 없이 모든 구직자가 채용시험에 지원할 수 있도록 하는 열린채용 방식이나 오디션 전형, 미션을 수행하고 평가를 통해 도출된 역량을 바탕으로 기존 스펙 중심의 서류심사를 대체하는 소셜리쿠르팅 방식 등 다양한 채용시스템이 도입되었다. 그러나 구직자들의 입장에서는 채용의 명확한 평가기준이 없는 상황에서 준비해야 할 것들이 오히려 많아져서 힘들 뿐만 아니라 스펙초월 채용이 또 다른 스펙을 조장한다는 우려가 있어 왔다. 실제로 2014년 상반기 신입사원의 평균 스펙을 살펴보면, 토익 평균점수는 759.4점, 학점 평균은 4.5점 만점에 3.7~3.9점, 자격증은 평균 2개를 보유하고 있으며 신입사원의 70%가 어학연수나 공모전 수상 등 대외활동 경력을 갖춘 것으로 나타나, 스펙 쌓기 열풍은 전혀 수그러들지 않고 있는 실정이다. 이러한 불필요한 스펙 쌓기를 없애고 해당 직무에 필요한 실질적인 능력을 가진 사람을 채용하자는 취지에서 NCS 기반 채용이 산업계에 확산될 전망이다.

NCS 기반 능력중심 채용의 기본 원리는 해당 직무에서 요구하는 실제적인 능력요소를 채용 절차에서 검증하겠다는 것이다. 여기서 능력이란 일을 하는 데 반드시 필요한 능력으로 직업인이라면 공통으로 갖추어야 할 직업기초능력과 특정한 분야와 전공에 필요한 직무수행능력을 포괄하는 개념이다. NCS 기반 능력중심 채용 단계별 절차는 다음과 같다.

〈NCS 기반 능력중심 채용 단계별 절차〉

NCS 기반 채용 단계	절차별 세부내용
채용 공고	모집분야별 NCS 매핑을 통해 직무 특성에 맞는 능력요소를 NCS 직무기술서에서 추출하여 활용하므로, 직무에 필요한 능력요소를 지원자에게 분명하게 전달
입사지원서	개인 신상 중심의 정보는 배제하고, 지원 직무와 관련된 능력요소 관련 경험이나 정보를 작성하도록 입사지원서에 제시
필기평가	NCS의 주요 능력요소와 수준체계를 활용하여 직업기초능력 및 직무수행능력의 핵심요소를 평가할 수 있는 문항을 개발하여 적용
면접평가	다양한 면접도구를 구조화하여 직업기초능력과 직무수행능력을 평가하되, 각 기업의 특성과 현황, 핵심역량 등을 접목하여 현장에 맞게 적용
최종 채용 결정	각 단계별 결과를 수합하여 객관화된 최종 결과 산출 및 채용 의사결정

NCS 기반 능력중심 채용과 기존 채용제도의 두드러진 차이점을 살펴보면, 우선 서류전형에서 기존 채용에서는 학력, 가족사항 등의 개인 신상정보와 불필요한 스펙 등을 기재해야 하고, 성장

〈기존 채용과 NCS 기반 능력중심 채용의 차이〉

채용 단계	기존 채용	NCS 기반 능력중심 채용
서류	• 학력, 가족사항, 불필요한 스펙 등 기재 • 성장과정, 지원동기 등 일률적인 자기소개서 • 차별요소가 다수 존재하고 직무연관성 미흡	• 직무관련성이 높은 사항 기재 • 교내외 활동, 인턴 근무 경험, 직무 관련 자격증 등 • 해당 직무에서 갖추어야 하는 능력 관련 경험 등
필기	• 인성 및 일반적인 인지능력 　(언어, 수리 능력 등에 대한 지필검사 시행) • 전공 필기시험	• 직무별 능력 중 지필평가 가능한 능력 평가 • 예시: (일반사무) 사무행정, 　　　　(정보기술운영) IT시스템관리
면접	• 단편적 질문, 직무수행과 무관한 내용 • 비체계적인 면접 진행	• 직무능력과 관련된 경험(경험면접) • 업무수행 과정에서 발생 가능한 상황에 대한 　대처방법(상황면접) • 특정 직무 관련 주제에 대한 의견(PT) 등 　구조화된 면접 진행

과정이나 지원동기 등이 천편일률적이며, 직무연관성이 미흡한 항목이 많았다. 하지만 NCS 기반 채용에서는 직무 관련성이 높은 사항만 기재하도록 하고, 교내외 활동, 관련 인턴 근무 경험, 직무와 관련된 자격증 등 지원하는 직무에 필요로 하는 역량과 경험을 작성하도록 하였다.

또한 기존 필기전형에서는 인성과 일반적인 인지능력을 알아보는 인성 · 적성검사와 전공 필기시험으로 평가했다면, NCS 기반 능력중심 필기전형에서는 직무별 능력 중 지필평가가 가능한 부분만 평가를 한다. 마지막으로, 면접평가에서도 기존 채용은 단편적이고 직무수행과 무관한 내용의 비체계적인 면접이 주를 이루었다면, NCS 기반 능력중심 면접전형에서는 직무능력과 관련된 경험을 묻거나 업무수행 과정에서 발생 가능한 상황을 대처하는 방법을 묻거나 특정 직무 관련 주제를 제시하고 의견을 묻는 등 구조화된 면접이 이루어진다.

3) NCS 기반 채용단계별 특징과 예시

(1) NCS 채용공고문 단계

일반적인 채용공고문을 살펴보면 채용계획과 지원방법을 알리는 것이 목적이기 때문에 채용 분야 및 모집인원, 응시자격, 우대사항, 채용절차 및 추진일정, 기타 유의사항 등이 명시되어 있다. 하지만 NCS 기반 채용공고문은 현실적이고 구체적인 조직 및 직무 소개가 이루어져야 하고, 지원자 스스로 자신이 기업이 원하는 인재인지를 판단할 수 있는 정보와 기회를 제공하여 자발적 철회가 이루어질 수 있도록 자기평가의 기회를 제공해야 한다.

또한 모집은 균등기회 제공에 초점을 두어야 하지만, '아무나'가 아닌 '자격요건을 갖춘' 사람에 대한 균등기회가 제공되어야 하며, 모집을 통해 지원자들에게 전달하고자 하는 메시지가 올바르게 전달되고 있는지를 지속적으로 모니터링하고 개선해야 한다.

모집은 조직이 필요로 하는 적합한 인재들을 유인하는 과정으로 단순히 양적으로 많은 지원자가 지원하도록 하는 것을 의미하는 것이 아니다. 왜냐하면 지원자들이 많으면 선발비용이 높아지고, 선발의 오류에 의해 결정될 가능성이 높아져서 선발의 타당도를 낮추고 향후 조기 이직률이 높아지는 결과를 초래할 수 있기 때문이다. 따라서 '묻지 마' 지원을 최대한 배제하여 적중률(적합지원자 비율)을 높이는 것이 성공적인 모집의 기준이다.

〈NCS 기반 채용공고문 예시〉

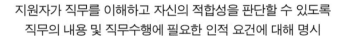

지원자가 직무를 이해하고 자신의 적합성을 판단할 수 있도록
직무의 내용 및 직무수행에 필요한 인적 요건에 대해 명시

- 채용 분야
- 분류체계
- <u>대분류/중분류/소분류/세분류 및</u>
  <u>NCS분류 코드</u>
- <u>능력단위 및 NCS분류 코드</u>
- 직무수행 내용
- 필요지식(K)
- 필요기술(S)
- 직무수행태도(A)
- 직업기초능력
- 참고 사이트

(2) NCS 입사지원서 단계

입사지원서는 단순히 개인의 인적사항을 파악하기 위한 것이 아니라 해당 직무의 성공적 수행 가능성이 높은 지원자들을 선별하기 위한 것이다. 기존 입사지원서는 지원자에 초점을 두게 되므로 인적사항이나 개인적 정보에 초점을 두고, 직무수행 예측력이 낮으며, 구체적 질문을 제시

하지 못하고 추상적이라 정량평가가 어렵다. 이에 직무수행 능력을 예측할 수 있는 개인의 구체적인 과거 경력, 경험, 성과, 자격조건 등이 포함되어야 한다. 또한 지원자는 입사지원서를 작성하기 전, 채용 직무별로 조직이 제시한 직무기술서(또는 채용공고문)를 반드시 확인하고, 지원하고자 하는 직무가 본인이 기대했던 직무와 일치하는지 확인한 후 지원해야 한다.

NCS 기반 입사지원서는 그 목적에 따라 다음과 같은 항목으로 구성된다.

- 인적사항: 지원자를 식별 및 관리하기 위한 최소한의 정보로 구성되어 있다.
- 교육사항: 직무수행에 필요한 지식, 기술, 태도를 갖추고 있는가를 평가하기 위한 항목으로 학교교육과 직업교육으로 구성되어 직무에 대한 지원자의 관심과 노력을 판단하는 척도로 활용한다.
- 자격사항: NCS 세분류별로 제시되어 있는 자격 현황을 참고하여 지원자가 지원직무를 수행하는 데 필요한 스킬을 가지고 있는지 판단하며, 반드시 해당 직무와 관련 있는 자격만을 명시해야 한다.
- 경력사항 및 직무 관련 활동: 지원자가 직무와 관련된 일이나 경험을 가지고 있는지 평가하기 위한 항목으로 경력 및 경험 사항은 각각 경력기술서, 경험기술서, 자기소개서에 구체적으로 작성토록 하며 면접 시 참고자료로 활용하게 된다.

NCS 기반 입사지원서	NCS 기반 직무능력소개서	NCS 기반 자기 소개서
• 인적사항 　– 지원자 식별 및 관리를 위한 최소 정보 • 교육사항 　– NSC 관련 자격 사항 • 경력 및 직무 관련 　– NCS 관련 경험과 직무 관련 사항	• 경험기술서 　– 입사지원서에 기술한 직무 관련 경험 내용 상세 기술 　– 본인이 수행한 활동 내용, 조직이나 활동에서의 역할, 활동 결과 • 경력기술서 　– 입사지원서에 기술한 직무 관련 경력 내용 상세 기술 　– 직무와 관련된 활동, 경험, 수행 내용 및 역할, 구체적 행동, 주요 성과	• 자기소개서 도출 　– 지원동기(조직/직무) 　– 조직적합성(핵심가치/인재상) 　– 직무적합성(직무역량) ※ 자기소개서를 직무와 관련한 내용으로 질문형식으로 작성 가능

〈NCS 기반 입사지원서 예시〉

NCS 기반 입사지원서 예시

1. 인적 사항

* 인적 사항은 필수항목으로 반드시 모든 항목을 기입해주십시오.

지원구분	신입 ( ) 경력 ( )	지원분야		접수번호	
성명	(한글)	생년월일	(월/일)		
현주소					
연락처	(본인휴대폰) (비상연락처)	전자우편			

2. 교육 사항 (모집대상 직무와 연관이 있는 교육활동을 제시)

* 학교교육을 통하여 입사 지원 분야와 연관된 이수 교육과정을 기술해주십시오.

학교교육

* 귀하는 지원 분야의 해당 직무와 연관된 교육과정을 이수 하였는가?　　예( )　아니오( )
* 귀하는 지원 분야의 행당 직무와 연관된 교육과정 이외의 교육활동한 이력이 있는가?　　예( )　아니오( )
* 귀하는 지원 분야의 해당 직무와 연관된 현장실습 또는 인턴 이력이 있는가?　　예( )　아니오( )

* '예'라고 응답한 항목에 해당하는 내용을 아래에 기입해 주십시오.(관련 서류 첨부)

과육과정(과목명)	
교육활동	
현장실습 및 인턴	
기타	

4. 경력사항 (지원하는 직무와 연관성 있는 경력사항을 제시토록 안내)

* 경력은 금전적 보수를 받고 일정기간 동안 일했던 이력을 의미합니다. 아래의 지시에 따라 해당되는 내용을 기입해주십시오.

* 기업조직에서 지원 분야와 관련 직무 수행 경험이 있습니까?　　예( )　　　아니오( )
* 기업조직과 관계없이 관련 직무수행경험이 있습니까?　　예( )　　　아니오( )

* '예'라고 응답한 항목에 해당하는 사항을 아래에 기입해 주십시오.

근 무 기 간	기 관 명	직 위 / 역 할	담 당 업 무

* 그 외, 경력 사항은 아래에 기입해 주십시오

근 무 기 간	기 관 명	직 위 / 역 할	담 당 업 무

* 자세한 경력 사항은 경력기술서에 작성해주시기 바랍니다.

5. 직무관련 기타 활동

* 직무관련 기타 활동은 직업 외적인(금전적 보수를 받지 않고 수행한) 활동을 의미하며, 산학, 팀 프로젝트, 연구회, 동아리/동호회, 온라인 커뮤니티, 재능기부 활동 등이 포함될 수 있습니다. 아래의 지시에 따라 해당되는 내용을 기입해주십시오.

* [경영기획(능력단위)] 관련 활동들을 수행한 경험이 있습니까?　　예( )　　　아니오( )
* [홍보] 관련 활동들을 수행한 경험이 있습니까?　　예( )　　　아니오( )

* '예'라고 응답한 항목에 해당하는 내용을 아래에 기입해 주십시오.

활 동 기 간	소 속 조 직	주 요 역 할	활 동 주 요 내 용

* 자세한 직무관련 기타 활동 사항은 경험기술서에 작성해주시기 바랍니다.

(3) NCS 기반 면접 단계

전통적인 면접에서는 일상적이고 단편적인 질문들에 대한 답변들을 하고, 주로 외모나 인상 등과 같은 외적 요소들이 평가에 영향을 주는 경우가 많으며, 면접관의 주관적인 판단에 의존하여 이루어지다 보니 면접 내용의 일관성이 결여되어 있고, 직무관련성에 대한 타당성이 부족하며, 전체적인 채점에 대한 신뢰도를 검증하기 어려운 점이 있다. 하지만 NCS 기반 면접평가는 직무 관련 역량에 초점을 둔 구체적인 질문들을 개발하여 지원자에게 동일한 질문을 적용함으로써 일관성을 확보할 수 있다. 또한 면접 진행 및 평가 절차가 구조화되어 있고, 평가타당성 제고를 위해 표준화하여 면접위원 교육과 실습을 통해 면접위원 간 신뢰도를 높였다.

NCS 기반 면접평가는 직업기초능력 면접과 직무수행능력 면접으로 구성되어 있다. 직업기초능력의 면접평가는 해당 직무의 수행 시 요구하는 기초 소양(직업기초능력)을 평가하기 위한 도구이며, 직무수행능력의 면접평가는 NCS의 세분류(직무)별 능력단위와 기업(기관)의 환경 및 실제 직무여건을 분석하여 개발되며, 실제 직무수행과 관련한 지식·기술·태도를 객관적으로 평가할 수 있는 문항들로 구성되어 있다. 즉, 주어진 특정 상황에서 이미 갖고 있는 능력(이론적 지식)을 활용하여 실제적으로 문제를 해결하거나 업무를 수행할(실천적 능력) 수 있는가를 종합적으로 평가한다.

〈NCS 기반 면접평가 예시 – 직업기초능력평가〉

[직업기초능력 평가 예시 '직업윤리']

직업윤리 정의

일에 대한 존중을 바탕으로 근면성실하고 정직하게 업무에 임하는 자세인 근로윤리, 인간 존중을 바탕으로 봉사하며, 책임 있고, 규칙을 준수하고, 예의 바른 태도로 업무에 임하는 자세인 공동체윤리가 있는지 점검한다.
– 심사기준: 자기관리/규범준수/근면

Sample Question

Q1) 남들이 신경 쓰지 않는 부분까지 고려하여 절차대로 업무I(연구)를 수행하여 성과를 내신 경험에 대해 구체적으로 말씀해 주십시오.

Q2) 조직의 원칙과 절차를 철저히 준수하여 업무(연구)를 수행하여 성과를 향상시킨 경험에 대해 구체적으로 말씀해 주십시오.

Q3) 세부적인 절차와 규칙에 주의를 기울여 실수 없이 업무(연구)를 마무리한 경험에 대해 구체적으로 말씀해 주십시오.

Q4) 조직의 규칙이나 원칙을 신경 쓰면서 성실하게 일하셨던 경험에 대해 구체적으로 말씀해 주십시오.

Q5) 다른 사람의 실수를 바로잡고 원칙과 절차대로 진행하여 성공적으로 업무를 마무리하신 경험에 대해 구체적으로 말씀해 주십시오.

〈NCS 기반 면접평가 예시 – **직무수행능력 평가**〉

[직무수행능력 평가 예시]

대분류	중분류	소분류	세분류
02. 경영회계사무	01. 기획사무	1. 경영기획	01. 경영기획

평가영역		면접문항(수행준거)
능력단위	능력단위요소	
사업별 투자관리하기	사업별 투자계획하기	사업의 방향에 따라 사업별 투자전략을 설명하시오.
		사업별 투자환경을 분석하여 투자에 대한 강점과 약점을 파악할 수 있습니까?
		사업별 투자목적에 맞는 투자계획서를 작성하고, 제반 여건에 따른 효율적인 투자일정을 계획할 수 있습니까?
		투자사업 규모에 따라 최소의 비용으로 투자할 수 있습니까?

상황면접 평가 Sample

상황 제시	배경 정보	인천공항 여객터미널 내에는 다양한 용도의 시설(사무실, 통신실, 식당, 전산실, 창고, 면세점)이 설치되어 있습니다. 금년도에는 소방배관의 누수가 잦아 메인 배관을 교체하는 공사를 추진하고 있으며 당신은 이번 공사의 담당자입니다.
	구체적 문제 상황	주간에는 공항 운영이 이루어지는 관계로 주로 야간에만 배관 교체 공사를 수행하던 중, 시공하는 기능공의 실수로 연결 부위를 잘못 건드려 고압배관의 소화수가 누출되는 사고가 발생했으며, 이로 인해 인근 시설물에는 누수에 의한 피해가 발생하였습니다.
문제 제시	기본지식 문항	1. 일반적인 소방배관의 배관연결(이음) 방식과 배관의 이탈(누수)이 발생하는 원인에 대해 설명하시오.
	추가대응 문항	2. 담당자로서 본 사고를 현장에서 긴급히 처리하는 프로세스를 제시하고, 보수 완료 후 사후적 조치가 필요한 부분 및 재발방지 방안에 대하여 설명하시오.

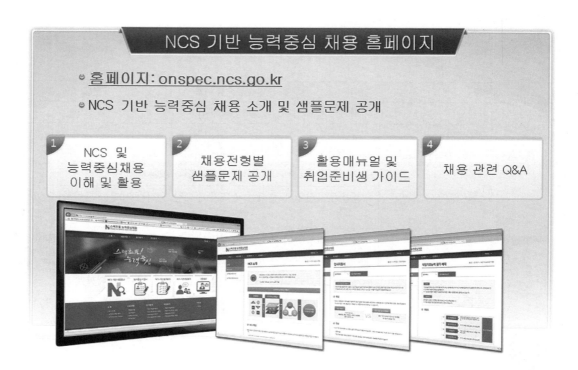

Chapter 6

취업 성공을 위한
실전 노하우

실제 입사를 준비하는 사람들은 면접의 중요성을 인지하면서도 입사서류가 가지는 의미에 대해서는 큰 비중을 두지 않는데, 면접으로 가기 위해서는 먼저 서류전형을 통과해야 함을 간과해서는 안 된다. 입사를 위한 서류에는 이력서와 자기소개서가 있다.

　　이력서는 학력, 경력, 자격사항과 특기사항, 활동사항 등 내가 가진 능력을 일목요연하게 정리해서 보여 주는 '내 경력의 청사진'이라고 할 수 있으며, 자기소개서는 이력서에서 다 보여 줄 수 없었던 성장과정과 성격, 학창 시절의 경험, 취업을 위한 준비와 지원 동기 및 앞으로의 포부를 밝힘으로써 희망 회사의 지원부서에 직접적으로 '자신을 마케팅하는 매개체'라 할 수 있다.

　　또한 면접은 서류전형과 직무적성검사를 거쳐 선발된 지원자들만 응시할 수 있으며, 필기시험이 퇴조하면서 당락을 좌우하는 입사의 최종 관문이라 할 수 있다. 특히 최근에는 공채 대신 소수의 수시채용이 실시되면서 면접의 비중이 더욱 높아졌다. 면접은 지원자의 자질과 능력, 끼, 창의력, 성격, 조직 적응력 등 '총체적인 모습을 실시간으로 평가하는 모니터'라고 할 수 있다.

　　이 장에서는 성공적인 취업을 위해서 이력서, 자기소개서, 면접기술과 같은 실전에 활용할 수 있는 노하우를 살펴보도록 하겠다.

1. 이력서

채용의 첫 단계는 원하는 기업에 이력서와 자기소개서를 제출하는 것에서부터 시작된다. 하지만 대부분의 학생이 입사서류를 작성하는 데 어려움을 겪고 있다. 그 이유는 첫째, 입사서류 작성법을 제대로 배운 적이 없고, 둘째, 자신에 대해서 심도 있게 탐색한 경험이나 체계적인 경력관리를 한 적이 없기에 이력서에 넣을 내용이 부족해서 무엇을 적어야 하는지를 모르며, 셋째, 지원하고자 하는 기업의 정보가 부족하여 기업별 맞춤형 입사서류를 작성하기 어렵기 때문이다.

이력서를 작성하기 위한 사전 준비사항과 성공적인 이력서 작성법에 대해서 알아보자.

1) 이력서 작성하기 전 준비사항

(1) 자기분석

① 자신의 성격 파악

가장 먼저 해야 할 것은 자신의 성격을 객관적으로 파악하는 것이다. 앞서 작업했던 각종 심리검사를 활용하여 객관적인 자신에 대한 자료 수집을 한다. 자신의 성장과정, 가치관, 미래상 등에 대한 깊은 성찰을 통해 자기이해의 폭을 넓히는 것이 필요하다.

② 자신의 직업 선호도(적성) 분석

자기분석을 통해 객관적인 자신의 핵심 역량을 파악하고, 직업심리검사 등을 통해 성격, 흥미, 적성, 욕구 등 객관적인 자료를 수집한다.

③ 자신의 능력 파악

지원하고자 하는 회사가 원하는 인재상을 사전에 파악하고, 자신을 어필할 수 있는 핵심 능력과 경쟁력을 파악해 둔다.

(2) 기업직무 분석

① 채용정보(직무업종) 분석

해당 기업의 업무 수행에 필요한 자질과 기술이 무엇인지 파악해야 한다. 또한 직무 범위와 업종 내 직무를 파악하고, 연봉수준 및 복리후생에 대하여 사전에 기업 홈페이지나 기업정보현황시스템을 통해 적극적으로 알아본다.

② 기업 분석

해당 기업의 최고경영자, 기업 규모, 업종, 기업문화, 인재상, 주력 상품, 주요 기술, 경쟁회사, 언론보도 등의 내용을 파악하고 있어야 한다. 이러한 정보는 전문가, 언론매체 등이 제공하는 책자, 동문, 커뮤니티, 인터넷, 기업 홈페이지 등을 통하여 자세히 얻을 수 있다. 이때 인터넷에는 잘못된 정보도 많으므로 공신력 있는 사이트를 이용해야 한다.

(3) 나의 특성과 기업의 요구 매칭

먼저 자신이 원하는 직종 및 업종을 선택한 후, 자신의 경쟁력을 분석하고, 지원하려는 회사에서 요구하는 핵심 능력을 파악하여 나의 특성과 기업의 요구 간의 공통분모가 무엇인지를 연결해 본다.

(4) 효과적인 구직서류 준비

지원기업의 인사 담당자에게 나의 특성과 기업의 요구를 연결시킨 세부 내용을 효과적으로 보일 수 있도록 입사서류 작성법을 제대로 익혀서 입사서류를 작성해 본다.

2) 이력서의 의미

(1) 이력서란

이력서란 지원자가 어떤 사람인지를 알리는 마케팅 도구이며, 자신을 어떻게 이용할 수 있는지 알리는 설명서라고도 할 수 있다. 또한 자신의 일대기를 통하여 기본적인 스펙(학점, 어학능력, 자격증)의 충족 여부와 기본 자질 및 역량 등을 파악할 수 있으며, 면접 기회를 부여하는 토대가 된다. 결국 이력서는 '나'라는 상품의 핵심 역량과 경쟁력 등 최대한 장점을 부각하여 기업이 요구하는 인재상에 맞춰서 작성한 광고전단지라고 볼 수 있다.

(2) 마이너스가 되는 이력서

인사 담당자들은 채용 시즌이 되면 작게는 수백 장에서 많게는 수만 장의 입사서류를 검토하게 된다. 최근에는 온라인 지원이 활성화되어 일일이 서류뭉치를 보지는 않지만 여전히 고된 작업을 하게 된다. 따라서 인사 담당자들이 검토하기에 편하고 명확한 입사서류를 작성하는 것이 무엇보다 중요하다.

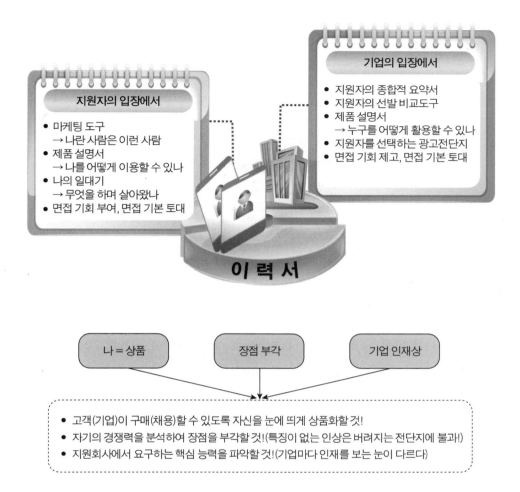

이력서는 규격과 서식이 있는 공문서로서 학력, 경력, 자격사항 등 정해진 항목에 맞춰 작성해야 하며, 최근의 실적을 먼저 언급하는 것이 중요하며 절대 거짓된 정보를 작성해서는 안 된다.

다음의 그래프는 인사 담당자들이 싫어하는 입사서류의 형태를 나타낸 것이다. 1위는 기업명을 잘못 기재한 것이었고(25.1%), 그다음으로 맞춤법 틀림, 지원분야 잘못 기재, 인적사항 잘못 기재, 첨부서류가 빠져 있는 것, 주요 항목을 누락한 것, 비속어나 은어를 사용한 것, 오타가 난 것, 분량을 위반하여 많이 적거나 적게 적은 것, 마감시간을 어기고 늦게 제출한 것의 순이었다.

입사서류에 이러한 문제가 있을 경우 인사 담당자들은 감점 처리하거나 무조건 탈락시키겠다고 응답한 비율이 50.9%에 달한다. 따라서 작성 시 단 한 개의 오류도 없도록 반드시 정밀하게 검토한 후 제출해야 한다.

기업명을 잘못 기재하는 경우가 많이 발생하는 이유는 온라인 입사지원 시스템이 일반화되면서 한번 작성한 이력서로 한꺼번에 여러 군데 지원을 하다 보니 기업명, 지원분야, 작성일 등을 수정하지 않은 채 그대로 보내는 경우가 비일비재하기 때문이다. 이 같은 경우 인사 담당자는 아

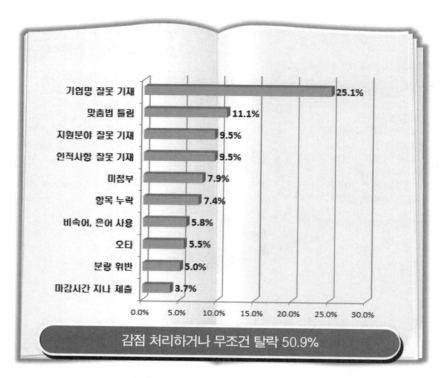

출처: 사람(주)(2009. 5.). 중소기업 479개사 인사 담당자 조사내용에서 발췌.

무리 세부 항목을 잘 작성하였다고 하여도 기본이 되어 있지 않다고 판단하여 불합격 처리를 하게 된다. 또한 맞춤법이 틀리거나 오타가 많거나 비속어나 은어(이모티콘) 등을 남발할 경우 준비가 부족하고 철없는 사람으로 보일 수 있으므로 제출 이전에 여러 번 검사를 해서 틀리지 않도록 주의해야 한다. 이 외에도 포토샵 수정이 너무 과한 사진을 첨부한다든지, 항목과 관련 없는 내용을 입력한다든지, 지원분야에서 요구하는 사항과는 전혀 상관없는 이력만 나열한다든지, 너무 많은 내용을 담으려다가 분량을 초과하거나 마감시간을 놓치는 경우는 탈락 1순위가 될 수 있다. 이처럼 입사서류는 잘 작성하는 것도 중요하지만 마이너스가 되는 요소들을 제거하는 것이 더욱 중요하니 반드시 숙지하기 바란다.

3) 올바른 이력서 기재사항과 작성방법

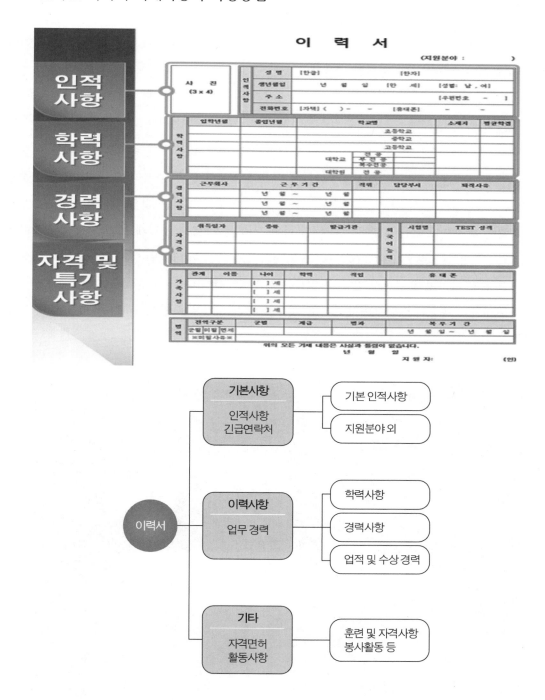

(1) 인적사항

성명은 한글·한자·영문으로 기재하고, 사진은 최근 3개월 이내에 찍은 것으로 용모가 준수하고 단정하게 나온 것을 사용한다. 그리고 현 주소는 주민등록 주소를 기준으로 정확하게 기재해야 하며, 연락처란에는 휴대폰·이메일·관련 홈페이지를 적는다. 특히 휴대폰 외에도 연락할 수 있는 긴급전화번호를 기입해 둔다. 간혹 연락이 되지 않아 서류전형 통과 여부를 전달하지 못하는 경우가 발생하기 때문이다. 호주와의 관계란에는 호주 쪽에서 바라본 관계를 적으며, 희망 업무·지원분야·희망 연봉 등을 기재한다.

(2) 사 진

사진은 입사서류에서 구직자의 첫인상을 형성하는 첫 번째 요소라 할 수 있다. 문자로 이루어진 이력서에서 사진은 이미지 정보이기 때문에 다른 무엇보다 먼저 눈에 띄게 된다. 따라서 증명사진은 좀 더 신경을 써서 첨부해야 한다. 먼저 정장을 입고 촬영하는 것은 기본이며 최근 3개월 이내에 찍은 계절감이 맞는 사진을 부착해야 한다. 사진을 예쁘고 멋있게 보이기 위해서 과하게 포토샵으로 수정하는 경우가 많은데, 사진과 본래의 모습이 많이 다르면 인사 담당자에게 신뢰감을 주기 어렵고 이미지가 완전히 변할 수 있으므로 조심해야 한다.

요즘 블라인드 채용이 도입되면서 사진을 첨부하지 않는 경우도 있으니 채용공고를 주의 깊게 확인해야 한다.

(3) 학력사항

학력사항은 대학, 전문대학, 고등학교까지 최종 학력 직전부터 기재해야 하며, 입학일자 · 졸업일자를 정확한 날짜로 기재한다. 편입했을 경우 이전의 전공과 성적 등도 기록한다. 또한 졸업예정일 경우에는 졸업일을 표기하고 '졸업예정'이라고 기입한다.

(4) 병역사항

남자의 경우는 군복무 사항(군별 · 계급), 복무 중 배치 업무 등을 함께 기재한다.

(5) 경력사항

신입지원자의 경우 직장생활 경험이 없기 때문에 빈칸으로 두는 경우가 많다. 하지만 경력이 있다면 소속부서 · 담당업무 등 경력사항을 기재하며, 지원한 업무분야와 관련된 경력이 돋보이도록 작성한다. 만약 경험이 없다면 지원분야와 연관된 아르바이트나 경험, 봉사활동 등을 적고 근무기간 · 근무처 · 수행 업무 등을 작성하고, 경험을 통해 향상된 역량 · 능력 · 영향을 부연 설명하는 것이 좋다.

(6) 자격 및 어학능력 사항

자격증 및 면허가 있는 경우에는 지원분야와 관련된 자격을 중심으로 자격 · 면허증 · 발급사항 등을 기재한다. 관련 분야 및 전산과정 등 교수 수료사항이 있다면 기재하고, 활용 가능한 S/W 명칭과 수준 등 컴퓨터 활용능력도 기록한다. 자격사항 기재 시에는 취득일과 발행처를 반드시 함께 기재해야 공신력을 인정받을 수 있다. 외국어 능력은 1~2년 이내 공인인증 점수를 기록하고, 만료일이 있기 때문에 취득일을 반드시 작성하며, 인증 점수가 없는 경우에는 측정 가능한 정보를 기록한다.

(7) 학교활동, 사회봉사, 특별활동 사항

지원분야와 관련한 학교활동 · 사회봉사 · 특별활동을 중심으로 활동기간 · 활동 내용 · 활동직책 · 영향 등을 적는다. 이를 통해 적극성 · 협동심 · 적응력 · 리더십 · 대인관계 · 사회성 등의 지원자 성향을 평가한다.

(8) 기타사항

수상 경력은 수상 일시 · 수상 내용 · 수여기관과 함께 기입한다. 보훈대상은 보훈번호를 기재한다. 최근에는 온라인 접수가 일반화되어 있어서 날인을 따로 할 필요가 없지만 오프라인으로 서류를 제출할 시에는 본인이 직접 작성했다는 사실 확인과 서명, 작성일자를 작성하여 이력서에 대해 책임을 지는 모습을 보이는 것으로 마무리한다.

이메일(E-mail)로 서류를 제출할 시에는 이메일 제목에 지원분야와 이름을 반드시 기재해야 하고, 성적증명서, 졸업증명서, 자격증(어학) 등은 스캔을 받아서 첨부하며, 증빙서류는 한 번의 클릭으로 모두 열람할 수 있고 출력이 가능하도록 하는 것이 효과적이므로 압축파일은 피하는 것이 좋다. 메일 본문에는 지원분야, 생년월일, 출신학교, 학과 등 간단한 인적사항 등을 담아 간결한 내용으로 편지를 쓰는 것이 좋고, 보낸 사람의 ID 닉네임은 자신의 개성과 특성을 나타낼 수 있는 것으로 보내는 것이 좋다.

〈이력서 작성법 요약〉

인적사항
- 성 명: 한글, 한자, 영문
- 현 주소: 주민등록 주소를 기준으로 정확하게
- 호주와의 관계: 호주 쪽에서 바라본 관계
  장남(長男), 장녀(長女), 차남(次男), 차녀(次女), 삼남(三男), 손자(孫子), 부인(婦人),
  독남(獨男), 본인(本人), 자매(姉妹), 손부(孫婦), 손자며느리, 자부(子婦), 며느리
- 희망 업무, 지원분야, 희망 연봉(회사 내규에 따름) 등 기재
- 사 진: 최근 3개월 사진, 용모 준수, 단정
- 연락처: 휴대폰, 이메일, 관련 홈페이지, SNS 등

학력사항
- 최종 학력 직전부터 기재. 고등학교 때부터 적는 것이 일반적
- 입학일자, 졸업일자 정확한 일자 기재
- 전공/부전공, 전 학년 평점(총점 표기) 기록

병역사항
- 남자의 경우 군복무 사항 함께 기재(군별, 계급)
- 복무 중 배치 업무 기재

경력사항
- 자신이 경험한 경력사항을 기재
- 지원한 업무분야와 관련된 경력을 돋보이도록 작성(무관련 경력 뺄 것)
- 소속부서, 담당업무 정확하게 기재(보조, 관리[X], 자료 취합, 데이터 분석[O])
- 직무 관련 아르바이트 경험(근무기간, 근무처, 수행 업무 등)
- 일을 통해 향상된 역량/능력/영향 기록

자격특기사항
- 외국어 구사능력: 1~2년 이내 공인인증 점수 기록(인증 점수 없는 경우 측정 가능 정보 기록)
- 자격, 면허: 지원분야 관련 자격 중심 자격, 면허증, 발급사항 등을 기재(취득연월일, 자격증명, 자격증 수준, 등급, 시행처, 발급처)
- 교수 수료사항: 관련 분야 및 전산과정 등
- 컴퓨터 활용능력: 활용가능 S/W 명칭, 수준 기재

학교활동 사회봉사 특별활동
- 지원분야와 관련한 활동영역이 가장 좋음
- 관심사, 공부 분야 등 파악
- 지원자의 성향: 적극성, 협동심, 적응력, 리더십, 대인관계, 사회성 등 평가
- 활동기간, 활동 내용, 활동 직책, 영향 등

기타사항
- 수상 경력: 자기 PR에 유용(수상일시, 수상 내용, 수여기관)과 함께 기입
- 장학금 여부: 장학금 주제, 수령 횟수 등
- 보훈대상 여부: 보훈번호 기재
- 기타 종교, 취미, 재산 정도 등 별도 요구사항도 착실하게 입력

🍎 읽어 보기

이력서의 종류

1. 학력 위주의 이력서

일반적으로 볼 수 있는 '인사서식 1호'에 가까운 전형적인 이력서다. 신입이나 경력이 적은 사람에게 경력보다 학력을 강조할 때 유리한 형식으로, 고등학교 졸업부터 현재 상황까지 적어 가는 이력서다. 물론 자기소개서도 학력 위주로 작성된 형태가 있는데 대부분 신입인 경우에 많이 쓰인다.

학력 위주의 이력서를 쓸 때 신입의 경우 '학력 및 경력사항'은 경력사항을 쓸 것이 없는 경우가 많으므로 '학력사항'으로 고친다. 그 외에 자신이 필요할 경우 '특기사항', '자격사항', '상장', '교육이수' 등의 난을 추가해서 작성하면 된다.

2. 연대기형 이력서

경력자는 보통 '학력사항'보다 '경력사항'에 내용을 많이 할애한다. '연대기형 이력서'란 경력중심으로 연대순으로 나열한 이력서다. 외국에서는 역사적 자기소개서라고도 부른다. 연대기형 이력서는 작성하기 쉬울뿐더러 보기에도 편하다. 특히 경력이 일관적이고 안정적일 때, 성공적인 승진과정을 강조할 때, 또한 여러 회사에 공통으로 사용하고 있는 이력서라는 점에서 강점이 있는 이력서 형식이다. 하지만 경력에 공백이 있을 경우, 너무 눈에 띈다는 단점도 있다.

희망 직종과 관련이 있는 경력이나 업적 등을 순서대로 쓰는 형식으로 경력이 너무 많은 경우에는 요약본을 붙일 수도 있다. 이 형식은 비교적 임원직이나 간부급에 적합하다. 본인의 경력이 5년 이상이라면 연도별 방법이 좋다. 최근 경력을 제일 위에 놓고 과거 경력까지 거슬러 올라가는 것이다. 최근 일하던 직장, 회사명, 기간 그리고 책임 부분을 기술한다.

예를 들면, '2011. 5. 2. (주)ABC벤처 입사, 2013년 5. 10. (주) 희망벤처 퇴사'처럼 단순하게 쓰지 말고, '2014. 5. 22.~2015. 5. 10. (주)희망벤처 인터넷 사업부 컨텐츠 팀 팀장 근무' 식으로 구체적으로 작성하는 것이 좋다.

'역연대기형 이력서'는 최근 경력을 강조할 때 유리한 형식이다. '역연대기형 이력서'는 최근 경력부터 과거로 거슬러 올라가는 형식으로 경력의 성장을 한눈에 보여 준다. 하지만 특정 직무나 능력, 업적 등이 한눈에 보이지 않는 단점을 가지고 있다. 경험에 초점을 맞추고 가장 최근 경력부터 언급하면 아주 좋은 점수를 받을 수 있다.

3. 직무중심의 이력서

연대와는 관계없이 특정 직무를 중심으로 모아서 쓰는 이력서다. 직무중심의 이력서는 고용인이 필요한 부분만 선택해서 읽을 수 있는 형식으로, 경력이 단순하여 내세울 것이 별로 없는 사람이 사용하는 이력서로 간결하고 정리된 느낌을 준다. 일류 회사에서의 직무 경력을 강조하고 싶은 경우, 회사별로 쓰면 적합하다. 특수 기능을 지니고 있는 전문직에 대해서는 그 전문성을 돋보이게 하는 데에 매우 적합한 이력서다. 예를 들면, 재무, 경리, 관리 등 관리직에 대해서 각종 직무 경험을 통합해서 전체적으로 파악하는 데 적절하다.

단점으로는 경력을 전체적으로 한눈에 알 수 없고, 내용에 깊이가 없어 보여 뭔가 숨기려는 인상을 줄 수 있다. 회사를 그만둔 지 오래된 경우, 직장을 자주 옮긴 경우, 한 회사에만 오래 있었던 경우 등에 직무중심의 이력서를 작성하면 좋다.

직무중심으로 작성하는 방법은 연도별 서술이나 회사명에 중점을 두는 것이 아니라 경력이 아닌 직무능력에 초점을 두어 자세하게 쓰는 것이다. 경력을 바꾼 경우 또는 현재의 직무가 본인이 지원하려는 회사와 조금 다른 경우에 사용하면 유용한 방법이다.

4. 혼합형 이력서

구인자가 찾는 특정 기능을 강조하고 싶을 경우, 연대기형 이력서에 직무를 추가할 경우, 한 회사를 목표로 능력을 보여 주고자 할 때 쓴다. 실무에서 사용하는 경력과 기술을 깊이 있게 보여 줄 수 있다. 자칫 혼합형 이력서는 산만하고 너무 길어질 수도 있다. 경력이 뒷장으로 넘어가 버리면, 구인자의 관심을 끌지 못하게 될 수도 있다. 꾸준히 회사와 더불어 잘 성장하고 있다면 연대기형 이력서와 직무중심 이력서를 혼합하여 쓰면 좋다. 혼합형은 개인의 이력을 요약하면서 목표에 맞는 본인의 역할과 책임을 기술하면 된다.

출처: 김용환(2006). 반드시 취업이 보장되는 이력서 & 자기소개서 작성법. 서울: 버들미디어.

2. 자기소개서

1) 자기소개서의 의미

자기소개서는 이력서에 기록된 사실들을 부연 설명해 주는 서류로서 자신이 살아온 과거와 현재를 어떻게 이해하고 있는지, 자신에 대해 어떻게 생각하는지, 다가올 미래를 어떻게 계획하고 있는지, 지원분야에 적합한 역량을 얼마나 갖추고 있는지, 왜 자신을 선발해야 하는지 등을 설득력 있게 작성하여 인사 담당자들이 확실하게 파악할 수 있도록 적은 글을 말한다. 자기소개서는 자신의 상품성을 드러내는 마케팅 도구임과 동시에 기업 입장에서는 지원자의 성장 배경, 장래성과 포부, 성격, 능력, 대인관계 역량, 직무 관련 경험 등을 파악할 수 있는 좋은 제품 사용설명서다. 또한 기업 입장에서는 자기소개서로 지원자의 지원 동기와 장래성을 파악하여 인적자원으로 투자할 가치가 있는지 여부를 보고, 지원자의 성장 배경을 통해서 성격과 가치관을 파악하며, 문서 작성능력과 자신의 논리를 전개시켜 가는 방식을 파악하고, 마지막으로 면접의 기초자료로 활용하게 된다.

2) 자기소개서 작성을 위한 사전 아이디어 맵핑

자기소개서는 자신에 대한 이야기이기 때문에 쉽게 써질 것 같지만 막상 쓰려면 어디서부터 어떻게 시작해야 할지 막막할 수 있다. 또한 지난 삶에 대한 전체적인 통찰 없이 기억나는 대로 작성하게 되면 최근에 일어난 일 외에는 특별히 쓸 내용도 없다. 따라서 자신에 대한 철저한 분석이 바탕이 되어야 하는데 이때 활용하면 좋은 것이 아이디어 맵핑(idea mapping)이다.

아이디어 맵핑은 자신의 이름을 중심에 두고 마인드 프로세싱을 통해 생각지도를 만들어 나가는 것이다. 아이디어 맵핑을 통해 나는 어떤 사람인지, 어떤 경험을 강조할 것인지를 면밀히 분석한 이후 지원직무와 기업에 알맞은 에피소드를 선택하여 작성한다면 보다 효과적으로 자신의 직무 적합성을 드러낼 수 있다.

〈아이디어 맵핑의 예〉

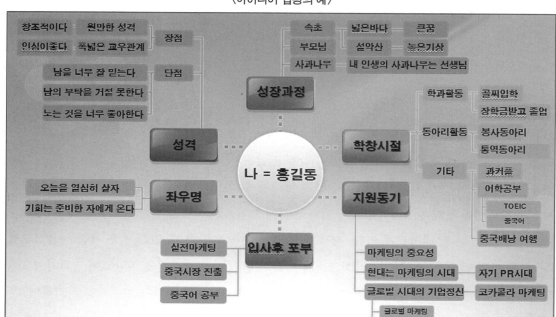

3) 자기소개서에 담아야 할 내용

(1) 성장과정

전체 내용과의 일관성을 고려하여 자신의 지원분야에 대한 남다른 재능을 가졌던 과거의 주요
한 부분을 작성하는 것이 좋다. 가끔 성장과정을 쓰라고 하면 어린 시절부터 연대기순으로 작성
하는 경우가 많은데 인사 담당자들은 지원자의 자서전에 관심이 있는 것이 아니라 지원하는 직무
와 적합한 역량을 갖췄는가에 관심이 있는 것이다. 따라서 초등학교나 중학교 시절 이야기보다
는 대학 시절의 경험에 더 초점을 맞추는 것이 좋은데 너무 어린 시절의 경험만을 언급할 경우 경
험이나 활동이 부족한 사람으로 오해할 소지가 많다. 또 성장과정에서 부모님의 이야기나 형제
들의 이야기를 전면에 부각하는 경우가 있는데 가족으로부터 영향을 받을 수밖에 없지만 자기소
개서는 자신이 주인공이 되어야 한다.

(2) 성격 소개

성격 소개도 지원분야와 연관된 자신의 강점과 장점을 부각하는 것이 중요하다. 강점과 장점
은 비슷한 것 같지만 약간의 차이가 있다. 예를 들면, 가수 지망생이 노래를 잘하는 것은 강점이

된다. 하지만 공무원 지망생이 노래를 잘하는 것은 장점이 된다. 즉, 자신의 지원분야에 적합한 역량과 성격 특성을 가지는 것이 강점이라 할 수 있다. 따라서 강점에 중점을 두고 구체적인 예시와 함께 소개해야 한다. 이와 더불어 성격 소개에 단점도 적어야 하는데 이럴 경우 솔직하게 단점을 적고 이를 극복하기 위해 어떤 노력을 기울였는지 적극적으로 부각하는 것이 좋다. 경우에 따라서는 단점이 업무에 있어 장점이 될 수도 있기 때문이다. 하지만 치명적인 단점을 적는 것은 좋지 않다.

(3) 학창 시절 및 경력사항

앞서 언급한 바와 같이 대학생활을 중심으로 기술해야 한다. 대학 시절의 전공 공부만큼 중요한 동아리 활동, 아르바이트 경험, 인턴십 경험, 각종 수상 경력 등을 전면에 부각하는 것이 좋다. 이때 지원하는 기업이나 직무에 직접적으로 연관이 있는 경험이면 더 중점적으로 다루고 직접적인 경험이 아니라면 그 경험을 통해 배운 점이나 느낀 점을 작성하고 이런 경험들이 입사 후 어떻게 활용될 수 있는지를 부각하면 된다.

(4) 지원 동기

자기소개서에서 인사 담당자들이 가장 중요하게 보는 것이 바로 지원 동기다. 지원 동기는 기업의 핵심 가치와 지원자의 핵심 가치가 잘 맞아떨어질 수 있도록 희망하는 직무와 이유, 희망 직무를 수행하기 위해 그동안 준비해 온 과정 등을 포함하는 것이 좋다. 회사와의 남다른 인연, 지원분야에 관심을 가지게 된 계기 등을 강조해서 작성하면 더욱 돋보일 수 있다.

(5) 입사 후 포부

입사 후 포부는 회사 내에서의 커리어에 대한 포부와 개인의 자기계발을 위한 비전을 모두 언급하는 것이 좋다. 특히 회사 내에서의 성취목표와 계획은 입사 후 모습을 구체적으로 1년 후, 3년 후, 5년 후, 10년 후 등 단기, 중기, 장기 목표로 나누어 어떻게 기여할 수 있는지를 작성하는 것이 바람직하다. 또한 개인의 비전을 설정하고 비전을 이루기 위해 어떠한 노력을 할 것인지를 회사 생활과 결부시켜 상세하게 언급하는 것이 좋다.

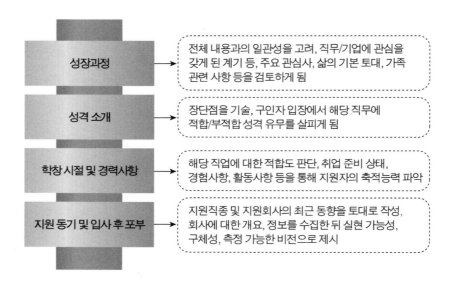

4) 자기소개서 작성법

① 자신에 대한 신상정보를 정확하게 기재하고, 성장과정, 성격, 학교생활, 지원 동기 및 입사 후 포부, 직무역량 등을 작성하되 이력서에 이미 기재한 내용을 단순하게 나열하지 않도록 중복을 피하는 것이 좋다.

② 자기소개서는 나만의 특별한 이야기가 드러나야 한다. 자신의 이야기를 쓰되 연대기순으로 일어난 모든 일을 나열하지 말아야 한다. 하나의 주제를 가지고 일관성 있게 작성하는 것이 좋다. 항목에 따라 서로 다른 에피소드를 넣되 전체적인 이미지가 그려질 수 있도록 쓰는 것이 중요하다. 너무 많은 모습을 보여 주기 위해 무리하게 이벤트식 나열을 할 경우 일관성이 없어서 이미지를 형성하기 어렵다.

③ 적절한 포장은 가능하나 거짓말을 해서는 안 된다. 합격하고 보자는 식으로 얄팍한 거짓말을 하거나 다른 사람의 에피소드를 마치 자신의 것인 양 위장할 경우 면접을 통해서 들통나게 된다. 자기소개서는 면접의 기초자료로 활용되기 때문에 자신의 참된 모습을 과장 없이 솔직하게 작성해야 한다.

④ 문장은 짧게 두괄식으로 작성한다. 자기소개서의 세부 내용도 중요하지만 너무 많은 내용을 담다 보면 문장이 길어지고 핵심이 흐려지게 된다. 따라서 요점을 간단하게 글의 앞부분에 배치함으로써 인사 담당자들이 이해하기 쉽게 작성하는 것이 좋다. 필요하다면 각 항목에 대한 소제목을 기입하고 중요 부분을 굵게 표시해서 눈에 띄게 하는 것도 좋은 방법이다.

⑤ 자기소개서에는 기업이 요구하는 항목들이 포함된다. 이 항목들은 입사 후 지원자의 직무 역량을 예측할 수 있는 것들로 이루어져 있다. 따라서 해당 항목에 맞는 내용으로 분량을 지

켜서 작성해야 한다. 뒤에 제시한 '자기소개서의 중요 평가 항목' 그림을 살펴보면, 가장 중요한 항목은 지원자의 성격 및 장단점과 생활신조·가치관처럼 인성에 초점을 둔 것임을 볼 수 있다. 인성은 직무교육으로 쉽게 변화시킬 수 없는 고유의 특성이므로 입사 후 적응 정도를 알아볼 수 있는 항목이다. 다음으로 지원 동기와 입사 후 포부처럼 입사 후의 직무수행 정도를 알아볼 수 있는 항목을 중요시한다는 것을 알 수 있다.

⑥ 자신이 돋보일 수 있도록 강점과 역량을 중점적으로 언급하고 불명확한 내용이나 과한 미사여구를 피하며 구체적인 사례와 정확한 수치로 표현하는 것이 평가에 유리하다. 다음 그래프에서 알 수 있듯이 인사 담당자는 자신의 역량을 적극적으로 표현하고, 회사 및 직무 이해도가 높으며, 성과를 부각한 자기소개서에 대해 좋은 평가를 한다. 이 외에도 핵심을 간결하게 나타내면서 창의적이고 개성이 잘 드러나는 자기소개서를 선호하는 것으로 나타났다.

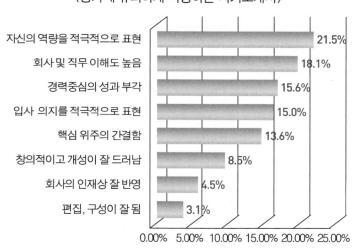

〈평가에 유리하게 작용하는 자기소개서〉

5) 자기소개서의 중요한 평가 항목

자기소개서는 자신의 지나온 삶을 연대기로 모두 작성하는 한 편의 에세이가 아니라, 제한된 글자 수와 양식에 맞춰 기업이 묻는 질문에 대해 응답하는 형태의 공식 문서다. 따라서 구구절절 모든 내용을 쓸 수 없으며, 인사 담당자 역시 자기소개서를 통해서 한 사람에 대해 완벽하게 이해하기란 어렵다. 인사 담당자는 자기소개서를 평가하면서 지원자가 자신의 기업에 적합한 인재인지 아닌지를 판단하는 근거를 찾으려 한다. 자기소개서를 평가할 때 중요하게 여기는 항목은 다음 그림과 같다.

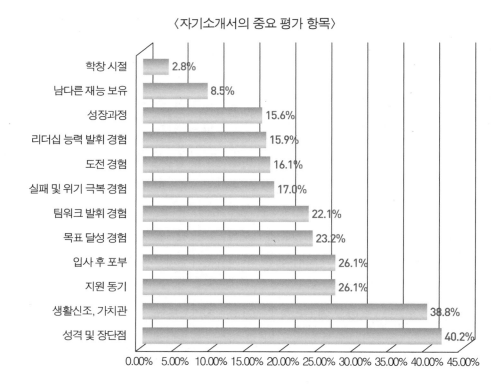

〈자기소개서의 중요 평가 항목〉

가장 중요한 평가 항목은 지원자의 성격(장점·단점)과 생활신조·가치관과 같이 개인의 인성적인 측면이다. 그다음으로 지원 동기와 입사 후 포부를 통해서 기업 충성도와 미래의 성장 잠재력을 평가한다. 기업은 신입사원을 채용함으로써 미래의 자산 가치에 투자를 하는 것이므로 아무리 스펙이 화려하다 해도 발전 가능성이나 수익을 창출할 핵심 역량이 보이지 않는다면 채용을 보류할 수밖에 없다. 이 외에도 과거의 다양한 경험, 즉 목표 달성 경험, 팀워크 발휘 경험, 실패 및 위기 극복 경험, 도전 경험, 리더십 능력 발휘 경험 등 실제 경험했던 사례들을 보면서 역량을 파악한다. 마지막으로는 성장과정이나 학창 시절 등을 평가하는데, 대부분의 지원자가 동일한 커리어 경로를 거치기 때문에 독특한 이력이 없을 경우 대동소이한 경우가 많다.

평가에 유리하게 작용하려면 자신의 역량을 적극적으로 표현하여 인사 담당자가 뽑고 싶도록 작성해야 한다. 또한 지원하는 회사와 지원하는 직무에 대해 자세하게 파악하여 해당 기업에 대한 관심과 이해도가 높음을 강조해야 한다. 그리고 단순한 이벤트 경험이 아니라 경력을 중심으로 실제 성과가 부각될 수 있도록 작성하고, 반드시 해당 기업에 입사하고자 하는 의지를 적극적으로 표현하는 것이 유리하다. 또한 인사 담당자들의 평가에 대한 고충을 덜어 주기 위해서라도 핵심 위주로 간결하게 작성하고 편집과 구성에 신경을 써서 창의적이고 개성이 잘 드러나도록 작성하는 것이 좋다.

6) 매력적인 자기소개서 작성전략

자기소개서를 작성할 때 가장 중요한 것은 솔직하게 쓰는 것이다. 과장된 내용이나 허위사실을 마치 실제 경험한 것처럼 기재해서는 안 되고 객관적인 근거를 가지고 작성해야 한다. 가끔 자기소개서를 자신의 강점이 드러나게 포장하라는 말을 오해하여 있지도 않은 사실과 경험을 작성했다가 면접 때 진위 여부가 확인되어 불합격되는 경우가 허다하다. 따라서 결코 거짓말을 해서는 안 되고 거짓이 발각될 경우 합격이 취소되기도 하므로 공문서라는 것을 명심하고 작성해야 한다.

또한 제한된 지면에 자신의 장점을 최대한 표현하기 위해 한눈에 관심을 끌 수 있도록 두괄식으로 작성하고 그에 대한 사례를 부연 설명하는 방식을 채택하는 것이 좋다. 지리멸렬하게 주제 없이 작성된 글에는 관심을 두지 않기 때문에 표현을 명료하게 해야 한다.

그리고 지원하는 기업과 직종에 맞추어 작성하는 것이 좋다. 기업의 입장에서 자신이 입사 후 무엇을 잘할 수 있는지, 어떤 성과를 낼 수 있는지를 구체적으로 명시하여 인사 담당자가 판단이 설 수 있도록 작성해야 한다. 가능하다면 지원하는 기업과 관련된 에피소드를 넣는 것도 좋다.

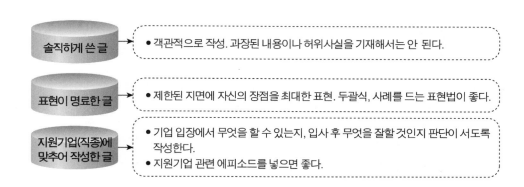

자신의 장점을 부각할 수 있는 스토리를 찾으라

- 언제, 어디서, 무엇을, 어떻게 (구체적인 사건) 기술

위의 일로 일어난 좋은 성과를 기술하라

- 구체적인 성과(결과)를 제시하면 인사담당자의 신뢰감을 얻을 수 있다.

위의 결과를 직무와 연결하여 기술하라

- 구체적인 성과와 더불어 진심을 담아 자신의 열정을 전달하면 인사 담당자에게 좋은 인상을 심어 줄 수 있다.

자기소개서

지금 나의 모습이 상상되도록 작성하라.

맨 앞에 주제문을 던지라(구체적인 예).

A4 1~2장 분량이면 충분하다.

이벤트보다는 에피소드 위주로 작성하라.

에피소드는 섹션마다 다른 내용으로 하라.

회사에서 궁금할 사항을 최대한 담으라.

🍎 읽어 보기

자기소개서, 이것만은 피하자

1. 진부표현형: 저는 1988년 3월에 서울에서 태어나 2녀 1남 중 장녀로서 엄부자모 밑에서 따뜻한 사랑을 받고 자랐으며……

   ⇨ 진부한 표현으로 시작된 자기소개서는 인사 담당자의 이목을 끌지 못한다.

2. 감정오버형: 이 회사에 들어올 수만 있다면 숙명이라 여기고 이곳에서 뼈를 묻겠다는 각오로 모든 것을 바쳐……

   ⇨ 감정을 지나치게 남발하면 진정성이 결여되어 보인다.

3. 역사교과서형: 대학교 1학년 때는 ~을 하고, 2학년 때는 ~을 하고, 군대를 다녀와서 복학 한 후 3학년 때는 ~을 하고, 다시 휴학을 하고……

   ⇨ 인사 담당자는 구직자의 일대기를 읽고 싶어 하지 않는다. 직무와 관련된 에피소드만을 담는 것이 좋다.

4. 무차별 난사형: 대학 들어와서 청소, 신문 돌리기, 패밀리 레스토랑, 편의점, 호프집 아르바이트를 했으며, 혼자 힘으로 호주, 대만, 필리핀, 홍콩, 일본, 중국 배낭여행을 다녀왔고, 동아리활동으로는……

   ⇨ 모든 경험을 있는 대로 다 나열하면 무엇이 핵심인지 알 수 없다. 한 가지 경험이라도 구체적으로 작성하여 직무와 연결 짓는 것이 좋다.

5. 숨바꼭질형: 부모님은 늘 저보고 다른 사람들에게 친절하라고 하셨고, 담임선생님은 항상 발표를 잘한다고 칭찬을 하셨습니다. 그러던 어느 날 방과 후에 친구들과 어울려 과제를 하고 있는데……

   ⇨ 두괄식 글쓰기가 아니라 중요한 내용이 어디에 있는지 도저히 찾을 수 없으므로 인사 담당자는 끝까지 자기소개서를 읽기 어렵다.

6. 군더더기형: 어린 시절 너무 힘들어서 항상 지쳐 있었고, 진짜 괴로운 일들도 많았지만 혼자 힘으로 이겨 내기 위해서 정말로 노력하였고……

   ⇨ 불필요한 미사여구들을 늘어놓고, 핵심적인 사건이나 세부 내용이 적은 글은 과장되어 보일 수 있다.

7. 동문서답형: 질문과 전혀 상관없는 이야기를 늘어놓는 경우로 질문에 대한 정확한 답변을 하는 것이 중요하다.

8. 중복표현형: 저는 ○○ 기업에 입사하면 핵심 인재로서 제가 맡고 있는 직무의 핵심 인재가 될 것이며, 기계기술 전문가로서 저의 핵심 역량을 발휘할 것입니다.

   ⇨ 좋은 말도 여러 번 반복하면 지루하며 의미 전달이 흐려질 수 있다.

9. 얼버무림형: 시작은 거창하나 끝이 흐지부지하게 끝나는 글로 맺음말이 의미가 없어질 수 있다.

Worksheet 1　나의 이력서, 자기소개서 작성해 보기

지원회사	

성 명	(한글)		주민등록번호											사 진
	(한자)		연 령	만　세										
현주소														
연락처	자 택:				휴대폰									
E-mail														

학력	년　월		고등학교 졸업	소재지	
	년　월 ~ 년　월		대학교		
	년　월 ~ 년　월		대학교	대학원	
			학과	년 재학 학위, 수료	

능력/경험사항	해외경험	
	리더/서클활동	
	수상경력	

자격면허	취 득	면 허 종 류	시 행 처
	년　월		
	년　월		

병역	복무기간			
	전역구분			
	군별	계급	병과	
	면제사유			
취미		특기		
종교				

학교성적	성 적 기 재 (대학교)	평점만점:						
		구분＼등급	1학년	2학년	3학년	4학년	계	전체평점
		취득학점						
		취득평점						

신체	신장		체중	
	시력	좌:　우:		
	색맹	지병 및 신체장애		

가족관계	관계	성 명	연령	최종출신학교명	근 무 처	직위

외국어능력	구분		기타 ( )
	점수		
	시행일		

경력	근무기간	근무처	직위	담당업무	급여	퇴사사유

PC사용능력	사용가능 O. A	수준
	1. 워드	
	2. 엑셀	
	3. 파워포인트	

1. 성장과정 및 특이사항

2. 자신의 핵심 역량

3. 성격의 장단점, 생활신조

4. 학창 시절 및 경력사항

5. 지원 동기 및 장래 포부

Worksheet 2 제출 직전 살펴봐야 할 목록 점검하기

📖 다음은 이력서와 자기소개서 점검 목록이다. 자신이 작성한 이력서과 자기소개서를 살펴보고 각 항목을 읽으면서 점검결과란에 그렇다고 생각하는 경우 ○, 아니라고 생각하는 경우 ×, 좀 더 보완이 필요하다고 생각하는 경우 △로 표시하여 보고 어떤 점이 부족하고 어떤 점이 잘 되었는지를 점검해 보자.

형식 관련		
	항목	점검결과
1	질이 좋은 A4 용지를 사용했습니까?	
2	컴퓨터로 이력서를 작성할 경우, 프린터의 인쇄 질이 좋은지 확인했습니까?	
3	맨 위에 당신의 이름, 주소, 전화번호를 썼습니까?	
4	만약 주소나 전화번호가 바뀌었다면 최신의 것으로 바꾸었습니까?	

내용 관련		

1. 문법 및 오탈자

	항목	점검결과
1	맞춤법에 어긋난 것이 없는지 확인했습니까?	
2	문법에 맞고, 문장이 매끄러운지 확인했습니까?	
3	꼭 필요한 부분이나 강조하고자 하는 부분에만 한자를 사용했습니까?	
4	한자나 외래어를 사용할 경우, 정확하게 사용했습니까?	
5	호칭이나 종결어미, 존칭어 등에 주의해서 일관된 표현을 썼습니까?	

2. 지원동기

	항목	점검결과
1	구인자의 관심을 끌 수 있도록 이 회사에 대해 무엇을 알고 있고, 어떻게 회사에 공헌할 수 있는지에 대해 언급했습니까?	
2	구직분야에 대해 언급할 때, 원하는 직업과 관련하여 포괄적으로 표현했습니까? 포괄적인 명칭(예: 인력관리 분야)을 사용하면, 제한적인 직업 명칭(예: 인사담당, 교육담당)을 사용하는 때보다 더 폭넓게 고려될 수도 있습니다.	
3	특정 직업을 구하고 있다면, 정확한 직업 명칭을 사용했습니까?	
4	구하는 일자리에 잘 맞고 업무 수행에 도움이 될 만한 경력(포상 경력 포함)이나 능력 그리고 업적들을 구체적으로 기술했습니까?	

3. 관련 기술 및 자격 보유		
	항목	점검결과
1	지원분야와 관련 있는 자격증(어학, 기술 자격증, 취미 등과 관련된 자격증)을 기록하고 첨부했습니까?	
2	지원분야와 관련 있는 자격증을 언급할 경우, 공신력을 주기 위해 자격증 취득일, 발행처 등을 포함시켰습니까?	
3	지원하는 일자리와 관련되는 교육 및 훈련 내용을 포함시켰습니까?	
4	지원하는 일자리와 관련되는 포상이나 단체 및 사회 활동들에 대해 언급하였습니까?	
5	지원분야와 무관한 실무 경력을 지나치게 많이 열거하지 않았습니까?	
6	불필요한 오해나 사회적으로 논란이 될 만한 활동들 또는 그와 관련된 사항들을 삭제하였습니까?	

4. 직장경력 관련		
	항목	점검결과
1	이전의 직장 상사나 동료에 대해 지나치게 부정적으로 언급하지는 않았습니까?	
2	주변에서 업무 수행에 대해 긍정적으로 평가했던 내용을 포함시켰습니까?	

5. 성격의 장단점		
	항목	점검결과
1	장점과 함께 단점을 기록하는 경우, 객관적으로 파악하여 기록하고, 이를 극복하기 위해 자신이 기울였던 노력을 언급했습니까?	
2	자신의 성과들을 겸손한 나머지 과소평가하거나 혹은 반대로 과대선전하지는 않았습니까? 있는 그대로를 기술하는 것이 바람직합니다.	

자기소개서, 이력서 샘플

〈샘플 1 – 자기소개서〉

> 평가에 용이하시도록 제가 금번 사내 공모 해외마케팅 분야에 지원하게 된 구체적인 지원 동기를 먼저 설명 드리기로 하고 제가 일을 하면서 경험한 바와 개인정보에 관한 세부적인 내용을 기술하겠습니다. 평가의 자료로 최대한 반영해 주시기 바라며 기회가 주어진다면 최선을 다하는 자세로 보답하겠습니다.

지원 동기

○○학을 전공하고 반도체 사업장에서 이미 x년의 경력을 가지고 있는 제가 굳이 새로운 분야에 도전을 결심하게 된 구체적인 동기는 다음과 같습니다. 현대산업사회에서 기업이 생존하기 위해선 고도의 기술력과 탄탄한 재무능력과 같은 기업 내부 특성도 중요하지만, 21세기 현대 기업의 발전에 절대적 역할로 점점 더 부각되는 것은 회사 외적인 환경요소에 능동적, 적극적 적응을 통한 효과적인 산업마케팅이라고 생각합니다. 이러한 내외부적인 초일류 기업의 조건을 모두 만족하는 자사에서 제가 입사 후 익힌 기술업무를 바탕으로 하여 마케팅교육 및 현업경험을 통해 이 분야에서 인정받는 산업마케터 전문가가 되고자 지원을 결심하게 되었으며 현장에서 익힌 실무적인 지식을 앞으로 제가 마케팅을 하는 데 기저에 두고 일을 한다면 어떤 상황에서도 막힘없이 원활한 업무진행이 가능할 것이라 생각됩니다. 어떤 절대적 효과를 자부하는 마케팅 기법이라 할지라도 현장지식이나 일의 흐름이 부족할 경우 가진 능력만큼의 업무효과를 기대하기란 어렵다고 봅니다. 따라서 저는 단 한순간도 소홀함이 없이 일을 추진했던 지난 x년 동안의 업무경험을 살려 회사의 발전에 더욱더 많은 기여를 하는 한 재원으로 능력을 발휘하고자 하며 무척 소중한 기회를 저에게 제공해 주신다면 신입 때의 포부와 열정을 가지고 새 일에 도전하여 기대 이상의 효과로써 보답할 것을 약속드리는 바입니다.

성장과정 및 성격과 학창 시절

- 19xx년 ○○에서 x남 x녀 중 장녀로 태어난 저는 항상 한결같은 모습으로 가정과 하시는 일에 최선을 다하시는 성실한 아버님과 기독교 신앙을 바탕으로 항상 옳고 그름을 깨우쳐 주시는 어머니 슬하에서 무척 안정적이고 건전한 성장기를 보냈습니다. 부모님께서는 자식들의 교육에 남다른 열정과 관심을 가지고 계셨으므로 저에게 보다 더 좋은 교육환경을 제공하시고자 고등학교는 서울로 전학하여 공부할 수 있도록 기회를 제공해 주셨으며 비록 한동안은 조금 적응하기 어려운 점도 없지 않았으나 잠시 적응 기간 후 친구들과 좋은 관계를 유지하며 학업에 최선을 다했습니다.

- 어려서부터 부모님의 기대를 많이 받고 성장했기 때문인지 어떤 일을 할 때 항상 원하는 만큼의 성과를 얻어야 직성이 풀리곤 합니다. 또 가까운 친구들의 말을 빌려 저를 설명하자면 저돌적인 적극성을

가지고 있어 리더로서 자질이 많다고 평가하기도 합니다. 또 활발한 성격으로 주변에 항상 친구들이 많았으며 어려운 일에 놓인 친구들에게는 어떤 식으로든 도움을 주고자 노력하기도 합니다. 그러나 때로는 그런 점들이 조금 지나쳐 두 가지 일로 벅찬 경우도 있으나 비교적 모든 일을 순조롭게 잘 처리하는 편입니다.

■ 평소 이과 과목에 큰 흥미를 가지고 꼼꼼함과 항상 작은 것이라도 세심하게 살펴보며 집중력이 뛰어나던 저는 19xx년 ○○대학교 재료 화공학부에 입학, 특유의 장점을 살려 학업에 임했으며 항상 능동적인 자세로 학과 일에 참여를 게을리하지 않았습니다. 심지어 여학우보다 남학우들이 월등히 많은 공학대학의 특성상 체력적인 면에서도 대다수의 친구에게 뒤지지 않기 위해 꾸준한 운동으로서 체력을 보강하기도 했습니다. 이런 노력으로 말미암아 4학년 때는 졸업실험논문의 리더로써 PLASAMA PROCESS에 관한 x개월간의 실험을 맡아서 진행하기도 했으며 당시 제가 실험을 통해 얻은 지식과 경험을 지금 종사하고 있는 업무에도 적극 활용하고 있습니다.

■ 전공 공부 외에도 국제화시대에 대응하기 위해 xx년 초부터 x년간 새벽반으로 영국문화원(BRITISH COUNCIL)을 다녀 어학과정을 수료하였는데 그때 저는 흔히 말하는 새벽에 일어나 먼저 하루를 시작하는 즐거움이 무엇인가 깨닫는 시기를 갖기도 했습니다. 영어의 필요성은 두 번 말하기도 부담스러울 만큼 너무나 당연한 것이었기에 강의시간마다 열심히 임하여 현재 일상 의사소통은 가능합니다.

경력과 업무 관련 활동사항

■ 4년간의 대학생활을 마치고 졸업하는 해 20xx년 x월 ○○전자 공채 xx기로 입사하여 세계 1위 정상에 서 있는 반도체 사업장 FAB 1팀의 몇 안 되는 여성 엔지니어로 배치받았습니다. 체력적으로 남자 엔지니어에 비해 일을 진행하는 것이 원활하지 못할 것이라는 고정관념을 깰 정도로 x년 x개월여 동안 남자 ENGR와 같이 주야 시프트 근무를 했습니다. 이때 일을 하면서 초정밀 프로세스를 요구하는 반도체 산업에서 여성의 기본적 성향인 꼼꼼함과 깔끔한 일 처리를 장점으로 부각하여 여러 프로세스 셋업에도 참여할 수 있었습니다.

■ 작년 하반기에는 PVD(PHYSICAL VAPORIZED DEPOSITION) 방식만 고집해 오던 저희 부서에서 양산라인 SRAM 제품에 최초로 CVD(CHEMICAL VAPORIZED DEPOSITION) 방식을 도입, 외부 메이커와 협력을 통해 셋업하여 현재 반도체 사업부 내 최대생산 7만 매 달성에 큰 기여를 하고 있습니다.

■ 그 밖에 사내에서 실시하는 GREEN-BELT 교육을 수료하기도 했는데 이것은 대외적으로도 인정받고 있는 품질교육인 만큼 제가 앞으로 일을 진행하는 데 무척 많은 도움이 되리라고 봅니다.

향후 업무에 관한 포부

■ 일에 대한 욕심이 많고 성취욕도 강한 편입니다. 또한 도전해 보지 않은 분야에 대해서는 호기심과

열정이 남다른 편이기도 합니다. 제가 금번 사내 공채에서 기회를 얻을 수 있게 된다면 저는 욕심나는 일이었던 만큼 이 분야의 전문인으로 인정받을 수 있을 때까지 최선을 다하여 능력과 자질을 키울 것입니다. 또한 철저한 이론적 기반을 만들기 위해 다시 공부하는 자세뿐 아니라 현장에서의 경험을 최대한 살려 회사에 기여하는 것과 더불어 스스로 발전할 수 있는 기회로써 적극 활용할 것을 약속드리는 바입니다.

지원자 ○○○ 드림

〈샘플 2 – 이력서〉

〈 Catch me if you can〉

○○중공업 R&D 분야 지원

성 명	한글	이○○	생년월일	1981. X. X	성 별	남
	영문	Lee SXX XXX	주민등록번호	000000-1000000		여
현 주 소	(607-101) 부산광역시 동래구 안락1동					
e-mail	sloXXXXX@hotmail.com					
전화번호	(000)500-0008		휴대폰	016-200-0000		

1. 학력사항 ⇒ 최근 내용을 상단에 배치, 역순으로 기재

	학 교 명	평균학점	비 고
2006년 2월	○○대학교 기계공학과 졸업예정	3.87 / 4.5	학과 차석 입학
1999년 3월	○○대학교 기계공학과 입학		
1997년 2월	○○고등학교 졸업		

2. 병역/기타사항

병역	필	군별	의경
기간	2000.X.00~2002.10.13		
신장	173cm	체중	70kg

3. 희망근무지

구분	지역	직무	입사가능시기
1지망	거제도	R&D	2006. 3. 1
2지망	거제도	기술영업	2006. 3. 1

3. 자격증 및 능력 ⇒ 보유능력의 활용 가능성을 구체적으로 표기

취득일시	자 격 증	주관
2004. 3. 28	TOEIC 705점 취득(영어회화 능숙)	ETS
2002. 3. 14	워드프로세서 1급 취득	대한상공회의소
기타	Excel, Power-point 능숙	·

4. 기타 활동사항

관 련 내 용
호주 어학연수 8개월(2004. 7.~2005. 2.) University of Western Australia에서 10주간 ELICOS 과정 이수
노동부 주관 『성취 교육 프로그램』 수료(2004. 1. 26.~1. 29.)
○○대학교 학과 차석 장학금 포함 성적 우수 장학금 4회 수상

– 위의 모든 기재사항은 사실과 다름이 없음을 확인합니다.

2011년 ○월 ○일

이○○ (인)

〈샘플 3 – 자기소개서〉

목　표

1. 전문적 지식 능력 보유를 위한 자기개발
2. 국제화에 걸맞은 영어, 중국어, 일본어… 등의 외국어 능력 개발
3. 국내외 최신 정보를 신속히 입수 분석 능력 개발

저는 위와 같은 끊임없는 자기개발 노력으로 최고의 전문가가 되는 것이 꿈입니다.

성장과정

동네 어린아이들의 모임에도 '골목대장'이 있기 마련입니다. 어린 시절부터 활동적이었던 저는 항상 모임의 선두에 서고자 노력했습니다. 앞장서서 누군가를 이끌어 보면서 자연스럽게 책임감과 리더십을 가질 수 있었습니다. 이러한 통솔력은 제가 귀사에 입사하여 조직 속에서 다양하고 힘든 업무를 수행함에 있어서 큰 힘이 되리라고 확신합니다.

대학에서의 생활은 축소된 사회의 경험이라고 생각합니다. 따라서 동아리 활동을 하고, 여러 사람과 어울려 다양한 경험을 하는 것은 무엇보다 중요하다고 할 수 있습니다. 저는 'AFKN 청취회'라는 영어 관련 동아리와 '성취'라는 취업 관련 동아리에서 활발하게 활동을 했습니다. 'AFKN 청취회' 활동을 통해서 세계화에 꼭 필요한 능력인 외국어에 뒤처지지 않게 노력하였고, '성취' 활동을 통해서 기업이 필요로 하는 인재에 대해 이해하고 그런 능력을 갖추기 위해서 정진해 왔습니다. 또한 노동부에서 주관하는 청소년 직장체험 프로그램에 참가하여 기업 문화의 실질적인 이해를 하고자 많은 공부를 했습니다. 이렇게 얻은 다양한 경험과 지식은 제가 앞으로 사회생활을 하는 데 훌륭한 밑거름이 될 것이라고 믿습니다.

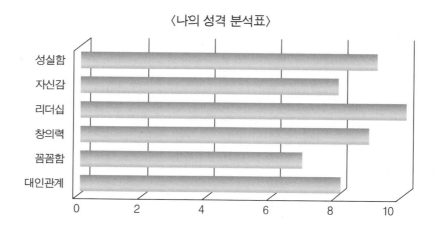

〈나의 성격 분석표〉

장 점

저는 어떤 상황에서도 남들보다 앞장설 수 있는 열정과 자신감을 가지고 있습니다. 행사나 모임이 있을 때면 항상 적극적으로 참여하고 주도했습니다. 대학 2학년 때, 예정된 행사가 갑작스러운 비 때문에 엉망이 된 상황이 있었습니다. 저는 그때 혼란스러워하는 사람들을 관리하여 예정된 행사를 실내 행사로 바꾸어 추진했습니다. 장소의 문제, 관리의 어려움을 이유로 대부분의 사람이 포기하려고 했지만 저는 자신감을 가지고 사람들을 효율적으로 이끌었고 결과적으로 예정된 행사보다 훨씬 유익하고 좋았다는 평가를 받았습니다. 이러한 저의 임기응변 능력과 열정 그리고 자신감은 귀사에 입사하여 부딪히게 될 많은 어려움을 효율적으로 극복하고 해결할 힘이 되어 줄 것입니다. 저는 힘든 일에도 포기하지 않는 끈기와 성실함을 가지고 있습니다. 고등학교 시절 쉬는 시간과 방과 후의 시간을 이용해서 분리수거, 양로원 방문… 등의 봉사활동을 했습니다. 힘든 활동과 시간 부족을 이유로 많은 학우가 중도 포기했습니다. 그러나 저는 끝까지 맡은바 일을 책임지고 끝마쳤고 그 결과 담당 선생님께 좋은 평가를 받았습니다. 저는 항상 제게 주어진 일에 최선을 다하고 성실하게 임하는 모습을 보여 줄 것을 약속드립니다.

지 원 동 기

〈세계 1위의 기업에서 세계 1위의 스페셜리스트가 되고 싶습니다.〉

조선업은 자동차, 반도체와 함께 우리나라 경제의 기반 산업이라고 할 수 있습니다. 귀사는 국내 조선 산업이 세계 시장 점유율 1위를 유지하는 원동력이 되어 왔고, 또 앞으로도 그럴 것이라고 믿습니다. 그러나 지금과 같은 무한 경쟁의 시대에 수많은 경쟁 업체들이 세계 1위의 자리를 호시탐탐 노리고 있다고 생각합니다. 지금까지처럼 단순히 수주량과 건조량 같은 양적인 최고의 위치에 안주해서는 안 된다고 생각합니다. 이제는 보다 고기술 · 고부가가치를 가져오는 분야에서의 핵심 기술 개발에 더욱 박차를 가해야 할 것입니다. 이러한 이유에서 저는 R&D 분야에 큰 관심을 가지고 있고 아직은 많이 부족하지만 이 분야에서 일하고 싶습니다.

나의 포부

〈"바다를 지배하는 자가 세상을 지배한다."〉

과거 이순신 장군님께서는 임진왜란으로 나라가 존폐의 위기에 처했을 때, 거북선을 이용해서 바다를 지배하셨고 나라를 위기에서 지켜내셨습니다. 지금 우리는 소리 없는 경제 전쟁을 치르고 있다고 해도 과언이 아닐 것입니다. 값싼 노동력과 자원을 바탕으로 중국의 거센 도전이 계속되고 있고, EU의 통상압력이 계속되고 있습니다. 그러나 현재 우리나라의 조선업은 오히려 3D 기피 현상, 오지 근무를 이유로 점차 노령화 · 고임금화되고 있는 실정입니다.

저는 일에 대한 열정과 승부욕을 가지고 있습니다. 저에게 귀사와 함께할 기회를 주신다면, 저는 이순신 장군님이 그러하였듯 세계의 바다를 제 손으로 만들어 낸 선박으로 지배하고 싶습니다.

〈샘플 4 - 자기소개서〉

'난' 사람보다는 21세기형 '된' 사람으로

난 사람이 되기는 쉬워도 된 사람이 되기는 어렵다고 생각합니다. 특히 21세기에는 인간성의 상실이니 기계문명이니 사람의 본성이 많이 흔들리게 된다고 하는데 저는 이 속에서 도리를 아는 '된' 사람이 되는 것을 작은 목표로 삼고 싶습니다. 귀사에 입사하게 된다면 저는 능력으로 인정받는 것과 동시에 도리를 아는 된 사람으로 평가받을 수 있도록 항상 자신의 행동을 돌아볼 수 있는 인재가 되겠습니다.

물려주시는 바 그대로…

나무나 풀의 경우 심어지는 토양의 형질이나 주변여건에 따라 성장의 판도가 많이 바뀐다고 합니다. 제가 생각할 때는 사람도 다를 바 없다고 생각합니다. 저는 바다의 넉넉함과 함께 항구의 활기가 느껴지는 도시, ○○에서 태어나고 고등학교까지의 학창 시절을 보냈습니다. ○○이라는 도시가 가진 진취적인 면, 어떤 면에서 보면 서울지역보다도 더 활동적인 습성을 저도 조금은 이어받았다는 생각이 듭니다. 그래서 저 또한 어려서부터 무슨 일에나 진취적으로임하며 제가 주체가 되어 일을 벌이기를 좋아했다는 생각이 듭니다.

저의 가족들은 이렇습니다. 자상하시고 인자하신 아버지는 xx년간의 공무원 생활을 훈장과 함께 명예 퇴직하시고 xx년부터 일흔이 넘으신 현재까지도 세무사로서 사무실을 운영하고 계십니다. 항상 젊은 세무사들 못지않게 변화하는 미래에 대하여 성실히 준비하시는 아버지의 모습은 제가 맡은 일에 성실히 노력할 수 있도록 하는 귀감이 되어 왔습니다. 주부이신 어머니는 늘 유쾌하게 생활에 임하시므로 대인관계가 좋으십니다. 테니스, 수영, 여행 등 문화생활에도 적극 참여하시면서 가정생활에 소홀하지 않으셨던 점은 지금의 행복한 가정을 만드시는 데 주력이라고 생각합니다. 부모님께서는 나이 차이가 많으신데도 불구하고 서로에게 존대를 하시며 다툼보다는 서로의 의견을 받아들이려 애쓰시는 모습에서 사람을 존중할 줄 알고 사랑할 줄 아는 따뜻한 마음을 자연스레 배우게 되었습니다. 또 매사에 분명하고 정확한 것을 좋아하는 언니는 x년간의 일본 유학을 마치고 돌아와 현재 일본어 번역가로 일하고 있습니다. x살의 나이 차이로 저와는 다른 생각을 가질 경우도 많지만, 저를 이해하려 하고 무엇이든 도와주는 인생의 대선배입니다.

저는 부모님께서 물려주신 바를 그대로 이어받아 바르고 건강한 사고방식을 가지고 자라났습니다.

차분함, 적극성과 정확한 판단력, 그리고…

저는 차분하고 조용해 보이는 첫인상을 가지고 있지만 차분하게 무엇인가를 계획한 후엔, 일과 공부에 대한 욕심이 누구보다도 많기 때문에 적극적으로 계획한 대로 바쁘게 살아나가는 편입니다. 낙천적인 성격 탓에 고민, 걱정거리를 두지 않으며 가능한 한 빨리 풀어 버리는 편입니다. 이처럼 생활 속에선

명랑하고 밝은 편이지만, 냉철하고 정확한 면도 가지고 있습니다. 새로운 것에 대한 두려움 또한 적어 세상을 바꾸어 가는 새로운 것에 적극적으로 도전하는 당당한 여성이기 위해 노력하고 있으며, 이 말은 제 모토이기도 합니다. 그러나 저는 신속하게 결단력을 요하는 부분에서는 조금 망설임이 많은 편인데 이것은 제가 그 사안에 대해 충분히 분석한 후 일을 처리하려는 신중함과도 관계가 있습니다.

■ 배워 왔던 것들과 열중했던 것들 ■■■

초등학교 때부터 고등학교 시절에 이르기까지 저는 학업에 열중하면서도 피아노, 첼로, 학생회 등 여러 특별 활동에 활발히 참여하였으며, 이는 대학 입학 후 ○○대 아마추어 오케스트라 첼로 단원으로 연주회에 참가하는 활동으로 이어졌습니다. 고등학교 시절 줄곧 해 온 반장, 부반장 역할은 제게 지도력뿐만 아니라 사람들과 잘 어울릴 수 있는 방법과 다른 이해를 가진 개개인을 존경하면서 상대방 입장에서 생각해 볼 수 있는 자세, 개개인을 조화시켜 전체를 이루도록 하는 방법 등을 배울 수 있는 기회가 되었습니다.

19xx년 ○○대학교 경영학과 입학 후 경영 과목을 포함한 여러 상경대 과목을 들으면서 수리 감각 및 어문학적 요소를 적절히 요구하는 경영학과가 저의 적성에 매우 적합하다는 것을 느끼게 되었으며, 우수한 성적으로 x번의 장학금을 수혜하였습니다. 이와 더불어 공인회계사로서 무척 분명한 철학을 가지고 계셨던 아버지의 모습을 늘 존경해 왔던 저는 대학생활 동안 공인회계사 자격증을 취득하여 아버지의 길을 이어받자는 각오로 1학기를 휴학하고 공인회계사 1차 시험을 보기도 하였습니다. 그러나 자신이 관심 있는 전문분야에서 활기차고 발전적으로 살아가는 같은 과 여러 선배의 모습을 보며 저는 다시 한 번 진로에 대한 방향을 생각하기에 이르렀습니다. 휴학기간 동안 외국으로의 어학연수, 교환학생 등의 경험을 통하여 시야를 넓히고, 학기 중에는 학과 공부에 충실하는 동안 자신의 흥미 있는 분야를 찾아 졸업 후 직장에서 적극적이고 당찬 모습으로 생활하는 선배들의 모습은 저에게 많은 것을 느끼게 했습니다. 비록 중도에 방향을 바꾸기는 했으나, 한 학기 동안의 강도 높은 경영학 공부는 저에게 좀 더 체계적인 지식을 가져다준 뜻 깊은 기회로 남았습니다.

그 이후 더욱 교내·외 활동에 적극적인 자세가 되었으며 x학년 x학기 신제품 마케팅 수업 시간에 참가했던 '○○ 컴퓨터 마케팅 경연 대회'에서는 대상을 수상하기도 했습니다. 준비 기간 동안 이벤트 부에서 기획 및 이벤트준비 일에 참여하였으며 행사 당일에는 행사장 앞에서 학우들의 관심을 유도하여 행사장까지 안내하는 홍보 역할을 맡아 최선을 다했습니다. 또한 재무 관리 과목에 관심이 있던 저는 여름 방학 동안 ○○ 재무 학회(FRM)에서 『FUTURES, OPTIONS AND SWAPS』(Hull 著)를 공부했습니다.

■ 세계에 대한 시야를 넓히기 위해서 ■■■

20xx년 x월 캐나다 ○○로 x개월 어학연수를 떠났습니다. 새로움에 대한 두려움보다는 낯선 환경에 대한 기대와 영어 능력 향상이라는 목표를 가지고 잘 적응해 나갔으며, 차분히 계획을 세우고 적극적으로 행동하는 저의 성격이 그곳에서도 발휘되어 오전, 오후엔 부지런히 어학원에서 수업받으며 외국 친구들과 어울렸습니다. 또 수업 이후의 시간에는 캐나다 사람들이 평생교육을 받는 제도인 'Continuing Study Program'에 참가하여 캐나다인과 함께 파워포인트 수업을 들었으며, 개인 강사를 통해 저의 영어 취

약점을 보충하는 등 제게 주어진 기회, 시간 속에서 많은 유익한 일들을 경험하고자 노력하였습니다. 처음 캐나다 벤쿠버에 도착하였을 땐 노인, 장애자, 유모차를 모는 아주머니 등 약자들을 세심하게 고려한 버스와 교통질서 등 그들의 모습들을 보며 우리나라의 교통 시스템에서 개선하여야 할 점이 많음을 느낄 수 있었습니다. 그러나 모든 면이 우위였던 것은 아닙니다. x개월 이상 지속된 택시 외의 유일한 대중교통 수단인 버스의 파업은 행정 당국의 무능력함과 차를 가진 자들의 무관심, 독점 기업의 폐해를 보여 주었으며 저를 ○○로 이동시키는 원인을 제공하였습니다. 토론토에서 지냈던 x개월 동안은 어학원에서 사귄 여러 나라 친구들과 여행할 기회를 자주 가질 수 있었습니다. 나이아가라 폭포, 5대 호수, 퀘벡 주, 천섬 등을 돌아보며 그들이 가진 거대한 자연 자원을 이용한 관광산업 수입이 엄청난 것을 보고 우리나라에선 쇼핑, 건축물, 독특한 동양적 자연환경을 비교우위로 하여 관광 산업에 더 많은 관심을 쏟아야 한다는 생각이 들었습니다.

x개월간의 어학연수 후 한 달 동안 7개국 유럽 여행을 떠나게 되었습니다. '부(富)'가 평준화되어 있는 독일과 오스트리아 및 관광 산업이 국가의 주요 사업임을 교육받고 자라난 스위스의 몸에 밴 친절과 군더더기 없이 잘 짜인 관광 시설과 합리적인 요금 체계에 감탄하지 않을 수 없었습니다.

좀 더 다양한 가능성을 키웠던 과정

한국에 돌아와서는 경영, 특히 재무에 관련된 공부와 어학연수 동안 익혀 온 영어를 이어서 공부하고 싶은 욕심에 한 학기를 더 휴학하기로 결심하였습니다. x월부터는 한국증권금융연구소에서 CFA level 1 대비 강좌를 x개월 동안 수강하였으며, 투자 상담사 1, 2종과 FP 자격증 취득을 통하여 자금의 주요 공급원이 되는 금융 시장에 대한 이해를 하게 되었으며, 저의 컴퓨터 능력을 증명하고자 자격증에 도전하여 MOUS powerpoint, excel, 컴퓨터 활용 능력 자격증 등을 취득하였습니다. AFKN 영어 뉴스 청취를 비롯해서 꾸준한 영어 공부로 토익 xxx점의 점수를 취득하였으며 x개월 전부터 해 온 전화영어에서는 커뮤니케이션 능력의 발전을 얻고 있습니다. 현재는 IMF, 9·11 이후 더욱 중요해진 리스크에 관련된 공부로 x월에 있는 FRM 시험을 준비 중이며 x월 CFA level1 candidate로서 공부에 충실하고 있습니다.

준비된 인재, 귀사의 선택을 기다립니다

이러한 저의 영어, 컴퓨터, 재무지식을 기반으로 하여 만일 회사가 재무위험에 부딪혔을 때 이를 과학적으로 관리 분석하여 위험으로부터 빠른 회복을 꾀하고 영업활동의 수익성을 정확하게 평가하고, 신규 사업의 경제적 타당성을 과학적인 기법을 통하여 분석하는 등의 재무부서 역할에 최선을 다할 것입니다.

그리고 업무가 어느 정도 익숙해지고 나면 경제, 경영 야간 대학원 과정이나 MBA 과정 등 업무에 지장이 되지 않는 한도에서 자기계발에도 게을리하지 않아 회사에 장기적으로 더욱 필요한 대체가능성 제로의 인재가 될 것입니다. 요즘은 과거와 달리 회사에 입사하여 주어진 일만 하고 나면 본분을 다한다는 것이 아니기 때문에 평생토록 자신을 위한 계발에 정진해야 한다고 생각합니다.

끝으로 저는 이제 준비가 되어 있고 선택은 귀사께서 하시는 것이라고 생각합니다. 그러나 그 선택에 결코 아무런 후회나 아쉬움이 남지 않도록 최선을 다할 것이며 제가 가진 자질을 모두 보여 드리겠습니다. 감사합니다.

3. 인 · 적성검사

선발(selection)이란 모집활동을 통해 얻은 지원자를 대상으로 미래에 수행할 직무에 가장 적합한 지원자를 식별하는 과정이다. 기업에서 가장 핵심적인 자원은 바로 인적자원이다. 한 기업의 이미지 광고에서 나온 "사람이 미래다."라는 문구는 오늘날 기업에서 종업원 선발에 가장 중점을 두는 현상을 표현하는 것이라 할 수 있다.

선발방법에는 입사지원서, 이력서, 자기소개서와 같은 전기적 자료(bio-data)와 면접(interview)과 같은 행동평가법(behavioral assessment), 심리검사를 통한 평가법(psychological measurement), 모의 직무 상황에서의 행동을 관찰하여 평가하는 상황적 검사법(situational testing) 등이 있다.

일반적인 기업의 채용과정은 서류전형 → 인 · 적성검사 → 면접전형의 형태를 띠고 있으며 여기에서 다룰 부분이 바로 인 · 적성검사다.

기업들이 인 · 적성검사를 실시하는 이유는 서류전형이나 면접전형으로는 알기 어려운 지원자의 성품이나 기본 자질 등을 파악하기 위해서다. 또한 직무능력검사를 통해 지원업무의 능력, 자질뿐만 아니라 조직에 대한 적응력이나 지원직무와의 적합성도 파악한다. 다차원적으로 구직자를 평가할 수 있다는 점에서 인 · 적성/직무능력검사의 비중이 높아지고 있는 추세다.

초기에 인 · 적성/직무능력검사는 개인의 적성을 파악하여 채용 후 부서 배치의 기초자료로 활용하는 데 그쳤으며, 출제 문제도 외부 전문기관으로부터 위탁받아 활용하였다. 하지만 오늘날 기업은 막대한 자금을 들여 자사에 적합한 문제를 개발하고 있다. 또한 결과를 참고하는 정도에 그치는 것이 아니라 채용 절차에서 당락을 좌우하는 주요 선발도구로 활용하고 있다. 따라서 인 · 적성/직무능력검사도 반드시 준비해야 하는 필수과정 중의 하나다.

여기에서는 인 · 적성검사의 정의와 목적, 특성, 인 · 적성검사 준비전략에 대해서 알아보자.

1) 인 · 적성검사와 직무능력검사

(1) 인 · 적성검사

인 · 적성검사는 개인의 인성과 사회 적응력을 평가하는 검사다. 사회생활에서 반드시 요구되는 대인관계 능력, 사회규범에 대한 적응력 등을 토대로 기본적인 사회성을 파악하게 된다. 업무수행 능력뿐만 아니라 인성, 적성까지 부합한다면 업무 생산성은 물론이고 조직의 활성화와 지원자의 직무 만족도 또한 높아질 것이기 때문에 평가 비중이 점차 높아지고 있다. 이러한 인 · 적성검사를 토대로 기업들이 최종적으로 평가하는 것은 '과연 지원자가 조직생활에 잘 적응할 수 있는가?'다. 그렇다면 기업들은 인·적성검사의 결과를 어떤 자료로 활용하고 있을까?

① 인품 이해 자료로 활용: 인성검사의 결과로 지원자의 성품과 특질을 파악한다. 이 자료를 토대로 면접전형에서 이루어질 질문을 결정하기도 한다.
② 교육과 훈련에 관한 자료로 활용: 최근 기업들은 최종 합격 전에 인턴십 또는 직장 내 교육훈련(OJT)을 실시하는데 지원자에게 어떠한 훈련과 교육이 적합한지를 파악하는 기초자료로 활용되기도 한다.

(2) 직무능력검사

직무능력검사는 직무에 대한 이해도와 수행능력을 평가하는 검사다. 업무에 관한 전공지식뿐 아니라 상황파악 능력, 기초 직업 능력, 시사상식 등을 평가한다. 이를 토대로 기업들이 최종적으로 평가하는 것은 '과연 지원자가 지원하고자 하는 업무가 적성에 맞고 잘 해낼 수 있는가?'다. 기업들은 검사결과를 어떻게 활용하고 있을까?

① 부서 배치의 기초자료로 활용: 부서 배치에 있어 인사 담당자의 주관적인 평가에서 벗어나 객관적이고 구체적인 근거로 활용할 수 있게 되었다.
② 업무능력 파악: 이력서나 자기소개서만으로는 알기 힘들었던 지원자의 실제 업무수행 능력 정도를 미리 예측할 수 있으며 정량적인 자료를 통해 업무의 난이도를 조절할 수 있게 되었다.

2) 인·적성검사와 직무능력검사의 차이점

현재 우리나라 기업들이 실시하고 있는 검사는 성격적 측면과 능력적 측면을 검사하는 시스템으로 구성되어 있다. 성격적 측면은 인·적성검사이고 능력적 측면은 직무능력검사에 해당된다.

인·적성검사는 성격적 측면을 검사하는 것으로 대부분 MMPI(Minnesota Multiphasic Personality Inventory, 1940년대 미국 미네소타 대학의 심리학자인 Stark Hathaway와 정신과 의사인 Jovian Mckinley가 제작함)를 원형으로 한 다면적 인성검사를 활용한다. 다면적이라는 것은 개인의 여러 가지 성격적 특성을 동시에 측정하여 정량화된 수치로 결과를 도출해 내는 방식을 활용한다. 즉, 다양한 질문을 통해 지원자의 다면적 성격(우울증, 히스테리, 강박증, 반사회성, 편집증, 사교성, 정서적 불안정성 등)을 통계적 확률이라는 과학적 도구를 이용하여 정량화된 수치로 나타내는 것을 말한다.

직무능력검사는 능력적 측면을 검사하는 것이다. 지원업무의 전공지식과 업무를 수행하는 데 필요한 기초 직업 능력 등을 모두 검사한다. 언어, 수리, 시사상식 등의 기초능력 평가는 물론 상황 파악 및 대처 능력, 분석력 등 판단능력 또한 평가하게 된다. 인 · 적성검사와 달리 답안이 나와 있기 때문에 결과가 정확하게 나오게 된다. 그러니 사전에 지원업무에 대한 전공 공부는 반드시 하고 검사에 응해야 한다. 기업별로 인 · 적성검사나 직무능력검사 시행 여부는 차이가 있다. 하지만 두 평가를 모두 시행하는 기업이 많으니 미리 준비하는 것이 취업하는 데 수월할 것이다.

	인 · 적성검사	직무능력검사
평가요소	인성, 사회적 태도, 대인관계, 직무적응성 등 개인의 다면적 성격 특성	일반 시사상식, 상황판단, 수리능력, 어휘능력, 지원업무에 관한 전공지식 등 직무수행 능력
평가방법	성격 및 적성을 파악할 수 있는 질문지법	지원분야에 대한 전공지식 및 능력을 파악할 수 있는 질문지법
결과 활용	• 인물 이해 자료 • 교육 · 훈련 자료	• 부서 배치 자료 • 업무난이도 조정 자료
	공통: 면접 기초자료, 채용 여부 결정 기초자료 활용	

3) 인 · 적성검사와 직무능력검사의 평가방법

인 · 적성검사의 경우 해답이 없다. 그렇다면 어떻게 평가를 하는 것일까? 인 · 적성을 파악하는 것이기 때문에 전체 문항에 대한 종합평가를 내리게 된다. 여러 문제에 대한 답을 모두 취합하여, 솔직하게 대답했는지(거짓말 척도와 사회적 바람직성 척도가 포함되어 있음)를 평가함은 물론이고 답의 비중에 따라 지원자의 성격과 적성을 파악하게 된다. 전체적인 답을 집계하여 분석하고 종합적으로 평가하기 때문에 솔직하게 답변하는 것이 무엇보다 중요하다. 간혹 점수를 잘 받기 위해서 오래 고민하며 좋은 쪽으로만 응답하는 경우 집계과정에서 솔직하지 못한 답변으로 평가되어 거짓말 척도와 사회적 바람직성 척도가 상승하여 부적합 결과를 낳을 수 있다. 따라서 한 문제에 오랜 시간을 투자하지 말고, 자신의 생각을 그대로 답해야 신뢰도가 좋게 나온다는 점을 유의해야 한다.

반면에, 직무능력검사는 해답이 명확하다. 따라서 결과지에 대한 평가도 확실하다. 인 · 적성검사와 달리 문제마다 채점이 되기 때문에 하나하나 답변을 하는 것이 중요하다. 하지만 기업마다 채점방법이 다르기 때문에 어떠한 방식으로 채점하는지 파악하는 것이 필요하다. 오답률을 적용하는 기업의 경우는 마지막에 시간이 모자라서 찍은 답들 중에 오답이 많다면 오히려 안 좋은 평가를 받을 수 있다. 우선 지원기업의 채점방식을 체크한 후에 시험에 임하도록 하자.

4) 인·적성검사 준비방법

인·적성검사는 해답이 없기 때문에 따로 공부를 하는 것보다는 마인드 컨트롤이 가장 중요하다. 오히려 공부를 하겠다고 시작하면 자신에 대한 답을 솔직하게 작성하지 못하여 역효과를 낳을지 모른다. 따라서 인·적성검사는 문제유형을 파악하는 정도만 준비하면 된다. 인·적성검사는 자신의 성향과 인성 등 내면을 측정하기 위한 검사이므로, 검사에 응하기 전에 좋은 점수를 받아야 한다는 압박감에서 벗어나 편안한 마음으로 임하는 것이 중요하다. 그렇다면 인·적성검사의 결과에 영향을 미치는 요인은 무엇이 있는지 알아보자.

(1) 개인 내적 요인

① 개인의 지속적이고 일반적인 특성

- 일반기능(예: 읽기)
- 지시문, 검사요령, 시험 치는 기술 등을 이해하는 일반적인 능력
- 검사에서 제시되는 일반적 형태의 문제해결 능력
- 검사 상황에서 일반적으로 작용하는 태도, 정서 반응, 또는 습관

② 개인의 지속적이고 특수한 특징

- 검사에서 특정 문제해결에 필요한 지식과 기능
- 특정 검사자극에 관련되는 태도, 정서 반응, 또는 습관

③ 개인의 일시적이고 일반적인 특징

- 건강, 피로 및 정서적 긴장
- 동기 유발, 검사자와의 신뢰 형성
- 기온, 빛, 환기 등의 효과
- 특정 검사에서 요구되는 기능을 이전에 연습한 정도
- 현재의 태도, 정서 반응, 또는 습관 강도

④ 개인의 일시적이고 특수한 특징

- 특정 검사로 생기는 피로나 동기 유발의 변화
- 주의력, 협응능력, 또는 판단기준에서의 변동
- 특정 사실의 기억 변동
- 특정 검사에 필요한 기능이나 지식의 연습수준
- 특정 검사자극과 관계되는 일시적인 정서적 상태, 습관 강도
- 추측에 의한 응답 선택 시의 행운

(2) 외적 요인

① 검사 변인: 반응 문항의 수, 문항의 긍정성/부정성, 문항 배열의 순위, 검사 배터리 내 검사 순서 등

② 검사자 변인: 검사자의 여러 개인적 특징 및 행동

③ 검사 상황 변인: 외부 자극이 없는 안정된 분위기의 검사실 조성

5) 직무능력검사 준비방법

해답이 있는 직무능력검사의 경우에는 문제를 풀어 보는 것이 최선의 방법이다. 영역별로 출제유형을 파악한 후 문제를 풀어 보도록 하자. 수리영역이나 추리영역 등에 필요한 공식들은 따로 정리하는 것이 좋다. 그리고 가장 중요한 것이 바로 시간에 맞춰서 문제를 푸는 연습이다. 시간 조절 연습을 안 하고 실전 검사에 임한다면 문제 수가 많기 때문에 당황하게 되어 아는 문제도 못 푸는 실수를 할 위험이 높다. 미리 지원기업의 영역별 제한시간과 문제 수를 알아본 후 시간 내에 푸는 연습을 꼭 하는 것이 중요하다. 그리고 반드시 기출문제를 풀어 보아야 한다.

기업마다 영역별 문제 출제에 대한 유형이 조금씩은 다르다. 그렇기 때문에 자신이 지원한 기업의 문제유형과 기출문제를 파악하는 것이 기본이다. 마지막으로, 틀린 문제를 모아서 나만의 오답 노트를 만들어 보자. 틀린 문제에 해당하는 풀이방법이나 공식들을 위주로 검사를 치르기 전에 마지막으로 검토한다면 실수하는 부분이 적어질 것이다.

🍎 읽어 보기

인 · 적성검사/직무능력검사 무사통과 전략

① 문제유형을 파악하자.

기업별로 문제 출제 유형과 항목이 다르기 마련이다. 본격적인 공부에 들어가기 전에 지원기업의 문제유형을 파악하는 것이 기본이다.

② 인 · 적성검사를 소홀히 대하지 말라.

인 · 적성검사의 결과 중에서 정신건강에 관한 측면은 채용전형 사정 시 매우 중시되고 있다. 기업들은 대부분의 업무가 협업으로 이루어진다는 점과 올바른 회사 내의 문화와 분위기를 위해서 개인의 정신적인 측면도 평가하려 하고 있다. 다른 평가요인이 아무리 좋고 바람직한 결과를 얻었더라도 정신건강 측면에 대한 결과가 바람직하지 못하면 탈락된다고 생각하면 된다. 따라서 사전에 자기 자신의 내면적 측면을 정확히 파악한 후 진로를 결정해야 한다.

③ 감점요인을 체크하라.

'마지막에 시간이 모자라서 무조건 찍는다?' 이러한 방법도 기업의 채점방식을 파악한 후에 해야 한다. 빈칸의 감점이 없어 풀지 않고 남겨 두는 것이 유리한 기업도 있지만 빈칸을 오답으로 처리하기 때문에 찍어서라도 모두 답을 기입하는 게 유리한 기업도 있다. 하지만 오답이 너무 많은 경우 진실성, 신뢰성에서 악영향을 미칠 수 있기 때문에 유의해야 한다.

④ 상황파악 능력은 평소의 경험과 선호도를 자연스럽게 답한다.

검사 내용은 대개 평소 우리가 경험하는 내용들에 관한 짧은 진술문과 어떤 대상과 일에 대한 선호를 택하는 내용들로 구성된 진술문으로 되어 있으므로 시험이라고 생각하지 말고 평소의 경험과 선호도를 자연스럽게 답하라. 대개 상식적인 반응을 묻는 문항에는 너무 민감하게 반응하지 말고 솔직하게 답하라. 자칫 무효화의 결과를 초래할 수 있다.

⑤ 수검 전날이나 수검기간 동안에 음주나 지나친 운동은 삼가라.

심신이 지쳐 있으면 심약한 생각을 갖기 쉽다. 육체적으로나 정신적으로 충분한 휴식을 취하고 심리적으로 안정된 상태에서 검사에 임해야 자신을 정확히 나타낼 수 있다

⑥ 검사시간의 분배를 잘해야 한다.

인 · 적성/직무능력검사의 문항 수는 상당히 많다. 한 문제에서 풀리지 않는다고 계속 붙잡고 있으면 뒤에 많은 문제를 풀지 못할 수도 있다. 검사시간을 생각하여 문제를 푸는 연습도 사전에 해 봐야 한다.

⑦ 평정심을 갖자.

검사시간은 한정되어 있는데 많은 문제 수를 받아들면 아무리 공부했던 부분이라도 당황하기 마련이다. 문제 수가 많아 초조하고 불안해하면 이론적인 사고가 요구되는 문제에서는 실수를 범할 확률이 많다. 따라서 검사지를 받아들면 문제 수에 부담을 갖지 말고 편안한 마음을 가지고 검사에 응하는 것이 좋다.

⑧ 각 진술문에 대하여 너무 골똘히 생각하거나 불필요한 생각을 하지 말라.

지나친 생각은 자신을 잘못 표현하기 쉽고 이러한 답변들로 인해 검사의 타당도나 신뢰도 등에 좋지 않은 영향을 미칠 수 있다.

⑨ 솔직하게 표현하라.

대개의 인성 관련 문항은 피검사자의 솔직성을 알 수 있게 제작되어 있다. 무조건 좋은 쪽으로 응답하기 위해 거짓으로 작성할 경우 솔직성이 결여된다는 판단이 나와 검사 자체가 무효화되어 불합격 처리될 수도 있다.

⑩ 비교적 일관성 있게 답하라.

답변에 일관성이 없다면 솔직성 부분에 좋지 않은 점수를 받게 될 것이다. 그렇다고 너무 일관성에 집착하여 골똘히 생각할 경우 검사 자체를 다른 방향으로 이끌 수도 있다.

⑪ 검사 전 감독관의 유의사항에 집중하라.

감독관이 검사 전 전반적인 내용이라든지 쉽게 실수하는 부분 등 유의사항을 말해 준다. 이때 잘 듣고 쓸데없는 실수를 해 감점되거나 시간을 낭비하는 일이 없게 해야 한다.

6) 계열별 인·적성/직무능력검사 준비하기

채용전형에서 학력과 연령 제한을 폐지하고 어학 성적을 요구하지 않는 기업들이 늘면서 인·적성/직무능력검사의 중요성이 점점 높아지고 있다. 인·적성/직무능력검사는 지원자가 해당 기업의 문화에 잘 적응할 수 있는가와 직무를 수행하는 데 적합한가를 검증하기 위한 것으로, 상당수의 기업이 신입사원 채용 시 필기시험의 대체수단으로 활용하고 있다. 기업마다 다소 차이는 있지만 일반적으로 언어력, 수리력, 추리력 등 지적 능력과 개인의 행동이나 성향 및 상황대처 능력을 평가한다. 하지만 모든 기업이 동일한 검사로 신입사원을 채용하지 않는다. 일반적으로 언어, 수리, 추리 등으로 검사영역은 비슷하게 나뉘지만, 인문계와 이공계가 다르게 출제된다. 인문계와 이공계가 각각 따로 시험을 치르긴 하지만 문제유형이 크게 다르거나 이공계가 더 어렵거나 하지는 않는다. 각 전공에 맞게 중요한 부분이 중점적으로 출제되는 것이다. 각 기업마다 더 중요시하는 영역을 중점으로 준비하면 인·적성/직무능력검사에서 좋은 성적을 얻을 수 있다.

(1) 인문계열 검사 준비하기

인문계열일수록 기업이 원하는 능력이 무엇인지 확실히 준비해서 그에 걸맞은 인재가 되어야 한다. 인문계와 이공계 검사가 다른 경우라면 오히려 준비하기 쉽다. 어떤 분야에서 일할 인재가 어떤 능력을 갖추길 원하는지 확연히 알 수 있기 때문이다. 하지만 간혹 인문계와 이공계 구분 없이 평가방법이 같은 경우가 있다. 이 경우 자신의 지원분야에서 필요한 자질을 생각해 보면 쉽게 답이 나온다. 인문계의 경우 커뮤니케이션 능력, 협조성, 판단력 등을 요한다.

인문계라고 해서 수리영역을 간과해서는 안 된다. 인문계 문제에도 제법 수준 높은 수리영역 문제가 나온다. 평소 인문학부는 수리영역에 대한 접근이 적었기 때문에 이 문제를 유독 어려워한다. 하지만 공부하면 할수록 점수가 오르는 영역이기 때문에 미리 공부하는 것이 좋다. 수학 공식은 물론이고 풀이방법까지 미리 공부해 놓는다면 좋은 점수를 기대할 수 있을 것이다.

인문계의 문제에는 판단력을 요하는 문제들이 많다. 협조성과 업무를 얼마나 효과적으로 수행할 수 있을지를 평가하는 분야에서는 이 문제가 특히 많은 비중을 차지한다. 자료해석, 도표분석 등 처음에는 어려울 수도 있는 문제이지만 많이 접하다 보면 자연스레 해석하는 판단력을 기를 수 있다.

또한 인문계에서는 다소 난이도가 높은 언어 문제가 출제된다. 특히 단어의 뜻을 유추하는 항목은 지원자들이 어려워하는 분야다. 또한 쉽게 질리는 분야라서 포기하는 취업 준비생들이 많다. 그렇기 때문에 공부라 생각하지 말고 평소에 많이 보고 눈에 익히는 것이 중요하다. 책을 읽다가, 길을 가다가 모르는 단어나 애매한 단어가 있다면 자신만의 사전을 만들어 정리하는 것이 좋다.

마지막으로 시간 분배를 연습하자. 이공계도 마찬가지겠지만, 검사를 치르기 전 시간 분배 연습을 해 놓아야 한다. 사전에 실제 문제 수와 시간으로 풀이 연습을 해 놓아야 실제 시험에서 제한된 시간 안에 문제를 풀 수 있을 것이다. 또한 인문계 수험생들이 어려워하는 수리와 추리 문제의 경우에는 모르는 문제가 있다면 계속 붙잡고 있지 말고 체크한 후에 다음 문제로 넘어가야 한다.

(2) 이공계열 검사 준비하기

이공계만의 자질을 파악해 보자. 인문계에 비해 전공 제한이 많은 이공계는 그만큼 기업에서 전문적인 지식과 자질을 가진 인재를 원하고 있다는 것이다. 인문계와 이공계 구분 없이 검사를 진행하는 경우에는 기업이 원하는 인재상을 파악하기 어렵다. 이럴 때는 이공계의 필요 자질에 대해 생각해 보면 된다. 신속성, 정확성, 객관적인 시각, 창의적 문제해결 능력과 같이 이공계 분야에 필요한 자질과 연관된 영역을 미리 준비하는 것이다.

이공계열 검사를 준비하기 위한 전략은 다음과 같다.

① 본인이 이공계라는 사실을 잊지 말자. 간혹 전공은 이공계이면서 수리영역에서 최하위의 점수를 받는 경우가 있다. 수리영역은 다른 영역과 달리 특히 사전에 준비가 많이 필요하므로 완벽한 사전 준비로 최악의 수리영역 점수를 받지 않도록 하자.

② 스터디를 하라. 인문계와 달리 이공계는 계산 문제가 높은 비율로 출제된다. 계산 문제는 공식만 외운다고 해서 해결되는 문제가 아니기 때문에 각 기업에 맞는 유형의 문제를 파악하고 반복적으로 풀어 보는 것이 가장 좋다. 이때 혼자 많은 기업을 파악하기 어렵기 때문에 목표하고 있는 기업이 동일한 사람끼리 함께 모여 유형을 분석하고 공부하는 것이 시간도 절약되고 많은 도움을 받을 수 있다.

③ 많은 문제를 풀라. 수리영역은 어떤 문제가 나올지 전혀 예상할 수 없기 때문에 무조건 많이

풀어 보는 것이 좋다. 기출문제, 예상문제를 많이 풀어 보면 기업마다 그 유형도 파악되고 실전에서 당황하지 않고 문제를 풀어 나갈 수 있기 때문이다.

④ 시간 분배를 철저히 하라. 언어 및 수리 영역에서의 관건은 최대한 많은 문제를 빨리 푸는 데 있다. 모든 문제를 푸는 것이 중요한 기업이 있는가 하면 오답률까지 따지는 기업도 있다. 언어영역은 인문계와 이공계가 크게 구분 없이 초반에는 지문이 없는 단순한 문제가 출제되고 뒤로 갈수록 긴 지문이 있는 문제가 출제된다. 이 경우 뒤쪽 문제를 먼저 풀어서 스스로 초조함을 느끼지 않도록 조절하는 것이 좋다. 수리영역에서도 초반에는 단순 계산 문제가 나오고 후반에는 응용 문제가 나오는 경우가 많으므로 자신에게 맞는 순서를 스스로 정하는 것이 좋다.

마지막으로, 이공계 인·적성/직무능력검사에서 가장 낮은 점수를 차지하는 것이 언어영역이다. 이공계이기 때문에 수리영역이 난코스라 판단하여 수리영역만 준비하는 경우가 있다. 하지만 이공계라고 해서 이공계 영역만 높은 점수를 받아서는 안 된다. 영역별로 점수를 따지는 경우도 있지만, 대부분 전체적으로 평가하기 때문에 모든 영역을 골고루 준비하도록 하자.

7) 인·적성검사/직무능력검사 영역별 노하우

(1) 언어영역

언어능력 부문은 단어 간의 상관관계를 묻는 문제인 동의어, 반의어를 비롯해 사자성어와 한자어, 속담과 격언, 수능 형식인 지문을 읽고 푸는 문제 등으로 구성된다. 주로 40문제 정도 출제되는데, 25분 정도에 풀어야 한다. 전반적으로 언어영역이 시간적으로 부족하다고 느끼는 지원자들이 많고, 신문이나 책을 자주 접하지 않은 지원자라면 문제를 푸는 데 어려움을 겪을 수 있다. 전체 시간관리를 위해 초기에 문제의 분량을 검토하고 사자성어와 한자 문제에 지속적인 관심을 가져야 한다. 특히 한자 자격증은 가산점이 있으니 미리 취득하는 것이 유리하다. 언어영역은 이공계, 인문계 할 것 없이 거의 비슷한 난이도로 출제되니 유의해야 한다.

(2) 수리영역

수리능력 부문은 주로 수의 대소 비교를 비롯해 단순 계산, 방정식 활용, 그래프 및 표 해석 등의 문제유형으로 구성된다. 이공계 지원자들보다 인문계 지원자들이 당황스러워하는 영역이다. 대부분의 문제가 중학교 수학수준으로, 자주 출제되는 유형은 도형의 면적, 수열, 확률, 부피, 속도와 농도, 피타고라스 정리 등이다. 수검자들이 어려워하는 것이 수리영역의 시간 분배라고 할 만큼, 대부분의 기업의 수리영역은 문제를 풀 수 있는 시간이 상당히 부족하다. 특히 이공계 수리영역은 응용 문제 위주로 출제되기 때문에 더욱 시간 분배를 잘해야 한다. 자신이 없는 문제는 시간을 허비하지 말고 과감히 포기하는 것이 좋다. 기본적인 계산 문제를 위해서 중학교 수준의 방정식이나 공식 등을 사전에 외워 두고 기계적으로 풀어 나가는 것이 좋다. 두 값을 비교하는 문제에서 명확한 답변이 보이지 않을 경우 정확한 값을 구하기보다 대략적인 값을 구해 신속하게 풀어 나가는 것도 좋은 방법이다. 객관식이므로 보기의 숫자를 넣어 역으로 계산하는 것도 좋다. 또한 계산기가 허용되는 기업이 있는가 하면 허용되지 않는 기업도 있으니 평소 암산으로 풀이하는 것도 꾸준히 연습해야 한다.

(3) 추리영역

추리능력 부문은 언어추리, 판단추리, 수치추리, 도형추리 등의 유형으로 문제가 출제된다. 이 영역 또한 문제를 푸는 데 시간적 여유가 별로 없기 때문에 쉬운 유형부터 접근해 보는 것이 좋다. 전체 문제 중 수치추리부터 도형추리, 언어추리, 판단추리 순서로 풀어 나가는 것이 바람직하다. 추리는 규칙성에서 출발하는 것이 많기 때문에 수치추리나 도형추리에서는 각각의 단계에 대한 규칙성을 찾아야 한다. 수치추리에서는 서로의 간격을 확인하면 되고, 도형추리에서는 90도 회전, 건너뛰기, 좌우대칭 등의 다각적인 시각으로 접근하는 것이 좋다. 언어추리에서는 지문 하나에 질문이 3~4개 반복되는 경우가 있는데 핵심 문장을 빠르게 찾는 것이 중요하다. 또 자신만의 추리방식을 미리 설정해 가거나 문제에서 역으로 지문을 대입해 보는 것도 좋은 방법이다.

(4) 시사영역

시사상식은 컴퓨터, 경영, 경제, 정치, 사회, 과학 등의 거의 모든 분야에서 문제가 출제된다. 기본 상식 이외에도 각 기업과 관련된 뉴스와 이슈, 지원한 전공에 따라 조금씩 다른 문제가 출제된다. 다른 분야에 비해 사전 공부에 따른 효과 차이가 크므로 시험 전에 집중적으로 공부해 두는 것이 좋다.

상식은 교재로 공부하는 것보다는 경제신문을 구독하는 것이 좋다. 경제신문에서 경제, 시사적 이슈를 반복적으로 접할 수 있기 때문이다. 기업에 관련된 뉴스뿐만 아니라 제품과 광고 등에 대한 문제도 자주 출제되기 때문에 이 부분에 대한 관심도 가져야 한다. 지원한 기업의 홈페이지와 뉴스에 항상 관심을 가지고 검색해 보는 것도 좋다.

최근 들어서는 경영, 경제 분야에 대한 출제 빈도가 높아졌다. 경제 그래프나 마케팅 4P, Maslow의 욕구 5단계 등은 매년 출제되고 있다. 인문계의 경우 문학작품과 작가 등의 내용이 문제로 출시되는 경우가 있다. 현대보다는 고전 작가와 문학작품이 많이 출제되니 기본적으로 알아 두어야 할 작가와 문학작품을 연결 지어서 미리 공부해 두면 도움이 될 것이다. 이공계는 기본 상식뿐만 아니라 과학상식 분야를 중점적으로 볼 필요가 있다. 전자기파의 산란, 굴절, 회절에 대한 내용, 진동수와 파장 관련 부분, 전기회로 등 각 기업마다 매번 출제되는 이론은 반드시 사전에 익히고, 검사 전에 중·고등학교의 과학 암기 내용을 한 번 훑어 주는 것도 좋다.

(5) 상황판단 영역

상황판단력에 대한 문제는 조직생활이나 직장생활에서 보다 능동적이고 효율적으로 대응할 수 있는지를 검증하기 위한 문제다. 실제 입사 후 적응력을 보기 위한 것으로 명확한 정답이 없는 문제들이다. 다른 영역과 달리 문제가 어렵다거나 하지 않다. 다만 문제를 풀기 이전에 기업이 원하는 답이 무엇인지, 자신의 전공에서 지녀야 하는 인성이 무엇인지를 고려하여 답변해야 한다.

예를 들어, 이공계 분야는 주관적인 판단에 따라 기계를 고쳐서는 안 된다. 철저하게 방식과 규칙에 맞게 프로그램을 실행해야 하는 특성이 있는데, 이러한 문항에서 주관적으로 판단한다는 식의 답변은 옳지 않은 것이다. 인문계의 경우에는 협업을 통해 업무를 수행하는 경우가 많다. 자신의 의견을 내세우면서도 타인의 의견을 수렴할 수 있는 융통성과 커뮤니케이션을 중시한다. 따라서 협동심, 커뮤니케이션 능력 등을 묻는 문항에 이기적인 면모를 보이는 답변을 해서는 안 된다.

또한 인문계 중에서도 마케팅, 홍보 분야의 경우에는 창의력을 요하기 때문에 창의력, 독창성을 묻는 문항의 답변에 신경 써야 한다. 같은 계열이라 할지라도 해당 분야가 다를 경우에는 필요 자질이 다르기 때문에 고려해야 할 문항도 다르기 마련이다.

의도적으로 꾸며서 답변하는 것도 현명하지 않지만, 각각의 보기 항목에 대해 너무 솔직하게 접근하다 보면 스스로의 논리에 오류가 발생할 수 있기 때문에 유의해야 한다. 소신 있게 답변하는 것이 중요하고, 회사와 자신의 입장을 모두 고려해 중립적으로 접근해 나가는 것이 좋다. 전체적인 답변을 개인적인 감정보다는 조직의 일부 구성원으로 어떻게 판단을 내릴 것인지와 관련해 고민해 봐야 한다. 또 비슷한 답변이 존재할 수 있기 때문에 서로 간에 모순이 발생하지 않도록 일관성 있게 답변해야 한다. 모호한 부분은 체크한 후 다시 답변을 정리하는 식으로 일관성을 유지해 나가는 것이 좋다. 그리고 극단적인 답변은 피해야 한다.

(6) 과학영역

과학영역은 대부분 전공지식 위주로 문제가 출제된다. 기업에서도 특정 분야에서만 시행되는 영역이다. 인문계의 경우에는 대부분이 출제되지 않는다. 출제되더라도 상식 부분에서 간단한 과학 기초 문제가 출제된다. 하지만 이공계의 경우, 특히 전공지식을 많이 필요로 하는 분야에 지원한 경우, 해당 업무에 관한 과학적 지식을 물어보는 문제가 많이 출제된다. 이것은 지원업무와도 직결되는 문제이기도 하니 좋은 점수를 받는 것이 유리하다. 이공계의 경우 자신의 전공분야에 대한 용어와 공식, 기본 지식들을 습득하고 검사에 응해야 한다.

8) 주요 기업별 인·적성검사/직무능력검사 개요

자신의 직업적 성격 특성에 적합한 직업을 선택하는 것은 단순히 취업을 위한 기술을 습득하고 다양한 직업정보를 취득하는 것보다 우선되어야 하며 중요한 일이다. 대부분의 취업 준비생은 자신의 성격과 흥미, 가치관, 적성 등에 대한 판단 없이 자신의 스펙에 맞춰 지원 가능한 기업들을 선정한 후 기업에 대한 대략적인 정보를 탐색하여 입사서류를 작성한다. 그리고 1차 서류전형에 합격한 후 충분한 준비기간 없이 인·적성검사에 응시하게 되고 탈락의 고배를 마시게 된다.

따라서 인·적성검사에 대한 장기적인 대응전략을 마련할 필요가 있다. 기업들은 인·적성검사를 통해 지원자의 성품과 기본적인 직무능력을 파악할 뿐만 아니라 해당 조직에 대한 적응능력과 대인관계 능력 및 지원직무와의 적합성을 평가한다. 그렇기에 향후 인·적성검사에 대한 요구는 갈수록 높아질 것이므로 취업을 위해 반드시 준비해야 하는 필수과정임을 명심하고 다각적인 준비를 하여야 할 것이다.

검사명	구성	특징
SSAT (Samsung Aptitude Test) 삼성직무적성검사	• 기초능력검사(언어, 수리, 추리) • 직무능력검사(일반상식, 상황판단 능력) • 인성검사	• 총 475개 문항으로 총 500점 만점에 Cut Off 기준은 1지망 직무기준으로 함 • 합격자의 평균 커트라인은 영업 · 해외 마케팅 > 경영지원 > R&D 직무 순이며 일반적으로 인문, 상경계 지원자의 경우 고득점이 요구됨 • 검사 항목에서 대략 40% 정도 과락이 존재함 • SSAT 통과자에 한해 면접을 볼 수 있으나 면접의 결과에 영향을 미치지 않음
DCAT (Dosan Comprehensive Aptitude Test) 두산종합적성검사	• 적성검사(어휘유창성, 언어논리, 수리자료 분석, 상황판단 능력) • 인성검사 • 한자시험	• 언어능력과 관련된 부분이 2개 영역으로 구성 자체가 다른 기업과 차별화된 유형 • 인성검사도 2개 영역으로 구분된 유형 • 상경계, 이공계 지원자의 시험 내용 다름
SK종합적성검사	• 인성검사(인간성, 사회적응력, 사교성, 대인관계 능력, 패기, 경영지식, 스트레스 저항력) • 적성검사(어휘, 언어추리, 상황판단, 응용계산, 수추리, 창의력, 지각정확성, 한자능력)	• 유형은 다양하나 주어진 시간은 10분 내외로 짧음 • 주관식이 포함되어 있음 • 모르는 문제는 임의로 작성하지 말고 빈칸으로 둬야 함 • 한자능력시험 시행 여부는 유동적
HAT 한화직무적성검사	• 상경계 적성검사(언어추리, 수리, 상황판단) • 이공계 적성검사(언어, 수리, 공간지각, 상황판단) • 인성검사	• 계열별 응시영역에 차이가 있으며, 이공계는 공간지각 영역 실시 • 상황판단력과 인성검사는 독특하여 처음 응시자에게 매우 어려움 • 공간추리 영역에서 낙서나 시험지를 돌려보는 경우 부정행위로 간주함
HKAT 현대기아자동차 직무적성검사	• 적성검사(지각정확성, 언어유추력, 언어추리력, 공간지각 능력, 판단력, 응용계산력, 수추리력, 창의력, 상황판단력) • 인성검사	• 수추리력과 창의력 등에 주관식 문제 포함되어 있음 • 다수의 기업과 동일한 유형
CJCAT CJ 인지능력평가	• 학습능력＋지시이해력＋문제해결력으로 구성 • BJI TEST(비즈니스 상황에서의 가치판단) 검사 포함 • 인지능력평가(어휘 및 문장이해, 추론, 산술추론, 계산, 공간지각, 수리패턴, 복합문장)	• 영역 구분 없이 실시함 • 다양한 영역이 복합적으로 포함 • 오답률을 별도 체크하므로 모르는 문제는 비워 두는 것이 좋음

🍎 읽어 보기

대기업 인 · 적성검사 최신 트렌드

'글로벌, 인문학, 이공계'

　대기업의 인 · 적성검사의 바로미터 역할을 하는 삼성그룹은 기본적으로 어학능력과 함께 글로벌 지식과 감각을 갖추어야 한다는 것이 채용의 가장 중요한 판단기준이다. 통섭형 인재를 선발하기 위해 SSAT(삼성직무적성검사)에 한국사와 근현대사 등 인문학 영역 비중을 크게 높였다. 하지만 인문계열보다는 이공계 출신 선발비중이 80%에 육박한다. 그리고 지방대학교 출신 선발을 전체의 35%, 여성인력을 전체의 30% 선발할 예정이다.

　즉, 이공계열이라고 하더라도 인문학적 소양을 갖추지 않으면 합격하기 힘들다는 것이다. 삼성과 마찬가지로 많은 대기업에서 인 · 적성검사에 한국사를 도입하고 있다. 삼성은 인문학에 대한 평가기준으로 '전문화된 시대에 역사를 통해 종합적인 시각을 갖춘 인재를 선발'하겠다고 제시하였다. LG는 전공과 인문학 소양 간 창의적인 융합능력을 평가하겠다는 기준을, SK는 지원자의 올바른 역사의식을 평가하겠다는 기준을, 현대자동차는 인문학적 소양과 통찰력을 평가하기 위해 주관식 에세이를 보고 있으며, 포스코는 창의력, 사고력, 가치관 등 종합적인 인문학적 소양을 평가하기 위해 주관식 문제를, CJ는 인문학적 소양을 통해 문화산업 관련 소양 및 감각을 평가하겠다는 기준을 제시하였다.

　따라서 향후 인 · 적성검사는 단순한 직업기초역량뿐만 아니라 철학, 문학, 역사와 같은 인문학적 소양을 갖춘 인재를 선발하기 위해 더욱 난이도가 높아질 것으로 전망할 수 있다.

출처: 매일경제(2014. 9. 23.).

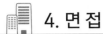 **4. 면접**

1) 면접의 역할과 중요성

면접은 서류전형과 인·적성검사나 필기시험이 끝난 후 최종적으로 응시자의 인품, 언행, 지식의 정도 등을 알아보는 구술시험이다. 면접의 주요한 역할은 지원자의 종합적인 인물 평가, 지원동기 및 의욕의 확인, 성격 및 성품의 판별, 사상 및 인생관의 관찰, 말솜씨 및 두뇌 회전과 능력의 관찰, 성실성·팀워크·리더십의 관찰을 통하여 적합한 인재를 선발하는 것이다.

면접은 취업을 위해 넘어야 할 최종 관문으로, 서류전형이나 시험보다 비중이 점차 높아지고 있다. 면접관에게는 지원자의 전체 능력을 확인할 수 있는 기회이며 지원자에게는 자신의 재능을 전면적으로 보여 줄 기회로서 작용한다.

면접관은 궁극적으로 지원자의 능력과 성품을 세 가지 관점에서 바라본다고 할 수 있다. 첫째, 우리 회사의 해당 업무를 얼마나 잘 수행할 수 있을 것인가?(역량), 둘째, 우리 회사(부서)를 위해 맡은 일을 얼마나 열심히, 열정적으로 할 수 있을 것인가?(충성심), 셋째, 우리 회사(조직)에서 얼마나 조직 구성원들과 잘 어울려서 융화될 수 있을 것인가?(적합성)

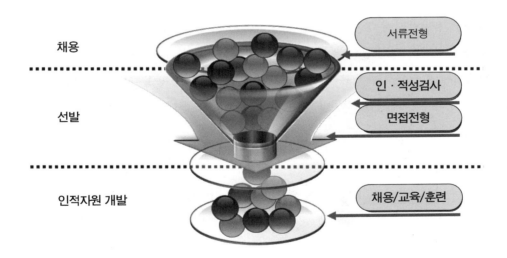

2) 면접의 종류

(1) 다차원면접

다차원면접은 여러 장소를 옮겨 다니며 다양한 상황을 연출하고 면접관이 지원자의 행동과 말을 관찰하는 방식으로, 적극성과 추진력·인간성 등을 평가한다. 면접 장소는 놀이공원이나 사우나, 주점, 식당 등 무척 다양하고, 요리면접, 등산면접, 합숙면접 등을 시행하기도 하며, 역할극이나 상황극 등을 활용하는 등 직무나 기업의 정서 등에 따라 매우 다양한 면접이 진행된다. 다차원면접은 자연스럽게 어울리면서 다각적으로 자신의 역량을 보여 주는 것이 중요하며, 이 과정을 통해 의사소통 능력, 대인관계 능력, 리더십, 팀워크 등이 평가된다.

(2) 압박면접

압박면접에서는 면접관이 화를 내거나 지원자의 약점을 집요하게 묻는 방식으로 자제력과 인내심·판단력을 평가한다. 면접 시 당황한 표정을 짓거나 말을 더듬어서는 안 되며, 여유 있는 표정으로 말을 천천히 하면서 생각을 정리할 시간을 확보한다.

(3) 프레젠테이션 면접

프레젠테이션 면접은 사전에 주제를 정해 주어 발표자료를 만들도록 하고 지원자 개인이 실무자 앞에서 회사와 관련된 상황이나 시사적인 내용에 대한 의견을 발표하는 것이다. 프레젠테이션 면접에서는 논리적인 구조와 결론과 근거 제시의 타당성이 중요하고 아이디어의 참신성 및 순발력과 문제 해결력 등을 종합적으로 평가한다.

프레젠테이션 면접은 꾸준히 비중이 높아지고 있는 면접 형태로 사전에 분석할 자료를 주는 자료 제시형, 한 가지 안건에 대한 개선책을 마련하라는 등의 아이디어형, 마케팅 기법이나 상품 구매 활성화를 위한 전략기법 등을 제시하라는 컨설팅형이 있다.

프레젠테이션 면접에서는 컴퓨터를 사용하거나 화이트보드 등을 사용하게 되는데 기업마다 주어진 여건이 다르기 때문에 그에 맞춰 준비하는 것이 필요하다.

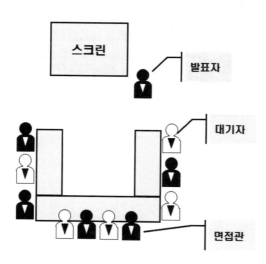

[PT 발표 내용 선택]
1. PT면접 시작(면접관 지시)
2. 발표자 인사(정중례)
3. 발표 주제 및 개요 설명
4. PT 발표(5~15분)
5. 발표 종료 시 '이상입니다' 의사 표시
6. 면접관 질문 및 평가
7. PT면접 종료

프레젠테이션 면접의 내용은 서론 10%, 본론 70%, 결론 20%로 구성한다. 서론에서는 시작을 알리는 말과 주제에 대해 간단히 설명하고, 본론에서는 핵심이 되는 주장 세 가지 정도와 그에 대한 사례나 근거를 제시하는 방식으로 구성하는 것이 좋다. 마지막으로, 결론에서는 발표한 내용에 대한 요약과 결론을 다시 한 번 밝히는 것이 좋다.

성공적인 프레젠테이션이 되기 위해서는 먼저 내용의 틀을 잡고, 시간 분배를 잘하는 것이 관건이다. 면접관들은 장시간의 면접으로 집중력이 떨어지기 때문에 핵심적인 것을 초반에 먼저 언급하는 두괄식으로 발표하는 것이 좋다. 또한 암기실력이나 낭독실력을 보고자 하는 게 아니라 자신의 주장을 어떻게 잘 전달하는지, 청자를 설득하는 능력이 있는지를 보고자 하는 것임을 잊지 말고 꾸준히 연습하는 것이 매우 중요하다.

구분			내용 구성
서론	10%	도입, 개요	시작을 알리는 말 주제의 범위를 정하는 말
본론	70%	핵심 주장, 근거, 사례	세 가지 정도의 핵심 주장과 그에 대한 근거 및 사례 제시
결론	20%	요약, 결론	발표한 내용 정리, 결론과 맺음말

(4) 집단토론면접

집단토론은 6~8명 정도의 지원자가 특정 주제를 놓고 토의하는 과정을 면접관이 관찰·평가하는 것으로, 논리력과 사고력, 협조, 의사소통 능력, 지도력이 평가된다. 토론 주제에 대해 명확한 결과를 함께 이끌어 내는 조직력과 리더십을 보여 주는 것이 바람직하다. 찬반토론이 일반적이지만 한 가지 시사적 이슈에 대해서 자신의 생각을 논리적으로 발표하는 것이 요구되는 형태도 있다.

토론면접의 진행방식은 먼저 면접관이 토론 주제를 피면접자들에게 제시하고 10분에서 30분 정도 준비할 수 있는 시간을 준다. 이후 찬성과 반대로 구분하여 팀을 구성하여 진행하거나 경우에 따라 찬·반 없이 개인 의견으로도 진행할 수 있다. 그리고 인사를 하고 착석한 후 토론을 20분에서 30분 정도 진행한다. 토론을 하는 동안 면접관들은 다방면으로 지원자들의 역량을 분석하고 평가한다. 마지막으로 토론이 종료되면 면접관이 추가 질문을 하고 최종 평가를 내린다. 토론에서는 타인의 의견을 얼마나 잘 경청하고 자신의 논리를 피력하는지가 관건으로서 인신공격을 한다거나 자신의 주장만 되풀이하는 태도, 줏대 없이 이런저런 의견으로 옮겨 가는 태도 등은 모두 감점 대상이 되니 다른 지원자와의 지나친 경쟁은 피하는 것이 좋다.

토론면접에서 찬반토론의 예시로 '환경보전과 개발', '윤리적 딜레마에서 경영 의사결정', '공권력 행사와 과잉진압 논란' 등이 자주 언급되고 있고, 해결대안 마련을 위한 토론의 예시로는 '온난화와 기후협약에 따른 산업 시스템 변화', '중국과 일본 내의 혐한주의 극복방안', '청년실업의 해소방안' 등 현재 이슈가 되고 있는 사안에 대한 다양한 주제를 다루고 있다. 따라서 평소에 시사 관련 뉴스에 관심을 가지고 정리를 해 두는 것이 좋다.

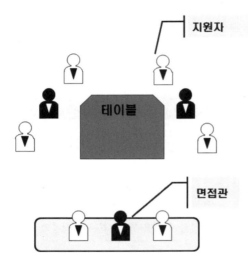

1. 토론 주제 제시(10~30분)
2. 지원자 찬반 구분(찬·반 없이 개인 의견으로도 진행)
3. 인사, 착석 후 토론 시작(20~30분)
4. 토론 종료(면접관 지시)
5. 면접관 추가 질문 및 평가

(5) 심층역량면접

심층역량면접은 면접관 3~5명이 지원자 한 명을 놓고 1시간 정도 집중적으로 면접하면서, 질문 하나를 던진 후 꼬리에 꼬리를 무는 식으로 성장과정과 생활태도·성향 등을 집요하게 파고들며 지원자의 가치관과 됨됨이와 같은 인품을 평가하는 면접이다. 특히 성과와 관련된 과거의 행동을 통해서 미래의 성과를 예측하기 위한 면접으로 이루어지기 때문에 쏟아지는 질문에 솔직하게 대답함과 동시에 관찰 가능한 구체적인 행동으로 답변하는 것이 중요하다.

다음에 제시한 그림과 같이 심층면접에서의 답변은 STAR(Situation-Task-Action-Result) 방식에 맞게 이루어져야 한다. 면접자가 하나의 질문을 하면 피면접자는 자신이 처한 상황(Situation)에 대해 먼저 설명을 하고, 그 당시 자신에게 주어진 도전과제(Task)에 대해 이야기를 한 후, 실제 자신이 취했던 행동(Action)을 구체적으로 설명하고, 마지막으로 그 행동에 따른 성과나 결과(Result)를 언급하고 답변을 마무리하면 된다.

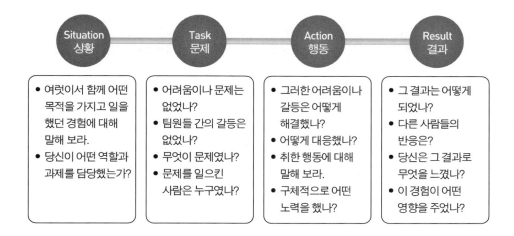

특히 행동(Action)에서는 막연하게 답변하면 안 되고 관찰 가능하도록 구체적으로 답변하는 것이 좋다. 예를 들어, "제 장점은 대인관계가 좋다는 것입니다."보다는 "저는 동아리나 스터디 모임 활동을 할 때 항상 모든 팀원의 이름을 바로 외워서 두 번째 만날 때는 그 사람들의 이름을 바로 부르기 때문에 빨리 가까워집니다."라고 답변하는 것이다. 또 "끈기와 도전정신이 있다."보다는 "대학 4년 동안 남보다 2시간 일찍 일어나서 우유배달을 하여 500만 원을 저축하였으며 그 돈으로 중국 어학연수를 다녀왔고, 혼자 힘으로 10일 동안 5,000m 코스를 산악 트래킹을 하였습니다."라고 답변한다면 좋은 평가를 받을 수 있다. 특히 구체적으로 답변하기 위해서는 수치화하는 것이 좋다. 공부를 잘한다는 것보다는 평균학점이 4.0이라고 말하거나 성적우수장학금을 4회 수상하였다고 말하는 것이 보다 구체적이기 때문이다.

(6) 단독면접

한 사람의 지원자와 한 사람의 면접관이 개별적으로 질문과 응답을 하는 보편적인 면접방식이다. 많은 시간이 소요되고 면접관의 주관이 개입될 단점이 있지만 면접관의 입장에서는 지원자 각자의 특성을 면밀히 살필 수 있다는 장점이 있다. 편안한 마음으로 면접에 응한다면 다른 방식에 비해 자신의 장점을 가장 잘 어필할 수 있다. 단독면접은 중소기업 면접 및 수시, 상시 채용 시 자주 사용되는 면접유형이다.

(7) 일대다 또는 다대다 면접

일대다면접은 면접관 여러 명이 한 지원자를 놓고 질문하는 개별면접 형식으로, 평가의 객관성을 유지하면서 한 사람의 다양한 면을 골고루 알아볼 수 있다는 장점이 있다. 하지만 면접관이 여럿이다 보니 당황하기 쉽고 당황스러운 질문도 많이 나올 수 있으므로 침착하게 대응하는 것이 중요하다. 또 한 면접관의 질문에 응대할 때도 다른 면접관이 자신을 평가하고 있다는 것을 잊지 말고 시선을 적당히 맞춰 가며 긴장을 풀고 자신 있게 답변해야 한다.

　다대다면접은 면접관 여러 명이 다수의 지원자를 한꺼번에 평가하는 방법으로 여러 지원자를 동시에 비교관찰 평가할 수 있고 객관성을 유지할 수 있다는 장점이 있다. 하지만 지원자가 여러 명이다 보니 대답할 기회가 많지 않고 자신의 장점을 제대로 보여 줄 기회를 놓치고 나면 다시 답변할 기회를 찾기 어렵다. 따라서 다른 지원자들과 자신을 차별화할 수 있는 전략이 필요하며 자신만의 개성 있는 답변들을 미리 준비하는 것이 좋다.

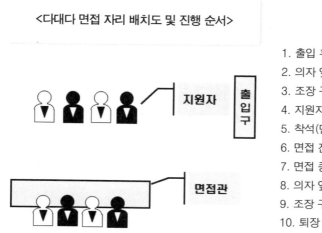

<다대다 면접 자리 배치도 및 진행 순서>

1. 출입 후 목례
2. 의자 앞에 대기(차렷 자세)
3. 조장 구령 '반갑습니다'(정중례)
4. 지원자 1번 홍길동입니다.
5. 착석(면접관 지시 후)
6. 면접 진행
7. 면접 종료(면접관 지시)
8. 의자 앞 대기(차렷 자세)
9. 조장 구령 '감사합니다'(정중례)
10. 퇴장

　다대다면접의 진행 순서를 살펴보면, 면접관이 호명하면 출입하면서 목례를 하고, 의자 앞에 서서 조장의 구령과 함께 인사를 하고 자신을 소개한 후, 면접관이 착석을 지시하면 감사 표시와 함께 착석을 한다. 면접관이 종료를 선언하고 나가도 좋다고 지시를 하면 의자 앞에 다시 서서 조장의 구령과 함께 인사를 하고 순서대로 퇴장을 하면 된다.

3) 면접 준비전략

(1) 자신의 이미지 파악하기

　면접 준비 시 대부분의 지원자는 무슨 내용으로 대답할까에 많은 시간과 노력을 투자하고 원고를 작성하여 외우는 등 답변 내용에 대한 대비를 한다. 하지만 무엇보다 자신이 지원하는 기업과 해당 직무에 적합한 인재상으로 보이는가가 더욱 중요하다. 심리학자이자 커뮤니케이션을 연구하는 알버트 메라비안(Albert Mehrabian) 교수는 사람과의 의사소통에서 시각적인 이미지 요소,

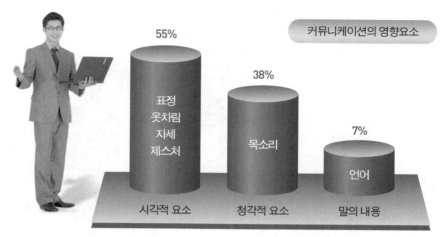

면접에서는 말의 내용보다 시각, 청각 등 이미지 요소가 더욱 중요하다.

즉 체형, 표정, 옷차림, 태도, 제스처 등 외향적인 요인이 55%, 목소리 등 청각적인 이미지 요소가 38%, 그리고 언어, 즉 말의 내용이 7%의 영향을 끼친다 하여 '7 대 38 대 55의 법칙'을 주장하였다. 이처럼 의사소통에서 시청각적 요소의 영향력이 매우 크므로, 표정뿐만 아니라 옷차림이나 제스처 같은 시각적 요소나 목소리 같은 청각적 요소도 성공적인 면접을 위해 준비할 필요가 있다.

이미지는 한 사람이 가지고 있는 성격, 표정, 외모, 언어, 행동 등 총체적인 요소들의 복합체라 할 수 있다. 따라서 성격이나 가치관 등 정신적 요소와 시각적으로 보이는 외모나 패션 연출, 행동으로 보이는 태도나 자세, 언어, 제스처 등의 모든 요소가 적절하게 조화를 이루어야만 개인의 사회적 이미지가 성공적으로 연출될 수 있다.

(2) 성공적인 면접을 위한 옷차림 가이드

한 설문조사에서는 지원자의 복장 때문에 감점하거나 가점을 한 경우가 있냐고 인사 담당자에게 물은 결과 그렇다는 응답이 무려 74.4%가 나왔고, 면접 시 지원자의 복장이 채용에 영향을 준다고 생각하느냐는 질문에도 70.7%가 어느 정도 영향을 준다고 하였으며, 지대한 영향을 준다는 응답도 10.2%로 나타났다.

따라서 면접 시 옷차림도 시각적 이미지를 형성하는 데 주요한 영향을 미친다는 것을 알고 철저한 준비를 해야 한다. 먼저 반드시 피해야 할 옷차림에 대해서 알아보자.

여성의 경우는 과도한 화장과 헤어, 노출이 심한 옷, 과도한 장신구를 피해야 한다. 자칫 시각적 이미지에 너무 많은 투자를 하여 또 다른 고정관념을 심어 줄 수 있다. 특히 큰 귀걸이, 목걸이, 반지, 팔찌 등은 피하는 것이 좋다. 또한 너무 짧은 스커트는 면접 시 지원자와 면접관 모두 불편할 수 있고, 여름이라고 해도 망사스타킹이나 레깅스, 발이 보이는 샌들을 착용하여서는 안 된다.

남성의 경우는 인상을 강하게 만드는 컬러로 된 안경테, 화려한 벨트는 좋지 않다. 또한 넥타이를 하지 않거나 정장 안에 티셔츠를 입는 것, 청바지, 운동화, 흰 양말을 신는 것은 삼가야 한다. 간혹 디자인 부서나 광고 마케팅 부서의 경우 캐주얼 복장을 요구하는 경우도 있으나 그럴 경우를 제외하고는 비즈니스 정상을 입는 것이 좋다.

① 면접에 적합한 남성 복장

남성의 경우 정장은 흑색, 남색, 짙은 회색이 무난하고, 상의 단추는 전부 채우는 것이 정식 복장이며, 위아래 색과 질감이 같은 것이 한 벌 정장이다. 와이셔츠는 흰색이 기본이고, 소매는 양복 끝보다 1~1.5cm 정도 긴 것으로 선택해야 한다. 넥타이는 정장과 어울리는 색과 무늬를 선택하고 허리띠나 그보다 약간 길게 매는 것이 좋다. 양말은 어두운 톤의 양말을 매치하고 구두와 색상을 조화롭게 하는 것이 좋다. 구두는 청결 상태가 비즈니스 매너에서 매우 중요한 부분이며, 검은색이 가장 무난하고 정장 컬러와 조화로운 것을 고른다. 마지막으로 면도와 이발 상태 등의 청결에 신경을 쓰고 면접 시 복장뿐 아니라 가방 등에도 신경을 써서 복장과 어울리는 비즈니스용 가방을 지참하는 것이 좋다.

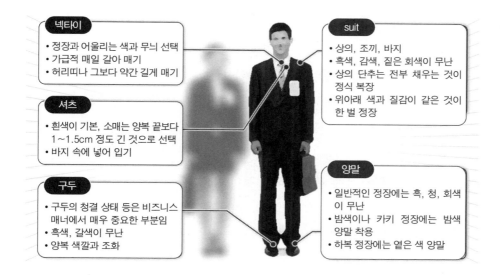

넥타이
- 정장과 어울리는 색과 무늬 선택
- 가급적 매일 갈아 매기
- 허리띠나 그보다 약간 길게 매기

suit
- 상의, 조끼, 바지
- 흑색, 감색, 짙은 회색이 무난
- 상의 단추는 전부 채우는 것이 정식 복장
- 위아래 색과 질감이 같은 것이 한 벌 정장

셔츠
- 흰색이 기본, 소매는 양복 끝보다 1~1.5cm 정도 긴 것으로 선택
- 바지 속에 넣어 입기

구두
- 구두의 청결 상태 등은 비즈니스 매너에서 매우 중요한 부분임
- 흑색, 갈색이 무난
- 양복 색깔과 조화

양말
- 일반적인 정장에는 흑, 청, 회색이 무난
- 밤색이나 카키 정장에는 밤색 양말 착용
- 하복 정장에는 옅은 색 양말

② 면접에 적합한 여성 복장

여성의 경우 정장의 컬러와 라인은 세련되고 차분한 이미지를 위해서 짙은 회색이나 검정색이 좋고, 신뢰감을 주기 위해서는 베이지색이나 브라운 톤으로 매치하는 것이 좋다. 여성적인 이미지가 많이 좌우되는 직종은 스커트 정장, 활동적인 커리어 우먼의 느낌을 주고 싶다면 바지 정장도 괜찮다. 구두는 장신구가 적은 무난한 디자인이 좋고, 핸드백, 스타킹은 의상과 비슷한 색상으로 조화로운 것으로 고르고 색은 블랙이나 브라운 컬러가 무난하다.

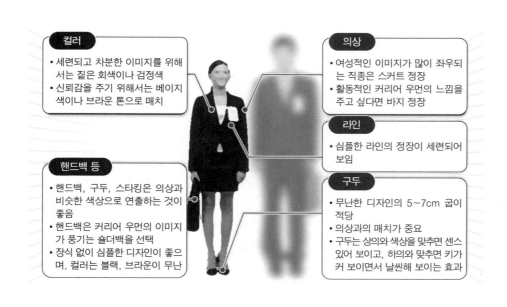

컬러
- 세련되고 차분한 이미지를 위해서는 짙은 회색이나 검정색
- 신뢰감을 주기 위해서는 베이지색이나 브라운 톤으로 매치

의상
- 여성적인 이미지가 많이 좌우되는 직종은 스커트 정장
- 활동적인 커리어 우먼의 느낌을 주고 싶다면 바지 정장

라인
- 심플한 라인의 정장이 세련되어 보임

핸드백 등
- 핸드백, 구두, 스타킹은 의상과 비슷한 색상으로 연출하는 것이 좋음
- 핸드백은 커리어 우먼의 이미지가 풍기는 숄더백을 선택
- 장식 없이 심플한 디자인이 좋으며, 컬러는 블랙, 브라운이 무난

구두
- 무난한 디자인의 5~7cm 굽이 적당
- 의상과의 매치가 중요
- 구두는 상의와 색상을 맞추면 센스 있어 보이고, 하의와 맞추면 키가 커 보이면서 날씬해 보이는 효과

(3) 면접관을 사로잡는 화법

면접은 면접관과 지원자의 의사소통이다. 면접관은 질문을 하고 지원자는 그에 해당하는 답을 하는데, 아무리 정확한 답을 알고 있어도 제대로 의사 전달을 할 수 없다면 좋은 평가를 받을 수 없다. 앞서 커뮤니케이션에서 청각적 요소가 38%를 차지한다는 것을 언급하였다. 그만큼 청각적 요소는 면접에서 중요하므로 목소리를 훈련하는 것이 필요하다. 절대 높은 톤으로 빠르게 말하지 말고 차분하고 서두르지 않는 것이 중요하다. 또한 평소에 사투리가 심하거나 발음이 부정확하다면 꾸준한 연습과 노력을 통해 교정을 하는 것이 필요하다. 가급적 입을 크게 벌리고 큰 소리로 책을 읽는 연습을 하거나 자신의 목소리를 녹음한 후 스스로 피드백을 하여 잘못된 발음이나 습관적으로 하는 말투를 바꾸도록 훈련하는 것이 도움이 된다.

다음은 면접 시 중요한 화법에 대한 요점을 정리해 놓은 것이다.

- 면접 시에는 예상답안을 달달 외우지 말고, 핵심 단어를 기억해 여건에 맞게 표현하는 것이 좋다. 예상답안을 미리 준비해 두는 것은 좋지만 매번 문장을 그대로 외우다 보면 틀리거나 잊어버릴 경우 당황하게 되고 두서없이 말을 끊거나 '다시 하겠습니다'를 연발하게 된다. 따라서 말의 주요한 뼈대를 준비하고 답변을 하면서 살을 붙여 이야기하는 것이 좋다.
- 답변을 할 때는 결론부터 말하고, 이후 근거를 제시한다. 면접관의 질문에 답변하다 보면 자신이 무슨 말을 하고 있는 건지도 모를 정도로 장황해지는 경우가 있다. 따라서 결론을 먼저 말하고 이에 따른 부연설명을 하는 것이 답변을 듣고 이해하기가 쉽다.
- 면접 시에는 자신감을 갖고 패기와 열정을 전달해야 한다. 면접에서는 누구나 긴장하기 때문에 자신감을 갖기가 쉽지 않다. 평소에 모의면접을 통해서 자신감을 가질 수 있도록 꾸준히 연습하고 '잘할 수 있다'는 주문을 걸어 최상의 모습을 보이도록 노력해야 한다.
- 면접 전 자신이 꼭 보여 줘야 하는 것을 철저히 준비하여야 한다. 각 회사의 기출문제를 토대로 예상답변을 미리 만들어 놓고, 질문을 유도하여 준비한 것들을 대답할 수 있도록 한다.
- 지원한 회사(업종, 연혁, 직종, 경험 등)에 대해 사전에 공부를 하여, 당사에 대한 관심과 애정을 보여 주어야 한다.
- 간단명료하고, 여유 있으며, 또박또박하고, 차분한 어조를 사용한다.
- 질문을 파악하지 못했을 때는 "죄송합니다만 제가 질문을 이해하지 못하였습니다. 한 번만 다시 말씀해 주시겠습니까?"라고 질문을 재확인하여 정확히 답변한다.
- 외래어를 쓰거나 끝을 흐리는 반말, 속어, 은어 사용을 삼가고 표준어를 구사하도록 노력한다. 가끔 사투리 억양이 그대로 남아 있는 경우 의도적으로 교정하려고 하지 말고 그대로 사용하는 것이 좋다. 억양이 달라도 내용이 명확하게 전달되면 괜찮다.
- 난처한 질문을 받았을 때는 긴장하지 말고 위트로 넘기거나, "지적해 주셔서 감사합니다." 등의 말로 감사를 표명하는 것이 좋다.
- 마지막으로 하고 싶은 말이 있느냐는 질문에 연봉이나 복리후생에 대한 질문은 삼가는 것이 좋다.

면접 준비전략: 면접관을 사로잡는 태도

1 키워드로 준비하라.
예상답안을 달달 외우지 말고, 핵심 단어를 기억해 여건에 맞게 표현하라.

2 결론부터 말하라(두괄식).
결론을 먼저 말하고, 이후 근거를 대라.

3 자신감을 가지라.
당당한 태도만으로도 패기와 열정을 전달한다.

4 질문을 유도하라.
면접 전 자신이 꼭 보여 줘야 하는 것을 준비하여 답변의 큰 방향을 유도하라.

5 지원한 회사에 대해 공부하라.
관심과 애정을 보여 주라(업종, 연혁, 직종, 경험 등).

(4) 바람직한 면접 자세와 인사법

면접관이 가장 먼저 지원자에 대한 첫인상을 형성하게 되는 것은 언제일까? 바로 면접장으로 들어오는 모습이나 인사하는 것, 앉은 자세 등과 같이 시각적인 요소가 드러나는 초기다. 우선 서 있는 자세에서 중요한 것은 허리를 곧게 펴고 아랫배에 힘을 주고 어깨와 가슴을 활짝 펴는 것이다.

인사는 상대방에 따라 상황에 맞게 해야 한다. 면접장으로 들어갈 때 입구에서는 목례를 하고 면접관 앞에 서서는 밝은 목소리로 "안녕하십니까? 지원자 ○○○ 입니다."라고 말한 뒤 정중례를 하면 된다. 면접관이 앉으라는 신호를 보내면 "감사합니다."라는 인사와 함께 자리에 앉으면 된다. 남성의 경우는 무릎을 어깨 너비만큼 벌리고 양손은 가볍게 주먹을 쥐고 양 허벅지 중간에 얹는다. 여성의 경우는 무릎을 붙이고 양손은 오른손이 위로 올라가는 공수자세를 취해서 가지런히 얹는다. 등은 의자에 기대지 말고 엉덩이와 허리는 의자 끝에 맞게 앉는 것이 좋고 오랜 시간 자세를 유지할 수 있도록 해야 한다.

걸음걸이

인사

앉은 자세

답변 태도

목례(15도)

보통례(30도)

정중례(45도)

면접 금기사항 20가지

1. 지각하지 말라.
   면접시험 15분 전에는 면접장에 도착하도록 해야 한다.

2. 앉으라고 하기 전까지는 앉지 말라.
   앉으라고 하기도 전에 앉으면 무례한 사람으로 보이기 쉽다.

3. 대화 중에 옷을 매만지거나 머리를 긁지 말라.
   침착하지 못하고 자신 없는 사람으로 보인다.

4. 대화 중에 수식어를 지나치게 사용하지 말라.
   핵심이 없는 대답이 되기 쉽다.

5. 질문이 떨어지자마자 바쁘게 답변하지 말라.
   2초의 여유가 필요하다.

6. 시선을 다른 데로 돌리지 말라.
   핵심이 없는 대답이 되기 쉽다.

7. 혹 잘못 답변하지 않았나 해서 주위를 살피지 말라.
   주관이 없고 소심해 보인다.

8. 구인자(면접관)의 책상 위 서류에 집착하지 말라.
   다음 질문에 대한 긴장을 놓친다.

9. 농담하지 말라.
   경망스럽게 보여 취업에 대한 의지를 의심받게 된다.

10. 답변을 장황하게 늘어놓지 말라.
    질문에 대한 이해력이 부족하거나 논리적인 사고력이 결여되어 보인다.

11. 답변이 생각나지 않는다고 고개를 숙이거나 먼 산을 보지 말라.
    임기응변이 부족하고 패기가 없어 보인다.

12. 답변을 얼버무리지 말라.
    무기력하고 불성실해 보인다.

13. 자신 있다고 빨리, 큰 소리로, 너무 많이 말하지 말라.
    말의 핵심을 놓치거나 가벼운 사람으로 보일 수 있다.

14. 구인자(면접관)가 서류를 검토하는 동안에는 말하지 말라.
    예의가 없고 분별력이 없어 보인다.

15. 구인자(면접관)를 이기거나 압도하려 하지 말라.
    자신감과 용기로 평가되기보다는 무례하고 독단적으로 보인다.

16. 면접장에 타인이 들어온다고 해서 일어서지 말라.
    면접에 집중하지 않고 산만하다는 인상을 줄 수가 있다.

17. 대화를 질질 끌지 말라.
    도전적인 인상을 주거나 이해력이 없어 보인다.

18. 연설하는 식으로 또는 군대식으로 답변하지 말라.
    대화에 경험이 없어 보인다.

19. **자신의 배경을 들먹거리지 말라.**
    의타적이며 자기계발 능력이 없는 사람으로 보인다.
20. **최종 결정이 이루어지기 전까지 급여에 대해 말하지 말라.**
    보수가 조금이라도 많으면 딴 직장으로 금방 옮길 수 있는 사람으로 보인다.

(5) 면접 최종 점검

① 서류합격 후 면접 전까지

면접을 대비하기 위해 기업정보 수집과 사회 이슈에 대한 정보 수집을 철저히 하여 예상문제를 만들어 놓는 것이 좋다. 기업정보에는 다음과 같은 것들이 있다.

- 지원기업의 연혁, 사훈, 사시, 경영이념, 창업정신
- 그룹 CEO의 이름, 고향, 출신학교, 전공, 주요 관심사
- 대표적 상품, 특색, 주력상품, 주력사업
- CEO가 요구하는 신입사원 인재상, 그룹 인재상
- 지원기업의 연간 매출액, 업종별 시장 점유율
- 지원기업의 신개발품 및 주력산업, 추진 중인 중점사업
- 지원기업의 국내외 지사 수와 지사가 있는 지역 및 특색
- 지원자 나름의 지원회사 장단점 평가
- 지원기업의 잠재능력 개발에 대한 제언
- 지원기업의 업무 내용과 경쟁기업에 대한 경쟁력 확보방안 등

② 면접 하루 전날

대부분의 기업은 본사가 있는 수도권에서 면접이 진행된다. 따라서 지방 지원자는 하루 전날 도착하여 면접 장소를 확인하고 숙소와의 교통 상황을 확인한 후 일찍 잠자고 최상의 컨디션으로 면접에 임하는 것이 좋다. 새벽열차를 타고 가 지각을 하거나 전날 밤에 친구들과 어울려 술을 마시는 일은 없도록 각별히 유념한다. 면접 시 착용할 정장도 미리 다림질을 하여 깨끗하게 준비해 놓는다.

③ 면접 당일 아침

당일 아침은 일찍 일어나 아침 뉴스나 조간신문을 통해 이슈가 될 만한 내용을 체크해 두는 것이 좋다. 면접날의 주요 뉴스가 질문 문항이 될 수도 있기 때문이다. 특히 지원회사 또는 분야와 관련된 경제면은 반드시 체크하여 메모한다. 첫인상이 가장 중요하므로 너무 화려하지 않고 차분한 분위기의 복장과 넥타이 컬러를 선택하고, 여성은 지나치게 화려한 액세서리나 명품 브랜드

를 착용하지 않도록 하고, 구두를 깨끗이 손질하여 신는다.

출발 전에 신분증, 간단한 필기구(메모 수첩 포함), 손수건, 화장지, 여성은 여행용 화장품과 여분의 스타킹 등을 챙긴다. 지각하지 않도록 하고 적어도 면접시간 20~30분 전에는 면접장에 도착하여 출석 체크 후 안내에 따라 대기한다.

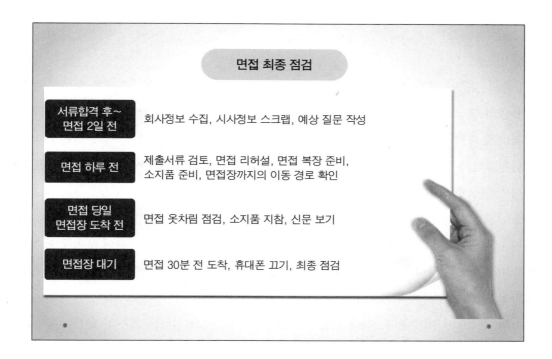

(6) 면접의 A to Z

① 면접 대기

면접은 대기실에서부터 시작된다. 대기실에서의 행동도 평가되고 있다고 생각하고 신중하되 활기찬 모습을 유지한다. 대기실에서는 휴대폰을 끄고, 자신의 입사서류를 다시 검토하거나 회사의 홍보물을 열람하고 조용히 메모하거나, 신문 등을 보면서 조용히 기다린다. 대기실에서는 아무리 피곤해도 졸거나, 음식물을 먹거나, 전화 또는 문자를 하거나, 다리를 꼬고 삐딱한 자세로 앉거나, 옆 사람과 잡담을 하지 않도록 각별히 유념한다. 또한 복도를 오가다 불특정 연장자를 만났을 때도 가벼운 목례를 하고, 미소를 띠는 표정이 좋으며, 대기실을 잠시 이동할 때도 진행하는 담당자에게 반드시 양해를 구하는 것이 예의 바른 행동이라 할 수 있다.

② 호명과 입실

진행요원이 자신을 호명하면 '예'라고 대답하고, 문이 닫혀 있으면 반드시 노크를 한다. 면접실

안에서 들어오라고 하거나, 안내자가 들어가라고 하면 면접실 문을 열고 들어가 조용히 문을 닫고 공손한 자세로 목례(15도) 인사를 한다. 지정된 자리로 걸어가서 의자 옆에서 다시 면접관들에게 정중례(45도) 인사를 한 후 자신의 수험번호와 이름을 말하고 면접관이 앉으라는 지시가 있으면 앉는다. 정면을 보고 자신감 있는 자세로 앉아 면접관의 눈을 바라보며 질문에 대한 답을 할 준비를 한다.

③ 질의응답

면접관의 질문이 시작되면 침착하게 질문 내용을 경청하며 질문의 핵심 요지를 찾아 순간적이지만 답변의 핵심 단어(key word)를 찾아내도록 한다. 면접은 듣기가 가장 중요하다. 질문의 핵심을 정확하게 파악하여야 합당한 답변을 할 수 있기 때문이다. 그리고 모든 답변은 결론부터 말하며 간단명료하게 답한다고 '예', '아니요'의 단답형으로 하지 말고 구체적인 실사례나 과정을 들어가며 설명하는 것이 좋다.

질문을 받을 때는 질문하는 면접관을 응시하고, 답변을 할 때는 질문한 면접관을 중심으로 시선을 두는 것이 좋다. 너무 다른 면접관을 의식하면 주의가 산만해 보이고 자신감이 부족해 보이므로 시선처리에 각별히 신경을 써야 한다. 면접관이 마지막으로 더 하고 싶은 말이 있으면 자유롭게 해 보라고 할 때는 연봉이나 복리후생과 관련된 것을 묻지 말고, 입사 후 포부를 강조하고 자신의 이름을 각인시키는 것이 좋다. 아직 면접이 끝난 것이 아님을 명심하고 최후의 순간까지 최선을 다하는 태도를 보이도록 노력한다.

④ 퇴 실

면접관이 "수고하셨습니다. 나가도 됩니다."라는 신호를 하면 자리에서 조용히 일어나 의자 옆에 서서 "감사합니다."라고 정중히 인사를 하고 의자를 정돈한 뒤 입장할 때와 반대로 인사와 태도를 취하면서 조용히 밖으로 나온다. 면접이 끝났다고 무의식중에 벌떡 일어나 급히 문을 거칠게 열고 나오거나, 힘없는 뒷모습을 보이지 않도록 조심해야 한다. 면접장을 나온 이후에도 회사를 완전히 나올 때까지는 흐트러진 태도를 보이지 말고, 대기실 담당직원에게 면접 이후 일정을 확인하고 회사를 나온다.

〈면접 순서 및 숙지사항〉

순서	숙지사항
대기	① 30분 또는 한 시간 전에 도착하는 여유 ② 불특정 연장자를 만났을 때 가벼운 목례 ③ 침착하면서도 미소 띤 표정으로 대기 ④ 대기실을 잠시 떠날 경우 진행요원에게 양해 구할 것 ⑤ 일찍 도착해서 회사의 분위기를 파악할 경우 대기 시 긴장 덜 됨
호명과 입실	① 문을 열고 가볍게 목례 ② 의자의 옆(또는 앞)에 가서 정중례 　※ 인사의 포인트 　－ 내가 먼저 할 것 　－ 시선을 마주치고 미소 짓기 　－ 상냥한 인사말(안녕하십니까? ○○○입니다) 　－ 허리를 굽히고 시선은 2m 앞의 포인트 　－ 잠깐 멈춤(2초) 　－ 천천히 허리를 든다(내려갈 때 속도보다 천천히). 　－ 바로 서서 다시 마주보고 미소 짓기 ③ 앉으라고 할 때까지 서 있다가 '감사합니다' 하고 착석 ④ 불필요한 행동 금지 ⑤ 면접관 응시하되 시선은 ▽라인(양눈과 코)에 머문다.
질의응답	① 침착하게 한 번에 답변 ② 난처한 질문에는 2초 생각한 후 유연하게 대처 ③ 유도심문에 당황하지 말고 원래 준비한 내용대로 답변 ④ 마지막으로 묻고 싶은 말에 한 번 더 자신의 강점을 어필
퇴실	① "이제 나가셔도 됩니다."라고 하면 자리에서 일어난다. ② 일어나 바로 나가지 말고, 공손히 인사를 한 뒤 자신이 앉아 있던 의자가 삐뚤어지지 않았는지 확인하고, 약간이라도 삐뚤어져 있다면 자리를 바로 해 놓고 나간다. ③ 문을 닫기 전에 다시 한 번 가벼운 목례를 하고 살짝 문을 닫는다. ④ 문을 닫고 나서 건물 밖을 나갈 때까지 조용히 하고, 침착하게 대처한다(바깥에서 하는 소리가 면접관에게 들림).

면접 대기 중 부정적 인상을 주는 행동	면접 대기 중 긍정적 인상을 주는 행동
• 졸거나 잔다(32.3%). • 껌을 씹거나 음식물을 먹는다(20.6%). • 전화나 문자 메시지를 발송한다(17.6%). • 다리를 꼬거나 삐딱하게 앉아 있다(14.7%). • 다른 지원자와 잡담한다(8.8%). • 산만하게 돌아다닌다(5.9%).	• 회사 홍보물을 열람한다(39.7%). • 회사나 면접에 대한 질문을 한다. • 미리 준비해 온 자료들을 본다. • 조용히 순서를 기다린다. • 책, 신문 등을 본다. • 명상을 한다.

4) 면접에서 자주 나오는 질문과 답변 포인트

(1) 자주 나오는 질문 TOP 15

① 1분 이내에 자기소개를 간단히 해 보라.

② 지원 동기와 입사 후 포부를 말해 보라.

③ 자신의 성격의 장단점은?

④ 지원한 직무에 본인이 가장 적합한 이유 세 가지는 무엇인가?

⑤ 가장 존경하는 사람은?

⑥ 상사의 부당한 지시가 있을 때 어떻게 하겠는가?

⑦ 선약이 있는데 상사가 갑자기 야근을 시키면 어떻게 하겠는가?

⑧ 지방발령을 받았을 경우 어떻게 하겠는가?

⑨ 학과 공부 이외에 봉사활동이나 동아리활동이 있다면?

⑩ 우리 회사에 대해 아는 대로 말해 보라.

⑪ 가장 힘들었던 일을 극복한 사례가 있다면?

⑫ 성공적으로 성취한 경험을 말해 보라.

⑬ 창의력을 발휘해 본 경험을 말해 보라.

⑭ 기업 내 노조활동을 하는 것에 대해 어떻게 생각하는가?

⑮ 마지막으로 하고 싶은 말은?

(2) 주요 질문에 대한 답변 포인트 Tip

• 우리 회사에 지원하게 된 동기는?

　지원하는 회사에 대한 지원 동기를 명확하게 준비하는 것은 면접을 보는 기본 자세다. 지원한 기업의 특성을 알고 그에 잘 맞아떨어지는 지원 동기를 준비해 두는 것이 우선되어야 한다.

• 다른 회사에도 지원했나?

　솔직하게 이야기하되 너무 많은 기업을 거론하지 않는 것이 좋고, 지원회사에 합격한다면 다른 회사는 생각하고 있지 않다는 식의 애교 있는 답변을 덧붙이면 좋다.

• (동종업계의 다른 회사도 있는데) 우리 회사를 지원하게 된 이유는?

　지원한 회사의 경쟁사들을 비교해 두는 준비가 필요한 항목이다. 경쟁사와의 비교를 통해 지원한 회사의 비전을 제시하여 면접관을 감동시키는 것이 필요하다. 막연하게 지원한 회사가 좋다는 답변은 금물이고 근거를 대고 비교우위에 있는 점을 찾아서 답변해야 한다.

• 우리 회사의 제품(업무 내용)에 대해 알고 있는가?

지원한 회사가 제조업이라면 그 회사 제품에 대한 사전 공부가 필요하다. 제품의 종류와 그 특성 정도는 알고 가는 것이 필요하다. 특히 회사의 주력상품이나 특허에 대해서도 사전 조사가 필요하다.

- 자기 PR을 (1분 동안) 해 보라.

자기소개의 시간은 자랑만을 하라고 주어지는 시간이 아니다. 지원자는 자신의 능력을 보여 주고 비전을 제시해야 한다. 솔직하고 적극적인 자세로 면접관의 뇌리에 지원자 자신을 확실히 인식시킬 수 있는 묘수를 찾고, 단점까지도 장점화하는 과감한 배짱이 필요하다. 이를 위해서는 철저한 자기분석이 선행되어야 하며 면접 전에 3~5분 정도 거울 앞에서 자기 PR을 하는 연습을 여러 번 해 보고 면접에 임하는 것도 좋은 방법이다.

- 상사와 업무상 견해가 다른 경우 어떻게 해결하겠는가?

회사는 '이윤추구'라는 구성원 공동의 목표를 이루기 위해 움직이는 이익집단이다. 조직 구성원들 사이에는 의사소통이 원활하게 이뤄져야 함은 물론 함께 일하는 공동체 정신과 협동 정신이 요구된다. 조직 구성원과 융화되지 못하고 자기 고집대로만 밀고 나가는 사람을 기업에서는 기피할 수밖에 없으며, 아직 우리나라 기업은 상사를 존중하고 자기 의견을 우회적으로 관철시킬 수 있는 겸손한 자세의 부하직원을 원한다. 따라서 너무 뚜렷하게 자기주장을 펴는 것보다는 협동정신을 발휘해 잘 해결해 보겠다는 답변이나 상사 의견의 좋은 점을 적극 받아들여 개선시키는 방향으로 해 보겠다는 답변이 더 나은 점수를 얻을 수 있다.

- 상사가(내 생각에는) 옳지 못한 일을 시킬 경우 따르겠는가?

최근 기업들은 사원들에게 전천후 인간형이 되기를 원한다. 독특하고 창조적인 사고를 갖출 것을 원하는 한편 조직에 잘 융화되기를 기대한다. 기업도 결국은 인간들이 영위하는 것이므로 인간관계가 서툴면 일이 제대로 되지 않는다. 따라서 너무 튀는 답변은 오히려 마이너스 요인이 될 가능성도 있다. 옳지 못한 일에 대해서 회사 내규를 먼저 살펴보고 공금횡령이나 회사 내 기밀을 누설하는 등의 비윤리적인 일을 시킨다면 기업 내 윤리경영 핫라인을 통해서 고발을 하는 등 적극적인 대책을 쓰는 것이 좋고, 그 외의 경우에도 다른 상사나 동료에게 물어보고 의견을 취합해서 해결하는 것이 좋다.

- 업무에 있어서 과정과 결과 중 어느 쪽이 더 중요한가?

물론 둘 다 중요하다. 과정 없는 결과가 있을 수 없으며 결과가 뚜렷하지 않은 과정은 빛이 나지 않는다. 물론 소신에 따라 답하는 것이 중요하겠지만 한쪽에 치우친 답변은 바람직하지 않다. 팀원 간 협동을 통한 최선의 과정으로 최상의 결과를 꼭 얻어 내는 것이 기업 입장에서 가장 바라는 바다.

- 퇴근시간 이후에도 상사가 퇴근하지 않으면 부하직원들이 그대로 자리를 지키는 경우가 많은데, 어떻게 생각하나?

  면접관들은 때로는 엉뚱하거나 난처한 질문들을 던짐으로써 돌발 상황에 처했을 때 지원자의 위기관리 능력을 알아보려 한다. 이때는 질문 요지를 재빠르게 판단한 후 자기 입장을 정리하여 소신 있게 이야기하는 것이 바람직하다. 답변 내용에 정답과 오답이 있는 것이 아니라 어려운 질문에도 당황하지 않고 자신의 소견을 명확하게 말할 수 있는 자세를 보는 경우가 더 많으므로 소신 있는 답변이 중요하다.

- 원하는 연봉수준은 얼마인가?

  회사 내규에 따르거나 지원하는 회사의 신입 연봉수준을 파악해 두고 거기에서 크게 벗어나지 않는 선에서 제시하는 것이 좋다.

- 어느 부서에서 일하고 싶은가? 그 이유는?

  면접을 보기 전 지원회사에 대한 정보를 파악하는 것은 필수사항이다. 자신이 원하는 부서는 명확히 하고 자신의 전공이나 그동안 해 왔던 취업 준비를 근무하기 원하는 부서의 업무와 잘 조화시켜 적극적으로 답변하는 것이 좋다.

- 특기가 무엇인가?

  자신이 내세울 수 있는 특기를 명확하게 얘기한다. '겸손'과 '무능'은 엄연히 다르다. 능력은 있지만 이를 떠벌리지 않는 것이 겸손이요, 별 볼일 없는 능력조차도 제대로 나타내지 못하는 것이 무능이다. 면접장에서 자기비하가 지나치면 무능해 보일 수 있으므로 주의해야 한다.

- 인생의 꿈과 목표에 대해 말해 보라.

  지원업무에 대한 포부와 꿈을 지원 동기와 관련지어 답변하는 것이 좋다. 업무와 관계없는 포부와 꿈은 개성을 강조하기 쉬운 반면 회사와 면접관의 성격에 따라서는 다르게 받아들여질 수 있다. "이 사람이라면 할 수 있을지도 몰라."라는 기대감과 가능성을 전달하도록 구체적인 꿈과 목표를 제시하고 그에 따른 실행계획까지도 준비하는 것이 바람직하다.

- 지금까지 살아오면서 가장 어려웠던 일과 즐거웠던 일은 무엇인가?

  한두 가지쯤은 마음속에 새겨 놓고 있는 것이 좋다. 누구나 살면서 어려웠거나 즐거웠던 일들은 가지고 있기 때문이다. 이런 질문을 받았을 때 그런 일들 하나쯤은 바로 얘기할 수 있는 태도를 보이는 것이 중요하고, 단순히 사건만 나열하는 것이 아니라 그 일이 현재 자신에게 어떤 영향을 미쳤는지, 향후 자신이 맡은 업무에 어떻게 도움이 될지를 생각하면서 답변하는 것이 중요하다.

- 지난주 일요일에 무엇을 하며 시간을 보냈나?

기업은 활기차고 역동적인 인재를 원한다. 주말에도 여러 가지 여가활동을 즐기는 사람이 회사에 들어와서도 업무에 집중할 수 있다고 생각하기 때문이다. 물론 집에서 쉬는 것도 좋지만 일요일을 집에서 그냥 빈둥거렸다는 말보다는 여러 가지 여가활동으로 알차게 보냈다는 쪽이 더 좋은 인상을 주며 일과 삶의 균형을 이루는 인재라는 측면을 강조할 수 있다.

- 전혀 경험 없는 일을 맡게 된다면 어떻게 하겠는가?

면접장에서 면접관의 눈치를 보는 것은 당연하나 본인 소신은 하나도 없이 소극적인 대답만 일관한다면 자신이 없어 보이거나 결단력이 부족해 보일 수 있다. 면접관들은 무엇을 하든 자신감을 가지고 도전하는 자세와 용기를 가진 사람을 높이 평가한다. 해 보지 않은 일이라도 최선을 다해 보겠다고 말하고 경험 없는 일에 대한 도전을 즐기는 적극적인 사람임을 강조하는 것이 좋다.

- 오늘 조간신문의 톱기사는 무엇이었나?

면접에서 각 분야에 걸친 시사상식을 자주 묻는다. 그러므로 최근 중요한 사건이나 이슈 등에 대해 미리 숙지해 둘 필요가 있다. 면접시험에서는 깊은 지식보다는 폭넓은 지식을 요구하므로 사회 전반에 걸쳐 다양한 상식을 갖추어 만족할 만한 답을 할 수 있도록 한다. 그런 의미에서 면접 당일 신문을 읽고 임하는 것은 필수다.

- 어떤 자격증을 가지고 있는가?

입사 후에 필요한 자격은 면접 때 '차별화'의 요소는 될지언정 그것 자체가 '평가'의 대상이 되지는 않는다. 희망 업무와 관계없는 자격일 경우, 면접관에게 오해받지 않도록 '의외성'으로 솜씨 좋게 화제를 넓히고, 복수자격을 가지고 있다면 공부한 목적을 명확히 설명한다. 하지만 IT나 금융업종에 지원한 경우 업무 관련 자격증은 적극적으로 알리는 것이 좋다.

- 학창 시절은 어떻게 보냈나?

학창 시절 학점이 좋았다든가 장학금을 탔다든가 하는 것이 자랑거리가 되는 것은 사실이다. 이에 그치지 않고 이를 미래의 자기발전에 유의하게 활용할 수 있는 구체적인 방법을 제시하는 것이 좋다. 아르바이트를 했다면 아르바이트 실적이나 가지 수를 자랑하는 것은 별로 도움이 안 되며, 아르바이트도 창의적인 노력이나 성과, 시야의 확대를 어필하고 직무 관련 아르바이트를 강조하는 것이 좋다.

- 최근에 읽은 책이 있다면, 내용과 느낀 소감을 말해 보라.

최근 베스트셀러가 되고 있는 서적 하나쯤은 읽고 느낀 바에 대한 정리를 해 놓아야 한다. 자기계발서나 세계적인 CEO들의 경영지침서 등이면 더욱 좋다. 무슨 질문이든지 면접관 질문이 끝나면 2초의 여유를 가지고 생각을 정리한 후에 명료한 어조로 또박또박 대답한다. 이를 위해서 자신의 이야기를 논리 정연하고도 설득력 있게 제시할 수 있어야 하며 말하고자 하는 바가 명확하게 전달될 수 있도록 간결하게 얘기를 이끌어 가야 한다.

- **입사 후 6개월간 배치된 부서 업무와는 관계없이 세일즈나 생산직에 근무를 명받는다면 어떻게 하겠는가?**

난처한 질문이지만 있을 법한 질문사항이니 미리 예견해서 답을 준비해 보는 것이 좋다. 회사란 개인에게 있어 가정과 마찬가지인 생활의 터전이므로 누구에게나 그 선택권이 있다. 따라서 세일즈나 생산직은 절대 하지 않겠다는 생각을 가지고 있을 수도 있다. 자신의 의견을 차분하고 소신 있게 말하는 것도 좋은 방법이다. 어쨌든 면접은 실제 상황이 아니라 그럴 가능성에 대해 지원자의 반응을 살펴보는 것이니 미리부터 딱 잘라 말할 필요는 없고 자신에게 업무를 맡긴 이유가 있을 거라 생각하고 최선을 다해 배우겠다는 입장을 피력하는 것이 좋다.

- **친구들이나 주변 사람들이 자신을 어떻게 평가하는가?**

성격의 장단점을 물어보는 질문과 유사하다. 다른 사람의 평가는 반드시 실례를 들어서 이야기하고, 이야기를 참고로 한 자기분석을 잊지 않도록 한다. 별칭을 비롯해 언뜻 마이너스로 생각되는 평가 등도 좋은 소재가 될 수 있다. 우선 과거에 결점이었던 부분을 극복하고 전화위복의 계기로 삼은 과정 및 분명히 현재 자신의 결점이라고 해도 그것을 극복하기 위한 구체적인 전망, 강한 의지를 업무와 연관 지어 어필하는 방법이 좋다.

- **회사 선택 시 중요하게 생각하는 것은 무엇인가?**

업종에 대한 앞으로의 발전 가능성, 동종업계와 비교해 높은 급여수준, 사원 복지 혜택, 개인 능력 개발의 가능성 등 지원한 회사가 다른 회사에 비해 월등한 부분이 하나는 있다. 그런 부분을 부각하여 답변하고, 덧붙여 대학 시절부터 입사하기 원했던 회사라든지 개인적인 지원 이유를 함께 말하면 좋은 답변이 될 것이다.

- **컴퓨터 활용도와 외국어 능력은?**

자기 PR을 영어로 해 보라든가 앞서 제시한 문항들을 영어로 말해 보라는 질문을 받으면 영어실력이 우수하다 하더라도 당황할 수 있으므로 보통 면접에 잘 나오는 공통 질문사항들을 영어로 말하는 연습을 미리 해 두는 것이 좋다. 발음에 너무 치중하지 말고 면접관들이 잘 알아들을 수 있도록 또박또박 정확하게 말하는 연습을 해 두고, 컴퓨터 활용도도 자신이 할 수 있는 정도를 자신 있게 답변한다.

- **인생에서 가장 가치 있는 것은 무엇이라고 생각하는가?**

이 질문은 지원자의 가치관을 묻는 질문으로, 자신의 인생에서 가치 있는 것이 '돈', '명예', '화목', '건강', '정직', '성실' 등이라고 말할 수 있다. 예를 들어, '돈'이라고 한다면, 질문의 핵심은 왜 그렇게 생각하느냐이기 때문에 반드시 그 이유를 미리 준비해야 한다. 또 한 가지 중요 포인트는 여러 가지 가치 있는 것 중에서 무엇을 택하느냐도 지원자의 가치관의 우선순위를 알 수 있는 질문임을 명심해야 한다.

- 로또에 당첨되면 제일 먼저 무엇을 하고 어디에 어떻게 사용하겠는가?

이 질문은 지원자의 돈에 대한 개념을 알아보고자 하는 질문이다. 실제 면접에서 지원자 중 어떤 사람은 "해외여행을 하겠다", "공부를 더 하겠다.", "입사를 하지 않고 편하게 살겠다." 등으로 대답하는데 이는 별로 적절치 않은 대답이다. 행운으로 생긴 돈이기 때문에 가난한 이웃에 일부 기부를 하고, 자신의 발전을 위해 투자하며, 그 돈을 더 효율적으로 운용하여 더 크게 만든다든지 하는 대답이 더 좋게 받아들여질 수 있다. 그렇지만 이 질문은 가정이기 때문에 지원자는 '입사를 해서 돈을 저축하고 그 돈으로 자신의 삶을 잘 꾸려 가겠다'는 의미가 전달되도록 답변하는 것이 더 중요하다.

- 우리나라 부유층에 대하여 어떤 생각이 드는가?

이 질문은 최근 빈부의 격차가 심해지는 것에 대한 생각과 극소수 부유층이 우리나라 전체 부의 많은 부분을 차지하는 것에 대해 어떻게 생각하는가를 묻는 질문과 유사하다. 부유층 이라고 하면 자칫 정상적인 방법으로 재산을 형성하기보다는 편법을 많이 동원했을 것이라는 생각을 갖기 쉬운데, 사실 그런 경우도 있겠지만 모든 부유층에 대한 반감을 갖고 있는 것처럼 말하면 절대 안 된다. 현명한 답변은 부유층 중에서 많은 사람은 남들보다 더 많은 노력과 아이디어로 지금의 부를 형성했다고 생각하므로 자신도 성실히 자신이 맡은 바를 다하고 창의적인 아이디어를 통해 변화를 추구한다면 충분히 성공할 수 있을 것이라고 생각한다는 식으로 답하는 것이다.

- 이상적인 상사의 모습은 무엇이라고 보는가?

아직 조직생활을 한 경험이 없는 입장에서 어려운 질문이지만, 이 질문은 지원자가 앞으로 조직에서 어떤 리더십을 발휘할 것인가를 우회적으로 평가하기 위해 하는 질문이다. 이상적인 상사는 조직 구성원들이 팀워크를 발휘할 수 있는 분위기를 조성하고, 개개인의 성과를 창출할 수 있도록 기회를 제공하며, 상사로서의 리더십을 발휘하여 조직의 목표를 달성할 수 있는 상사라고 할 수 있다.

- 단체활동에서 상호 의견 충돌이 날 경우 어떻게 해결하겠는가?

조직생활에서는 다양한 이유로 갈등이 존재한다. 주로 부서 간 갈등과 팀 내부 구성원 간의 갈등이 있다. 통상적으로 담당자 간 수행하는 직무가 중복되는 것처럼 보이는 경우, 마찬가지로 부서 간 업무영역이 다소 애매한 경우에 충돌이 발생한다. 조직 구성원 사이의 갈등, 충돌은 개개인의 업적이 평가로 이루어지고 책임의 한계가 있기 때문에 생기기 마련이다. 조직 간, 구성원 간에 갈등이 생길 경우 서로 만나서 대화하고 문제의 원인이 무엇인지를 찾는 것이 중요하고, 개인의 이익, 부서의 이익보다는 조직의 목표 달성 차원에서 누가, 어느 부서가 더 전문성이 있고 조직의 미션과 규칙에 더 적합한지를 보고 문제를 해결하는 것이 좋다는 응답이 적합하다.

- 고객의 이익과 기업의 이익 중 어느 것이 더 중요하다고 생각하는가?

이 질문을 이분법적으로 고객과 자신이 속한 회사 중 선택하라는 질문으로 이해하고 한 방향으로 대답한다면 자칫 질문의 의도와 정반대되는 대답을 할 수 있기 때문에 조심해야 한다. 이 질문은 결국 회사에 대한 충성심을 평가하기 위한 질문으로 이해하면 된다. 기업의 이익은 고객으로부터 나온다고 보아야 한다. 고객이 없이 그 회사는 존속할 수 없기 때문이다. 고객의 이익을 창출하는 것이 궁극적으로 회사의 이익을 창출하는 것이라고 대답하는 것이 좋다. 만일 면접관이 고객의 이익과 회사의 이익이 상충될 때 누구의 이익이 더 중요한가라고 재차 질문한다면 그때는 당연히 회사의 이익을 더 먼저 고려해야 한다고 대답하는 것이 좋다. 그 이유는 이윤 창출이 기업 존속의 목적이기 때문이다.

- 가장 존경하는 인물은 누구인가?

존경하는 인물은 묻는 것은 그 인물 자체보다는 지원자가 왜 존경하는지가 궁금하기 때문이다. 많은 지원자가 자신의 인생에서 본받을 만한 존경하는 인물이 없다고 생각하기에 흔히 "부모님을 본받고 싶습니다."라고 대답한다. 하지만 이런 대답은 너무 평이하고, 성의 있게 존경하는 인물을 알아보지 않았을 경우가 많기 때문에 자신의 목표나 도전정신이 없는 것으로 비춰질 수 있다. 부모님을 존경할 수도 있겠지만, 이는 너무나 당연한 것이고 그 이유가 부모님의 사랑이나 애정, 성실함 등 다른 사람과 차별화되지 않는것이라면 별 의미가 없다. 따라서 자신이 책 속에서 본 역사 속의 인물이든 현존하는 인물이든 자신이 잘 알고 있고, 많은 사람이 인생에 성공한 사람이라고 인정할 수 있는 인물을 말하는 것이 좋다. 지원자가 그 인물에 대해 자세히 알지 못하면서 막연히 훌륭한 사람이기에 존경한다고 말한다는 느낌을 준다면 오히려 역효과를 일으킬 수 있다. 따라서 존경하는 인물에 대해 구체적으로 본받을 만한 점이 무엇인지, 그리고 자신은 어떻게 행동을 해서 그 인물과 같이 인생의 성공을 쟁취할 것인지를 구체적으로 답변하는 것이 중요하다.

(3) 황당 또는 압박 질문

기업 입사면접 질문이 갈수록 독특해지고 있다. 이런 황당한 질문은 응시자의 순발력이나 위기대처 능력, 문제해결 능력을 평가하기 위한 것으로 '정답'이 없는 만큼 당황하지 말고 질문 의도를 파악하여 단순명료한 '나만의 정답'을 내놓아야 한다고 채용 전문가들은 설명한다.

1. 가장 취직하고 싶은 회사는 어디인가?

2. 부메랑이 돌아오는 이유는 ?

3. 야구공이 회전하는 이유는?

4. 골프공에 박혀 있는 구멍의 수는?

5. 영어 공부는 왜 하는가?

6. 귀하는 왜 아직까지 취업을 하지 못했는가?

7. 노래방에 가지 않고 즉석에서 끝까지 부를 수 있는 노래가 몇 곡이나 되나?

8. 야근이 많아서 데이트할 시간이 없을 텐데 어떻게 하겠는가?

9. 이메일 주소를 정한 이유는 무엇인가?

10. 돈 10억을 일주일 내에 다 써야 한다면 어떻게 쓸 것인지 말해 보라.

11. 여자친구가 만일 배신한다면 어떻게 할 것인가?

12. 상사가 하는 일마다 간섭하고 괴롭힐 때 그를 골탕 먹일 방법은?

13. 학점이 왜 그 모양인가? 학교 다닐 때 공부는 하지 않고 놀기만 한 게 아닌가?

14. 별명이 뭔가?

15. 삼성 SDS와 LG CNS의 차이점은?

16. 지금 생각나는 단어 세 개를 말해 보라.

17. 종로에서 하루에 판매되는 껌은 몇 통이나 되는가?

18. 제주도에 택시가 몇 대나 있는가?

19. 결혼해서 구한 집이 남편 직장까지는 20분, 당신 직장까지는 2시간이 넘게 걸린다면 어떻게 남편을 설득해서 당신 직장이 가까운 집으로 이사하겠나?

20. 남성의 구두끈을 가지고 무엇을 할 수 있겠는가?

21. 한 층당 100명이 근무하는 20층 건물이 있다. 엘리베이터를 설치해야 하는데, 몇 개를 설치할 것인가? 그리고 그 이유는?

22. 헌혈은 몇 번 해 보았는가?

23. 거제도에 가서 근무하라고 하면 어떻게 할 것인가?

24. 지금까지 사고 친 일이 있는가?

25. 내부 고발자에 대해서 어떻게 생각하는가?

26. 생리휴가를 폐지한다면 여사원들을 어떻게 설득시킬 것인가?

27. 우리 회사에 지원하기 전에 몇 번이나 떨어져 봤나?

28. 다른 회사도 응시했는가?

29. 몇 년 정도 근무할 생각인가?

30. 결혼하면 직장은 어떻게 할 건가?

31. 왜 고향을 떠나 취직하려고 하는가?

32. 차 심부름 같은 것을 어떻게 생각하는가?

33. 남녀고용평등법을 어떻게 생각하는가?

34. 입사하면 언제 그만둘 것인가?

35. 애인이 있는가?

36. 남녀 교제에 대한 생각을 말해 보라.

37. 화장하는 데 얼마나 걸리는가?

38. 술이나 담배를 하는가?

39. 1년 공백기간이 있는데 어째서인가?

40. 우리 회사에 맞지 않는 것 같다.

41. 전공과는 전혀 달라 힘들 것 같다.

42. 취직할 생각이 있는가?

43. 지금 그 말은 무책임한 말 아닌가?

44. 열의가 느껴지지 않는데?

45. 결론이 무엇인가?

46. 왜 자꾸 동문서답을 하는가?

47. 우리가 당신을 왜 뽑아야 하는가?

48. 합격해도 우리 회사에 다닐 것 같지 않은데?

49. 그 정도 월급을 받을 준비나 자격은 갖추지 못한 것 같다!

50. 평소 자기관리는 잘 안 하는가?

(4) 황당 질문에 대한 답변 Tip

애인이 친한 친구와 바람을 피우면 누굴 택하겠는가? 만약 또 그 반대 상황이라면?

답변 요령 "엄마가 좋아? 아빠가 좋아?"처럼 하나만 선택하기 어려운 질문으로 순발력과 결단력 등을 평가하기 위한 질문이다. 자신의 가치관에 따른 판단을 내리고 그 이유를 논리적으로 설명한다. 입사지원 기업의 이념과 연관 지어 전달하면 더욱 좋다.

답변 예시 둘 다 포기하겠습니다. 우선 바람을 피운 애인이라면 더 이상 만날 필요가 없다고 생각합니다. 친구 역시 친구로서의 믿음을 저버렸기에 우정을 계속 유지할 이유가 없지 않을까요? 기업과 사원 역시 마찬가지입니다. 서로에 대한 신뢰, 서로의 가능성에 관한 믿음이 있어야 그 회사의 미래가 밝을 것입니다.

서울 시내에 있는 중국집 전체의 하루 판매량을 논리적인 근거를 제시하여 정량을 계산하라.

답변 요령 만약 정확히 수치를 모를 경우 '가정'하면 된다. '하루 자장면 판매량이 5백만 그릇이라고 가정할 경우'로 답변을 시작하는 것이다. 물론 그 뒤에는 과학적인 근거를 제시하도록 한다.

답변 예시 우리나라의 하루 자장면 판매량은 하루 약 750만 그릇이라고 합니다. 보통 자장면 판매량이 전체 판매량의 약 40%를 차지한다고 하며, 이러한 기준으로 보았을 때 전국 중국집의 일일 판매량은 하루 약 1,800만에서 1,900만 그릇이 됩니다. 서울의 총인구는 1,004만 명이지만, 유동인구까지 포함하면 1,200만 명 정도로 전국 인구의 1/4을 차지합니다. 따라서 전국 판매량의 약 1/4이 서울 판매량이 되므로, 대략 470만 그릇 정도가 될 것 같습니다.

아이들을 웃게 하는 방법은?

답변 요령 기업의 인재상과 연결할 수 있는 질문이다. 웃길 수 있는 방법만 나열하지 말고 아이들을 고객과 동일시하여 대답한다.

답 변예시 아이들을 웃게 하는 방법은 아이들의 눈높이에서 아이들과 놀아 주는 것입니다. 손가락으로 총을 만들어 "팡팡~" 하고 총 싸움을 하고 있는 아이는 "너 참 귀엽구나." 하는 어른보다 "윽~" 하며 총에 맞은 것처럼 쓰러져 주며 같이 놀아 주는 어른에게 기쁨을 느낍니다. 마찬가지로 저 역시 입사를 한다면 항상 고객의 입장에서 고객의 눈높이를 맞추기 위해 노력하는 사람이 되고 싶습니다.

상사가 이상한 일을 시키면 어떻게 할 것인가?

답변 요령 '예스맨'은 기업에서 원하는 인재상이 아니다. 부당한 일을 시키는데도 무조건 하겠다는 식의 충성심을 보여 줄 필요는 없다. "제가 회사를 키우겠습니다." 같은 과장된 답변은 마이너스인 것처럼 '예스맨'스러운 답변은 좋은 점수를 받을 수 없다.

답변 예시 먼저 상사가 지시한 '이상한 일'이 업무와 어느 정도의 연관이 있는지 그리고 얼마나 비합리적인 일인지를 생각해 보고 주위 직장 선배나 동료들에게 자문을 구하겠습니다. 업무에 도움이 되지 않는 비합리적인 일이라면 상사에게 면담을 요청해 일에 대한 부당성을 건의해 보고 원만한 타협점을 찾기 위해 노력하겠습니다.

자신의 상사 혹은 회사가 적성에 맞지 않는 일을 시킨다면 어떻게 하겠는가?

답변 요령　면접 답변 중 과장되거나 지나치게 충성심 깃든 답변은 오히려 마이너스가 될 수 있다. 이런 질문에 대해 "상사가 시킨 일이니 적성과 상관없이 열심히 하겠다."는 식의 답변은 진실성이 결여된 것처럼 보인다. 문제를 해결할 수 있는 방향으로 답하도록 한다.

답변 예시　우선은 '왜 나에게 적성에 맞지 않는 업무를 맡겼는지'에 대해 면담을 요청하고 의견을 나누겠습니다. 제 적성에 맞지 않는다는 생각 또한 저의 편견일 수 있기 때문입니다. 상사나 회사가 저의 다른 능력을 보고 업무를 맡긴 것이라면 최선을 다해 한번 도전해 볼 것이며, 막무가내로 맡기는 것이라면 퇴사를 고려하겠습니다. 적성에 맞지 않는 일로 회사생활에서 큰 스트레스를 받는다면 저에게도 또 회사에도 큰 손해가 될 것이기 때문입니다.

퇴근시간이 훨씬 지났는데도 상사가 계속 일을 시킨다면?

답변 요령　무조건 '예', '아니요'로 답할 필요는 없다. 합리적으로 두 가지 가능성을 제시하는 것이 좋다.

답변 예시　주어진 업무가 그날 꼭 처리해야 하는 중요한 사안이라면 밤샘근무를 할지라도 기꺼이 수행하겠습니다. 중요한 일이 아니라면 건의를 통해 다음 날 일찍 출근해 일을 마칠 수 있도록 조율을 시도하겠습니다.

노래방에서 몇 시간이나 놀 수 있는가?

답변 요령　'잘 노는 사람이 일도 잘 한다.'는 가정하에 조직 융화능력을 떠 보기 위한 것이다. 술이나 노래가 아니라도 전체 분위기를 띄우기 위해 잘하는 것들을 내세우면 좋은 점수를 받을 수 있다.

답변 예시　전 노래방에 가면 노래는 잘 부르지 않습니다. 워낙 음치라 제가 노래를 부르면 오히려 분위기가 가라앉기 때문입니다. 대신 옆에서 열심히 소리 지르며 탬버린을 쳐 분위기를 띄우는 것을 잘해 3~4시간 정도는 충분히 놀 수 있습니다.

만약 당신이 일할 때 로비나 뒷거래가 일어난다면 어떻게 하겠는가?

답변 요령　도덕성을 묻는 질문이다. 개성 있는 대답보다는 모범답안식의 답변을 하는 것이 좋은 점수를 받을 수 있다.

답변 예시 사필귀정이라는 말처럼 모든 일은 반드시 바른 길로 돌아간다고 생각합니다. 부당한 로비나 뒷거래를 발견한다면 상사에게 알리고 더 큰 문제가 발생하지 않도록 바로잡기 위해 노력할 것입니다.

몇 번째 면접인가? 그동안 왜 떨어졌다고 생각하는가?

답변 요령 솔직담백하게 대답하는 것이 좋다. 자신감 있고 당당하게 말하는 것이 관건이다. 떨어진 이유에 대해 너무 '단점'만 부각하지 말고 어떻게 보완했는지, 능력 향상을 위해 어떤 노력을 했는지 어필하는 것이 좋다.

답변 예시 면접에서 너무 긴장하다 보니 제가 전달하고자 하는 바를 제대로 전달하지 못했습니다. 이러한 점을 보완하기 위해 스터디 그룹을 만들어 토론학습을 했으며, 이제는 어느 정도 극복했다고 생각합니다. 그리고 이러한 저의 노력이 입사 후 꼭 빛을 발할 수 있을 거라 믿습니다.

오늘 면접 보는 지원자들 중 누가 제일 먼저 말을 걸었는가?

답변 요령 낯설고 어색한 상황에서 얼마만큼 친화력을 발휘하는가를 평가하기 위한 질문으로 솔직하게 면접 전 분위기를 전달하는 것이 좋다.

답변 예시 제 옆에 앉아 있는 지원자가 먼저 말을 걸었습니다. 사교성 좋아 보이는 첫인상만큼이나 성격이 좋아 면접 전 긴장된 마음이 풀어졌습니다.

대학생들이 축제 때 교내에서 술을 많이 먹는 것을 봤다. 그건 축제이기 때문에 이해가 되는데 평소에 교내에서 술 먹는 것은 어떻게 생각하는가?

답변 요령 면접관 취향을 고민할 필요는 없다. 중요한 점은 얼마나 적절한 근거를 제시하느냐 하는 것이다. 요즘 사회현상을 덧붙이면 설득력 있는 답변이 될 것이다.

답변 예시 교내에서의 대학생 음주문화는 잘못된 음주 습관으로 이어져 폭음, 음주운전 등으로 건강과 학업에 악영향을 준다고 생각합니다. 최근 대학들이 '술과의 전쟁'을 선포하고 다양한 대책을 마련해 음주사고를 막으려고 고심하고 있는데 건전하고 건강한 대학문화를 위해 교내 음주는 금해야 한다고 생각합니다.

Worksheet 3   모의면접

　모의면접을 진행하기 위해서는 먼저 같은 직무를 지원하는 학생들이나 비슷한 연령과 취업 준비도를 지닌 사람들이 한 조가 될 수 있도록 배치하고 조별로 진행하는 것이 좋다. 한 조의 인원은 3~4명이 적당하다. 면접이 진행되기에 앞서 담당교수(진행자)는 지원자들의 동선을 미리 체크하고, 출입구가 있다면 출입구에서 인사를 하고 들어와 자리에 앉고 면접을 보고 퇴장하는 동선의 흐름을 안내하며, 사전에 면접 복장을 하고 오도록 안내하는 것이 좋다

　면접 자리 배치는 면접관과 지원자가 마주보게 하며 지원자들을 정면에서 바라볼 수 있는 위치에 동료 모니터링석을 마련하여 동료들로부터 피드백을 받아 활용할 수 있도록 한다. 면접관은 진행자가 하거나 동료들 중에서 돌아가면서 해 볼 수 있다. 동영상 촬영이 가능하다면 녹화된 필름을 보면서 피드백을 하고, 촬영이 불가할 경우에는 면접관이 개별로 참가자들의 강점과 잘했던 점 위주로 칭찬하고 피드백하며, 모니터링석의 동료들이 피드백할 수 있도록 시간을 안배하는 것이 좋다.

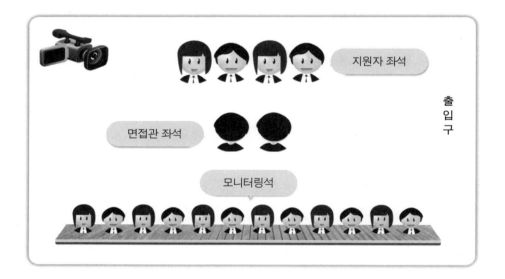

　토론면접을 진행하기 위해서는 참여자들이 모두 볼 수 있도록 가운데 원탁이나 사각형의 탁자 자리를 마련하고 주위에 동료들이 앉을 수 있게 배치하며 토론 주제는 책상 위에 적어 둔다. 토론자로 뽑힌 사람들은 가운데 의자로 나와 토론 주제를 펼쳐 놓고 토론을 시작한다. 토론을 충분히 진행한 후 소감 나누기를 하고, 진행자는 토론면접 시의 유의사항과 주의점에 대해 다시 한 번 언급하고 잘한 점과 잘못된 점에 대해 피드백을 한다.

　토론 주제는 학생들의 의견을 반영하여 자발적으로 정해도 되고 다음의 예시를 보고 선정할 수도 있다.

〈토론 주제 예시〉

• 조기퇴직 방안에 대해 논하라.

• 임금피크제에 대해서 어떻게 생각하는가?

• 사형제도에 대해서 어떻게 생각하는가?

• 상사가 부당한 일을 시키면 어떻게 하겠는가?

• 신용불량자 부채 탕감에 대하여 토론해 보라.

• 외국 기업문화로 변화되고 있는 한국 기업에 대해서 토론해 보라.

• 골프의 대중화에 대해서 토론하라.

• 유흥업소의 영업시간 전면 철폐에 대해서 토론하라.

• 근로시간 단축에 대해서 토론하라.

• '한류열풍 이용방법'에 대하여 토론하라.

• 기업윤리와 기업 이익의 관계에 대하여 토론하라.

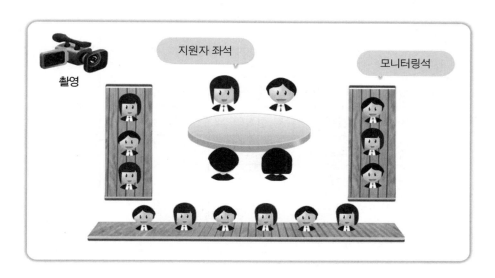

Worksheet 4 개별 면접평가표 유형

📖 모의면접 시 면접관이 되어 다음의 평가표를 작성해 보자. 면접관이 중요시하는 것들이 무엇인지 파악할 수 있다.

평가 항목	평가 내용	상	중	하	평가 점수
용모	표정, 인상이 좋은가?				배점
	침착한가?				득점
	음성이 명료한가?				특이사항
	간결 정확하게 말하는가?				
	행동은 시원시원한가?				
	건강 상태는 양호한가?				
태도 성실성	태도는 진지하고 자세가 좋은가?				배점
	몸가짐이나 동작이 침착한가?				득점
	젊은이다운 의욕과 기백이 있는가?				특이사항
	남이 싫어할 일을 실행할 적극적 성격인가?				
	건전한 사고와 협조성, 책임감이 있는가?				
	적절한 판단력과 이해력이 있는가?				
전문지식	영어회화 실력이 있는가?				배점
	전공분야별 지식이 있는가?				득점
	장래 희망직종에 대한 지식이 있는가?				특이사항
	응시직종에 대한 지식이 있는가?				
	기타 업체나 경제 동향 등에 관한 지식이 있는가?				
일반상식	일반상식이 있는가?				배점
	시사상식이 있는가?				득점
	올바른 판단력을 가지고 있는가?				특이사항
	위트와 유머가 있는가?				
	두뇌회전이 빠른가?				

Worksheet 5 집단토론 평가표 유형

📖 토론면접의 면접관이 되어 다음의 평가표를 작성해 보자. 면접관이 중요시하는 부분이 무엇인지 파악하고 자신의 태도를 점검해 보자.

평가 항목	평가 내용	상	중	하	평가 점수
용모	표정, 인상이 좋은가?				배점
	침착한가?				득점
	음성이 명료한가?				특이사항
	간결 정확하게 말하는가?				
	행동은 시원시원한가?				
	건강 상태는 양호한가?				
태도 성실성	태도는 진지하고 자세가 좋은가?				배점
	몸가짐이나 동작이 침착한가?				득점
	젊은이다운 의욕과 기백이 있는가?				특이사항
	남이 싫어할 일을 실행할 적극적 성격인가?				
	건전한 사고와 협조성, 책임감이 있는가?				
	적절한 판단력과 이해력이 있는가?				
전문지식	영어회화 실력이 있는가?				배점
	전공분야별 지식이 있는가?				득점
	장래 희망직종에 대한 지식이 있는가?				특이사항
	응시직종에 대한 지식이 있는가?				
	기타 업체나 경제 동향 등에 관한 지식이 있는가?				
일반상식	일반상식이 있는가?				배점
	시사상식이 있는가?				득점
	올바른 판단력을 가지고 있는가?				특이사항
	위트와 유머가 있는가?				
	두뇌회전이 빠른가?				

평가요소		착안 내용	평가 점수	
주도성	(+)	토론에 영향을 끼친 발언을 했는가?	주도적	+4
		논점사항에 대한 적절한 의견을 제시하였는가?		+3
		적절한 단계에서 다음 단계로 토론을 진행하였는가?	비교적 주도적	+2
		선두에 나서서 발언을 하였는가?		+1
			보통	0
	(−)	뒤를 좇아 의사를 발표하였는가?	비주도적	−1
		의견 개진이 주목을 받지 못했는가?		−2
		묻기 전에는 발표를 하지는 않았는가?	주도성 결여	−3
		남의 의견을 묻지 않고 자기만 말했는가?		−4
협동성	(+)	토론이 단절되지 않도록 노력했는가?	협동적	+4
		남에게 좋은 의견을 끌어냈는가?		+3
		감정 대립 또는 공격 없이 잘 설득하였는가?	비교적 협동적	+2
		집단의 목표를 우선시하였는가?		+1
			보통	0
	(−)	자기주장만 앞세웠는가?	협동적이지 못함	−1
		남의 의견이나 기분을 제쳐 놓았는가?		−2
		목표에 어긋나는 방향으로 비판하였는가?	협동성 결여	−3
		자기 논조에 의거하고 목표를 잃었는가?		−4
공헌성	(+)	적절한 논점을 제시했는가?	공헌적	+4
		핵심 사항에 핵심 의견을 제시했는가?		+3
		논점 해결에 도움이 되는 지식을 제공하였는가?	비교적 공헌적	+2
		난잡한 토론을 풀고 의견을 한데 모았는가?		+1
			보통	0
	(−)	논점에서 벗어나는 의견이 나왔는가?	공헌하지 못함	−1
		주제와 다른 의견이 나왔는가?		−2
		나왔던 논조를 반복하지 않았는가?	공헌도 결여	−3
		핵심을 벗어나 엉뚱한 방향으로 토론을 이끌었는가?		−4

Chapter 7

목표 수립과
생애설계

삶을 바꾸어 놓는 유일한 길은 진정한 결단을 내리는 일이다. 우리는 많은 것을 원한다. 탁월한 외모를 가지길 원하고, 월등한 학벌을 바라고, 좋은 직장을 얻기를, 나보다 멋진 배우자를 만나기를, 또 부자가 되어 평생 돈 걱정 없이 살기를 간절히 원한다. 하지만 원하기만 할 뿐 그것을 얻기 위한 계획을 수립하거나 행동하지는 않는다. 그렇기 때문에 원하는 것을 누리는 자는 세상의 1%도 안 되는 것이다.

이 장에서는 진로목표를 수립하고 자신의 삶의 비전을 찾아서 이를 현실화할 수 있는 구체적인 방안으로 목표 설정하기, 우선순위 찾기와 같은 작업을 할 것이다. 또한 자기 브랜드를 구축하는 방법과 미래의 자기 명함 만들기, 나의 간절한 꿈을 이뤄 줄 보물지도를 만드는 작업도 함께 할 것이다. 마지막으로 유언장과 묘비명을 작성해 봄으로써 생애설계의 큰 그림을 마무리할 것이다.

1. 진로목표 수립하기

　진로목표를 수립하고 자기계발 계획을 세우는 것은 취업을 앞둔 청년들만의 과제는 아니다. 진로목표를 정하고 자기계발에 힘쓰는 것은 전 생애에 걸쳐 계속해서 해야 하는 과업이므로 철저한 계획을 세워야 한다.

　하지만 자기계발에 대한 계획을 수립한다고 해서 모든 목표를 달성할 수 있는 것은 아니다. 자기계발 목표를 성취하기 위해서는 다음과 같은 전략을 고려하여 목표를 수립하고 자기계발 방법을 선정하여야 한다.

1) 장기와 단기 목표를 동시에 수립한다

　장·단기를 구분하는 기준은 개인에 따라 중요한 생애 전환기(결혼, 취직, 이직, 퇴직 등)를 기준으로 바뀔 수도 있으나 보통 장기목표는 5~20년 뒤를 설계하며, 단기목표는 1~3년 정도의 목표를 의미한다. 장기목표는 자신의 욕구, 가치, 흥미, 적성 및 기대를 고려하여 수립하며 자신의 직장에서의 일과 관련하여 직무의 특성, 타인과의 관계, 가족 구성원 등을 고려해야 한다. 단기목표는 장기목표를 이루기 위한 기본 단계로 필요한 직무 관련 경험과 개발해야 될 역량 혹은 자격증, 쌓아 두어야 할 인적 네트워킹, 현실 상황 등을 고려하여 수립하는 것이 좋다.

2) 인간관계를 고려한다

　가끔 소중한 주변 사람들을 희생시켜 가면서 자신만의 목표를 추구해 가는 사람이 있다. 우리는 부모, 형제, 친구, 배우자, 연인, 선배, 후배, 직장 동료, 상사, 고객 등 많은 인간관계를 맺고 살아가고 있다. 따라서 이러한 관계를 고려하지 않고 자기계발 계획을 수립한다면 계획을 실행하는 데 많은 난관과 어려움에 부딪히게 된다. 자기계발을 위해서는 다른 사람과의 관계를 발전시키는 것도 중요하므로 반드시 인간관계를 고려해서 목표를 수립해야 한다.

3) 현재 자신이 원하는 진로와 직무를 고려한다

　자신이 원하는 진로목표와 관련이 있는 것이든, 직장인이라면 현재 하고 있는 일과 관련된 일이든, 아니면 전혀 새로운 일을 탐색하여 수행하든지 현재의 상황과 만족도가 자기계발 계획을 수립하는 데 중요한 지표가 된다. 따라서 나의 진로목표와 직무를 담당하는 데 필요한 능력과 이에 대한 자신의 현재 수준, 앞으로 개발해야 할 능력, 관련된 적성 등을 고려해서 진로목표를 수립하는 것이 좋다.

4) 구체적으로 계획을 수립한다

대부분의 계획이 성공하지 못하는 이유는 애매모호한 목표를 정하고 애매모호한 계획을 세우기 때문이다. 이런 방식으로 계획을 하면 어떻게, 무엇을 해야 하는지 알 수 없으므로 중간에 적당히 하게 되거나 비효율적으로 하다가 시간과 노력을 낭비하게 된다. 따라서 자신이 수행해야 할 자기계발 방법을 명확하고 구체적으로 수립하면 노력을 집중적이고 효율적으로 할 수 있을 뿐만 아니라 진행과정도 피드백하기가 용이하다. 예를 들어, '토익 공부하기'라는 계획보다 '오전 7시~8시까지 토익학원 가기'와 같이 구체적인 행동으로 계획을 짜는 것이 좋다.

자기계발 계획을 수립하는 전략을 알고 있더라도 구체적으로 설계하는 일은 어렵다. 그 이유로는 자신의 흥미, 장점, 가치, 라이프스타일 등 자기정보의 부족, 의사결정 시 자신감 부족, 개인의 자기계발 목표와 주변 상황과의 상충, 자신의 진로와 직무에 대한 기회나 가능성에 대한 정보 부족 등을 들 수 있다.

Worksheet 1　자기계발 방해요인 탐색하기

📖 자기계발 능력이란 자신의 적성, 흥미, 능력, 특성을 이해하고 목표 성취를 위해 스스로를 관리하고 개발하는 능력을 말한다. 최근에 자신의 능력이나 자질을 개발하려고 노력을 기울였던 사례 중 실패한 사례를 생각해 보고 그 실패 원인을 분석해 보자. 예를 들어, '어학능력 향상'이라는 목적을 달성하기 위해 학원 수강을 하였는데 보름밖에 하지 못했다면 그 이유로 새벽시간 활용이라는 무리한 목표 수립, 잦은 친선도모 모임 등을 들 수 있다. 또한 현재 내가 개발해야 할 능력이나 자질에 대하여 생각해 보고, 방해요인은 무엇인지와 이를 극복하기 위한 방법을 작성해 보자.

최근에 나의 능력이나 자질을 개발하려고 노력하였으나 실패한 사례를 작성해 봅시다.

실패한 이유는 무엇이었다고 생각하십니까?

현재 나의 모습 가운데서 개발해야 할 능력이나 자질에 대해서 작성해 봅시다.

여기에 방해가 되는 요인은 무엇입니까? 어떻게 해결할 수 있습니까?

Worksheet 2 취업 전까지 경력개발 계획 수립하기

📖 경력은 일생에 걸쳐서 지속적으로 이루어지는 일과 관련된 경험을 말하며, 경력 개발은 자신과 상황을 인식하고 경력목표와 전략을 수립하고 실행해 가는 과정과 준비하고 실행하는 전 과정을 관리하는 피드백 과정을 의미한다. 다음 표를 보면서 현재 자신의 부족한 능력을 적고, 이를 개발하기 위한 실행목표와 실행 시기 그리고 실행방법에 대해서 작성해 보자.

부족한 능력	실행목표	실행시기	실행방법 및 내용
예시) 영어 말하기 능력	토익 스피킹 레벨 6과 오픽 IM 획득	2015년 10월까지	영어학원 수강등록 시험 총 4회 응시 영어 모의면접 하기

Worksheet 3   자기계발을 위한 단기 · 중기 · 장기 목표 수립하기

📖 자기계발은 단기간에 끝나는 것이 아니며 전 생애에 걸쳐서 꾸준히 실천해 가야 한다. 자기계발 목표를 수립하면 현재를 점검할 수 있고 구체적인 계획을 세우게 되므로 자신을 개발하고 관리하는 데 더 많은 노력과 투자를 하게 되고 궁극적으로 인생에서의 성공을 가져올 수 있다. 자신이 바라는 미래의 모습과 이를 성취할 수 있는 자기계발 방법을 적어 보자.

현재날짜	( )년 ( )월 ( )일		
경과년도	내가 바라는 모습	자기계발 목표	구체적인 방법
5년 후 나이 ( )			
10년 후 나이 ( )			
15년 후 나이 ( )			
20년 후 나이 ( )			

Worksheet 4 내 삶의 비전 찾기

하루하루 아무런 목표나 꿈도 없이 살아간다면 목표 지점 없이 자동차를 운전하는 것과 같다. 아무리 열심히 바쁘게 달려도 어디로 가고 있는지를 모른다면 아무 의미 없는 행동을 하고 있는 것과 다르지 않다. 따라서 어떤 행동을 하거나 일을 수행하기 위해서는 비전과 목적을 정립하여 방향성을 가지는 것이 중요하다. 비전과 목적은 모든 행동 혹은 일의 기초가 되며, 의사결정에 있어서 가장 중요한 지침으로 작용한다.

그렇다면 비전의 조건으로는 어떤 것이 있을까? 비전은 자신이 무슨 일이 있더라도 이루고 싶을 만큼 간절한 것이어야 한다. 간절함이 없다면 환경조건에 따라 수시로 바뀌게 되므로 비전이라 할 수 없다. 또 비전은 '반드시 내가 해야 한다.'는 사명의식이 느껴지는 것이어야 한다. 자신의 신념이나 종교, 가치관이 동기가 되어 사명의식을 느껴야 고되고 어려워도 끝까지 비전을 유지할 수 있다. 마지막으로, 비전은 자기 자신에게도 가치가 있어야 하지만 남에게도 의미가 있어야 한다. 세상의 어떤 다른 것보다도 중요하기 때문에 모든 자원을 투자하더라도 아깝지 않을 정도로 가치가 있어야 하면서, 나의 비전은 타인의 삶에 방해가 되거나 타인의 가치에 반해서는 안 된다. 따라서 비전은 자신만을 위한 것이 아니라 타인에게도 긍정적인 영향을 미치는 공익성을 가진 것이어야만 비로소 비전으로서 자리매김할 수 있다.

그렇다면 자신의 비전을 수립하기 위하여 다음 질문에 답해 보자.

질문	답
나에게 가장 중요한 것은 무엇인가?	
내가 평생을 바쳐도 후회하지 않을 가치 있는 일은?	
내가 생각하는 의미 있는 삶이란 무엇인가?	

내가 살아가는 삶의 원칙은?	
내 삶의 목적은 어디에 있는가?	
다른 사람에게도 의미가 있는 일은?	
나를 가슴 뛰게 하는 일은?	

나의 최종 비전은?

2. 시간관리

우리에게는 매일 24시간 또는 8만 6,400초의 시간이 똑같이 부여된다. 하지만 누군가는 24시간이 모자랄 만큼 알차게 보내는가 하면, 누군가는 어영부영 중요하지 않은 일들을 하다가 하루를 모두 소모해 버린다. 나의 시간을 타인에게 팔고 돈으로 돌려받을 수 있다면 그렇게 하겠는가? 시간은 절대적인 것 같지만 사실 그것을 사용하는 사람에 따라 얼마든지 달라질 수 있다. 따라서 시간을 가치 있게 사용하는 것은 매우 중요하다. 대부분의 사람이 '시간이 없다', '바쁘다'는 핑계로 정작 소중하고 반드시 해야 할 일들을 하지 못한다. 자신의 생애목표를 수립하고 자기계발 계획을 짜며 비전을 달성하기 위해서는 주어진 시간을 잘 관리할 수 있는 시간경영이 필요하다.

우리는 매 순간 해야 할 일들이 주어지고 그에 따른 의사결정을 해야 한다. 수많은 대안 중에서 무엇을 먼저 해야 하는가를 정하는 데 우선되는 기준은 무엇일까? 시간 영역을 두 개의 축으로 구분해 볼 수 있는데, 한 축은 중요한 일과 중요하지 않은 일, 다른 한 축은 긴급한 일과 긴급하지 않은 일로 나뉜다. 이 두 개의 축으로 다음 그림과 같이 네 개의 영역이 나오게 된다.

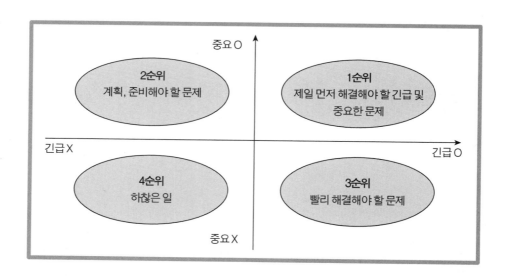

1사분면은 긴급하면서 중요한 일이다. 현재 1사분면에 속하는 시간이 많다면 항상 1순위로 이 일들을 해야 한다. 이런 일들이 계속해서 주어진다면 많은 시간과 에너지가 투입되어야 하므로 다른 일을 하기 어렵다. 평소에 급하지는 않지만 중요한 일을 미리미리 처리하는 습관을 기르는 것이 필요하다.

2사분면은 긴급하지 않지만 중요한 일이다. 앞으로 발생할 일들을 미리 계획하고 준비하는 데 많은 시간과 에너지를 투입하기 때문에 추후 활용할 시간 여유를 많이 가지게 된다. 미래에 대해 준비하거나 젊었을 때 건강관리를 하는 등의 일은 이 영역에 속하는 일로 당장 급해 보이지 않지만 중요한 일이므로 꾸준히 시간 안배를 해야 한다.

3사분면은 긴급하지도 않고 중요하지도 않은 일이다. 한마디로 해도 되고 안 해도 되는 일들로 시간을 허비하는 일들이라 할 수 있다. 현재 자신이 이 영역에 속하는 일을 많이 하고 있다면 명확한 목표를 정하고 최대한 낭비하는 시간을 줄여서 1, 2사분면의 일들을 처리하는 것이 필요하다.

4사분면은 긴급하면서 중요하지 않은 일이다. 이 영역에 많은 시간을 보내는 사람은 늘 바쁘고 시간이 없이 일을 하지만 실속을 찾을 수 없다. 울려 대는 전화나 메시지에 일일이 답한다거나 모든 경조사에 참석하는 것과 같은 일들은 최대한 줄이고 자신이 하지 않아도 되는 일들은 다른 사람에게 위임하며 자신의 시간을 확보하여 중요한 일에 투자해야 한다.

〈시간 우선순위 예시〉

긴급하지 않고 중요한 일	긴급하고 중요한 일
자기계발 미래 준비 건강관리 좋은 습관 만들기	학과 공부 취업 준비 매일 해야 할 과제 자격증 공부
긴급하지도 중요하지도 않은 일	긴급하고 중요하지 않은 일
인터넷 서핑 TV 프로그램 보기 잡담하기 게임 술자리	울려 대는 전화 받기 SNS 댓글 달기 필요 이상의 경조사 참석 지인들과의 관계 갈등

중요 O

긴급 X　　　　　긴급 O

중요 X

Worksheet 5 시간우선순위 작성하기

📖 각 4분면에 자신의 사례를 넣어 보세요.

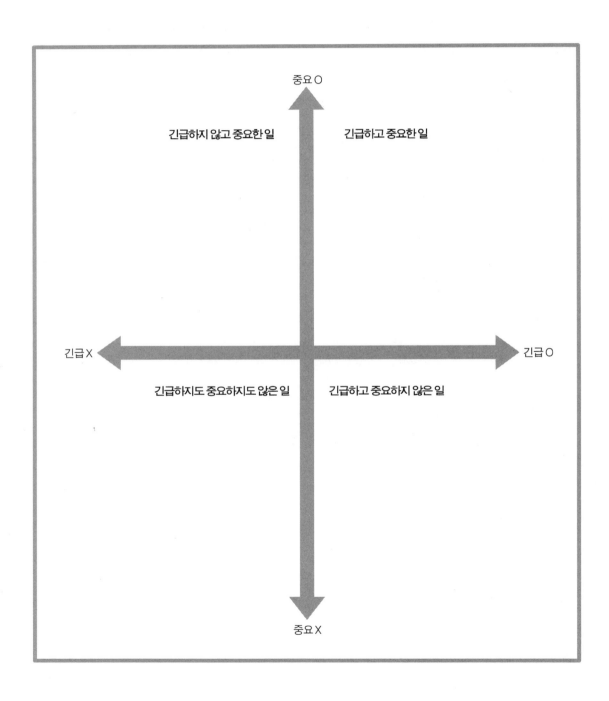

3. 목표 설정하기

아무리 대단한 목표를 가지고 있다 하더라도 마음속으로만 간직하고 있다면 아무 소용이 없다. 왜냐하면 목표를 천명한 적이 없기 때문에 중도에 포기하기가 쉽고 현실과 타협하기도 쉽기 때문이다. 예를 들어, '영어의 달인이 되겠다.'는 목표를 설정했다고 치자. 영어의 달인이 무엇인지에 대해서 구체적이지도 않고, 실천행동도 없고, 언제까지 되겠다는 기한도 없기 때문에 토익학원을 며칠 다니다가 그만두게 되고, 이번 학기에 안 되면 다음 학기에 해도 된다고 생각하고 당장 급한 일들을 하다 보면 마음속에 있던 목표는 이미 흐지부지 끝나고 만다.

글로 쓴 구체적인 목표 설정의 중요성을 보여 주는 한 사례를 소개하고자 한다. 1979년 하버드 경영대학원 예비졸업생을 대상으로 설문조사를 실시하였다. '명확한 장래의 목표를 설정하고 계획을 세우고 있는가?'라는 문항에 대해 아무런 목표가 없다는 응답이 84%, 목표는 있으나 따로 글로 적어 두지 않았다는 응답이 13%, 자신의 목표를 구체적으로 글로 적어 두었다는 응답은 3%에 불과하였다. 20년이 지난 후 응답자들에 대한 추적조사를 실시한 결과는 놀라웠다. 미국의 최상위 엘리트 집단인 그들조차도 아무런 목표가 없었던 졸업생은 평범한 중산층을 이루고 있었으며, 자신의 목표를 글로 적어 두었다는 3%의 졸업생이 나머지 97%의 졸업생이 축적한 재산보다 10배 더 많은 부를 축적하고 미국을 이끄는 지도자의 역할을 하고 있었던 것이다.

이 사례에서 보는 바와 같이 목표는 마음에 담아 두거나 구체적으로 설정하지 않으면 달성하기가 어렵다. 따라서 목표를 설정할 때는 무작정 '무엇무엇이 되겠다'고 적는 것이 아니라 단계적으로 접근할 필요가 있다.

① 내가 원하는 것이 무엇인지 명확히 결정하기
② 결정한 것을 분명하고 구체적으로 글로 적어 보기
③ 목표가 장기적인 것이라면 달성 마감기한을 구분하여 정하기
④ 목표를 달성하기 위해 필요한 세부적인 것들을 목록으로 작성하기
⑤ 목록을 가지고 구체적인 계획 만들기
⑥ 계획을 당장 행동으로 옮기기
⑦ 아무리 작은 일이라도 매일 목표를 향해 조금씩 실천하기

두 번째 단계에서 목표를 작성할 때 유용한 SMART 기법에 대해 알아보자. S(Specific)는 구체적으로 작성하는 것을 말하고, M(Measurable)은 확실한 수치나 점수로 가시화하여 측정 가능하도록

작성하는 것을 말한다. A(Achievable)는 자신의 노력으로 달성 가능한 목표를 설정하는 것을 말하고, R(Result-oriented)은 정확한 최종 결과물이 성과로 나타날 수 있도록 작성하는 것을 말한다. 마지막으로, T(Timely)는 마감기한을 설정하여 작성하는 것을 말한다.

'영어의 달인이 되겠다.'는 목표를 SMART 기법으로 바꾼다면 '2016년 2월까지 토익 850점, 토익 스피킹 레벨 7을 달성하겠다.'가 될 것이다.

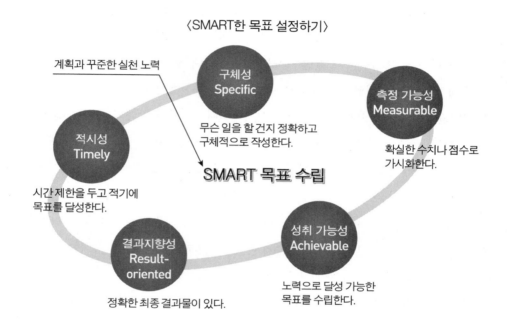

〈SMART한 목표 설정하기〉

Worksheet 6 목표 설정 연습하기

📖 다음 표에 진로목표를 설정하고 SMART 기법에 맞춰 작성해 보자.

Specific 구체적	Measurable 측정 가능	Achievable 성취 가능	Result-oriented 성과지향	Time bounded 시간 제한

Worksheet 7   내 인생의 보물지도 만들기

우리의 뇌는 글보다는 이미지를 더욱 잘 기억한다. 글로 써 놓은 목표도 좋지만, 글과 이미지를 한꺼번에 볼 수 있도록 시각화하는 작업도 도움이 된다. 인간의 삶의 궁극적인 목적은 행복추구일 것이다. 행복은 꼭 목표를 달성해야만 느낄 수 있는 것이 아니라 이루어 가는 과정 중 매 순간 느낄 수 있다.

자신이 이루고 싶은 미래의 모습을 시각화하여 보물지도를 만들어 보자.

보물지도는 갖고 싶은 것, 가고 싶은 곳, 되고 싶은 모습, 하고 싶은 일의 4개 영역으로 나누어 최대한 많이 목록을 작성해 본다. 그리고 목록을 가장 잘 나타내는 사진이나 그림을 찾아서 보드에 붙이거나 교재에 붙이고, 그림 밑에 구체적으로 목표를 써 둔다.

완성된 보물지도를 책상 앞에 붙여 두거나 사진으로 찍어서 휴대전화의 바탕화면으로 설정해 놓으면 볼 때마다 동기부여를 할 수 있을 것이다.

〈보물지도 예시〉

갖고 싶은 것(사진을 찾아 붙여 보자)

가고 싶은 곳(사진을 찾아 붙여 보자)

되고 싶은 모습(사진을 찾아 붙여 보자)

하고 싶은 일(사진을 찾아 붙여 보자)

4. 자기 브랜드 만들기

이름을 떠올리면 '아! 어떤어떤 사람'이라고 각인되는 사람이 있는가? 그것이 바로 그 사람의 브랜드가 될 수 있다. 저자는 꿈 사냥꾼(Dream Hunter)이라는 나만의 브랜드를 가지고 있다. 오랫동안 커리어 컨설팅 전문가로 활동하면서 내가 궁극적으로 하는 일이 무엇인가를 고심한 결과 나온 산물이다. 누군가의 잃어버린 꿈을 찾아 주고 또다시 다른 사람의 꿈을 찾아 길을 떠나는 사냥꾼의 이미지가 '남미정'이라는 이름을 가장 잘 나타내는 것이다.

자기 브랜드라는 것은 개인에 대해 일종의 고정관념을 갖게 하는 것이다. 개인에 대한 브랜드화는 단순히 자신을 알리는 것을 뛰어넘어, 자신이 다른 사람과 차별화되는 특징을 밝혀내고 이를 부각하기 위해 지속적인 자기계발을 하고 또 PR을 하는 것을 말한다.

1) 자신을 브랜드화하기 위한 전략: 차별성

자신을 브랜드화하기 위한 전략은 무엇일까? 가장 중요한 것은 차별성이다. 차별성을 가지기 위해서는 친근감, 열정, 책임감의 세 가지가 수반되어야 한다.

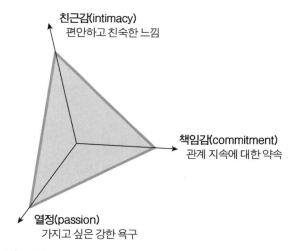

출처: 삼성경제연구소 보고서(2006).

(1) 친근감

친근감이란 오랜 기간 관계를 유지한 브랜드에 대한 친숙한 느낌으로, 자신을 브랜드화하기 위해서는 친근감을 주기 위한 노력이 필요하다. 따라서 다른 사람과의 관계를 돈독히 유지하기 위해 노력하고, 자신의 내면을 관리하여 긍정적인 마인드를 가지도록 한다. 또한 브랜드 PR을 통하여 지속적으로 자신을 다른 사람에게 알려 친근해지도록 한다.

(2) 열 정

열정은 브랜드를 소유하거나 사용해 보고 싶다는 동기를 유발하는 욕구로, 자신을 브랜드화하여 사람들로부터 자신을 찾게 하기 위해서는 다른 사람과 다른 차별성을 가질 필요가 있다. 다른 사람과의 차별성을 가지기 위해서는 시대를 앞서 나가 다른 사람과 구별되는 능력을 끊임없이 개발해야 한다. 즉, 최신의 중요한 흐름을 아는 것과 이에 대한 자기계발이 요구된다.

(3) 책임감

책임감은 소비자가 브랜드와 애정적 관계를 유지하겠다는 약속으로, 소비자에게 신뢰감을 주어 지속적인 소비가 가능하도록 하는 것이다. 자신을 브랜드화하기 위해서는 자신이 할 수 있는 일이 어떤 것인지를 명확하게 파악하고 자신이 할 수 있는 범위에서 최상의 생산성을 내는 일이 필요하다. 또한 지속적인 자기계발이 이루어질 수 있도록 장단기 계획을 수립하고, 시간 약속을 지키는 등의 노력을 해야 한다.

2) 자기 브랜드 PR 방법

자기계발을 통해서 능력을 신장시키고 다른 사람과의 차별성을 가지고 있더라도 이에 대한 PR을 하지 않으면 다른 사람들은 나의 브랜드를 알지 못한다. 기업에서 지금 원하는 인재가 나임을 각인시킬 필요가 있다. 따라서 다음과 같은 전략을 통해 자신의 브랜드를 알려 보자.

(1) SNS를 이용하라

최근에는 개인뿐만 아니라 기업도 SNS를 통해 PR을 할 정도로 SNS는 사람들에게 친숙하고 직접적으로 다가갈 수 있는 수단이다. 실제로 국내외 기업들이 인사채용에서 입사지원자의 홈페이지나 블로그, SNS를 참고하기도 한다. 별도의 비용이나 전문적인 기술 없이 자신을 마음껏 드러낼 수 있어 편리한 장점을 가진다. 하지만 과도한 사생활 노출로 인해 악영향을 끼칠 수도 있으니 잘 관리하는 것이 중요하다.

(2) 인적 네트워크를 활용하라

사람들은 자신이 신뢰하는 다른 사람의 말은 비판 없이 받아들이고 수용하는 경향이 있다. 따라서 자신에 대한 긍정적인 말을 전하는 적극적인 지지자를 확보하고 인간관계를 잘 관리할 필요가 있으며, 평상시에 보다 넓은 인적 네트워크를 형성하기 위하여 학생회, 동아리, 동호회에 가입하는 등의 노력을 할 필요가 있다. 또한 단순히 아르바이트를 용돈벌이 수단으로만 생각하지 말고 보다 폭넓은 인간관계를 구축할 수 있는 기회로 삼는 것도 좋은 방법이다. 실제로 아르바이트를 하다가 사장에게 발탁되어 매니저나 정직원이 되는 사례도 많이 있다. 따라서 모든 인간관계에서 만난 사람은 나를 도와줄 서포터즈라고 생각하고 잘 관리하는 것이 중요하다.

(3) 자신만의 명함을 만들라

최근에 많은 명함이 사진을 넣고 재질이나 컬러를 다양하게 하는 등 기존의 전형적인 틀에서 변신을 시도하고 있다. 명함은 자신의 얼굴이자 강력한 마케팅 도구가 될 수 있다. 대학생에게 명함이 필요할까 생각하겠지만 예상 외로 쓰임이 많다. 인턴십이나 아르바이트를 하기 위해 면접을 갈 때도 명함을 가져간다면 보다 신뢰할 수 있으며, 기업체의 채용 설명회나 리쿠르팅 방문 시에도 자신의 명함을 채용 담당자에게 전달한다면 자신을 기억할 확률이 확실히 높아진다.

(4) 커리어 포트폴리오를 만들라

커리어 포트폴리오는 자신의 전문적인 능력이 무엇인지, 자신이 그동안 어떻게 인간관계를 쌓아 왔는지, 어떠한 자기계발 노력을 해 왔는지를 다른 사람에게 명확하게 보여 줄 수 있는 드림맵과 같다. 또한 커리어 포트폴리오는 자신을 효과적으로 PR하는 것 외에 자신의 경력계획을 세우고 체계적으로 관리하는 데 활용할 수 있다. 단순한 자신의 경험이라고 하더라도 포트폴리오를 만들면 경력이 될 수 있다. 포트폴리오는 꾸준히 업데이트하는 것이 필요하며, 글 형태로만 만들지 말고 이미지나 그래픽 등으로 구성하면 더욱 효과적으로 보일 수 있다. 커리어 포트폴리오는 채용 시 훌륭한 PR 도구로 활용할 수 있다.

Worksheet 8 미래의 자기 명함 만들기

📖 미래에 자기가 하고 싶은 직업이나 입사하고 싶은 기업의 명함을 직접 만들어 보자. 직장명, 직책, 주소, 연락처와 간단한 프로필이 포함된 명함을 만들어 아래에 붙여 보자.

📖 명함 예시

World Vision

월드비전 해외사업본부
국제구호팀

Tel : (02)207-0000
Fax : (02)207-0000
Mobile : 010-0000-0000
E-mail : mijin_jang@worldvision.or.kr

서울시 영등포구 여의도동 24-2
☏ 150-877

사랑과 도움이 필요한 이웃곁에 언제나 함께 하겠습니다.

Worksheet 9 유언장 작성하기

📖 우리가 결코 피할 수 없는 것 중의 하나가 바로 죽음이다. 열심히 살아온 사람도 어영부영 시간만 보낸 사람도 결국 생을 마감하게 된다. 먼 훗날 자신이 생을 마감하게 된다고 가정하고 지난 삶들을 돌아보며 유언장을 작성해 보자.

유 서

□ 작성일자: 년   월   일

□ 작 성 자:

□ 나의 가족에게

□ 지난 나의 삶을 돌아보며

□ 나의 유산에 대해서는

□ 마지막으로 남기고 싶은 말

성명   (인)

Worksheet 10 나의 묘비명 작성하기

📖 나의 묘비명에 어떤 글이 적히길 바라는지 적어 보라. 어떤 사람으로 기억되고 싶은가? 한 문장으로 작성해 보자.

지난 15주간 숨 가쁘게 달려온 여러분께 먼저 축하의 박수를 보냅니다.

막연하게 진로에 대한 고민들을 하면서 어떻게 대학생활을 보내야 할지 몰라 헤매다가 이 강좌를 들어 보고자 마음먹었을 겁니다. 대부분의 학생이 직업능력개발 교육과정으로 개설된 취업 교과목은 아주 편안하게 학점을 얻을 수 있고 공부를 많이 하지 않아도 되는 강좌로 생각하고 신청했다가, 15주의 과정을 마칠 때쯤 되면 자기 자신에 대한 정보 과부하로 더욱 혼란을 겪기도 하고 끊임없이 이어지는 작업과 과제들 때문에 힘들어하는 모습을 보았습니다. 하지만 이 강좌를 신청한 그 순간부터 여러분은 다른 학생들과는 비교할 수 없는 경쟁우위에 섰다고 자신 있게 말할 수 있습니다.

우리 모두에게는 꿈이 있고, 우린 이 세상에서 가장 소중한 존재이며, 과거를 바꿀 수는 없지만 '지금 이 순간' 삶의 모든 것을 변화시키고자 결단할 수 있는 존재입니다. 하지만 삶이 힘들어지고 한순간에 모든 것이 물거품처럼 사라지게 되면 가장 먼저 꿈을 잊어버리게 되고, 자신에 대한 믿음과 희망까지도 상실하게 되며, 자신의 내면에 무한한 능력이 있었다는 사실조차 망각하게 될지도 모릅니다. 그럴 때마다 이 책이 여러분의 꿈을 다시 일깨워 주고, 다시 일어설 수 있도록 힘이 되어 주며, 끝이 보이지 않는 터널 속에 있는 것 같은 순간에도 길을 잃지 않도록 도와주는 등불이 될 것입니다.

아는 것과 행하는 것은 다릅니다. 시도하지 않으면, 진정으로 결단하지 않으면 아무것도 이룰 수 없습니다. 이제 여러분에겐 행동하는 것만이 남아 있습니다. 끈기와 노력도 중요하지만 무엇보다 방향성이 가장 중요합니다. 무엇이든 열심히 하고 끊임없이 한다고 꿈이 이루어지는 것이 아니라 내가 지금 가고자 하는 방향을 명확하게 알고 그곳에 정조준된 행동을 해야만이 꿈을 이룰 수 있습니다.

꿈꾸십시오. 그리고 행동하십시오.
어느 누구에게도 여러분의 꿈을 빼앗기지 마십시오.

남미정

부록

[자기개발 및 진로설계]
우수 포트폴리오 사례 예시[1]

[진로탐색과 생애설계] Portfolio

세상이 감당치 못할
열정으로

차례

'나' 바라보기

생애 곡선 그리기 & HTP 검사

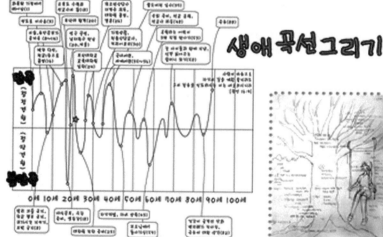

내 생애 7대 뉴스

1대

2대

4대

3대

5대

내 생애 7대 뉴스

6대

7대

MBTI 성격유형검사

INFP

직업가치관검사

Holland 적성탐색검사

성호도 검사 (워크넷)

Life Career Assessment

생애진로평가 & 욕구검사(Glasser)

> 모든 행동은 매 순간 우리의 욕구를 충족시키기 위한 최선의 노력이다.
> 나의 욕구를 정확히 알아야 내 삶을 통제할 수 있다. 자신의 욕구를 더
> 효과적으로 충족하도록 돕는 것이 바로 자신의 삶의 질을 향상시키는
> 길이다.
>
> — William Glasser

구분	생존욕구	사랑, 소속욕구	힘, 성취욕구	자유욕구	즐거움 욕구
합계	28	33	38	31	39

직업적성검사

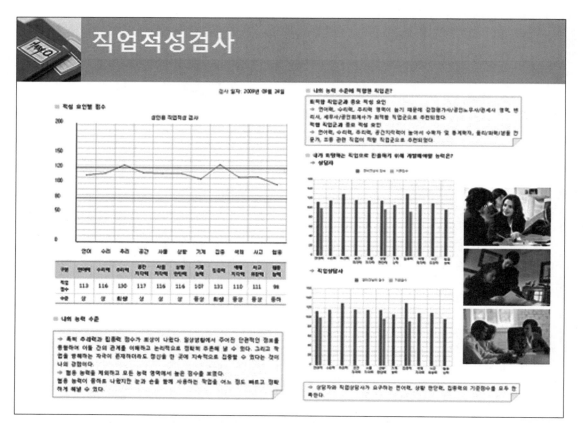

주요능력 효능감 & 진로개발준비도 검사

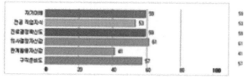

직업 정보 탐색

커리어 코치

■ 커리어 코치란?

커리어 코치(Career Coach)는 운동선수들에게 코치가 있듯이 취업, 승진, 경력관리, 이직·전직 등 개인의 진로를 코치해 주는 사람이다. 이들은 내담자의 성격, 환경, 경력 등 모든 부분을 파악하여 1:1로 개인의 인생목표에 부합되는 직업을 찾는 일을 도와주는 일을 한다. 이런 직업은 개인의 분제유지 및 자기개발, 자기실현 등의 욕구를 채워주면서 사회 구성원으로서 올바른 직업관과 진로를 가질 수 있는가를 일련의 과정을 통해서 알려 주는 일을 한다.

■ 주요 직무 내용

현재 및 미래의 진로에 대해 고민을 듣는 것으로부터 직무가 시작한다. 보다 정확한 분석을 위해 접수한 이력서 및 자기소개서를 만들되 검토하고 적성검사나 심리검사를 실시하여 내담자에 대한 기초 자료를 작성한다. 그 후 내담자와 직접 대면하여 커리어 설계 상담을 하고 그 결과를 보고서로 작성 하여 내담자에게 제공한다. 보고서에 나온 내담자의 단점에 대하여 직장상담이나 컨설팅을 통해서 극복하는 과정을 조언하기도 한다. 이와더불어 지원 서류 작성법, 인터뷰 방법 등을 도와주는 것 또한 커리어코칭의 중요한 요소이다. 필요하다면 내담자를 위해서 전문가들의 협조를 얻기도 한다. 이런 일련의 과정을 거친 후 정확한 평가를 통해서 상담자들에게 효율적인 보고서를 제공한다. 일정기간의 커리어코칭의 끝난 후에도 지속적으로 사후관리를 제공한다.

■ 요구되는 적성 및 능력, 준비 과정

→ 관련 전공: 심리학, 교육학, 사회복지학, 경영학, 행정학 등
→ 관련 자격: 직업상담사, 사회복지사, 심리상담사 등
→ '개인'과 '조직(기업)'에 대한 깊이 있는 이해와 상황이 필요하다.
→ 개인과 관련된 심리적, 사회적 요인에 대한 진단과 해석을 할 수 있는 평가 능력, 컨설팅 및 상담능력, 그리고 기업의 조직에 대한 직업정보의 수집, 분석, 가공능력이 필요하다.
→ 현장경험을 위해 우수한 기업에서 직장체험이나 인턴십 경험이 필요하다.
→ 다양한 성격의 내담자와 문제 일체에 하기 때문에 다양성을 인정할 수 있는 열린 마음과 상대방을 배려하고 이해하는 마음을 가지고 있어야 한다.

■ 수입

커리어코치의 수입은 코칭 횟수에 따라 코칭비용을 받는 경우와 회사에 소속되어 커리어 코칭을 하여 월급제로 받는 경우가 있다. 보수는 본인의 능력에 따라 차이가 크다.

< 현재 국내에서 커리어 코치가 벌어들일 수 있는 수익모델 >
→ 작은 단체에서 의뢰하는 강의를 진행하고 받는 수익이다. 강의주제는 이력서 작성요령, 면접 클리닉 등 주로 취업과 경력개발에 관한 것이다. 이 분야의 시장은 청소년과 대학생,

제직자를 비롯해 최근엔 주부 등 경력 단절자와 노년층에 이르기까지 수요층의 폭이 넓어지는 추세다.

→ 칼럼이나 책을 집필하는 데서 얻는 책을 수입이다. 평균 칼럼 1개당 원고료가 25만~30만원 정도로서 고정 지면을 확보하면 그 자체로도 꽤 안정적인 수익이 된다. 칼럼이 어느 정도 모이면 책을 낼 수 있어 전문성을 확보하기도 좋다.

→ 코칭을 원하는 이들에게 직접 코칭을 해주고 받게 되는 코칭비다. 그러나 아직 국내에선 이 비중이 높지 않다. 외국의 기업이 인원들을 대상으로 전간하게 코칭을 의뢰하는 일반적이지는 않다. 또한 개인이 코치의 코칭비를 부담하는 건 쉽지 않다.

■ 전망

아직까지 커리어코칭은 생소한 분야이다. 그러나 자신의 진로계획과 경력관리에 대해 관심을 갖는 사람들이 많아지고 있다. 따라서 코칭의 대상도 확대되고 있다. 전직을 원하는 30~40대 직장인은 물론 갓 취업한 사회 초년생, 그리고 취업을 준비하는 학생 등 20대도 많이 늘어나고 있다. 선진국의 상황을 비추어 볼 때 한국에서도 이제 '커리어코칭 서비스'가 보편화될 필요가 있다. 커리어 플래닝, 마케팅 등 여러 가지로 커리어코치의 도움을 받을 것으로 생각되기 때문에 커리어코치에 대한 수요는 늘어날 것으로 보인다. 더욱이 평균수명의 연장으로 두 번째 직업과 서 번째 직업 등 인생을 일련에서 직업을 바꾸는 사람이 많아질 것이기 때문에 커리어코치의 필요성은 증가할 것이다.

■ 직업의 장점

→ 내담자가 많은 경험을 나의의 변화하는 것을 볼 때 보람을 느낄 수 있다.
→ 직업상담사와 비교했을 때, 내담자와 1:1, 장기적으로 밀접하게 도움을 줄 수 있다.
→ 근무환경의 쾌적한 분위기, 주로 안락하고 소음이 적은 상담실에서 근무한다.
→ 다양한 성격과능력을 가진 사람들을 만나면서 다양한 경험을 할 수 있다.
→ 직업 동향이 계속해서 변화하므로 지속적인 연구와 분석의 필요하며, 새롭게 생겨난 직업들에 대해 연구한다.

■ 직업의 단점

→ 다양한 사례와 문제를 처리하기 위해서 육체적, 정신적 소모가 많은 분야다. 정신적 스트레스를 받을 수 있다.
→ 아직 개인의 커리어 코칭을 원하고자하는 수요는 많지 않다.

■ 참고 자료 및 출처

→ 네이버 카페 일부지는 사람을 위한 직업 커리어코치
http://cafe.naver.com/careercoaching/835
→ 커리어 코치 성명훈 윤리지언연구소, "몰고가 대신 몰고가 잡는 법 알려주는 직업, 강의저술상담사가 주 수입원...면 평균 1천"
http://news.chosun.com/site/data/html_dir/2009/02/13/2009021300963.html
→ 커리어 스마트 http://www.careersmart.co.kr
→ 한국직업정보시스템 http://know.work.go.kr

SWOT 분석

■ SWOT 분석이란?

SWOT 분석이란 경영전략 기업 중에 가장 일반적으로 쓰이는 분석 기법으로서, 기업 내부의 강점(Strength)과 약점(Weakness), 그리고 외부환경의 기회(Opportunity)과 위협(Threat)요소를 분석하는 것이다. 즉 이 기업을 통해 자기 내부 자원 및 역량과 외부 환경 간의 전략적 적합성(Strategic fit)을 개념화하는 분석 기법이다.

SWOT 분석의 가장 큰 강점은 내부와 외부의 면들을 동시에 판단할 수 있다는 점이다. 자신의 강점(S)을 가지고 기회(O)를 잡치는 전략을 취하거나 강점(S)를 가지고 위협(T)을 회피하거나 최소화하는 전략을 취할 수 있다. 또는 자신의 약점(W)을 보완하여 기회(O)를 살리는 전략을 취할 수 있고, 약점(W)을 보완하면서 위협(T)을 회피하거나 최소화하는 전략을 취할 수 있다.

■ 나의 장점 (Strength)

→ 조용하고 차분하며 꼼꼼하고, 많은 어떤 책임감이 강하고 표션을 다한다. (S)
→ 듣기나 자료 수집과 정리를 잘 하고, 특히 경험하구 느낀 점을 글로 잘 표현한다. (S)
→ 꿈을 이루겠다는 열정의 강하고, 독창적인 아이디어가 풍부하다. (N)
→ 사람과 현상에 대한 통찰력이 높으며, 상상력, 창의력이 풍부하다. (N)
→ 마음이 따뜻하고 이해심과 인내심의 깊으며 다른 사람 돕는 일을 좋아한다. (F)
→ 여러 분야에 호기심이 많고 도전하기를 좋아하며, 새로운 환경의 적응을 잘 한다. (P)

■ 나의 단점 (Weakness)

→ 주위 사람들로부터 사회적 지지와 필요한 정보를 얻지 못하는 편이다. (I)
→ 혼자서 모든 것을 처리하고 생각의 많음으로 쉽게 너무 분주하게 된다. (I)
→ 현실적인 부분을 고려하지 못하고, 대안의 너무 많거나 직관적인 결정을 내리기 쉽다. (N)
→ 관계에서 쉽게 파멸하거나 거절당하였다 느끼며, 나의 욕구를 너무 고려하지 못한다. (F)
→ 대안과 정보가 과도하고, 계획을 세우지 않음으로써 시간을 낭비하게 된다. (P)

■ 외부 기회요인 (Opportunities)

→ 심리학과 소속: 심리학과에서 상담 이론과 실제, 가족상담, 집단상담, 진로상담, 특수아상담, 심리검사 등 상담 관련 과목을 수강할 수 있고, 심리학 원론, 학습, 성격, 발달, 사회, 동기 정서 심리학 등 인간을 이해할 수 있는 과목을 수강할 수 있다. 각각 이수를 하고 졸업고사에 합격하면 전문상담 교사가 되어 경험을 쌓을 기회가 주어진다. 심리학과 학부졸업만으로도 청소년 상담사 2급 자격시험을 볼 수 있는 자격을 갖출 수 있다.
→ 가정환경: 부모님께서는 내가 원하는 것은 자유롭게 할 수 있도록 허락해주신다. 어린 때부터 비석적지도 부족하지도 않은 안정된 가정환경에서 자라면서 지지를 얻었다.
→ 사회와 커리어 코칭 필요: 변화무쌍한 직업 세계를 분석하여 정리할 수 있고, 쏟아지는 정보 가운데 유용하고 필요한 정보를 가려내어 전달하 수 있는 능력을 요구할 것이

다. 또한 기업 윤리 문제가 대두될 때, 타인을 거짓 없이 진심어린 충고와 하여 개개인이 일을 통하여 자산을 개발할 수 있도록 상반의 강한 사람을 필요로 할 것이다.
→ 졸업생가자지 1분의 시간적 여유가 있다.

■ 외부 위협요인 (Threats)

→ 상담과 관련된 직업은 전문 지식과 풍부한 경력을 필요로 한다. 직업상담사나 기타 상담 관련 자격증을 얻고 있다 하더라도 역시 이상적인 학벌을 소지하거나 상담 경력이 있는 지원자들을 우대한다.
→ 커리어 코치뿐만 아니라 공인노무사, 헤드헌터, 커리어 컨설턴트, 직업상담사, 직업상담원 등의 사람들을 통해서 진로 및 직업 상담을 받을 수 있으므로 커리어 코치의 채용이 줄어들 수 있다.
→ 부모님께서는 내 진로에 대해 큰 관심이 없으시고 지지해주지 않으신다.

■ 자기 개발 전략

S	W
· 성실함, 책임감, 꼼꼼함 · 열정, 아이디어, 통찰력 · 듣는 일을 좋아함 · 마음이 따뜻함, 관찰영 · 호기심, 다양한 경험 추구	· 관계 활용 자산감이 낮음 · 활동감, 완벽추의 성향 · 현실적 현실적 감각 부족 · 계획적 체계적인 능력 부족

O		
· 시간적 여유 (직업상담사, 청소년 공부, 다양한 경험을 쌓 기회) · 직업 상담 수요 증가	· 열정과 상상력의 4학년 때 심리학 지식을 바탕으로 직업상담사 공부를 한다. · 따뜻한 마음과 호기심을 맞고 그 외에 사람을 두고 봉사 활동이나 직장 체험 경험을 얻는다.	· 활동감과 완벽추의 성향이 오히려 공부 집중도를 높이고, 자격증 시험에 합격 가능성을 높일 수 있다. · 시간적 여유를 두고 철저하고 심리적인 감각을 키우며 계획적인 생활 습관을 습득한다.
· 커리어 코치를 준비하는 사람과의 경쟁 · 지방대 출신 · 내 진로에 대한 부모님의 관심과 지지 부족	· 나만의 경험과 경험, 독특한 아이디어를 경쟁무기로 미단다. · 지방대 출신일지라도, 다양한 경험을 통해 개성 있는 커리어 코치가 되자. · 가족의 관심과 지지가 없어도 좌절하지 않고 오히려 가족을 이해하도록 한다.	· 지방대 출신이므로 진로 및 취업 정보가 적다는 한계를 메꾸고, 방학과 겨울 이후의 시간을 이용해 취업길 또는 취업의 아니다. · 경쟁에서 열등감을 나의 발전 원동력으로 삼는다.

| T | | |

학과 정보 조사 & 선배 인터뷰

심리학과

■ 심리학과 소개
심리학은 실험, 관찰, 면접, 조사, 심리검사 등 과학적인 방법을 통해 인간행동의 원리를 규명하고 응용하는 학문이다. 과학적 연구방법론을 사용하여 인간의 마음을 직접 연구하고자 한다는 점에서 다른 학문들과 구분된다.
심리학과는 기초적인 심리학 분야에 대한 지식과 연구방법론을 습득하고 실생활 장면에서 심리학 지식을 활용할 수 있는 인재를 양성하는데 교육목표를 두고 있다.

■ 교육 과정 및 내용
→ 전공 기초: 심리학(1,2), 기초연구법, 기초심리통계
→ 전공 필수: 학습심리학, 성격심리학, 사회심리학, 인지심리학, 심리통계, 연구방법론
→ 전공 선택:
- 대학원 진학: 임상심리학, 동기심리학, 발달심리학, 언어심리학, 실험실 실습 등
- 임상심리대학원: 이상심리학, 임상심리학 및 실습, 심리평가 등
- 상담심리대학원: 가족상담, 진로상담, 집단상담, 특수아상담, 상담이론과 실제, 심리치료 등
- 산업심리학: 환경심리학, 공학심리학, 작업심리학, 산업심리학, 인간공학론 등

■ 관련 직업
- 심리학연구자 및 교수 (과학분야 전문가) 부산대 심리학과 성격 및 발달심리학 교수님, 상담 및 코칭 심리학 교수님 등
- 임상심리사 (서비스 전문가) 심리치료사(new 센터)
- 상담전문가 (서비스 전문가) 상담가, 청소년상담가, 상담심리사, 전문상담교사

■ 현황
→ 졸업생 진학 현황

연도	졸업생 수	진학						취업	기타	진학률(%)
2009										16.9
2009										6.3

→ 졸업생 취업 현황

연도													
2009													33.3
2009													17.9

■ 부산 지역내 대학교 상담 연구동 선배님 인터뷰

■ 참고 자료 및 출처
- 부산대학교 심리학과 홈페이지 http://psy.pusan.ac.kr
- 워크넷 http://www.work.go.kr
- 커리어넷 http://www.careernet.re.kr
- 대학 알리미 > 부산대학교 정보 공시 http://www.academyinfo.go.kr

의사결정유형검사

나의 의사결정 유형

의존적 의사결정	직관적 의사결정	합리적 의사결정
0점	4점	9점

합리적 의사결정
- 중요한 의사결정을 할 때 한단계씩 체계적으로 한다.
- 얻을 수 있는 모든 정보를 수집하지 않고는 중요한 의사결정을 거의 하지 않는다.
- 의사결정을 할 때, 여러 관련된 결과까지 고려한다.
- 어떤 의사결정을 할 때 시간을 갖고 주의깊게 생각한다.
- 나는 중대한 의사결정 문제가 예상될 때, 그것을 계획하고 생각할 시간을 충분히 갖는다.
- 의사결정하기 전에 올바른 사실을 알고 있나 확인하기 위해 관련 정보를 다시 살펴본다.
- 올바른 의사결정임을 확신하기 위해 조급하게 결정을 내리지 않는다.
- 종종 내가 내린 각각의 의사결정을 일정한 목표를 향한 진보의 단계들로 본다.
- 의사결정을 하기 전에, 나는 그 결정을 함으로써 생기는 결과에 대해 가능한 많이 알고 싶어한다.

◆ 직관적 의사결정
- 나는 의사결정에 관해 실제로 생각하지는 않지만 갑자기 생각이 떠오르면서 무엇을 해야 할지를 알게 된다.
- 나는 의사결정을 할 때, 예감 또는 육감을 중요시할 때가 있다.
- 나는 이것이다 라는 느낌에 의해 결정을 내릴 때가 종종 있다.
- 여러 가지 정보를 수집하거나 검토하는 과정을 갖기보다, 나에게 떠오르는 생각대로 결정을 내리는 경우가 종종 있다.

합리적 의사결정 연습하기

단계	연습
문제 상황	대학교 졸업 후 대학원에 진학할 지 취직을 할 지 결정해야 하는 상황
문제 인식 하기	**의사결정은 필요한가?** 대학원에 진학할지 취직하는 것이 좋을지 결정하는 것이 필요하다.
정보 수집 하기	**여러 관련 정보를 체계적으로 수집** 진학 가능한 대학원을 탐색해보고, 취직 가능한 곳을 탐색하면서 관련 정보를 수집한다. 나의 적성과 흥미도 함께 생각해본다.
다양한 대안 만들기	**수집한 정보로 가능한 대안을 열기** A. 대학원을 진학할 경우: 장점-일찍 석사 학위를 취득할 수 있고, 상담 센터에서 일할 자격이 주어진다. 단점-학비를 마련할 준비를 해야 한다. B. 취직을 할 경우: 장점-내 용돈을 직접 벌어서 하고 싶은 공부나 일을 할 수 있다. 단점-상담 센터에서 일하려면 적어도 석사 학위가 필요하기 때문에, 결국 대학원 진학을 준비해야 한다.
우선 순위 정하기	**나열된 대안들에 대한 결과를 예측, 각 대안의 성공 가능성을 예측 그런 다음 다양한 기준으로 순위 매긴다.** 1. 대학원 진학: 이화여대 상담대학원, 부산대 교육상담대학원 준비 2. 취직: 일반 사무직 · 전문상담교사 임용시험 준비
계획 수립 실천	**결정을 이루기 위한 구체적 계획 수립 그리고 실천** 그 직업을 이루기 위해서 단 · 중 · 장기적 계획을 구체적으로 세운다. ▶ 자기개발계획서에 작성
평가	**철저한 자기 평가** 실천에 옮기지 못할 경우나 결과가 좋지 않을 경우, 결정의 적합성을 평가하기 위해 순서대로 다시 점검한다.

자기개발계획서

배는 항구에 있을 때 가장 안전하지만
그것이 배의 존재 이유는 아니다.
- 괴 테

이제는 꿈을 이루기 위해
용기를 내고 시련을 견디는 일만 남았다.
그러면 마침내 꿈을 이룬 내 모습을 보게 될 것이다.
2009.12.10

참/고/문/헌

김용환(2006). 반드시 취업이 보장되는 이력서 & 자기소개서 작성법. 서울: 버들미디어.

김중진, 박봉수, 권순범, 김중진, 박봉수, 권순범(2013). 2014 우리들의 직업 만들기. 서울: 한국고용정보원
　　직업연구센터.

남미정(2010). 진로탐색 및 생애설계. 부산: 부산대학교출판부.

남미정(2011). 나의 생애 포트폴리오: 진로와 직업. 부산: 부산대학교출판부.

남미정(2012). 진로와 취업 워크북. 부산: 부산대학교출판부.

노경란, 변정현, 이효남, 현영섭, 박소연. 청년층직업지도프로그램 매뉴얼. 서울: 한국고용정보원.

서현주(2013). 대학생 직업심리검사 사용자 가이드. 서울: 한국고용정보원 진로교육센터.

송병일, 박영주(2009). 직업진로설계와 취업전략. 서울: 학지사.

송원영, 김지영(2011). 대학생의 진로설계. 서울: 학지사.

신병철(2004). 개인 브랜드 성공 전략. 서울: 살림출판사.

유채은, 조규판(2014). 진로와 자기계발. 서울: 학지사.

윤은영 외(2013). 스펙을 이기는 자기소개서. 서울: 에듀스.

이종구, 김홍유(2011, 가을호). 신입사원 공채문화의 변화와 전망. 임금연구, 19(3), 4-21.

정철영 외(2005). 대학생을 위한 직업지도프로그램 CDP-C 직업궁합. 서울: 한국고용정보원.

최규현, 김형관(2015). 기적의 자소서. 서울: 조선Books.

최인철(2007). 프레임: 나를 바꾸는 심리학의 지혜. 파주: 21세기북스.

최일수(2013). 진로·취업교수법: 교수가이드. 서울: 엘리트코리아.

최정윤(2005). 심리검사의 이해. 서울: 시그마프레스.

한국고용정보원 직업연구센터(2007). 고마워요 직업정보: 직업정보 활용을 위한 가이드. 서울: 한국고용정보원
　　직업연구센터.

한국고용정보원 진로교육센터 편(2011). 2011 나를 따져보GO! 미래 따져보GO!: 직업영상물 활용을 위한 동영상

활용 매뉴얼. 서울: 한국고용정보원 진로교육센터.

한국고용정보원(2010). 2011 한국직업사전. 서울: 한국고용정보원.

한국고용정보원(2013a). 2014 직종별 직업사전. 서울: 한국고용정보원.

한국고용정보원(2013b). 색다른 직업 생생한 인터뷰. 서울: 한국고용정보원.

한국고용정보원(2014a). 대학생을 위한 취업교육: 진로계획수립과 노동시장의 이해. 서울: 한국고용정보원.

한국고용정보원(2014b). 우리들의 직업 만들기. 서울: 한국고용정보원.

한국산업인력공단(2007). 기초직업능력향상프로그램 자기개발능력 향상 진행자용 매뉴얼. 서울: 한국산업인력
공단.

한국심리검사연구소(2013). 16가지 유형의 특성(개정판). 서울: 한국심리검사연구소.

황매향, 김연진, 이승구, 전방연(2011). 진로탐색과 생애설계. 서울: 학지사.

Dilley, J. S. (1965). Decision-making ability and vocational maturity. *Personnel and Guicance Journal, 44*, 423–427.

Gelatt, H. B. (1962). Decision making: A conceptual frame of reference for counseling. *Journal of Counseling Psychology, 9*, 240–245.

Glasser, W. (1995). 현실치료: 정신치료에 대한 새로운 접근(김양현 역). 서울: 원미사.

Gysbers, N. C. (2003). 진로상담의 실제(김봉환 역). 서울: 학지사.

Harren, V. H. (1979). A model of career decision making for college students. *Journal of Vocational Behavior, 14*, 119–133.

Hirsh, S., & Kummerow, J. (1997). 성격유형과 삶의 양식(심혜숙, 임승환 역). 서울: 한국심리검사연구소.

Janis, I. L., & Mann, L. (1977). *Decision making: A psychological analysis of conflict, choice, and commitment.* New York: The Free Press.

Jepsen, D. A., & Dilley, J. S. (1974). *Review of Educational Research, 44*(3), 331–349.

Krumboltz, J. D. (1979). A social learning theory of career decision making. In A. M. Mitchell, C. B. Jones, & J. D. Krumboltz (Eds.), *Social learning and career decision making* (pp. 19–49). RI: Carroll.

Lemann, N. (1986). The origins of the underclass. *The Atlantic Monthly*, July, 31–55.

Marini, M. M. (1978). Sex differences on the determination of adolescent aspiration: A review of research. *Sex Roles, 4*, 723–753.

Maslow, A. H. (1992). 인간의 동기와 성격(조대봉 역). 서울: 교육과학사.

Nelson, B. R. (2006). 당신의 파라슈트는 어떤 색깔입니까?(조병주 역). 서울: 동도원.

Picou, J. S., & Curry, E. W. (1973). Structural, interpersonal and behavioral correlates of female adolescent's occupational choices. *Adolescence, 8*, 421–432.

Swanson, J. L., Nadya A., & Fouad, N. A. (2011). 사례로 배우는 진로 및 직업상담(황매향 역). 서울: 학지사.

Swanson, J. L., & Toker, D. M. (1991). College students' perceptions of barriers to career development. *Journal of Vocational Behavior, 38*, 92–106.

Vroom, V. H. (1964). *Work and motivation*. New York: Wiley.

Werts, C. E. (1968). Parental influence on career choice. *Journal of Counseling Psychology, 15*, 48–52.

저자소개

남미정(Nam Mi Jung)

부산대학교 사회과학대학 심리학학사
부산대학교 사회과학대학 심리학석사(상담심리학 전공)
부산대학교 경영대학 경영학박사(인사조직 전공)

전) ㈜LG전자 DA본부 경영지원팀 심리상담실장
　　부산대학교 종합인력개발원 전임상담원

현) 국립부경대학교 인재개발원 진로지도전문관(진로지원팀장)
　　부산시 청년취업활성화 촉진위원(진로지원분과 전문위원)

직업상담사 2급
청소년상담사 2급

〈저 서〉
진로탐색 및 생애설계(부산대학교출판부, 2010)
나의 생애포트폴리오: 진로와 직업(부산대학교출판부, 2011)
진로와 취업 워크북(부산대학교출판부, 2012)

진로 취업 매뉴얼
Career and Job Manual

2015년 9월 15일 1판 1쇄 발행
2018년 2월 20일 1판 4쇄 발행

지은이 • 남 미 정
펴낸이 • 김 진 환
펴낸곳 • (주) **학지사**
　　　　04031 서울특별시 마포구 양화로 15길 20 마인드월드빌딩 5층
대표전화 • 02) 330-5114　　팩스 • 02) 324-2345
등록번호 • 제313-2006-000265호
홈페이지 • http://www.hakjisa.co.kr
페이스북 • https://www.facebook.com/hakjisabook

ISBN 978-89-997-0767-4 93370

정가 18,000원

이 도서의 국립중앙도서관 출판시도서목록(CIP)은 서지정보유통지원시스템
홈페이지(http://seoji.nl.go.kr)와 국가자료공동목록시스템(http://www.nl.go.kr/kolisnet)
에서 이용하실 수 있습니다.
(CIP제어번호: CIP2015022697)

교육문화출판미디어그룹 **학지사**
학술논문서비스 **뉴논문** www.newnonmun.com
심리검사연구소 **인싸이트** www.inpsyt.co.kr
원격교육연수원 **카운피아** www.counpia.com
간호보건의학출판 **정담미디어** www.jdmpub.com